es 1534

edition suhrkamp

Neue Folge Band 534

Neue Historische Bibliothek
Herausgegeben von Hans-Ulrich Wehler

Wenige Vorgänge der jüngeren Geschichte haben die Welt so verändert wie die Russische Revolution, und wenige reichen in ihren Auswirkungen so sehr in die Gegenwart hinein. Nicht nur die Sowjetunion macht diese Kontinuität greifbar. Die Konkurrenz der politischen Blöcke und sozialen Systeme im globalen Maßstab ist ohne die Geburt der ersten Gesellschafts- und Staatsordnung, die sich sozialistisch nannte und Anspruch auf historische Überlegenheit erhob, nicht zu denken. Der rote Oktober 1917 bildete indes nur den vorläufigen Schlußakt einer tiefgreifenden Umwälzung, deren Wurzeln weiter zurückreichen. Zu den Problemen, denen die vorliegende Darstellung besondere Aufmerksamkeit schenkt, gehören der wirtschaftliche und soziale Wandel des Zarenreichs im ausgehenden 19. Jahrhundert, die schwere Krise des alten Regimes 1905/07, der Zusammenhang von Krieg und Revolution, die Gründe für das Scheitern des einzigen demokratischen Regimes der russischen Geschichte sowie die Ursachen und inneren Folgen der Behauptung der Sowjetmacht im Bürgerkrieg.
Manfred Hildermeier ist Professor für Osteuropäische Geschichte an der Universität Göttingen.

Manfred Hildermeier
Die Russische Revolution
1905–1921

Suhrkamp

edition suhrkamp 1534
Neue Folge Band 534
Erste Auflage 1989

Erstausgabe

Satz: Hümmer, Waldbüttelbrunn
Druck: Nomos Verlagsgesellschaft, Baden-Baden
Umschlagentwurf: Willy Fleckhaus
Printed in Germany

3 4 5 6 – 94 93 92 91 90 89

Inhalt

Für Julia

Einleitung*

Wenige Ereignisse haben die neuere Geschichte so nachhaltig verändert wie die Russische Revolution. Wenige haben eine solche Ausstrahlungskraft entfaltet, und wenige reichen in ihren Folgen so tief in die Gegenwart hinein. Der Sturz der zarischen Herrschaft hat nicht nur die russische Geschichte in andere Bahnen gelenkt. Indem er nach dem Scheitern des demokratischen Experiments zwischen Februar und Oktober 1917 in eine zweite Erhebung unter dem Banner des Sozialismus einmündete, hat er darüber hinaus der gesamten Welt ein Signal gegeben. Das neue Regime stellte sich nicht primär in die Tradition der französischen Ideen von 1789 und der angelsächsischen politischen und sozialen Verfassung. Es erhob den Anspruch, die bürgerlich-kapitalistische Gesellschaft mit ihren Gegensätzen hinter sich zu lassen und die erste wirklich freie Ordnung zu schaffen. Wie immer man diese Ordnung bewerten mag, ob als Rückfall hinter die Errungenschaften der »atlantischen« Revolution[1] oder im Marxschen Sinne als entscheidenden Schritt auf dem Wege der Vollendung der menschlichen Zivilisation – unbestreitbar ist, daß sie die Geschichte um eine *neue* Erscheinung ergänzte. Eine Gesellschaft, die dem Pri-

* Die Daten werden bis zur Umstellung am 1.(14.) Februar 1918 nach dem bis dahin in Rußland gültigen Gregorianischen Kalender (= alter Stil, a.St.) angegeben, der im 19. Jahrhundert zwölf, im 20. dreizehn Tage weniger als der Julianische (= neuer Stil, n.St.) anzeigte.

Maße und Gewichte:

1 Desjatine = 1,09 ha 1 Pfund (funt) = 409,5 g 1 Pud = 16,38 kg

Schreibweise und Aussprache

Im Deutschen bekannte Namen und Begriffe (wie z.B. Bolschewiki, Sowjet, Trotzki) werden in der assimilierten Form belassen. Im übrigen folgt die Umschrift des kyrillischen Alphabets den hierzulande üblichen, an die preußische Transskriptionsordnung angelehnten Regeln. Dabei gelten in etwa folgende lautliche Entsprechungen:

š	stimmloses sch (wie: Schaf)	ž	stimmhaftes sch (wie frz. Journal)
č	tsch (wie: Matsch)	šč	schtsch
s	stimmloses s (wie: naß)	z	stimmhaftes s (wie: Käse)
c	z (wie Zahl)	ė	kurzes, offenes e (wie: Menge)
y	dumpfes i	'	Erweichung des vorangehenden Konsonanten
v	w (wie Waage)		

vateigentum den Kampf ansagte; eine Wirtschaft, die auf nichtkapitalistischem Wege die technisch-organisatorischen Leistungen der Industrialisierung erreichen wollte; eine staatliche Macht, die auf Parteienvielfalt und Meinungspluralismus verzichtete, weil sie selbst die Interessen der Volksmehrheit in der einzig richtigen Form zu vertreten beanspruchte; und eine Politik, die sich als Vollstreckung historischer Gesetzmäßigkeiten begriff – dies alles hatte es bis dahin höchstens im theoretischen Entwurf und in der Utopie, nicht aber in Wirklichkeit gegeben.

Über den russischen Rahmen hinaus griffen, wie die Folgen, auch die Ursachen des Umsturzes. Ohne die Zerreißprobe des Ersten Weltkriegs ist das Ende des Zarismus sicher nicht zu verstehen. Die Extremsituation brachte die Schwächen der Wirtschaft und staatlichen Verwaltung um so greller ans Licht. Krieg und Revolution gehörten in ähnlicher Weise zusammen wie nachher Revolution und Krieg.

Desgleichen zählte zu den internationalen Aspekten der Umwälzung die Ideologie, die sie speiste. Ohne Übertreibung läßt sich sagen, daß alle Parteien, die wesentlichen Anteil am großen Spiel um die Zukunft Rußlands hatten, ihr theoretisches Rüstzeug in erheblichem Maße aus Westeuropa bezogen. Für die Sozialdemokraten liegt das ebenso auf der Hand wie für die Liberalen, die sich überwiegend an der politischen und sozialökonomischen Verfassung Englands orientierten. Doch auch der wichtigste Konkurrent des Marxismus, der an bodenständige Traditionen anknüpfende Agrarsozialismus, verdankte dem europäischen sozialkritischen Denken mehr als oberflächliche Anleihen. Auch der »russische Sozialismus« und seine Erben waren ohne die in Westeuropa geborenen Utopien von einer besseren Gesellschaft nicht vorstellbar.

Über Rußland hinaus wies schließlich auch ein langfristiger Vorgang: der Aufbruch ins industrielle Zeitalter und die vielgestaltigen sozialen Verwerfungen, die er mit sich brachte. Nicht nur der Anstoß zu dieser kolossalen Anstrengung kam von außen – aus der Erkenntnis, daß andernfalls der Großmachtstatus des Reiches nicht zu sichern war. Der Staat fand auch die Mittel, deren er sich als treibender Kraft bediente, großenteils im Ausland: Kapital, technisch-administrative Fertigkeiten, unternehmerische Initiative und nicht zuletzt das mentale Kostüm, das es Rußland anzupassen galt. Das Zarenreich bewegte sich seit der zweiten Hälfte des 19.

Jahrhunderts bei allen bleibenden Eigenarten abermals mit stürmischem Anlauf auf Europa zu. Aus wohlverstandenem Eigeninteresse verschrieb es sich einem Umbruch, der hohe Anforderungen an seine Integrations- und Konfliktfähigkeit stellte. Die Russische Revolution ist als eines unter anderen denkbaren und möglichen Resultaten des letztlichen Unvermögens zu sehen, dem Druck unter der zusätzlichen Last des Krieges standzuhalten. Daß sie aus der wachsenden Verflechtung mit der westlichen Welt erwuchs, machte sie in mancher Hinsicht zu einem ausgelagerten und darum um so bedrohlicheren gesamteuropäischen Ereignis. Da sie zugleich am Rande Europas ausbrach, erschien sie als erstes Beispiel eines eruptiven Wandels, der seinen Antrieb aus der Rückständigkeit, aus der Spannung zu den wirtschaftlich und politisch führenden Staaten und Gesellschaften des Westens bezog. Die Russische Revolution wurde zum Paradigma der sozialen und nationalen Selbstbefreiung der Dritten Welt. Gerade in diesem Sinne steht ihr das Prädikat eines Ereignisses von globaler Bedeutung zu.

Freilich darf die These von der äußeren Einwirkung nicht mißverstanden werden. Die zarische Regierung ergriff die Initiative, um die Früchte der westlichen Zivilisation nach Rußland zu bringen, und nahm die Risiken dieses Unternehmens in Kauf. Schon deshalb wird die Frage nach den Ursachen der Revolution, ungeachtet ihrer Einbettung in den Problemkreis »Rußland und Europa«, auf die Geschichte des Zarenreiches zurückverwiesen. Vieles gerät dabei in den Blick, das die lebhafte Diskussion von den Zeitgenossen bis zur gegenwärtigen Geschichtsschreibung geprägt hat. Die wichtigsten Aspekte seien im Vorgriff als Skizze der Leitfragen und Deutungskonzepte, an denen sich die folgende Darstellung orientieren wird, genannt:

Zur unbestrittenen Erkenntnis gehört, daß, erstens, die Revolution als Gesamterscheinung von der Strukturkrise nicht zu trennen ist, die der agrarische Bereich in der zweiten Hälfte des 19. Jahrhunderts durchlief. Die Aufhebung der Leibeigenschaft im Jahre 1861 brachte nicht nur ein zusätzliches Moment der Unruhe ins Dorf. Sie beließ auch Verhältnisse, die dem Produktivitätsfortschritt im Wege standen und dem zunehmenden Bevölkerungsdruck kein ausreichendes Ventil schufen. Das Vorspiel der Jahre zwischen 1905 und 1907 und das Drama von 1917 gründeten ihre Wirkung zu einem erheblichen Teil auf die Gewalt des bäuerlichen Protests, auch wenn dieser anfangs nur als drohender Schatten präsent war. Die bloße Überzahl erhob das Dorf – nach seiner Öffnung zur Außenwelt und seinem Eintritt in die Politik – zu einer Macht, ohne deren Hilfe oder Duldung sich kein Regime behaupten konnte.

Freilich gilt auch, daß die Empörung der Bauern kaum ausgereicht hätte, um die zarische Herrschaft mit allem, was sie trug und symbolisierte, zu Fall zu bringen. Was gut drei Jahrhunderte überstanden hatte, brach nicht durch den Loyalitätsentzug nur einer Untertanenschicht zusammen.

Eine weitere große Gefahr ging, zweitens, von der Entstehung der Arbeiterschaft aus. Gewiß blieb diese noch lange eine Insel im Meer der bäuerlichen Bevölkerung. Auch am Vorabend der Revolution hatte der *mužik* wenig von seiner Repräsentativität verloren. Dennoch kam der städtisch-industriellen Unterschicht wachsendes Gewicht zu. Besser informiert, bald höher gebildet, aufgrund der Zusammenballung leichter organisierbar und näher am Puls des politischen Geschehens, beschleunigte sie den Prozeß der sozialen Gärung im ausgehenden Zarenreich maßgeblich. Die Arbeiterschaft war ein Fremdkörper in der traditionalen Agrargesellschaft und ein Symbol der heraufziehenden industriellen Ordnung.

Ebenfalls als Produkt der neuen Zeit konnte, drittens, diejenige Schicht gelten, die den umfassenden Wandel von Staat und Gesellschaft ins öffentliche Bewußtsein hob und soziale wie politische Forderungen daraus ableitete: die Intelligenz. Kein Zweifel kann darüber bestehen, daß ihr unter den russischen Bedingungen eine besonders prominente Rolle im Modernisierungsprozeß zufiel. Ausgestattet mit konkurrenzloser Einsichts- und Ausdrucksfähigkeit, zog sie die Debatte über Rußlands Zukunft weitgehend an sich. Die Intelligenz nahm prägenden Einfluß sowohl auf die Zielbestimmung als auch auf die Kritik des Fortschritts und wirkte da, wo sie genügend Spielraum besaß, an seiner praktischen Ausgestaltung mit. Großenteils wurde sie dabei von einem Staat, der überängstlich an seinem Entscheidungsmonopol festhielt, in die Opposition gedrängt. Bei aller ideologischen Verschiedenheit fand sie sich in der Vorstellung zusammen, daß die zarische Herrschaft in der tradierten Form nicht Teil der russischen Zukunft sein könne. Die Intelligenz wurde zum schärfsten Kritiker und, soweit sie die unzufriedenen Unterschichten in Stadt und Land um sich scharte, zum gefährlichsten Gegner der »Selbstherrschaft«, der

Autokratie. In dieser Rolle ersetzte sie in gewissem Maße das moderne Bürgertum, das im Zarenreich spät entstand und sich erst nach der Revolution von 1905 aus der politischen Vormundschaft des Staates zu befreien vermochte.

Von selbst versteht sich, daß die genannten Auflösungserscheinungen nur in dem Maße an Boden gewinnen konnten, wie, viertens, die Staatsgewalt dies zuließ. Lange Zeit galt außerhalb des sowjetischen Einflußbereichs die These, daß die Autokratie auf dem besten Wege zu wirtschaftlicher Gesundung und politischer Stabilisierung im Zeichen des Konstitutionalismus gewesen sei, als der Erste Weltkrieg die hoffnungsvolle Entwicklung abrupt abbrach. Danach setzte sich eine eher skeptische Sicht durch, die ihr wenig Überlebenschancen einräumte. Sie unterstellte als gesichert, was in der retrospektiven Redeweise vom Ancien régime zum geläufigen Begriff geworden ist: daß es so kommen mußte, wie es kam. Inzwischen hat sich wieder mehr Vorsicht ausgebreitet, ohne daß zwingende Evidenz für eine Rückkehr zur »optimistischen« Sehweise vorgelegt worden wäre. In jedem Fall wird man die Reform- und Evolutionsfähigkeit der Autokratie genau prüfen müssen – eine Vergewisserung, die im Einklang stünde mit bedenkenswerten Vorschlägen neuerer Theorien, die Anpassungsfähigkeit und Solidität der staatlichen Gewalt (einschließlich der Armee), nicht die Stärke der Herausforderer und destabilisierender Prozesse als eigentliche Schlüsselvariable zur Erklärung von Revolutionen zu betrachten.[2]

Mithin kamen verschiedene Strukturprobleme, -mängel und Fehlleistungen des Regimes zusammen, um sich zur existenzgefährdenden Bedrohung aufzutürmen. Vieles spricht dafür, in der gleichzeitigen Krise der alten *und* der neuen Ordnung, der Agonie der traditionalen Agrargesellschaft *und* den Geburtswehen der Industriegesellschaft, die Wurzel des Übels zu sehen, das die Grundfesten der Autokratie zerfraß. Der doppelte Wandel lieferte den Rufen nach Freiheit, Demokratie und einer gerechteren Gesamtordnung reichlich Argumente und förderte jene geistige Verunsicherung, die sich als Vertrauensentzug breiter Schichten der Untertanen niederschlug. Zugleich trug er maßgeblich dazu bei, das Kontroll- und Zwangspotential des Staates zu schwächen. Bis zu einem gewissen Grade arbeitete er dem Kriege vor, dessen Wirkung allerdings besonders in dieser Hinsicht aus der Vorgeschichte und der Revolution selbst nicht wegzudenken ist: Die schlichte Auszehrung der staatlichen Macht im Innern war eine unentbehrliche Voraussetzung sowohl für den Februar- als auch für den Oktoberaufstand und beider Folgen.

Solch eine Bündelung von Erosionsprozessen hilft verstehen, daß der Untergang des Zarenreiches über allen Meinungsstreit hinweg als grundlegende Wende der russischen Geschichte begriffen worden ist. Die Erhebungen vom Februar und Oktober 1917 bewirkten mehr als einen bloßen Regierungswechsel und auch mehr als eine Änderung der politischen Verfassung. Sie installierten keine neue Elite in der Matrix oder in einem erneuerten Segment der alten Ordnung. In der Summe liefen sie auf eine tiefgreifende Umwälzung aller Bereiche hinaus, die eine Gesellschaft (im breiten soziologischen Sinne) begründen: des Herrschafts-, Sozial- und Wirtschaftsgefüges sowie großenteils auch des kulturellen Lebens. Die russischen Konvulsionen der Jahre von 1917 bis 1920 erfüllten fraglos den Begriff der Revolution in einem engen und umfassenden Sinne zugleich, wie er nur noch auf wenige andere eruptive Neuerungs- und Übergangsprozesse der neuzeitlichen Geschichte zutrifft.[3]

Auf der anderen Seite wäre es verfehlt, die Kontinuitäten zu übersehen, die das neue Rußland mit dem alten weiterhin verbanden. Wer das Sowjetregime nach dem Ende der ersten Aufbauphase zu Beginn der dreißiger Jahre betrachtete, konnte die Gemeinsamkeiten mit Händen greifen. Die praktizierte politische Verfassung war anders und doch verwandt. Der wirtschaftliche Fortschritt wurde mit anderen Mitteln und neuem Einsatz vorangetrieben, aber das Ziel blieb im Kern dasselbe. Es zeigte sich, daß der neue Staat sich alter Aufgaben annahm und seine Machtstruktur daran anpaßte. Die Frage nach den Gründen für solche Wahlverwandtschaft zielt auf das Wesen der russischen Revolution insgesamt.

Die folgende gedrängte Darstellung kann nicht mit faktischer Originalität aufwarten. Sie möchte unter den genannten leitenden Gesichtspunkten in die ebenso schwierige wie spannende und bedeutsame Geschichte der russischen Revolution einführen. Im wesentlichen orientiert sie sich dabei an der neueren Forschungsliteratur. Aus Gründen des Umfangs kann sie auf den reichen Bestand der gedruckten Quellen nur im Ausnahmefall zurückgreifen. Ihre Absicht ist weder eine Summe noch eine Bilanz, sondern eine Synthese, die auf eigene Akzente nicht verzichtet, auch wenn deren Begründung nicht immer ausgebreitet werden kann. Dem Sachkenner wird nicht entgehen, daß sie der Sehweise viel verdankt, die Dietrich Geyer vor zwanzig Jahren zum ersten Mal zusammengefaßt hat und seitdem durch zahlreiche Einzeluntersuchungen bestätigt worden ist. Insofern hat der Verfasser Anlaß, ihm gerade an dieser Stelle für manche Anregung zu danken. Der Band wäre im normalen Universitätsbetrieb ohne einen, wenn auch kurzen, lehr- und verwaltungsfreien Aufenthalt am Russian Research Center der Harvard University nicht zustande gekommen. Noch weniger allerdings ohne die Hilfe der Mitarbeiter im Göttinger Seminar für Mittlere und Neuere Geschichte. Ihnen sei für klaglose Mühen und vielfältige Mitwirkung Anerkennung ausgesprochen. Der gleiche Dank gilt schließlich einmal mehr Dietrich Beyrau, dessen kenntnisreiche Kritik auch diesem Manuskript hoffentlich zugute gekommen ist.

Göttingen, im Februar 1988 *Manfred Hildermeier*

I. Voraussetzungen

1. Agrarkrise und Bauernprotest

Die längerfristigen sozialen und wirtschaftlichen Ursachen der Revolution reichen zumindest bis zur letzten umfassenden Anstrengung zurück, der notorischen Rückständigkeit des Zarenreiches Herr zu werden: zu den Reformen der sechziger Jahre. Als sich Alexander II. (1855–1881) unter dem Zwang des verlorenen Krimkrieges (1854–1856) entschloß, das längst Überfällige zu tun, bewies er einerseits Weitsicht und Mut. Er folgte den Argumenten seiner Ratgeber, daß Rußland sich abermals, wie schon unter Peter dem Großen zu Beginn des 18. Jahrhunderts, vom Ballast eines versteinerten Sozialgefüges befreien müsse, wenn es die Chance wahren wolle, seinen Status als europäische Ordnungsmacht zurückzugewinnen. Die Einsicht verlangte Tribut, daß die Leibeigenschaft, die Säule der Adelsherrschaft, der Kern des Übels war: weil sie die Mobilität und wirtschaftliche Leistungskraft der Bauern lähmte, weil sie die Grundbesitzer zu Trägheit und bloßem Rentenverzehr verleitete, weil sie die Landwirtschaft in Fesseln schlug und ihr die Möglichkeit entzog, Handel, Gewerbe und Industrie über Entwicklungsknoten hinwegzuhelfen. Auch wenn militärischen Überlegungen womöglich noch größeres Gewicht zukam[1], waren ökonomische von Anfang an im Spiele. Vom Ende der Leibeigenschaft erwartete man, was die säkularen Maßnahmen als Zielvision überwölbte: neue Lebenskraft und neuen Schwung für Staat, Wirtschaft und Gesellschaft allgemein.

Andererseits achteten die federführenden Kommissionen und Ministerien von Anfang an darauf, Vorsorge gegen einen allzu tiefen Bruch zu treffen. Nicht nur im Interesse des Adels, den wirtschaftliche Existenzangst und die Furcht vor bäuerlichem Aufruhr quälten, bemühten sie sich, den anvisierten Wandel zu dosieren. Auch um der guten Ordnung im Staate willen wollten sie keine überhastete Landflucht, die in den wenigen aufstrebenden Städten ohnehin nur das Heer der Unterbeschäftigten und Arbeitslosen vermehrt hätte. Man wollte die Bauern nicht in die Ellenbogenfreiheit der Marktgesetze entlassen, die außer dem Recht auf ungehinderte wirtschafliche Entfaltung auch das Risiko der völligen Verarmung und Obdachlosigkeit bereithielt. Gerade die konsequenten Reformer vom (in Rußland) neuen Typ des Fachbeamten verloren die politische und soziale Stabilität nicht aus dem Blick. Gerade sie waren bestrebt, die Kräfte, die sie riefen, auch im Zaume zu halten. Nur wollten sie dies mit anderen Mitteln erreichen als der um Besitz und Vermögen bangende konservative Adel: durch die Schaffung lebensfähiger, ausreichend mit Land versorgter Bauernstellen.

Das Befreiungsstatut vom 19. Februar 1861 zeigte, daß dieses Bemühen um kontrollierten sozialen Wandel dem notwendigen Kompromiß nicht zum Opfer fiel. In mancher Hinsicht ergänzten die Vorsichtsmaßregeln beider Parteien einander so sehr, daß man der Reform ganz und gar abgesprochen hat, den wirtschaftlichen Pulsschlag des Zarenreiches beschleunigt zu haben.[2]

Diese Kritik konnte sich insbesondere auf folgende Bestimmungen stützen.

Erstens: Die russischen Bauern wurden in ihrer großen Mehrheit mit Land ausgestattet. Neben Haus und Hof erkannte ihnen das Gesetz einen Teil des vorher genutzten Landes zu, den sie allerdings kaufen (ablösen) mußten. Es sicherte ihnen damit zunächst ein Existenzminimum, wie schmal dies auch immer sein mochte.

Zweitens: Verhandlungs- und Vertragspartner des Adels beim schwierigen Geschäft, die bäuerliche von der gutsherrlichen Wirtschaft zu separieren, war nicht der einzelne Bauer, sondern die Dorfgemeinde als ganze. Die Reformer stärkten diese überkommene Institution bewußt. Vielfach slavophilen Anschauungen anhängend, die den *mir* (auch: *obščina*) zur urtümlichen Kraftquelle der russischen Zivilisation überhöhten, sahen sie in ihr den eigentlichen Garanten für die Aufrechterhaltung von Ordnung und Stabilität unter den neuen Verhältnissen. Sie übertrugen ihr nicht nur die polizeilichen, administrativen und jurisdiktionellen Befugnisse, die zuvor der Grundherr wahrgenommen hatte, sondern auch die bäuerlichen Rechte und Pflichten bei der praktischen Umsetzung des Befreiungsstatuts. Die Dorfgemeinde als ganze haftete für die Zahlung der Ablösegelder und der staatlichen Steuern. Sie verfügte über das Land und teilte es nach alten Verfahrensregeln zu. Sie stellte Pässe für saisonale Arbeit oder sonstige Geschäfte in der Fremde aus und sprach das entscheidende Wort, wenn eines ihrer Mitglieder das von ihm genutzte Land als persönliches Eigentum abtrennen oder auf immer in die Stadt übersiedeln wollte. Persönlich war der Bauer seit 1861 zwar frei, aber er blieb an die Dorfgemeinde gebunden. Nicht zuletzt dies war eine Lehre, welche die Reformer aus den Erfahrungen Westeuropas zogen, um städtischem Massenelend, Entwurzelung und sozialer Unruhe vorzubeugen.

Drittens: Die Entflechtung von bäuerlicher und grundherrlicher Wirtschaft fand langsam statt. Zwar wurden die Regulierungsurkunden (über Ausmaß, Lage und Preis des bäuerlichen Landes) unter staatlicher Aufsicht überwiegend noch in den sechziger Jahren erstellt. Aber die Ablösung selbst kam nur zögernd voran. Den Bauern wurde ein so hoher Preis abverlangt, daß viele kein Interesse am Kauf hatten. Die Regierung sah sich schließlich genötigt, den bis dahin gültigen Grundsatz der Freiwilligkeit aufzuheben und den Abschluß von Ablösungsvereinbarungen mit Wirkung vom Jahresbeginn 1883 zwingend vorzuschreiben. Zu diesem Zeitpunkt, immerhin gut zwanzig Jahre nach der Reform, hatten erst 74,9% aller Bauern diesen Schritt gewagt.[3] Da sie bis zum Abschluß der Verträge weiterhin Zins- und Fronleistungen, wenn auch in vermindertem Umfang, zu erbringen hatten, blieb vielerorts geraume Zeit im Kern alles beim alten.

Seit der zeitgenössischen Diskussion galt als ausgemacht, daß der Effekt der Aufhebung der Leibeigenschaft hinter den Erwartungen zurückblieb. Das Los der Bauern wandte sich nicht sichtbar zum Besseren. Im Regelfall warfen ihre Wirtschaften keine Erträge ab, die über die Selbstversorgung hinaus zu Marktverkäufen im erhofften Umfang ausgereicht hätten. Auch weiterhin verfügten sie nicht über die Mittel, um mit durchschlagendem Erfolg in die Verbesserung des Bodens, in Gerätschaften und neue Anbaumethoden investieren zu können. Beobachter machten im Gegenteil neue besorgniserregende Krisenzeichen aus. Nach Mißernten kam es im Winter 1891/92 zu einer verheerenden Hungersnot[4], die nicht nur von Regimegegnern als Resultat völliger Erschöpfung gedeutet wurde: Unter der Last hoher Ablösungszahlungen, von einem Staat zum Verkauf der letzten Vorräte gezwungen, der den industriellen Aufbau nicht zuletzt durch steigende Steuern und Getreideausfuhren (»Hungerexport«) zu finanzieren suchte, schienen die Bauern ihre Kräfte restlos verausgabt zu haben.

Zu diesem Bild paßte der Befund, daß die Bevölkerung des Reiches in der zweiten Jahrhunderthälfte sprunghaft zunahm: im europäischen Kernland von 61 Millionen (1864) auf 122 Millionen (1913). Überwiegend fand diese Entwicklung auf dem Dorf statt. Von Stadt und Industrie ging, auch wenn sich der Anteil der Stadtbewohner wesentlich erhöhte, nur eine geringe Sogwirkung aus. Die Umsiedlung nach Sibirien und in andere bevölkerungsarme Gebiete kam zu langsam voran, als daß sie Abhilfe hätte bringen können. Im Ergebnis hatte diesseits des Ural eine kaum erweiterte Anbaufläche eine rasch wachsende Zahl von Menschen zu ernähren. Der Bevölkerungsüberschuß fand kein Ventil und begründete einen schwer zu sprengenden Zirkel: Auf dem Dorfe verschärfte sich die Landnot, die ihrerseits den Übergang zu besseren Anbaumethoden verhinderte und die bäuerliche Konsumkraft in engen Grenzen hielt; die Einschnürung des Agrarmarktes wiederum bremste die Entfaltung der Industrie, die deshalb den demographischen Druck kaum mindern konnte. Bei unveränderten Rahmenbedingungen war die Explosion vorprogrammiert, die nicht nur eine soziale sein würde. Ökonomische Analyse und politische Prognose kamen hier zusammen.[5]

Dieses Szenario ist indes nicht unbestritten geblieben. Die sowjetische Forschung hat es ohnehin nicht akzeptieren können. Wohl räumt auch sie die Unvollkommenheit der Agrarreform und das Fortleben »feudaler Überreste« ein. Insgesamt aber wertet sie die Entwicklung positiver, weil der 1861 eingepflanzte Same des »Kapitalismus« auf lange Sicht doch Keime getrieben habe. Die von ihr ebenfalls behauptete Krise ist im Grundsatz eine andere: eine, die aus den Widersprüchen der neuen Produktionsweise erwuchs. Aber auch in der jüngeren westlichen Forschung sind Zweifel geäußert worden, ob die Gleichung von ökonomischer Regression, demographischem Druck und sozialer Erschütterung aufgeht. Man hat nicht nur eine positivere Gesamtbilanz des agrarischen Sektors (unter Einschluß der adeligen Großbetriebe) in der Entwicklung der Volkswirtschaft bis zum Ersten Weltkrieg gezogen. Auch auf den bäuerlichen Höfen hat eine genauere Prüfung der Daten Indizien für günstigere Zustände erbracht als bisher angenommen. Bis zur Jahrhundertwende waren Ertragssteigerungen von einem Drittel und mehr zu verzeichnen. Sie betrafen vor allem Kartoffeln und Gemüse sowie Spezialkulturen wie Flachs und Zuckerrüben, in geringerem Maße auch Getreide. Man hat davor gewarnt, die bäuerliche Landwirtschaft als Getreidemonokultur zu betrachten, und in vielen Bereichen eine beachtliche Flexibilität gerade der Kleinbetriebe festgestellt. Die Hungersnot erscheint in dieser Sicht nicht als Ergebnis von Leistungsschwäche und staatlicher Abschöpfung, sondern überwiegend als Folge einer nicht steuerbaren Naturkatastrophe. Ein fiskalisch begründeter, merklicher Rückgang des bäuerlichen Konsums läßt sich nicht belegen. Deutlicher als zuvor treten regionale Unterschiede ins Licht, die verallgemeinernde Aussagen weiter erschweren. In vieler Hinsicht zieht dieser Perspektivenwechsel weitere Konsequenzen aus der Wiederentdeckung der »neopopulistischen« Agrartheorie, die der am Rande des Marktes produzierenden Familienwirtschaft eine besondere Zählebigkeit zuschrieb und in ihr die eigentliche Kernzelle des bäuerlichen Rußland sah.[6]

Einwände lassen sich auch gegen das demographische Argument erheben. Die sowjetische Forschung hat seit längerem auf die Bedeutung von Kauf und Pacht als Möglichkeiten für die Bauern hingewiesen, den Mangel an Land auszugleichen. Zweifellos fand auf diesem Wege eine Ausdehnung der bäuerlichen Wirtschaft zu Lasten der gutsherrlichen Eigenwirtschaft statt. Um 1905 hatten die Bauern etwa ein Viertel des von ihnen bearbeiteten Bodens gepachtet; das entsprach einem Anteil von 32% des gutsherrlichen Landbesitzes. Hinzu kam der Landkauf, zu dessen Förderung 1883 eigens eine Bauernbank gegründet wurde. Zwischen 1877 und 1905 vergrößerten Bauern und bäuerliche Kosaken (in der südöstlichen Steppe) ihren Anteil an der gesamten nichtstaatlichen landwirtschaftlichen Nutzfläche von 58,5% auf 67,9%. Im selben Zeitraum sank der entsprechende Adelsbesitz von 34,7% auf 22,1%. Zwar kam in diesen Jahrzehnten auch Neuland unter den Pflug. Überwiegend aber resultierte die Verschiebung aus Verkäufen des Adels an die Bauern, wobei in der Regel die *obščiny* und keine Einzelpersonen als Erwerber auftraten. Der Landbesitz betuchter Bürger (der »Kaufleute« als ständischer Kategorie) blieb bis zuletzt eine irrelevante Größe. Rechnet man das Pachtland hinzu, so dürfte der bäuerlich genutzte Boden weit mehr als zwei Drittel der gesamten nichtstaatlichen Acker- und Weidefläche erreicht haben.[7]

Der weiteren Forschung muß überlassen bleiben, welche der »Geschichten« den tatsächlichen Zuständen am ehesten gerecht wird. Womöglich schließen beide einander nicht völlig aus. Einer dezidiert »revisionistischen« Sicht wird es aber so lange an Überzeugungskraft mangeln, wie sie nicht plausibel machen kann, warum fast alle zeitgenössischen Fachleute in und außerhalb der Regierung die Landwirtschaft weiterhin als größten Hemmschuh auf dem Wege zu einer besseren Zukunft des Reiches betrachteten. Desgleichen muß sie den retrospektiven Einwänden begegnen, die sich aus der Vehemenz des bäuerlichen Zorns 1905 und 1917 und den bleibenden, nachrevolutionären Spannungen ergeben.[8] Auch wenn man eine Neigung einräumt, im Rückblick die Unlösbarkeit der Probleme zu überzeichnen, bleiben wichtige Argumente der alten Sehweise unberührt. Zu nennen sind insbesondere folgende, die einen Zusammenhang von Agrarkrise und Protestbereitschaft herstellen und erklären helfen.

Erstens: Die Bauern hatten durchaus objektive Gründe, sich betrogen zu fühlen. Der Befund steht außer Zweifel, daß sie als Verlierer aus der Bodenentflechtung hervorgingen. Allen vorliegenden Berechnungen zufolge mußten die ehemaligen Leibeigenen eine Verringerung der Wald- und Ackerfläche hinnehmen, die sie zuvor hatten nutzen können. Im Großraum um Moskau und im zentralen Landwirtschaftsgürtel zwischen den Gouvernements Poltava und Tambov entsprachen die »abgeschnittenen Stücke« (*otrezki*), von denen die revolutionäre Propaganda später viel Aufhebens machte, etwa 15 bis 20%, an der mittleren Wolga 30 bis 40% und mehr. Eine Erhebung von 1877 führte den Statistikern vor Augen, daß 65,3% aller (männlichen) »Seelen« weniger als fünf und weitere 28,9% fünf bis zehn Desjatinen Land bearbeiteten. Im Durchschnitt verfügte jeder Hof eines ehemaligen Leibeigenen in diesem Jahr über 8,9 Desjatinen und jeder bäuerliche Hof – unter Einschluß der besser gestellten ehemaligen Staatsbauern – über zwölf Desjatinen. Infolge des Bevölkerungswachstums verringerte sich diese Fläche bei den ehemaligen Leibeigenen bis 1905 auf 6,7 Desjatinen und 9,5 Desjatinen insgesamt.[9] Wenn man bedenkt, daß fünf Desjatinen als Subsistenzminimum galten, und die hohen Ablösezahlungen und Steuern berücksichtigt, dann scheint der Schluß geboten, daß die Reform in der Tat keine Grundlage schuf, auf der die bäuerliche Wirtschaft wirklich hätte gedeihen können.

Vor allem die Pacht mochte helfen, wenn auch ebenfalls nur mit Einschränkungen. Die Bauern zahlten vielerorts (besonders im zentralen Schwarzerdgebiet) mit unentgeltlicher Arbeit im gutsherrlichen Betrieb. Faktisch bestand in Gestalt dieser »Abarbeit«

(*otrabotka*) bis über die Jahrhundertwende hinaus der wirtschaftliche Kern der Leibeigenschaft fort. Beide Seiten zogen Gewinn daraus; sie erhielten, was sie am nötigsten brauchten, und sparten, was sie am wenigsten besaßen: Geld. Aber es waren keine prosperierenden agrarischen Kleinunternehmer, die in dieser Form pachteten, sondern bitterarme Bauern, die ums Überleben kämpften und deren Landhunger ungestillt blieb.

Zweitens: Unbestreitbar erhob die Reform die *obščina* zum tragenden Gerüst der dörflichen Welt. Ohnehin seit altersher das Gehäuse, in dem sich das soziale und wirtschaftliche Leben des Bauern bewegte, wurde sie nun auch anstelle des Gutsherrn zur Obrigkeit. Zu ihrer überkommenen Doppelgestalt als Landumteilungsgemeinde, die den gemeinschaftlichen Bodenbesitz periodisch neu vergab, und als Solidarhaftungsgemeinde, die kollektiv für die pünktliche Zahlung von Steuern und Zinsen verantwortlich war, gesellte sich die weitere Rolle als Verwaltungsgemeinde in staatlichem Auftrag. In dieser Form hatte sie bis zur ersten Revolution Bestand. Wohl erlaubte das Gesetz jedem Mitglied formell, um die Zusammenlegung des von ihm genutzten Landes und um Austritt zu bitten. Die Formen der Landnutzung belegen jedoch, daß diese Bestimmung ein toter Buchstabe blieb: Noch 1905 betrug der Anteil des zu Einzelhöfen arrondierten und ausgesonderten Landes im zentralen Gewerbegebiet um Moskau 0,9%, im zentralen Landwirtschaftsgebiet 11,7% und im Durchschnitt aller europäischen Gouvernements – unter Einschluß solcher, in denen die *obščina* kaum verbreitet war – 16,6%.

Weniger klar ist, welche Wirkungen die Beibehaltung der *obščina* auslöste. Daß der gewohnheitsrechtliche Anspruch auf Landzuteilung durch die Dorfgemeinde zu frühen Ehen und hoher Fruchtbarkeit geführt habe, läßt sich beim Vergleich der Regionen nicht zweifelsfrei belegen. Gleichwohl bleibt das Argument überzeugend, wenn man den breiteren Kontext der Tradition bäuerlichen Sozialverhaltens mitbedenkt. Leibeigenschaft und Dorfgemeinde – der Grundherr, der an billiger Arbeitskraft interessiert war, die Bauernfamilie, die eine junge Schwiegertochter im Haushalt gut gebrauchen konnte, das Dorf, das noch aus vollen Landreserven schöpfen konnte – haben über die Jahrhunderte auch demographische Muster erzeugt, die über die Zäsur von 1861 hinauswirkten. Wichtigste Stütze dieser Zählebigkeit war die *obščina*.[10]

Drittens: Landknappheit und Bevölkerungswachstum, beide wie stark auch immer begünstigt durch die Umteilungsgemeinde, lassen manche Fragen unbeantwortet. Zeitgenössische Beobachter haben darauf hingewiesen, daß die tiefste greifbare Ursache für die Agrarkrise woanders zu suchen war: in der geringen agrarischen Produktivität. Bei aller möglichen Einseitigkeit des eingeschliffenen Urteils bleibt dieses Defizit vor allem dann unberührt, wenn man die Leistung der bäuerlichen Wirtschaften an den großen Aufgaben mißt, die ihr im Rahmen der nachholenden Industrialisierung gestellt wurden. Die Bauern nutzten ihre Äcker noch lange nach altem Brauch. Üblich blieb die offene Flur, die Streuung der von einer Familie bearbeiteten Flächen über verschiedene Orte des Dorflandes, die unzertrennlich mit dem Grundsatz der Umteilung verbunden war: Jeder Hof sollte Zugang zu Land verschiedener Art und Qualität haben. Üblich blieb die (einfache) Dreifelderwirtschaft mit einem bestimmten Fruchtwechsel, an den sich das ganze Dorf zu halten hatte. Üblich blieben die alten, einfachen Gerätschaften, vor allem die Hakenpflüge, die kaum in den Boden eindrangen und dessen Auslaugung beschleunigten. Unbekannt blieben Kunstdünger und andere Verbesserungen der Anbautechnik. Es hat etwas Künstliches, einzelne Ursachen herauszugreifen, wie die Gemengelage, die sicher die Anwendung rationeller Anbaumethoden erschwerte, oder die Umteilung selbst, die kaum zu Bodenverbesserung und Zukunftsinvestitionen animiert hat. Es waren die gesamte alte Wirtschafts- und Lebensweise selbst, der Mangel an Innovationsbereitschaft ebenso wie der kaum gebrochene Analphabetismus und das Fehlen nennenswerter Kenntnisse über moderne Anbaumethoden, die den Ertrag niedrig hielten und eine rechtzeitige Lösung der neu entstandenen Probleme verhinderten. Darin lag sicher die eigentliche Bedeutung der *obščina*, daß sie die wichtigste Stütze des Traditionalismus auf dem Dorfe war.[11]

Auch ohne jeden Ungehorsam gleich zur »Agrarbewegung« aufzubauschen, wird man zu dem Schluß kommen, daß sich das russische Dorf bis zum Ende des alten Regimes nicht mit der Reform abfand. Die Bauern hatten von der »verheißenen Stunde« mehr erwartet, als der Zar geben wollte und konnte: *alles* Land, das sie bearbeiteten, ohne Abgaben, kein Land, dessen Ertrag sie jahrzehntelang zur Schuldentilgung würden aufwenden müssen. Feuersbrünste und Plünderungen als Reaktion auf die Verkündung des Manifests bezeugten ihre tiefe Enttäuschung. Daß es nach 1865 nicht mehr zu spektakulären Erhebungen kam, zeigte bestenfalls eine oberflächliche Beruhigung an. Genau besehen riß die Kette von Rechtsverstößen und anderen Übergriffen auf gutsherrliche Besitzungen nicht ab. Agrarischer Sozialprotest blieb endemisch und trat gegen Ende des Jahrhunderts auch wieder sichtbarer zutage. Eine entscheidende Etappe bildete dabei die Hungersnot von 1891/92. Einhellig ist betont worden, daß diese Katastrophe dem politischen Bewußtsein der Bauern einen spürbaren Schub gab. Wohl hat sie den vielzitierten Zarenmythos noch nicht erschüttert. Immer noch befand sich der *mužik* in dem Irrglauben, »Väterchen Zar« wisse von all seinem Elend nichts. Gegenüber den Gutsherren aber, die »sein« Land besaßen, wurde sein Verhalten aggressiver. Als Warnung vor Kommendem war 1902 der Aufruhr ganzer Dörfer in den Gouvernements Char'kov und Poltava zu verstehen, dessen Niederschlagung den Aufmarsch mehrerer Bataillone erforderte.

Daß dieser Empörung eine Mißernte voranging, macht den Zusammenhang mit der Agrarkrise unübersehbar. Fraglich bleibt indes, ob er als Erklärung ausreicht.[12]

Vergleichende Untersuchungen von Aufruhr und Revolution in Stadt und Land haben längst vielfache und widersprüchliche Vermittlungen zwischen materieller Lage und kollektiver Aktion ans Licht gebracht, die es nahelegen, das Gewicht anderer Faktoren nicht geringer zu veranschlagen. Zu erinnern ist, erstens, vor allem an die lange Tradition bäuerlicher Empörungen und wesentlich von der Landbevölkerung getragener innerer Kriege. Auch wenn Nachweise für die frühere Zeit nicht immer zu erbringen sind, wird man davon ausgehen können, daß agrarischer Sozialprotest im Zarenreich spätestens seit der Mitte des 17. Jahrhunderts an der Tagesordnung war und zu den kollektiven Erfahrungen und Handlungsmustern zählte, die von Generation zu Generation weitergegeben wurden. Diese bäuerliche Neigung zu Ungehorsam und Gewalt ist, ungeachtet der Vielfalt der jeweils spezifischen Ursachen, zweitens, ohne ihre strukturellen Voraussetzungen nicht zureichend zu verstehen: Fraglos erzeugte die Leibeigenschaft ein besonders hohes Maß an Spannungen, die durch verschiedenste konkrete Anlässe – Mißernten, gutsherrliche Willkür oder staatliche Forderungen von Steuern und Rekruten – leicht zum Ausbruch zu bringen waren. Zumal im Bewußtsein der

Bauern galt sie als eine Ordnung, in der den bäuerlichen Pflichten und Lasten keine annähernd gleichwertige Leistung der Grundherren mehr entsprach. Als Stütze dieses Bewußtseins und Medium seiner praktischen Umsetzung ist, drittens, schließlich auch an dieser Stelle die *obščina* zu nennen. Es verdient Beachtung, daß die Bauern in den seltensten Fällen auf eigene Faust handelten. Fast alle Angriffe auf gutsherrliche Besitzungen und Rechte wurden vom Dorf als Ganzem getragen und unternommen. Die Gemeinde trat geschlossen gegen das auf, was sie für ungerecht hielt. Sie vermittelte die Maßstäbe für Toleranzgrenzen ebenso, wie sie über die Art der Antwort entschied. Ohne die in ihr repräsentierte ausgeprägte Solidarität der dörflichen Sozialverfassung sind Ausmaß und Charakter der Bauernunruhen in Rußland, die das Zarenreich letztlich zum Einsturz brachten, nicht zu verstehen.[13]

Weitgehend ungeklärt bleibt bislang die Frage, in welchem Maße der Adel zur Gärung auf dem flachen Lande beitrug. Gewiß nicht ohne Bedeutung war, daß auch er nichts zu verschenken hatte. Die Aufhebung der Leibeigenschaft nahm ihm fast die Hälfte seines Landes. Darüber hinaus mußte er, zumindest de jure, auf die unentgeltliche Arbeitskraft verzichten, die ihm bis dahin zur Verfügung gestanden hatte. Viele Gutsherren kannten nicht einmal den Wert ihrer Besitzungen, geschweige denn den Marktpreis der Fron- und Gesindedienste, die sie mit Selbstverständlichkeit in Anspruch nahmen. Den landwirtschaftlichen Betrieb in eine Gewinn- und Verlustrechnung zu zerlegen, war mehr, als sie zu leisten vermochten. Hinzu kam, daß eben dieser Mangel an Kenntnis und Interesse in Verbindung mit einer aufwendigen Lebensweise zu hoher Verschuldung geführt hatte. Statistisch waren vor 1861 zwei von drei bäuerlichen »Seelen« verpfändet. Auch die enorme Summe, die der Staat dem Adel anstelle der Bauern bald nach der Reform als Ablösung für die verlorenen Ländereien aushändigte, half ihm deshalb kaum: Etwa die Hälfte verschlang die Schuldentilgung. Was an liquiden Mitteln übrigblieb, reichte nicht annähernd aus, um Lohnarbeiter anzuheuern und die Grundausstattung an Betriebsinventar und Zugtieren zu kaufen, die vorher die Bauern gestellt hatten. Viele Adelige konnten den Ruin nur durch Abgabe von Land abwenden: Der letzte Kirschgarten wechselte, wie bei Čechov, den Besitzer oder wurde gegen »Abarbeit« oder Entgelt verpachtet. Dem Adel kam dabei zustatten, daß die Pachtpreise als Folge der Bodenverknappung und des Bevölkerungswachstums stark anstiegen. Sie halfen einer neuen Generation, sich auf die veränderten Verhältnisse umzustellen. Nach der Jahrhundertwende boten hohe Getreidepreise einen weiteren Anreiz zur Kommerzialisierung. Die Zeichen mehrten sich, daß sich die verbliebenen Adelsgüter zu erholen begannen. Wer die Anpassung bewältigt hatte, war nicht selten so konsequent, sein Ackerland selber zu bewirtschaften und seine Besitzungen gegen die Reste gewohnheitsrechtlicher Ansprüche der Bauern (Holzschlag, Ährennachlese und anderes mehr) abzuriegeln. In einigen Gouvernements verdoppelte sich die in eigener Regie genutzte Fläche. Womöglich nicht zufällig waren es zum Teil solche, in denen das Feuer des Aufruhrs bald besonders hell loderte. Denn die Leidtragenden dieser Art von »Einhegungen« waren die Bauern, denen dringend benötigtes Pachtland wieder entzogen wurde. Von hier aus läßt sich auch eine Brücke zur »revisionistischen« Sicht schlagen. Den Ursachen der Agrarrevolution wäre ein Tocquevillescher Gedanke hinzuzufügen: Nicht allein Land*not* versetzte die Bauern in Zorn, sondern die Erfahrung einer Regression nach einer Phase relativer Besserung in den neunziger Jahren. Aus ihrer Sicht war es in neuer Weise abermals der Adel, der die Bauern drangsalierte.[14]

2. Industrialisierung und Arbeiterfrage

Es war kein Zufall, daß zur Zeit der Großen Reformen auch die ersten konkreten Pläne reiften, die Industrie des Zarenreiches in konzentrierter Anstrengung dem Niveau der fortgeschrittenen Länder Westeuropas anzunähern. Der Krimkrieg hatte nicht zuletzt den wirtschaftlichen und technologischen Rückstand ans Licht gebracht. Gewiß mußte der Weg aus der Krise mit der Aufhebung der Leibeigenschaft beginnen, die Fundament und Gerüst der alten Ordnung zugleich war. Aber er konnte nur zum Erfolg führen, wenn der zweite Schritt nicht ausblieb: Agrarischer und industrieller Fortschritt samt den sozialen und demographischen Begleitprozessen hingen aufs engste zusammen. Die zarische Regierung ergriff dabei die Initiative und blieb durchgehend eine wesentliche Stütze. In keinem Ressort war die Kontinuität der Reformpolitik so ausgeprägt wie im Finanzministerium, das zu einer Art Industrialisierungsagentur wurde. Auch die Entwicklungsstrategie folgte den Überlegungen, die bereits der erste bedeutende Amtsinhaber M. C. v. Reutern (1862–1878) seinen Nachfolgern mit auf den Weg gab: Man hoffte, durch Förderung des landwirtschaftlichen Exports bei gleichzeitiger Sparsamkeit im Innern das Vertrauen in die Zukunft des Reiches wiederherstellen und mit staatlicher Hilfe sowie ausländischem Kapital und Unternehmertalent die Grundlage für eine eigene Schwerindustrie schaffen zu können. Als Leitsektor sollte dabei, wie in Westeuropa auch, der Eisenbahnbau dienen.

Im ganzen ist dieses Programm mit bemerkenswertem Erfolg verwirklicht worden. Der »Koloß auf tönernen Füßen« legte sich eiserne zu: Immerhin erklomm er bei allen bleibenden Defiziten in weniger als einem halben Jahrhundert den vierten Rang unter den Wirtschaftsmächten Europas. In der Südukraine wurde ein neues schwerindustrielles Zentrum aus dem Boden gestampft, das mit moderner westlicher Technologie arbeitete und die veralteten Eisenhütten des Ural aus der Zeit Peters I. ablöste. St.Petersburg verwandelte sich in eine Industriestadt europäischen Zuschnitts, die nicht mehr allein von Regierung, Verwaltung und Adelsresidenzen, sondern in wachsendem Maße vom Schiffs- und Maschinenbau lebte. Die Industrieproduktion wuchs in einem Tempo, das den Vergleich mit den aufstrebenden Wirtschaftsnationen des Westens nicht zu scheuen brauchte. Zwischen 1883 und 1913 erreichte sie jährliche Steigerungsraten von etwa 5%. Besonders große Sprünge waren dabei in den neunziger Jahren zu verzeichnen – als Finanzminister S.Ju. Witte (Vitte) (1892–1903) das ehrgeizigste Projekt der Gründerzeit, die Transsibirische Eisenbahn, energisch vorantrieb –, desgleichen während der Hochkonjunktur am Vorabend des Ersten Weltkrieges. Hinzu kam, daß auch ältere, in die Vorreformzeit zurückreichende Industriezweige neue Dynamik entfalteten und ins Zeitalter des Dampfantriebs und der Maschinen eindrangen. Vor allem Baumwolltextilien eroberten neue Märkte, und ihre Herstellung im russischen Kernland um Moskau (dem sogenannten Zentralen Gewerbe- oder Industriegebiet) erlebte einen ungeahnten Aufschwung. Zu den Käufern gehörte, wie die günstigere Bilanz ihrer volkswirtschaftlichen Gesamtrolle nahelegt, mehr und mehr auch die Dorfbevölkerung. Gewiß blieb die Investitionsgüterindustrie bis zuletzt in hohem Maße auf die staatliche Nachfrage angewiesen. Daneben aber blühte eine Leichtindustrie auf, die primär endogenen Antrieben, den sichtbar erstarkenden Kräften des Binnenmarktes, zu verdanken war. Staat und ausländische Unternehmer bildeten nicht die einzigen Motoren der Industrialisierung, so wie diese sich nicht auf die Begründung der Schwerindustrie reduzierte. Kein Zweifel, daß der Aufbruch breit genug war, um dem alten, ländlichen, adeligen Rußland die Zukunft abzuschneiden, auch wenn er es noch längst nicht verdrängte.[15]

Die frühe russische Industrie der Vorreformzeit befand sich überwiegend auf dem Lande. Webereien und Spinnereien im Zentralen Gewerbegebiet gingen aus der Heimarbeit hervor, mit der die Bauern die langen Wintermonate füllten und sich eine zusätzliche, angesichts der kargen Bodenerträge dringend benötigte Einkunftsquelle erschlossen. Eigner und Beschäftigte waren in der Regel Dorfbewohner. Das änderte sich mit der Beschleunigung der wirtschaftlichen Entwicklung nach der Bauernbefreiung. Industrie und Stadt rückten näher zusammen, teils weil die neuen Fabriken in den Städten errichtet wurden, teils weil die Gewerbedörfer so viel Arbeitsuchende anzogen, daß sie sich in Städte verwandelten.

Wie überall gab die Zunahme nichtlandwirtschaftlicher Tätigkeiten der regionalen Mobilität einen kräftigen Impuls. Trotz *obščina* und Paßzwang strömten die Dorfbewohner in größerer Zahl in die Städte, als diese es verkraften konnten. Zwischen 1867 und 1897 wuchs die städtische Bevölkerung des Reiches von 6,67 Millionen auf 12,49 Millionen, um sich in den nächsten zwanzig Jahren erneut auf 25,84 Millionen zu verdoppeln. Das entsprach, auf die Gesamtbevölkerung bezogen, einer Zunahme von etwa 10% im Jahre 1867 auf 13% 1897 und 21% im Jahre vor dem Sturz der Autokratie (1916). Hinzu kam, daß sich dieser Vorgang regional sehr unterschiedlich gestaltete. Zielpunkte der Wanderung waren ganz wenige große Städte, die um so schneller aus den Fugen gerieten: St. Petersburg wandelte sich von einer mittleren Großstadt mit etwa 500 000 Einwohnern (1867) in eine Metropole mit 2,2 Millionen Einwohnern (1914), Moskau verfünffachte seine Bevölkerung von 350 000 (1867) auf 1,77 Millionen (1914); andere Städte wie Riga, Kiev und Odessa erreichten eine halbe Million. Auch diese Dynamik hielt dem internationalen Vergleich durchaus stand. Ganz gegen die Absicht der Agrarreform von 1861/63 bescherte die Industrialisierung auch dem Zarenreich an den Brennpunkten des wirtschaftlichen Lebens eine hektische Urbanisierung.[16]

In soziale Begriffe übersetzt, verbarg sich hinter dem Städtewachstum vor allem *ein* Vorgang: die Entstehung der *Arbeiterschaft*. Rußland blieb nicht erspart, was seine konservativen Staatsmänner ebenso wie zahlreiche Revolutionäre als Inbegriff des Verfalls der westlichen Zivilisation werteten. Seit den Zeiten Nikolajs I., als man die Emanzipationskämpfe der Arbeiterschaft in England beobachtete, waren die Bestrebungen deutlich geworden, einer solchen Entwicklung vorzubeugen. Slavophile Vordenker hatten behauptet, Rußland sei gegen sie gefeit, weil es in ihm keinen Nährboden für die Entfaltung eines Proletariats westeuropäischen Zuschnitts gebe. Der russische Arbeiter stamme aus dem Dorfe und bleibe in ihm verwurzelt. Nicht zuletzt um diese Überzeugung für die Zukunft festzuschreiben, trafen die Reformer nach dem Krimkrieg in der erwähnten Weise Vorsorge: Die Beibehaltung der *obščina* sollte eine »soziale Frage« gar nicht erst aufkommen lassen.

Indes unterschätzten die Slavophilen und ihre Erben die Eigendynamik der in Gang gesetzten Entwicklung. Gewiß blieb die Industriearbeiterschaft quantitativ im Vergleich zur übrigen Bevölkerung bis zum Sturz der Autokratie unbedeutend. Gleichwohl nahm die Zahl der außerhalb der Landwirtschaft Beschäftigten absolut so rapide zu, daß sie als Schicht einer im Entstehen begriffenen neuen Gesellschaft unübersehbar wurden. Die zuverlässigsten Daten zeigen folgendes Bild:

Jahr	Industriearbeiter N	%
1861–70	797 649	(=100)
1871–80	945 597	(=118,5)
1881–90	1 160 771	(=145,5)
1891–1900	1 637 595	(=205,3)

Vergleichbare Erhebungen der staatlichen Fabrikinspektion verzeichneten für 1910 1,79 Millionen und für 1914 2,28 Millionen Arbeiter. Auf die Gesamtbevölkerung bezogen, entsprachen diese Zahlen einem ungefähren Anteil von 0,8% 1861, 1,3% 1900 und 1,4% 1913. Dabei ist freilich zu bedenken, daß sie einen Durchschnitt konstruieren, den es in der Wirklichkeit nicht gab. Tatsächlich konzentrierten sich die Menschen, die sich dahinter verbargen, in den wenigen großen Städten und Regionen, allen voran um Moskau, St. Petersburg und in Neurußland (zwischen der Ukraine und der Schwarzmeerküste). Hier gewann die industrielle Klasse prägenden Einfluß auf das Erscheinungsbild der Städte, hier schuf sie eine Vielzahl unbekannter und schwerwiegender Probleme, die auf Dauer nicht ohne politische Folgen bleiben konnten. Man wird nicht ausschließen wollen, daß die konservativen Regularien der Agrarreform diesen Vorgang bremsten. Aber sie konnten ihn nicht in dem Maße unterbinden, wie es nötig gewesen wäre, um ihn selbst in den Zentren des Landes latent zu halten.[17]

Daß auch dem Zarenreich soziale Erschütterungen bevorstanden, konnten wache Zeitgenossen schon in den ersten Anfängen der Industrialisierung erkennen. Ende Mai 1870 verlangten einige Dutzend Beschäftigte der größten Baumwollspinnerei in St. Petersburg höhere Löhne und bessere Arbeitsbedingungen. Obwohl der anschließende kurzfristige Ausstand friedlich verlief, zeigte sich die Öffentlichkeit verstört. Sie begriff, daß sich eine neue Form des gesellschaftlichen Konflikts ankündigte, deren Sprengkraft nicht abzusehen war. Die weitere Entwicklung bestätigte solche Befürchtungen. Anfang 1885 kam es in den Morozovschen Textilwerken bei Moskau, den größten des Reiches, zu einer Serie von Streiks. Ruhe und Disziplin konnten nur mit Waffengewalt wiederhergestellt werden. Eine weitere Stufe der Eskalation wurde 1896/97 erreicht, als etwa 30 000 Beschäftigte der St. Petersburger Baumwollspinnereien die Arbeit verweigerten. Erstmals rief ihre Aktion Sympathiebezeugungen in anderen Reichsteilen hervor. Die Möglichkeit eines landesweiten Protests zeichnete sich ab, der die bäuerlichen Unruhen ergänzen konnte.[18]

Es ist schwer zu sagen, in welcher Weise die wachsende Neigung der Arbeiterschaft zu Streiks und anderen Formen der kollektiven Willensäußerungen mit ihrer Struktur, ihren Lebensverhältnissen und ihrem sozialen Charakter zusammenhing. Sicher erklärt die starke quantitative Zunahme vieles, da sie eine Ausweitung des Konfliktpotentials nach sich zog. Nicht weniger Beachtung verdient jedoch der Typus von Fabrikarbeiter, den sie hervorbrachte. Angesichts der geringen Entwicklung des Städtewesens in Rußland liegt auf der Hand, daß die benötigten Arbeitskräfte nur auf dem Land gefunden werden konnten. Wer in einem neu eröffneten oder erweiterten Unternehmen eine Anstellung fand, war in aller

Regel erst kurz zuvor aus dem Dorf zugewandert. Insofern bewahrte die Arbeiterschaft – und das galt weit über die Jahrhundertwende hinaus, da jeder konjunkturelle Aufschwung eine neue Welle von Landbewohnern in die Städte spülte – einen ausgeprägten bäuerlichen Wesenszug. Dieser äußerte sich in einer Reihe von Merkmalen, die man statistisch zu erfassen versucht hat.

Erstens: Der russische Arbeiter blieb seiner rechtlichen (ständischen) Zugehörigkeit nach ein »Bauer«; Ort seiner Registration und formeller Wohnsitz war das Dorf. Dies galt in einem großen Moskauer Textilunternehmen 1889/90 für 80% und 1914 sogar für 93,4% der Arbeiter.

Zweitens: Er unterhielt über die formale Zuordnung hinaus auch faktisch mannigfache Bindungen an seine Heimat. Die Erscheinung war häufig, daß Fabrikarbeiter das Land noch in Anspruch nahmen, das ihnen die *obščina* zuwies. Noch 1907 gab die Hälfte der Moskauer Arbeiter an, daß ihre Äcker bestellt wurden; 90% überwiesen beträchtliche Summen an dörfliche Empfänger. In St.Petersburg stand im selben Jahr von den Druckereiarbeitern, die als Kern der »bewußten« Kader galten, jeder zweite in materiellen Beziehungen solcher Art zum Dorf.

Drittens: Die Arbeiter waren im Durchschnitt sehr jung. 71% der Belegschaft der großen Moskauer Textilfabrik »Zündel« hatten gegen Ende des Jahrhunderts 30 Jahre noch nicht überschritten.[19]

Viertens: Ungewöhnlich viele Arbeiter kamen allein in die Städte. Wer Familie hatte, ließ sie zu Hause, um den unentbehrlichen landwirtschaftlichen Nebenverdienst sicherzustellen, oder weil die Löhne für ein gemeinsames Leben in der Stadt nicht ausreichten. Amtlichen Erhebungen zufolge sorgten 1902 vier Fünftel aller Zuwanderer Moskaus für sich selbst, gehörten also nicht zu den unterhaltenen Mitgliedern einer Familie, während dies nur für ein Drittel der Einheimischen zutraf. Solche Arbeiter kehrten auch nach Jahrzehnten kaum unterbrochenen Stadt- und Fabriklebens nicht selten in ihre Dörfer zurück.

Fünftens: Naturgemäß brachten die Zuwanderer mehr als nur ihre Arbeitskraft mit. Sie trugen ihre Gewohnheiten, Verhaltensmuster, Denkweisen und Vergemeinschaftungsformen in die neue Umgebung hinein. In der Fremde rückten sie noch enger zusammen. Sie fanden Unterschlupf bei Landsleuten, durch die sie in ein Netz gleichsam transplantierter dörflicher Sozialbeziehungen hineinwuchsen. Häufig wurden sie auch kollektiv angeworben, schlossen sich nach alter Tradition zu Arbeitskollektiven (*artel'*) zusammen, bezogen in der Stadt gemeinsame Unterkünfte und wirtschafteten gemeinsam. Um die organisatorischen Kerne der »Landsmannschaften« (*zemljačestvo*) und Artele bildeten sich auf diese Weise Inseln bäuerlichen Lebens. Sie gaben den Neulingen Halt und prägten ihr Denken und Handeln noch für geraume Zeit.[20]

Freilich waren auch gegenläufige Tendenzen zu beobachten. Die in den Städten verbrachten Jahre fielen nicht immer mit der Dauer der Fabrikarbeit zusammen. Schon zu Beginn der achtziger Jahre konnten 32,3% aller Industriearbeiter im Gouvernement Moskau auf eine 7- bis 15jährige Tätigkeit zurückblicken, und weitere 18,1% zählten sogar seit 16 bis 25 Jahren zur Belegschaft. Ohne Zweifel gab es im Zentralen Gewerbegebiet mit seiner langen Tradition bäuerlicher Heimindustrie (*Kustar'*-Gewerbe) und den daraus erwachsenen Manufakturen einen größeren Stamm an Arbeitern, der regelmäßig, wenn auch nicht das ganze Jahr über, an fremden Werkbänken und Maschinen stand. Dabei wurde die anfängliche Nebentätigkeit zum Haupterwerb. Auch nahm der Anteil derjenigen zu, deren Väter schon in der Fabrik gearbeitet hatten. Im Gouvernement Moskau lag er 1908 bei etwa 40% aller Fabrikarbeiter und gut 50% der 12- bis 15jährigen. Überdies sollten die erwähnten Bindungen ans Dorf nicht überbewertet werden. Viele Arbeiter hielten an ihrem Anspruch auf einen Anteil am Gemeindeland nur fest, um sich für den Notfall der Arbeitslosigkeit und für das Alter, soweit das möglich war, abzusichern. Unbeschadet dessen verbrachten sie ihr aktives Leben in der Stadt und der Fabrik.

So wird man dieser zentralen, seit der zeitgenössischen Debatte zwischen Marxisten und Populisten (dazu unten S. 37ff.) heftig umstrittenen Frage am ehesten durch eine doppelte Antwort gerecht: Einerseits liegt auf der Hand, daß die russische Arbeiterschaft bis zur Jahrhundertwende und darüber hinaus, wie die Slavophilen behauptet hatten und die Anhänger des russischen Sozialismus wiederholten, die Muttermale ihres dörflichen Ursprungs nicht verlor. Das konnte angesichts der kurzen Strecke, die das Reich auf dem Wege zur Industrialisierung erst zurückgelegt hatte, kaum anders sein. Andererseits war eine Tendenz zur Verstetigung und Herausbildung dessen, was die sowjetmarxistische Forschung als »erbliches Proletariat« bezeichnet, offenkundig. Die russische Arbeiterschaft befand sich am Vorabend der Revolution »zwischen Feld und Fabrik«. Freilich sollte man darin weniger eine Besonderheit sehen als einen weiteren Aspekt der Phasenverschiebung: Das Zarenreich holte nach, was andernorts früher geschehen war, wenn auch notwendigerweise unter Veränderung der »Verlaufsfigur« und mit anderen Ergebnissen.[21]

Zwei weitere Strukturmerkmale der neuen Klasse verdienen unter dem Aspekt ihrer politischen Mobilisierbarkeit Beachtung. Ausländisches Kapital und staatliche Förderung begünstigten eine Dimension der Fabriken, die ihre geringe Zahl gleichsam zu kompensieren suchte und einer ähnlich erklärbaren bodenständigen Neigung zum Gigantischen entsprach. Für die neuen Branchen steht außer Frage, daß sie eine ungewöhnlich hohe *Konzentration* aufwiesen. So waren zwischen 1901 und 1905 31,2% aller 1,65 Millionen russischen Industriearbeiter in Unternehmen mit mehr als 1000 Beschäftigten tätig (im Vergleich zu etwa 13% in Deutschland). Bis zum Jahre 1914 stieg der Anteil auf 40,2%. Daten aus dem Gouvernement St.Petersburg zeigen für das Jahr 1917, daß 67,9% aller Fabrikarbeiter, in der Metallindustrie sogar 80,5%, zu Großbetrieben mit einer mehr als tausendköpfigen Belegschaft gehörten.[22]

Ein spürbarer Wandel war schließlich im Bildungsniveau der Arbeiter zu verzeichnen, so gering dieses auch immer blieb. Noch zu Beginn der achtziger Jahre ergaben erste statistische Erhebungen, daß in Moskau nur etwa 36% lesen und schreiben konnten, wobei die Quote bei den Männern deutlich höher lag. Zwei Jahrzehnte später (1902) beherrschten in der alten Hauptstadt immerhin schon 56% solche elementaren Kenntnisse. Bis 1918 stieg der Anteil auf 64% aller Industriearbeiter im europäischen Rußland, bei den Jugendlichen unter 14 Jahren sogar auf 80,3%. Allerdings blieben geschlechtsspezifische, branchenmäßige und regionale Unterschiede bestehen. Unter den Frauen fanden sich nach wie vor erheblich mehr Analphabeten, dementsprechend auch in den Industriezweigen, in denen ihr Anteil hoch war, wie in der Nahrungsmittel- und der Textilherstellung. Den ersten Rang nahmen nicht nur in dieser Hinsicht die Beschäftigten der Metallindustrie ein. Insgesamt galt, daß die städtischen Arbeiter, nach ihrem Bildungsstand zu urteilen, in deutlich höherem Maße imstande waren, sich aus Flugblättern und Zeitungen zu informieren als die übrige, zumeist bäuerliche Bevölkerung, die 1897 noch zu knapp 80% aus Analphabeten bestand.[23]

Es fällt schwer, angesichts der beträchtlichen regionalen und branchenmäßigen Unterschiede allgemeine Aussagen über die Lebens- und Arbeitsverhältnisse der industriell Beschäftigten zu treffen. Insgesamt ist es wohl nicht falsch, die russischen Zustände der Jahrhundertwende mit den Schrecken der frühen Industrialisierung in England oder Deutschland zu vergleichen. Die dörflichen Zuwanderer fanden in den Städten selten eine menschenwürdige Bleibe. Sie mußten mit Zimmerecken oder sonstigen Schlafstellen in übervölkerten, schäbigen und unzureichend geheizten Räumen vorlieb nehmen. Vielfach wurden sie in Schlafkasernen auf dem Fabrikgelände untergebracht, in denen auch einfachste hygienische Vorkehrungen fehlten. Die Löhne waren im Durchschnitt niedrig. Vor allem die ungelernten Arbeiterinnen der Textil- und Nahrungsmittelindustrie wurden schlecht bezahlt. Relativ hohe Einkommen erzielten dagegen die qualifizierteren Beschäftigten des Maschinenbaus, der chemischen Industrie und die Drucker. Generell wurde die Arbeit in St. Petersburg, Moskau und anderen Industriezentren besser entgolten als in der Provinz. Doch waren hier auch die Mieten und die übrigen Lebenshaltungskosten hoch: zumindest in dieser Hinsicht hielt vor allem St.Petersburg Anschluß an das Niveau europäischer Hauptstädte. Im ganzen stiegen die Realeinkommen in der zweiten Jahrhunderthälfte deshalb trotz der beachtlichen Erfolge der Industrialisierung nur geringfügig.[24]

Auch die Arbeitsbedingungen in den Fabriken gaben keinen Anlaß zur Zufriedenheit. Der durchschnittliche Arbeitstag betrug noch in den achtziger Jahren zwölf bis 14 Stunden an sechs Tagen in der Woche. Die Fabrikräume waren stickig, eng und schmutzig. Sicherheitsvorkehrungen kannte man selbst beim Umgang mit gefährlichen Maschinen und Stoffen kaum. Geldstrafen für sorglosen Umgang mit den Rohstoffen, für schlechte Arbeit, »Bummelei« und Trunkenheit waren üblich, öffneten der Willkür Tür und Tor und zehrten die Löhne oft weitgehend auf. Schutz gegen Verdienstausfall durch Krankheit und Invalidität, geschweige denn gegen Arbeitslosigkeit bestand nicht. Die Arbeiter wurden nach Bedarf entlassen und eingestellt. Schon deshalb waren die auffangenden Kollektive und die Rückbindung ans Dorf lebenswichtig.[25]

Freilich hat der Staat den Zündstoff, den solche Zustände bargen, früh erkannt und Abhilfe zu schaffen gesucht. Arbeiterschutzgesetze bezeugen vielleicht am deutlichsten, daß er seine Furcht, die Industrialisierung könne sich als Zauberlehrling erweisen, nie ganz verlor und in vieler Hinsicht an einem konservativen Patriarchalismus festhielt. 1882 wurde die Kinderarbeit eingeschränkt, 1885 die Nachtarbeit für Jugendliche und Frauen verboten. Die Streiks in den Morozov-Werken gaben 1886 Anlaß zur Gründung eines permanenten Aufsichtsorgans, der »Fabrikinspektion«, die zum wichtigsten Instrument der staatlichen Kontrolle wurde. Nach der Protestwelle des Jahres 1896 fand sich die Regierung auch zu einer generellen Verkürzung des Arbeitstages auf 11,5 Stunden unter der Woche und zehn Stunden an Sonn- und Feiertagen bereit. 1903 wurde eine Haftpflicht der Unternehmer für die Folgen von Arbeitsunfällen verfügt und 1912, in Anlehnung an die Bismarcksche Sozialgesetzgebung, eine Kranken- und Unfallversicherung eingerichtet. Dank der Fabrikinspektion erlangten diese Maßnahmen für die Beschäftigten der größeren Betriebe auch praktische Geltung. In den modernen Industrien setzte sich nach der Jahrhundertwende sogar der Zehnstundentag durch. In anderen Branchen blieben dagegen 14 und mehr Stunden üblich. Die Sozialversicherung kam zu spät, die Wohn- und allgemeinen Lebensbedingungen wurden von den staatlichen Regulationsversuchen gar nicht berührt. Insgesamt änderte sich an der Beschwerlichkeit des Daseins in den Industrievorstädten wenig.[26]

3. Ursprünge der revolutionären Bewegung

Die sozialen Veränderungen blieben nicht ohne politische Folgen. Was die zarische Regierung immer wieder hatte zögern und längst überfällige Reformen hinausschieben lassen, erwies sich als prophetisch. Der innovatorische Schwung ließ sich nicht auf die Wirtschaftstätigkeit beschränken und nicht nach dem Belieben der Regenten dosieren. Die Kräfte, die ihn trugen, entfalteten ihre eigene Dynamik. Den russischen Rückstand aufzuholen war eine zu gewaltige Aufgabe, als daß sie vom Staat allein hätte getragen und kontrolliert werden können. In diesem Sinne wohnte auch der russischen Modernisierung eine Tendenz zur Demokratisierung, zur öffentlichen politischen Diskussion und zur Verallgemeinerung der Politik inne, die mit dem uneingeschränkten Entscheidungs- und Machtmonopol der Autokratie schwerlich in Einklang zu bringen war.

Welcher Art die Forderungen waren, wurde in nuce bereits im Meinungsstreit über die ersten Reformen sichtbar. Schon der Tod des strengen Nikolaj I. hatte die geknebelte Gesellschaft von Besitz und Bildung (*cenzovoe obščestvo*) – und in einem anderen, breiteren Sinne konnte im Zarenreich von Gesellschaft noch lange keine Rede sein – aufatmen lassen. Die politische Polizei wurde an die Kette gelegt, die Zensur gelockert. Wer an den öffentlichen Angelegenheiten interessiert war, konnte selbst für zugespitzte Kritik ein Forum finden. Stoff für kontroverse Diskussionen bot die angekündigte Aufhebung der Leibeigenschaft mehr als genug. Mit einiger Verspätung gegenüber Westeuropa wurde der Keim einer publizistischen und politischen Öffentlichkeit sichtbar.

Die lange Zeit erzwungenen Schweigens macht nicht nur die Schnelligkeit begreiflich, mit der das geschah. Sie hilft auch verstehen, daß sich von Anfang an neben gemäßigten Stimmen radikale Kritik lautstark Gehör verschaffte. Die politische Gesellschaft entstand im Zarenreich um so eher in Opposition zur Staatsgewalt, als ihr die Autokratie seit dem dilettantischen Putschversuch romantischer Gardeoffiziere 1825 (dem sogenannten Dekabristenaufstand) besonders enge Fesseln angelegt hatte. Träger des frühen revolutionären Denkens waren nicht mehr allein »reuige Adelige« vom Schlage eines Alexander Herzen, die Rußland zumeist hatten verlassen müssen und aus der Emigration auf die Meinungsbildung in der Heimat einzuwirken suchten. Bereits in den fünfziger Jahren trat ein neuer politisch-sozialer Typus in Erscheinung: der radikale *intelligent* von bescheidener Herkunft, der die Gesellschafts- und Kulturkritik zu seiner Hauptsache, oftmals als Journalist und Schriftsteller auch zu seinem Beruf machte. Der »Nihilist« ließ den linkshegelianischen Idealismus und die bloße Theorie der »Väter« hinter sich. Er schritt zur Organisation des Untergrundes (der ersten *Zemlja i Volja* = Land und Freiheit) und zur Tat. Der mißlungene Anschlag des Studenten D.A. Karakozov auf Alexander II. machte 1866 endgültig klar, daß eine neue politische Kraft die Bühne betreten hatte – eine Kraft besonderer Art, die im Namen anderer, der einfachen Leute, sprach und Adel und Autokratie den exklusiven Anspruch streitig machte, über das Gemeinwohl zu befinden.[27]

Einen ersten Höhepunkt erreichte die russische revolutionäre Bewegung in den siebziger Jahren. Wer um die Jahrhundertwende Rang und Namen unter den Vorkämpfern des Sozialismus gleich welcher Richtung besaß, hatte seine Laufbahn in dieser bald von einer Gloriole des Heroismus umgebenen Zeit begonnen. Er war Mitglied des 1869 in St. Petersburg entstandenen *Čajkovskij*-Kreises oder des *Dolgušin*-Zirkels gewesen, hatte in den endlosen Strategiedebatten zwischen friedlichen »Aufklärern« und anarchistischen Propagandisten der Tat Farbe bekannt und war im »verrückten Sommer« 1874 mit Hunderten Gleichgesinnter aufs Dorf gezogen, um die Bauern gegen die Obrigkeit aufzuwiegeln. Ihm war die bittere Enttäuschung nicht erspart geblieben, daß die Umworbenen die Lehre der Städter nicht annehmen wollten und es vorzogen, in dumpfer Knechtschaft zu verharren. Womöglich gehörte er auch zu den zahlreichen Verhafteten, die in den ersten politischen Massenprozessen der russischen Geschichte 1877/78 vor Gericht standen und zum (geringsten) Teil zu mehrjähriger sibirischer Zwangsarbeit verurteilt wurden.

Der naive Glaube an den vermeintlich angeborenen Freiheitsdrang der unterdrückten Kreatur schlug um in eine ebenso extreme Skepsis. Dem »Gang ins Volk« folgte der Rückzug in die elitären Kleingruppen der Konspiration. Über diese Kehrtwende zerfiel die erste überregionale revolutionäre Organisation im Zarenreich, die 1876 gegründete zweite *Zemlja i Volja*. An ihre Stelle trat – neben dem Zusammenschluß der wenigen Revolutionäre, die an den alten Methoden festhalten wollten, aber bald den Weg zum Marxismus fanden – ein Verschwörerzirkel, der den »Schlag ins Zentrum der Zentren« zum einzig erfolgversprechenden Mittel erklärte. Terror wurde zur ultima ratio der Politik. Der Zarenmord sollte zuwege bringen, was Agitation und Aufklärung nicht hatten bewirken können: die Initialzündung für den Volksaufstand. In der Tat erreichte die *Narodnaja Volja* ihr Nahziel. Am 1. März 1881 wurde der einst gefeierte »Befreier-Zar« im dritten Anlauf wie ein gehetztes Tier durch mehrere Bombenwürfe zur Strecke gebracht. Der Mord erschütterte die alte Ordnung bis ins Mark und hinterließ ein tiefes Trauma. Was aber ausblieb, war die Erhebung der Massen. Weder Bauern noch Arbeiter sahen Anlaß, den Keulenhieb gegen die Autokratie für einen Umsturz zu nutzen. Augenfälliger konnte der Realitätsverlust der Revolutionäre kaum demonstriert werden.

In den siebziger und achtziger Jahren wurden auch die theoretischen Vorstellungen formuliert, von denen sich die Bewegung leiten ließ. Die grundlegenden Annahmen teilte man mit Herzens »russischem Sozialismus«, jener eigenartigen Synthese von westlichem Frühsozialismus und slavophil-nationalem Sendungsbewußtsein: Skepsis gebenüber dem Segen der westlichen Zivilisation, verbunden mit der Zuversicht, daß Rußland berufen und befähigt sei, seinen eigenen Weg zur herrschaftsfreien Gesellschaft zu finden. Diese Hoffnung gründete sich auf die angeblich urtümliche kollektivistische Mentalität der russischen Bauernschaft samt der ihr korrespondierenden sozialen Organisationsformen, insbesondere der Landumteilungsgemeinde (*obščina*). Wo Eigentum noch ein Fremdwort sei und sich lebendiger Assoziationsgeist aus dem Naturzustand der Menschheit erhalten habe, bedürfe es, so meinte man, nur der Beseitigung der repressiven politischen Macht, um die Bahn für eine bessere Ordnung des menschlichen Zusammenlebens freizumachen. Rußland sei nicht genötigt, die strenge Schule des Kapitalismus zu durchlaufen und die Klassenkonflikte der bürgerlichen Gesellschaft auszutragen: es könne, gestützt auf die Bauernschaft, den *direkten* Weg zum Sozialismus nehmen.[28]

Als vernichtendes Urteil der Geschichte war zu deuten, daß der Mord an Alexander II. der Sache der Freiheit in jeder Hinsicht schadete. Die ebenso gefeierte wie verdammte Tat brachte mit Alexander III. (1881–1894) einen Mann auf den Thron, der dem Grundsatz der Autokratie mit jener Sturheit und Unbeugsamkeit Geltung zu verschaffen suchte, die der intellektuellen Mittelmäßigkeit eigen ist. Der neue Kaiser führte nicht nur einen Rachefeldzug gegen die *Narodnaja Volja* und ihre Nachfolgegruppen, dem 1886 auch Lenins älterer Bruder Vladimir Ul'janov zum Opfer fiel. Er erstickte mittels Notstandsverordnungen und Annullierung mancher Reformen seines Vaters auch maßvolle Reformbestrebungen der Gesellschaft, indem er sie ohne Unterschied als Aufbegehren gegen die Obrigkeit denunzierte. Obwohl der politische Untergrund doch wohl lebendiger blieb als bisher angenommen[29], senkte sich eine gespannte Stille über das Reich, die den Keim eines neuen und radikaleren Aufbegehrens bereits in sich trug. Die Wende brachte auch in dieser Hinsicht die Hungersnot von 1891/92. Nur wenige andere Ereignisse haben die empfänglichen Gemüter so erregt und ihr politisches Verantwortungsbewußtsein so geschärft wie der schlimme Winter dieses Jahres. Es begann eine Phase der Sammlung, die kurz nach der Jahrhundertwende in die Gründung gesamtnationaler Organisationen einmündete. In der Konfrontation mit der Autokratie wurden aus oppositionellen Gruppen, wenigstens tendenziell, Parteien.

Vom neuerlichen politischen Erwachen der Intelligenz profitierten nicht zuletzt die Anhänger der Ideen der siebziger Jahre. Das *narodničestvo* erlebte eine Renaissance, die ihre organisatorische Gestalt im Winter 1901/02 in der *Sozialrevolutionären Partei* (PSR) fand. Weit weniger im Bewußtsein der Nachwelt verankert als die Helden der Frühzeit, bildete sie die erste umfassende Föderation all derer, die gegen den aufstrebenden Marxismus an der primären Bedeutung des Dorfes für den Aufbau des Sozialismus in Rußland und ihrer geschichtstheoretischen Prämisse festhielten.

Allerdings bedeutete bewußte Traditionspflege nicht Verzicht auf Originalität. Die neue Partei mußte die sozioökonomischen Veränderungen bedenken, die inzwischen eingetreten waren. Zweifellos hatte die industrielle Entwicklung Fortschritte gemacht und sich die Lage der Landwirtschaft nicht sichtbar gebessert. Die These von der besonderen Chance und Mission Rußlands, die Gegenwart Westeuropas überspringen zu können, ließ sich zumindest in der alten Form nicht mehr aufrechterhalten. Der führende Kopf der PSR, V.M. Černov, hat dieses Dilemma erkannt und ihre Ziele und Aktionsformen neu zu begründen gesucht. Mit dem politischen Denken Westeuropas vertraut, hielt er Anleihen beim Marxismus für nützlich. Er übernahm Teile der ökonomischen Analyse und der Klassentheorie, ohne indes die Geschichte im Selbstlauf der Dialektik von Produktivkräften und Produktionsverhältnissen aufgehen zu lassen und die Befreiung des Proletariats als Erfüllung der Geschichte zu akzeptieren. Vielmehr stellte sich Černov in dieser Hinsicht fest auf den Boden der »subjektiven Soziologie« eines P.L. Lavrov und N.K. Michajlovskij: Motor des gesellschaftlichen Fortschritts blieb für ihn der Veränderungswille des »schöpferischen Individuums«, wie sehr dieser auch immer durch materielle und soziale Bedingungen stimuliert werden mochte.

Revolutionäres Bewußtsein solcher Art aber konnte kein Monopol einer Klasse sein; alle unterprivilegierten Schichten, die Intelligenz eingeschlossen, konnten daran teilhaben, wenn sie durch Einsicht zu ihm fanden. Damit fiel auch jede Vorstellung eines nach vorgegebenem Muster sich vollziehenden historischen

Prozesses. In der sozialrevolutionären Theorie gab es keine feste Abfolge von Stufen, die Rußland zu durchlaufen hatte. Eine »bürgerliche« Revolution mußte der sozialistischen nicht zwangsläufig vorangehen. Der Kapitalismus brauchte sich nicht erst zu entfalten, bevor es erlaubt war, ihn zu stürzen. Die Sozialrevolutionäre hielten es für richtig, ihm so bald wie möglich das Handwerk zu legen, zumal er den agrarischen Bereich noch kaum berührt habe und hier besonders verwundbar sei. Sie konnten ohne Zögern die Parole von der »Sozialisierung des Landes« ausgeben und zu jener spontanen Landnahme – denn nichts anderes verbarg sich hinter dieser Forderung – aufrufen, die seit Jahrhunderten das Ziel unzähliger Bauernaufstände gewesen war. Ihre Revolution brauchte sich nicht die Zügel vermeintlicher historischer Gesetzmäßigkeiten anzulegen: Sie war eine Revolution *aller* Unterdrückten in Stadt und Land, die nach Maßgabe ihrer und der gegnerischen Kräfte auf den Sozialismus zuschreiten, in diesem (wie im Trotzkischen) Sinne permanent sein würde.[30]

Ganz ähnliche Theorieprobleme plagten unter umgekehrten Vorzeichen die *Sozialdemokraten*. Mußten die Neo-Narodniki der beschleunigten Industrialisierung Rechnung tragen, so wurde den russischen Marxisten die Zählebigkeit der Tradition im dörflichen Wirtschafts- und Sozialleben zum Ärgernis. In mancher Hinsicht taten sie sich bei dem Versuch, Theorie und Realität zur Deckung zu bringen, schwerer als ihre populistischen Rivalen. Denn sie hatten sich einer Theorie verpflichtet, die anhand der westeuropäischen Erfahrung entwickelt worden war und deren Triftigkeit sie gemäß ihrem allgemeineren Gültigkeitsanspruch für Rußland nachzuweisen suchten. In der Diskrepanz zwischen vorgegebener Deutung und einer Wirklichkeit, die sich ihr bei allem Aufbruch in die Moderne nicht fügen wollte, lag ein Geburtsfehler der russischen Sozialdemokratie. Die meisten der unaufhörlichen Strategie- und Theoriedebatten und fast alle bedeutenden Kurskorrekturen seit der ersten Revolution hatten hier ihren tieferen Ursprung.

Es trägt zum Verständnis bei, die Rezeption des Marxismus im Zarenreich im Zusammenhang mit dem Eintritt ins industrielle Zeitalter zu sehen. Was die zeitliche Parallelität nahelegt, findet eine inhaltliche Stütze: Zumal in seiner frühen, strengen Form stand und fiel der Marxismus mit der Prämisse, daß sich der Kapitalismus auch die russische Wirtschaft und Gesellschaft unausweichlich unterwerfen werde. G.V. Plechanov entwickelte diese

These zu Beginn der achtziger Jahre in seiner Auseinandersetzung mit dem *narodničestvo*, an dem er selbst aktiven Anteil genommen hatte. Die »Gruppe der Befreiung der Arbeit«, 1883 als Keimzelle der künftigen Sozialdemokratie ins Leben gerufen, war Fleisch vom Fleische der *Zemlja i Volja*. Die neue Anschauung, im Schweizer Exil ersonnen, erwuchs aus der Aufarbeitung der Erfahrung der siebziger Jahre. Wie die terroristische Taktik der *Narodnaja Volja* entsprang sie der Enttäuschung über die Apathie der Bauernschaft und schoß wie jene im Bemühen um eine überzeugende Alternative über das Ziel hinaus. Vieles spricht dafür, den deterministischen Grundzug des Plechanovschen Marxismus – von Einflüssen zeitgenössischer evolutionistischer Theorien (H. Spencer u.a.) abgesehen – auch als Reflex des Bestrebens zu begreifen, einen klaren Trennungsstrich zu den Fehlern der Vergangenheit zu ziehen. Es war nicht zuletzt der Legitimationszwang des Abtrünnigen, der dem »Vater des russischen Marxismus« die Feder führte und Anstoß zur einseitigen Ausrichtung auf das neue Rußland gab.

Indem die Sozialdemokraten das städtische Proletariat zur entscheidenden Triebkraft des gesellschaftlichen Fortschritts und der Revolution im Zarenreich erklärten, schrieben sie der kapitalistischen Wirtschafts- und Sozialordnung einen Entwicklungsgrad zu, der erst noch zu erreichen war. Der russische Marxismus nahm den Charakter einer Industrialisierungsideologie an. Einerseits war dies einer seiner Vorzüge.

Es wird kein Zufall sein, daß der Marxismus in den neunziger Jahren den Zenit seines geistigen Einflusses erreichte. Offensichtlich stärkte der stürmische Aufbruch der Witte-Ära seine Überzeugungskraft. Angesehene Intellektuelle wie die Ökonomen P.B. Struve oder M.A. Tugan-Baranovskij fanden in ihm das Gedankengebäude, das die Signale der Zeit am einleuchtendsten entschlüsseln half. Der Marxismus profitierte von der Suggestion des Zukunftsweisenden, drang in die Universitäten ein und wurde auch für maßvolles, »liberales« Reformdenken attraktiv. Andererseits erwuchs ihm aus dem einseitigen Bezug auf eine partielle Wirklichkeit ein unlösbares Problem, das seine Glaubwürdigkeit bis in die jüngste Zeit hinein unterminiert hat.

Auch die Hausse marxistischer Ideen blieb nicht ohne organisatorische Folgen. Delegierte der größeren Ortskomitees hoben schon 1898 die *Russische Sozialdemokratische Arbeiterpartei*

(RSDRP) aus der Taufe, die allerdings vorerst nur auf dem Papier existierte.

Der eigentliche Gründungskongreß fand unter dem Eindruck heftiger Streiks in Rostov am Don (1902) und allgemein wachsender Unruhe 1903 in Brüssel und London statt. Er verabschiedete Programm und Statut und gab der Partei bereits jene eigentümliche Gestalt, die bis zum Oktoberaufstand 1917 Bestand hatte: die einer gespaltenen Organisation, die den gemeinsamen Namen bewahrte und mehrfach Versuche einer Aussöhnung unternahm, aber die Kraft dazu vor allem aufgrund der Leninschen Obstruktion nicht fand.

Die Spaltung schon zu diesem frühen Zeitpunkt kam nicht von ungefähr. Sie hatte sich im Streit zwischen rivalisierenden publizistischen Parteiorganen angekündigt und reichte genau besehen bis in die Strategiedebatten der neunziger Jahre zurück. Im Kern ging es um die Entscheidung zwischen sehr verschiedenen Vorstellungen über Charakter und Struktur der Partei. Geführt von Ju.O. Martov, plädierten die späteren *Menschewiki* (Minderheitler) für eine prinzipiell offene und demokratische Partei. In den Grenzen der marxistischen Theorie wollten sie Raum lassen für unterschiedliche Grade des Engagements, einen gewissen Föderalismus (mit Blick auf die jüdische Arbeiterorganisation der Westgouvernements, den sogenannten *Bund*) und die Kooperation mit anderen oppositionellen Parteien. Dem hielt Lenin Vorschläge entgegen, die – gestützt auf restriktive Mitgliedschaftsbedingungen – eine strengere Parteidisziplin zu verankern und das zu verwirklichen suchten, was er kurz zuvor in seiner berühmten Programmschrift *Was tun?* (1902) gefordert hatte: eine schlagkräftige Kaderpartei von Berufsrevolutionären. Gewiß sprach manches für sein Argument, daß man der Autokratie nicht mit »Handwerkelei« und unverbindlichem Geplauder in »Aufklärungszirkeln« beikommen könne. Aber Hellsichtige erkannten schon zu dieser Zeit, daß der Preis der Waffengleichheit hoch war: Strukturen wurden geschaffen, die der innerparteilichen Demokratie im Wege standen und in der revolutionären Bewegung Wesensmerkmale des bekämpften Staates duplizierten. Wie bekannt, setzten sich Lenin und seine Anhänger durch, nachdem ihnen der Auszug der Bundisten zum Abstimmungssieg verholfen hatte. Sie konnten sich fortan den propagandistischen Vorzug zunutze machen, als *Bolschewiki* (Mehrheitler) aufzutreten.

Bei alledem wird man es erstaunlich finden, daß das Partei*programm* nicht ernstlich umstritten war. Bolschewiki wie Menschewiki hielten es für verfrüht, den Übergang zum Sozialismus anzustreben. Beide gingen davon aus, daß die feudalen Überreste noch kräftig seien und der kommende Umsturz die entstehende bürgerliche Gesellschaft von dieser Last erst vollends zu befreien habe. Der Arbeiterpartei fiel somit die Aufgabe zu, dem Klassenfeind die Steigbügel zu halten und ihm bei dem Versuch zu helfen, seiner historischen Rolle gerecht zu werden. Welche konkreten Folgen sich daraus ergaben, wurde insbesondere in der Agrarfrage sichtbar. In der – nicht unbegründeten – Annahme, daß eine Parzellierung und Verteilung des Landes wirtschaftlichen Rückschritt nach sich ziehe, meinte der Parteitag allen Ernstes, die Bauern mit der Rückgabe der nach 1861 »abgeschnittenen Stücke« abspeisen zu können. Schon bald sollte sich zeigen, welch grobe Fehleinschätzung der sozialen Spannungen auf dem Dorfe dieser Empfehlung zugrunde lag. Auch die paradoxe Konstruktion einer stellvertretenden Revolution für das unterentwickelte Bürgertum mußte ihre praktische Tragfähigkeit erst noch erweisen. Und völlig offen blieb, wie die spätere sozialistische Ordnung funktionieren sollte, wenn das Proletariat, anders als Marx unterstellt hatte, nur eine Minderheit der Bevölkerung bildete. Sicher konnte man guten Gewissens der Meinung sein, diese Fragen seien nicht akut. Aber dieser Trost behob das Dilemma nicht, daß die Sozialdemokraten am Vorabend der Revolution noch kein theoretisches und taktisches Rezept für die Folgen der Rückständigkeit gefunden hatten.[31]

Wer als zarischer Untertan für politische Reformen und wirtschaftlichen Wandel eintrat und dies mit keiner gewaltsamen Umwälzung verbunden sehen wollte, war lange Zeit auf sich selbst gestellt. Eine Opposition, die auf legale Mittel setzte und die Hoffnung hegte, die »Selbstherrschaft« werde sich durch Appelle zur Teilung der Macht bewegen lassen, entstand später als die revolutionäre Bewegung. Das hatte seinen Grund: In der bestehenden Ordnung war per definitionem kein Platz für abweichende Meinungen, mochten sie ihr im Grundsatz noch so gewogen sein. Unfähig, zwischen feindseliger und wohlmeinender Kritik zu unterscheiden, drängte die Autokratie jede Art kollektiver politischer Bestrebungen in die Illegalität. Hinzu kam, daß im Zarenreich eine breite soziale Schicht fehlte, die eine Reformbewegung hätte tragen können. Ein Wirtschafts- und Bildungsbürgertum, ein »Dritter Stand«, hat sich infolge der geringen Bedeutung der Städte und der gesamten Rückständigkeit nur zögernd entfaltet. Soweit die wohlhabende Kaufmannschaft und die entstehende industrielle Elite ein Bewußtsein gemeinsamer Wünsche und Sorgen entwickelten, taten sie dies lange Zeit in enger Anlehnung an den übermächtigen Staat, von dem sie auch materiell in hohem Maße abhängig waren. Wohl erkannten sie den Nutzen der Verbandsbildung; es gelang ihnen auch, die Obrigkeit zur Duldung solcher Organisationen zu bewegen. Aber sie verzichteten darauf, und das hat dem Staat die ungewöhnliche Nachsicht erst ermöglicht, sie für allgemeinpolitische Zwecke zu nutzen. Die Bourgeoisie ließ in Rußland bis zur ersten Revolution keinen Zweifel an ihrer Ergebenheit aufkommen. Liberale Strömungen fanden in ihr vor der Revolution keine Stütze.[32]

Forderungen nach politischer Teilhabe der »Gesellschaft« als Kern dessen, was dem vagen Begriff des *Liberalismus* in Rußland – der strengeren westeuropäischen Maßstäben lange Zeit kaum standhielt – eine gewisse Kontur gab, wurden deshalb von anderen Schichten und Gruppen erhoben. Dabei ist es üblich geworden, in Anlehnung an die Selbstdeutung vor allem auf zwei Wurzeln zu verweisen: den reformorientierten Adel in den landschaftlichen Selbstverwaltungsorganen, den *zemstva*, und die entstehende städtische Intelligenz. Die Annäherung beider ermöglichte nach der Jahrhundertwende die Gründung einer liberalen politischen Organisation.

Der »Adelsliberalismus« ging, wie die Anfänge der gesellschaftlichen Bewegung insgesamt, auf die Reformdebatte der ausgehenden fünfziger Jahre zurück. In einigen Gutsbesitzerversammlungen wurden nicht nur bauernfreundliche Meinungen über die Modalitäten der bevorstehenden Aufhebung der Leibeigenschaft laut, sondern auch Forderungen nach stärkerer Heranziehung des Adels zur Landesverwaltung. Solche Wünsche trafen sich mit der Überzeugung der »aufgeklärten Bürokraten«, daß ein neuerlicher Anlauf zur Beseitigung der notorischen Administrationsmängel unabdingbar sei, wenn die in Angriff genommene soziale und wirtschaftliche Modernisierung Erfolg haben sollte. Allerdings wurde der Raum für »gesellschaftliche« Eigentätigkeit so begrenzt, daß das Machtmonopol der Autokratie keinen ernsthaften Schaden litt. Die *zemstva* sollten eher Auftrags- als Selbstverwaltung betreiben und dabei die erwachten Partizipationswünsche in konstruktive Energie zur Festigung der bestehenden Ordnung umwandeln. Mit Hilfe des Kurienwahlsystems legte das Gründungsstatut von 1864 bei einer gewissen Beteiligung der Städte und Bauern die Führung in die Hände des Adels. Indes traute die Autokratie auch ihm, dem Stützpfeiler ihrer Macht, so wenig, daß sie eines um jeden Preis zu unterbinden suchte: die Entstehung eines Dachverbandes, eines allrussischen *zemstvo*. Hierin witterte sie nicht ohne Grund die Keimzelle einer nationalen Landesversammlung, eines Parlaments.

Solche Beschränkungen sind dem progressiven Adel ein steter Dorn im Auge geblieben. Sie haben den Wunsch nach erweiterter Mitsprache nicht erstickt, sondern genährt. In den Krisenjahren von 1878 bis 1881, als die Autokratie unter dem Druck der revolutionären Bewegung sichtbar in Not geriet, fanden immerhin neun *zemstva* den Mut, erneut die Schaffung eines allrussischen Repräsentativgremiums und die Ausdehnung ihrer Kompetenzen anzumahnen. Auch die Unnachgiebigkeit, mit der Alexander III. solchen Bestrebungen ein Ende bereitete und 1890 im Zuge einer Gegenreform sogar das Statut von 1864 in wesentlichen Punkten revidierte, hat die Forderungen lediglich vorübergehend zum Verstummen gebracht. Als Nikolaj II. die Regentschaft übernahm, wurden sie sofort wieder laut. Wenngleich sich die Adressen äußerste Mäßigung auferlegten, reagierte der neue Zar mit jenem Mangel an Flexibilität, der später maßgeblich zu seinem und des Reiches Sturz beitrug. Zemstvo-Delegierte, die anläßlich eines Empfangs zu seiner Krönung zusammengekommen waren, brüskierte er 1895 mit dem berühmt gewordenen Rat, sich »sinnlose Träume« von einer Konstitution aus dem Kopf zu schlagen.

Die Zeit hatte indes solche Ratschläge endgültig überholt. Um die Mitte der neunziger Jahre waren die Zeichen nicht mehr zu übersehen, daß auch die Geduld der *zemstva* mit dem starrsinnigen Regime zu Ende ging. Dazu trugen weitere Drangsalierungen ebenso bei wie die Verunsicherung, die das Wittesche Programm der forcierten Industrialisierung beim landbesitzenden Adel auslöste. Zwar behielten die gemäßigten Kräfte fürs erste die Oberhand, die dem Autokraten höchstens eine beratende Reichsversammlung, einen *zemskij sobor* im altrussisch-slavophilen Sinn, ohne wirkliche Vollmachten an die Seite stellen wollten. Doch auch sie nahmen die fortgesetzte Weigerung, dem Zemstvo-Gebäude ein Dach zu geben, nicht länger tatenlos hin. Seit 1899 fanden sie sich auf eigene Initiative regelmäßig zu überregionalen Konferenzen zusammen. In dieser sogenannten *Beseda* (Gespräch) legte ihre führende Persönlichkeit, der Vorsitzende des Moskauer *zemstvo* D.N. Šipov, zu Jahrhundertbeginn sein moderates Programm vor. Die Umstände des Tages waren freilich der Einsichtsfähigkeit des Zaren, auf die sie letztlich angewiesen blieben, nicht eben förderlich. Außer den Streiks und Bauernaufständen traf vor allem die Wiedergeburt des Terrors die Herrschenden tief. Unter dem Eindruck der zarischen Unnachgiebigkeit und der gleichzeitigen Sammlung der Opposition gewannen die Vorkämpfer einer Verfassung westlicher Prägung die Oberhand. Nachdem sie sich Ende 1903 von der *Beseda* getrennt und zum *Bund der Zemstvo-Konstitutionalisten* zusammengeschlossen hatten, errangen sie im November 1904 den entscheidenden Sieg: Die Mehrheit der aus Anlaß des Krieges gegen Japan versammelten Zemstvo-Führer des ganzen Landes schloß sich ihren Forderungen an.

An dieser Entwicklung hatte aber schon die zweite Säule der liberalen Bewegung maßgeblichen Anteil: die Intelligenz. Vieles spricht dafür, in ihr die treibende Kraft der Radikalisierung zu sehen. Professoren und Persönlichkeiten der publizistischen Öffentlichkeit gaben der konsequenten demokratischen Opposition die geistige Kontur, formulierten ihr Programm und übernahmen die Initiative zur Umformung der amorphen Bewegung in eine formale Organisation, wie unvollendet und instabil diese auch immer bleiben mochte. Eine Schlüsselrolle fiel dabei dem erwähnten Struve zu, der nach einem Zwischenspiel in der Sozialdemokratie wieder zu seinen liberalen Anfängen zurückkehrte. Als er 1901 Kontakt zur Zemstvo-Bewegung aufnahm und mit ihrer Hilfe im folgenden Jahr die Zeitschrift *Osvoboždenie* (Die Befreiung) herausgab, schlug die Geburtsstunde des revolutionären Linksliberalismus in Rußland. Nicht nur die illegale Publikation eines Parteiorgans im Ausland nach Art der Sozialdemokraten und Sozialrevolutionäre machte die neue Qualität sinnfällig. Auch in den Leitartikeln war unmißverständlich nachzulesen, daß der Autokratie nun ein weiterer Gegner erwachsen war, der auf einen fundamentalen politischen Umsturz drängte. Bei aller Skepsis gegenüber der gewaltsamen sozialen Revolution hatte er zu der Überzeugung gefunden, daß eine stabile Demokratie nach westeuropäischem Vorbild ohne tiefe Eingriffe in die agrarischen Eigentumsverhältnisse nicht zu begründen war. Dem Staat mußte dies doppelt bedenklich erscheinen, da die liberale Intelligenz das Bündnis mit dem fortschrittlichen Adel zu festigen verstand. Als formale Klammer zwischen beiden wurde im Januar 1904 in St. Petersburg der *Bund der Befreiung* (*Sojuz osvoboždenija*) aus der Taufe gehoben. Sein Programm, das die Einberufung einer frei und mit gleicher Stimme aller Untertanen gewählten verfassunggebenden Versammlung sowie die Einführung des Achtstundentags und die Aufteilung des Großgrundbesitzes forderte, hatte mit dem alten Adelsliberalismus nichts mehr gemein. Es konnte von der unmittelbaren Nachfolgeorganisation des Bundes, der Partei der *Konstitutionellen Demokraten*, die ein Kind der Revolution war, weitgehend unverändert übernommen werden.[33]

Die liberale Bewegung teilte mit der revolutionären eine weitgehend identische soziale Struktur, die besondere Beachtung verdient: Alle russischen Parteien fanden ihre Mitglieder, und zumal die aktiven, ganz überwiegend in der schmalen Schicht der Intelligenz. Allein sie verfügte über die bildungsmäßigen Voraussetzungen, vor allem sie brachte jene Diskrepanz zwischen gesamtgesellschaftlicher Bedeutung und geringem politisch-sozialem Einfluß mit, die man oft als besonders günstigen Nährboden für systemkritisches politisches Engagement gewertet hat. Ärzte, Anwälte, Ingenieure, Lehrer, Agronomen, Statistiker und andere Vertreter der neuen, vom Aufbruch in das Industriezeitalter hervorgebrachten akademischen Berufe, die großenteils im Dienst der *zemstva* standen (und als »Drittes Element«, neben den gewählten Leitungsgremien und den ernannten Beamten, bekannt waren), bildeten das Reservoir ihrer Gefolgschaft.

In absoluten Zahlen reichte es gewiß aus, um die politische Organisation der Gesellschaft auf den Weg zu bringen. Erste grobe Erhebungen von 1897 verzeichneten etwa 94 000 Ingenieure, Mechaniker, Agronomen, Telegraphisten und leitende Angestellte von Bahn und Post. Hinzu kamen gut 262 000 Lehrer aller Art, Beschäfigte des Medizinalwesens (Ärzte, Krankenschwestern, Apotheker u.a.) und Kulturschaffende (Maler, Musiker, Schauspieler). Etwa 12 400 Personen waren als Anwälte, Notare und deren Gehilfen tätig. Relativ gesehen und auf die gesamten 26,9 Millionen selbständig beschäftigter zarischer Untertanen bezogen, fiel diese Intelligenz allerdings mit einem Anteil von 1,4% kaum ins Gewicht. Das ändert sich auch nicht wesentlich, wenn man nach großzügigen Kriterien weitere 368 000 Angestellte aus

Staat, Handel und Gewerbe sowie des Großgrundbesitzes hinzurechnet und einen Anteil von 2,7% erhält. Breitere Kreise der Bevölkerung wurden erst durch die Revolution und nur für deren Dauer in den politischen Prozeß einbezogen.

Dies gab dem Parteiwesen insgesamt einen eigentümlich embryonalen Charakter, drückte auch ihm den Stempel der Rückständigkeit auf. Beim Liberalismus kam hinzu, daß er sich nicht, wie die bewußte Allgemeinheit seiner Forderungen verriet, als Vertreter einer bestimmten Klasse, sondern als Sprecher der gesamten Nation verstand. Ohne besondere soziale Bezugsgruppe, in diesem Sinne am wenigsten Interessenpartei, war er in besonderem Maße eine Bewegung der Intelligenz, soweit sie sich als nichtrevolutionär verstand. Es wird zu zeigen sein, daß diese Überparteilichkeit eine wichtige Voraussetzung für seinen ungewöhnlichen Erfolg während der ersten Revolution bildete. Zugleich lag hierin auch eine fundamentale, nicht zuletzt organisatorische Schwäche begründet, die dem Liberalismus später zu schaffen machte.[34]

4. Staat und Bürokratie

Es liegt auf der Hand, daß die soziale und politische Mobilisierung der Gesellschaft nur in dem Maße voranschreiten konnte, wie die Autokratie der Probleme nicht Herr wurde, die sie hervorbrachte. Die wachsende Kritik am Zarismus war nicht zuletzt ein Indiz seiner Defizite und die Herrschaftskrise, die sich ankündigte, ein Ergebnis unterbliebener oder unzureichender Reformen. In der Tat spricht manches dafür, den Staat und seine Organe sogar als entscheidende Variable zu betrachten. Das Monopol an Zwangsmitteln, umfangreiche materielle Ressourcen, der Rekurs auf die weithin noch akzeptierte traditionale Legitimität und andere Umstände mehr gaben ihm wie jeder historisch verankerten Ordnung erhebliche Startvorteile in der Auseinandersetzung mit seinen Gegnern. Daß sie immer weniger zu Buche schlugen, war eine Entwicklung, die sich weitgehend unabhängig von den revolutionären Kräften und Tendenzen vollzog. Nicht die Dynamik der oppositionellen Kräfte, sondern die eigene Unfähigkeit, die vorhandenen Ressourcen effektiv zu nutzen, wurde zum Fallstrick des Ancien régime.[35]

Freilich darf man keinen Automatismus in diesen Prozeß hineinlesen. Industrialisierung und Modernisierung führten nicht zwangsläufig zum Untergang des Reiches. Es gehörte auch zu den Aspekten der Rückständigkeit, daß der Mangel an gesellschaftlicher Partizipation und Eigeninitiative der Autokratie viel Luft zum Atmen ließ. Hinzu kam die kaum verminderte, stark religiösmythisch gefärbte Verehrung des Zaren in der Bauernschaft. Nicht zuletzt sie sicherte dem Staat Zeit zum Nachdenken über geeignete Reaktionen auf die Herausforderungen des Tages und – verglichen etwa mit dem anderen noch verbliebenen Vielvölkerstaat Europas, der Habsburger Doppelmonarchie – bis in die ersten Weltkriegsjahre hinein eine bemerkenswerte Beharrungskraft. Immerhin bedurfte es zweier Revolutionen und zweier Kriege, um die Autokratie schließlich zu Fall zu bringen.

Man wird einräumen müssen, daß sie den ersten Angriff mit einer Mischung aus Kompromißbereitschaft und Härte im ganzen gesehen geschickt parierte und dabei einschneidende Reformen nicht scheute. Die Autokratie war, in ihren Grenzen, lernfähig. Der aussichtsreichste Anlauf, das alte Übel unzulänglicher Regionalverwaltung zu beseitigen, wurde 1864 mit der Einrichtung der *zemstva* unternommen. Die Ratio dieser Reform setzte auf das Interesse der Betroffenen: Gewählte Vertreter des Landadels sollten sich um die gute Ordnung der Angelegenheiten kümmern, die großenteils ihre eigenen waren. Sie sollten jene unfähigen, kaum des Lesens und Schreibens kundigen, aber sich oft genug als Provinzdespoten gebärdenden Subalternbeamten ablösen, von denen die russische Literatur der Jahrhundertmitte voll war. Ungeachtet der begrenzten Kompetenzen, der knappen Finanzmittel und der obrigkeitlichen Kontrolle entfalteten die »Landschaften« eine rege und breitgefächerte Aktivität. Nun erst trat ein, was schon die große Adelsreform Katharinas II. Ende des 18. Jahrhunderts beabsichtigt hatte: den wohlgeborenen Stand zur Landesverwaltung heranzuziehen und seine Bildung, seine vielfach brachliegende Arbeitskraft sowie seine materiellen Ressourcen – die meisten Ämter wurden schlecht oder gar nicht entlohnt – für die Allgemeinheit nutzbar zu machen. Außer Frage steht, daß die »Landschaften« im Verein mit der 1870 eingeführten städtischen Selbstverwaltung viele der Lücken füllten, welche die staatlichen Behörden offen ließen. Zumal in Zeiten besonderer Lasten, während der Hungersnot 1891/92, im russisch-japanischen Krieg

1904/05 und besonders im Ersten Weltkrieg, wurden ihre Dienste unentbehrlich. Sie sorgten für den größten Teil jener zusätzlichen administrativen Leistung, ohne die Modernisierung und Industrialisierung nicht hätten vorankommen können.

Bei alledem dürfen die Grenzen ihrer Tätigkeit nicht übersehen werden: Die *zemstva* waren ständische Organe, geleitet und geprägt vom grundbesitzenden Adel, der mehrheitlich konservativ blieb und insbesondere den wirtschaftlichen Strukturwandel mit größtem Argwohn beobachtete. Nicht ohne Grund wandte sich selbst Witte, die Symbolfigur des Reformkurses in der hohen zarischen Bürokratie, gegen das Verlangen nach Erweiterung ihrer Zuständigkeiten. Die anstehenden Probleme schienen ihm bei einer geläuterten, im Interesse des Ganzen handelnden Staatsverwaltung letztlich besser aufgehoben zu sein als bei der adligen Laienverwaltung, die das *zemstvo* in der Essenz war.[36]

Wittes Vorbehalt hatte nicht nur theoretisch einiges für sich. Er konnte auch auf meßbare Veränderungen in der russischen Beamtenschaft verweisen. Kein Zweifel, daß die Zeit Gogolscher Amtsschreiber ebenso zu Ende ging wie das Dilettantentum Wohlgeborener, die das Offizierskasino gegen ein Gouvernements- oder Ministerialbüro eingetauscht hatten. Seit der Jahrhundertmitte trat in der Staatsverwaltung ein neuer Typus in Erscheinung: der in Westeuropa längst bekannte Fachbeamte. In der Regel stammte er noch aus dem Adel, mit der Besonderheit allerdings, daß er im Gegensatz zu den höchsten Amtsinhabern zu den wenig betuchten Grundbesitzern zählte. Während die Minister- und Gouverneursposten den wohlhabenden und angesehenen Familien vorbehalten blieben, wuchs auf der Ebene darunter, dort, wo die Sachentscheidungen getroffen wurden, eine Schicht von leitenden Beamten heran, deren wichtigstes Kapital nicht die Herkunft, sondern die Qualifikation war. Beide Tendenzen setzten sich in den folgenden Jahrzehnten fort. Der sogenannte Zivildienst öffnete sich über den geringen Adel hinaus nach unten für Angehörige vor allem des städtischen Standes und der Geistlichkeit, für Kaufmanns- und Popensöhne und die neue Intelligenz. 1897 waren 78% der Inhaber der unteren fünf (von insgesamt 14) Ränge nichtadeliger Abstammung. Zugleich verbesserte sich der Bildungsstandard weiter. Von 4339 Personen, die 1894/95 in die Verwaltung eintraten, konnten immerhin 32% ein Universitätsdiplom und 15% einen Gymnasialabschluß vorweisen. Andererseits war mehr als die Hälfte über die Elementarschule immer noch nicht hinausgekommen. Der Fortschritt auf dem Wege zu einer Verwaltung, die der Vielfalt neuer Aufgaben gewachsen war, verlief langsam – allzu langsam, wie die Reformkommission befand, die diese Daten erhob.[37]

Ein solches Urteil war um so eher gerechtfertigt, als auch andere Mißstände bestehen blieben. Nach wie vor grassierte vor allem in den niederen Amtsstuben, aber gewiß nicht nur dort, die Korruption. Nichts deutet darauf hin, daß das sprichwörtliche Schmiergeld (*vzjatka*), bei welcher behördlichen Dienstleistung auch immer, entbehrlich geworden wäre. Für hohe wie für subalterne Beamte blieb das wesentliche Motiv der Bestechlichkeit bestehen: die miserable Entlohnung, die einen Zuverdienst oft unentbehrlich machte. Sachlicher Entscheidung und administrativer Effizienz war dieser Zustand kaum dienlich.

Nach wie vor vermochte die zarische Verwaltung das autokratische Erbe nicht abzuschütteln. Wohl ließ sich in der zweiten Jahrhunderthälfte die Entstehung eines neuen Rechtsbewußtseins beobachten. Die Polizei- und Justizreform von 1862/64 schrieb nicht nur die Unabhängigkeit der Rechtsprechung fest (und schränkte damit die Allmacht des Monarchen de jure wie de facto erstmals ein); sie importierte in Gestalt von Geschworenengerichten und einer unabhängigen Anwaltskammer auch die freiheitlichsten Errungenschaften der westeuropäischen Gerichtsverfassung nach Rußland. Dennoch ist der Grundsatz der Legalität nicht zur verbindlichen Regel administrativen Handelns geworden. Im Gegenteil, die hoffnungsvollen Anfänge wurden im August 1881 als Reaktion auf die Ermordung Alexanders II. durch die berüchtigten Ausnahmegesetze konterkariert. Obwohl als befristete Dringlichkeitsmaßnahme verkündet, blieben sie bis 1917 in Kraft. Indem sie die ohnehin selbstherrlich regierenden Gouverneure ermächtigten, Verdächtige ohne Gerichtsbeschluß bis zu drei Monaten zu inhaftieren, sie aus ihrem Heimatort zu verbannen, öffentliche Versammlungen zu unterbinden, Zeitungen zu verbieten und ähnliche Maßnahmen mehr zu ergreifen, verhängten sie de jure einen permanenten Notstand über das Land.

Es muß offen bleiben, ob die Autokratie dadurch tatsächlich, wie oft behauptet[38], zum gesetzlosen Polizeistaat wurde. Der Ausnahmezustand wurde vor 1905 nur in fünf Gouvernements angewandt. Die Unabhängigkeit der Justiz blieb gewahrt. Und die folgenden Gegenreformen korrigierten in vielem nur Verfahrensweisen, die sich als völlig untauglich erwiesen hatten. Bei manchen Bestimmungen war im Überschwang des slavophil-liberalen Aufbruchs übersehen worden, daß in Rußland elementare Voraussetzungen für ein funktionstüchtiges Rechtswesen fehlten. Wo bäuerliche Analphabeten zu Geschworenen bestellt wurden, paßte das Kleid westlichen Zuschnitts in der Tat nicht, wie ein Justizminister formulierte. Man wird unterscheiden müssen: Die Instrumente lagen bereit, die Rechtsstaatlichkeit hätten herstellen können. Auch die liberale Opposition bestritt dies nicht. Aber sie wies mit guten Gründen darauf hin, daß die Verwaltung mit dem Innenressort an ihrer Spitze sie im Bereich politisch-sozialer Bewegungen nicht nutzte. Der Spielraum, über den Gendarmerie und politische Polizei (*Ochrana*) zumal in unruhigen Zeiten verfügten, trug nicht dazu bei, Vertrauen in die Obrigkeit zu stiften. Staat und Verwaltung blieben in den Augen der kritischen Untertanen so lange unberechenbar, wie sie sich demokratischer Kontrolle entzogen.

Ähnliche Vorbehalte erzeugte schließlich die hartnäckige Weigerung, dem Verlangen nach breiterer Partizipation der Gesellschaft an der Leitung der öffentlichen Angelegenheiten nachzugeben. Seit den großen Reformen der sechziger Jahre blieb die Überzeugung wach, daß der Aufbruch des Landes in ein neues Zeitalter ohne eine gewisse Demokratisierung wenigstens der örtlichen Administration nicht gelingen und aus dem Gleichgewicht geraten werde. Immer wieder sind im Innenministerium, von der Regentschaft Alexanders III. abgesehen, Projekte in der Absicht ersonnen worden, dieser Notwendigkeit ohne Kompetenzverlust der Autokratie Rechnung zu tragen. Keines kam über das Planungsstadium hinaus; die Quadratur des Kreises gelang nicht und konnte auch nicht gelingen. Selbst in den Krisen der Jahre von 1878 bis 1881 und 1905/06 fand die Regierung nicht den Mut, das Stückchen politischer Macht, das mit jeder Teilhabe an der Landesverwaltung verbunden war, freiwillig aus der Hand zu geben. So trat ein, was die Schaffung der *zemstva* und andere Anläufe zu einer Verwaltungsreform hatten verhindern sollen: Der soziale und wirtschaftliche Wandel eilte der Entwicklung der politisch-administrativen Institutionen davon.[39]

II. Die Autokratie in der Krise (1905–1907)

1. Der Blutsonntag und seine Folgen

Auch an unmittelbaren Vorzeichen der Revolution hat es nicht gefehlt. Allenthalben war seit der Jahrhundertwende Protest gegen die Unzeitgemäßheit der »Selbstherrschaft« laut geworden, die wie ein Alpdruck über dem Lande zu liegen und den Fortschritt zu lähmen schien. Studentenunruhen und die Entstehung des Linksliberalismus signalisierten die Desertion der Intelligenz. Die Streikwelle in Südrußland von 1902/03 führte die wachsende Unzufriedenheit der Arbeiterschaft vor Augen. Die Plünderung gutsherrlicher Kornspeicher im gleichen Jahr beschwor das Gespenst eines neuen Bauernkriegs herauf. Die totgeglaubten radikalen Parteien erstanden neu. Der Terrorismus lebte wieder auf und forderte seine ersten prominenten Opfer: außer einigen Gouverneuren die Innenminister Sipjagin (1902) und v. Plehwe (Pleve) (1904), seinen zutiefst verhaßten Nachfolger, dessen Ermordung auch das liberale Lager akklamierte. Selbst die Amtsträger aus den Reihen des Adels standen nicht mehr geschlossen hinter der alten Ordnung. Dennoch kam die Bewegung, die sich zum revolutionären Sturm auswachsen sollte, für alle Beteiligten überraschend. Weder die Regierung noch die Opposition waren vorbereitet. Festzuhalten ist, daß die schwerste innere Krise, die der zarische Staat bis dahin zu bestehen hatte, zunächst *nicht* das Werk der radikalen Intelligenz und ihrer Parteien war. Vielmehr erwuchs sie unmittelbar aus der Unzufriedenheit der Massen. In diesem Sinne kann sie, auch wenn sie fremder Anleitung nicht entbehrte, als spontaner Protest gelten.

Auslösendes Ereignis waren die Schüsse, die eine friedliche Kundgebung von Arbeitern vor dem Winterpalast in St. Petersburg am 9. Januar 1905 aus heiterem Himmel trafen und wohl mindestens 130 Tote sowie an die 1000 Verletzte hinterließen. Inspiriert und geleitet wurde die Demonstration von dem Popen G.A. Gapon, der sich als Gründer eines frühen Arbeitervereins (1903) der Beschwerden von Beschäftigten der größten Maschinenbaufabrik des Reiches, der Putilov-Werke, angenommen hatte. Grundsätzlich handelte Gapon dabei mit dem Segen und im Sold der *Och-*

rana, die nicht zum ersten Mal versuchte, auf solche Weise die Unruhe in den Fabriken zu kanalisieren und der sozialistischen Agitation den Wind aus den Segeln zu nehmen. Indes ging das Kalkül mit wachsender Schärfe der Konflikte nicht mehr auf. Vom Führer wurde Gapon zum Geführten. Um seinen Einfluß zu behaupten, sah er sich genötigt, dem Unmut der vom Unternehmen abgewiesenen Arbeiter nachzugeben und einen öffentlichen Protestzug mit dem Ziel anzuberaumen, die Klagen dem Zaren selber zur Kenntnis zu bringen. Die Demonstranten kamen in guter Absicht und voller Vertrauen, als gläubige Christen und treue Untertanen. Die Petition, die sie überreichen wollten, bat den Herrscher um »Gerechtigkeit und Schutz« vor wachsender Not und Armut. Aber sie beschränkte sich nicht auf wirtschaftliche Forderungen nach Lohnerhöhungen, Einführung des Achtstundentages, Steuererleichterung und anderem mehr. Darüber hinaus schloß sie die grundlegenden, von der gesamten radikalen Opposition erhobenen politischen Forderungen ein: Unverletzlichkeit der Person, Presse-, Rede-, Versammlungs-, Streik-, Koalitions- und Glaubensfreiheit, Gleichheit aller vor dem Gesetz, Verantwortlichkeit der Minister vor dem Volk, Legalität der Verwaltung sowie die Einberufung einer nach dem allgemeinen, geheimen und gleichen Wahlrecht gebildeten Konstituierenden Versammlung. Solche Wünsche muteten dem Zaren allzu viel zu. Der Offizier, der die fatalen Salven abfeuern ließ, handelte im Geiste der alten Ordnung. Eben deshalb sprach seine Panik im Angesicht unbewaffneter Bittsteller Bände über die tiefe Verunsicherung, die nicht nur ihre Sicherheitsorgane bereits ergriffen hatte.[1]

Die Gewalttat des 9. Januar, der als »Blutsonntag« in die Geschichte einging, wirkte wie der sprichwörtliche Funke im Pulverfaß. Lang angestaute Unzufriedenheit brach sich in einer Welle offenen Protestes Bahn, die das ganze Land überschwemmte und immer breitere Schichten der Gesellschaft mitriß. In St. Petersburg bezeugten über 100 000 Arbeiter ihre Solidarität mit den Beschäftigten der Putilov-Werke. Trotz des umgehend verhängten Kriegsrechts hielt der Ausstand die Polizeitruppen noch eine gute Woche in Atem. Das eigentlich Alarmierende aber war das gewaltige Echo, das die fatalen Schüsse außerhalb der Hauptstadt fanden. In der Moskauer Region brachte die Nachricht von den St. Petersburger Vorfällen schon am nächsten Morgen etwa 45 000 Arbeiter auf die Straße, ebenfalls eine bis dahin ungesehene Menge (etwa 20%

aller industriell Beschäftigten). Im ganzen versetzten Demonstrationen während der folgenden Tage gut zwei Dutzend größere Städte des Reiches in Aufregung; etwa eine halbe Million Arbeiter tat dabei ihre Empörung kund.[2]

Das landesweite Beben veranlaßte die Regierung, ihre Reaktion nicht auf bloße Routine zu beschränken. Sie erkannte, daß die Unruhe größere Gefahren barg als die vorangegangenen Streiks. Auch die außenpolitische Lage gab Anlaß zu erhöhter Alarmbereitschaft. Das Zarenreich hatte sich nach dem japanischen Angriff auf Port Arthur im Januar 1904 leichtfertig in einen Krieg verwikkeln lassen. Was der Wiederherstellung des internationalen Prestiges dienen und – nach den Worten Plehwes – nebenbei auch dem inneren Feind einen Schuß vor den Bug geben sollte, brachte das Land schnell an den Rand einer Katastrophe. Im Dezember war Port Arthur gefallen; weitere, entscheidende Schlachten standen bevor. Eine ernste Krise im Innern konnte sich die Regierung zu diesem Zeitpunkt am allerwenigsten leisten. So ließ sie sich neben außerordentlichen Maßnahmen zur Wiederherstellung von Ruhe und Ordnung auch zu Konzessionen herbei. Nikolaj bestellte einen neuen Innenminister, empfing eine Arbeiterdelegation und berief Ende Januar eine Kommission unter Hinzuziehung von Arbeitervertretern ein, die den Ursachen des Aufbegehrens nachspüren sollte.

Alle drei Gesten verfehlten ihr Ziel. Der neue Innenminister A.G. Bulygin gehörte zwar nicht zu den negativen Symbolfiguren des Regimes; aber er galt als zutiefst loyaler Anhänger der alten Ordnung, von dem keine Reformimpulse zu erwarten waren. Vor den Arbeitern hielt Nikolaj eine belanglose Rede, die selbst die handverlesenen Zuhörer enttäuschte. Und die Bildung der *Šidlovskij-Kommission* kam über Vorwahlen nicht hinaus, weil die Abgesandten der Fabriken ihre Teilnahme an Bedingungen knüpften, die der Regierung unerfüllbar schienen.

Auch andere Ereignisse erinnerten die Autokratie daran, daß sie sich so leicht nicht aus der Bedrängnis befreien konnte. Am 4. Februar gelang der sozialrevolutionären »Kampforganisation« eine zweite spektakuläre Tat, als die Bombe Ivan Kaljaevs (den Camus zum Helden seines Dramas *Die Gerechten* erhob) den Gouverneur von Moskau und Zarenonkel Großfürst Sergej Aleksandrovič in Stücke riß. Und je weiter der Monat voranschritt, desto deutlicher zeigten die Nachrichten vom Kriegsschauplatz in

Fernost, daß dem Reich vor Mukden ein neuerliches Fiasko bevorstand. Beide Vorfälle, der erste Mord an einem Mitglied der Zarenfamilie seit 1881 und der nächste Schritt in die militärische Blamage, veranlaßten Nikolaj zu einem weiteren Versöhnungsangebot an die inneren Gegner. Ohne die endgültige Beratung dieses Schrittes im Kabinett abzuwarten, erteilte er Bulygin am 18. Februar in Form eines öffentlichen Reskripts die Anweisung, »die zuverlässigsten Männer, die das Vertrauen des Volkes genießen und von ihm gewählt wurden, zu versammeln, um die *vorbereitende Prüfung und Beratung* gesetzlicher Maßnahmen in Angriff zu nehmen«. Gewiß sprang der Zar mit diesem Versprechen, wenn er denn ernsthaft die Absicht hatte, es einzuhalten, über seinen Schatten. Zehn Jahre zuvor hatte er harmlosere Projekte als leeren Wahn abgewiesen. Gleichwohl traf Miljukovs Kommentar ins Schwarze, daß die *Bulyginsche Duma* (Rat, Parlament), rechtlos wie sie sein sollte, schon zum Zeitpunkt ihrer Ankündigung ein totgeborenes Kind war.[3]

Dieses Urteil entsprach einer allgemeineren Stimmung im Lande. Die Selbstüberwindung des Zaren wurde nicht honoriert; noch weniger trug sie zur Beruhigung der Gemüter bei. Streik und Protest blieben an der Tagesordnung, wenn die Wogen auch nicht mehr so hochschlugen wie im Januar. In mancher Hinsicht machten Härte und Dauer der Konflikte wett, was an Verbreitung verlorenging. Aus dem Rahmen fielen insbesondere die heftigen Auseinandersetzungen in der jungen Textilstadt Ivanovo-Voznesensk. Zehn lange Wochen, von Mai bis Juli, traten etwa 40 000 Arbeiter in den Ausstand. Im wesentlichen beschränkten sie sich, wie die große Mehrheit der Streikenden in diesem Sommer, auf Forderungen nach besserer Bezahlung, Garantie eines Minimallohns, Einführung des Achtstundentags und anderem mehr. Dennoch gewann gerade dieser Kampf eine eminent politische Bedeutung. Auf Anregung des staatlichen Fabrikinspektors wählten die Arbeiter einen Deputiertenrat zur Koordination und Verhandlungsführung. Ihm gelang es, obwohl er letztlich vor Hunger und militärischer Gewalt kapitulieren mußte, dem Streik eine ungewöhnliche Geschlossenheit zu geben. Diese verfehlte ihren Eindruck auf die Öffentlichkeit nicht: Der Konflikt von Ivanovo-Voznesensk wurde zur Geburtsstunde der *Sowjets* (Räte).[4]

Mehr Aufsehen noch erregte ein zweites Ereignis, das Szenerie und Begleitumstände zum symbolischen Legendenstoff machten:

die Meuterei auf dem Panzerkreuzer *Potemkin* Mitte Juni. Sergej Eisenstein hat in seinem unvergänglichen Film nachgestellt, was geschah, als die Revolutionäre von Odessa die Anwesenheit des aufständischen Kriegsschiffs nutzen wollten, um Streiks mit einem Sieg zu krönen, die seit April andauerten. Die Konfrontation endete im wohl blutigsten Massaker der Revolution. Selbst offizielle Angaben bezifferten die Zahl derer, die am Abend des 15. Juni im Hafen von Polizei- und Militäreinheiten eingeschlossen wurden und auf der berühmten Treppe im Kugelhagel fielen, auf 1260 Personen. Auch die vom Haß zwischen Mannschaften und Offizieren genährte, tief in der ungesunden Struktur von Heer und Marine wurzelnde Meuterei selbst blieb ohne Erfolg. Der Funke sprang nicht über, keines der anderen Kriegsschiffe schloß sich an. Gejagt, ohne Brennstoff und Nahrung, mußten die Rebellen in Rumänien Zuflucht suchen. Dennoch: Minister und Generäle hatten allen Grund zu besorgten Mienen. Unübersehbar führte der Zwischenfall vor Augen, daß die Autokratie auch auf die Streitkräfte nicht mehr ohne Einschränkungen rechnen konnte.[5]

Im übrigen verlagerte sich der Aufruhr im Sommer 1905 weitgehend an die Peripherie des Reiches. Schon die ersten Symptome einer ernsthaften Erschütterung der zarischen Herrschaft hatten einem zweiten Konflikt zum Ausbruch verholfen: dem nationalen. Die Autokratie sah sich der doppelten Bedrohung politischer und sozialer Emanzipationsbestrebungen im Kernreich und *nationaler Befreiungsbewegungen* in den Randgebieten ausgesetzt. Überdies verbanden letztere in der Regel beide Dimensionen miteinander, versammelten die Parolen staatlicher oder zumindest kultureller Autonomie *und* sozialer Gerechtigkeit auf einer Fahne und erreichten oft besondere Durchschlagskraft. Heftige Kämpfe brachen vor allem in Polen, im Kaukasus und in den baltischen Provinzen aus. Im Mai waren in Warschau tote Demonstranten zu beklagen. Vom 9. bis 11. Juni entlud sich die Spannung in Lodsch (Łódź) nach wochenlangen Auseinandersetzungen in einer dreitägigen Straßenschlacht, die zahlreiche Opfer kostete. Allgemein bliesen die polnischen Widerstandskämpfer zum Angriff, da sie eine neue Chance witterten, das russische Joch abzuschütteln. Ähnliche Turbulenzen veranlaßten das zarische Militär vor allem in Baku, wo bereits im Dezember 1904 Massenstreiks ausbrachen, Tiflis, Batum sowie in Riga und anderen baltischen Häfen immer wieder zum Eingreifen und zu äußerster Wachsamkeit.[6]

Die Mobilisierung der Massen für Proteste und Demonstrationen war jedoch nur ein Effekt des 9. Januar, und kaum der wichtigste. Wer auf die Nachwirkungen schaut, wird andere Folgen höher gewichten. Frühjahr und Sommer 1905 sahen auf allen sozialen Ebenen einen weiteren Fortschritt der *politischen Organisation*.

In der Arbeiterschaft gingen Gruppenbildung und Zusammenschlüsse gleichsam naturwüchsig aus der Streikbewegung hervor. Die Härte der Auseinandersetzung mit Fabrikbesitzern und der Staatsgewalt gab Anlaß, vermehrte Kraft in der Solidarität der Aktionen und der Einheitlichkeit der Forderungen zu suchen. Arbeitervereine, Unterstützungskassen, Genossenschaften und ähnliche Frühformen proletarischer Selbsthilfe hatten sich im Zarenreich zwar ebenfalls verspätet entwickelt. Aber sie waren seit der Jahrhundertwende so weit verbreitet und im Bewußtsein verankert, daß man an sie anknüpfen konnte. Hinzu kamen die polizeilich kontrollierten Assoziationen, die ganz gegen die Absicht ihrer Sponsoren eine erfolgreiche Vorschule unabhängiger Gewerkschaften wurden. Viele Anführer der Bewegung seit Januar 1905 hatten in den Versammlungen Zubatovs und Gapons ihr Bewußtsein für die Anliegen der Arbeiter geschärft und gelernt, was zu fordern und wie zu argumentieren war. Auch die Tätigkeit der illegalen frühen Parteizellen von Sozialdemokraten und Sozialrevolutionären blieb nicht umsonst. Biographische Daten zeigen, daß sie in ähnlicher Weise als Trainingsstätte künftiger Gewerkschaftsgründer wirkten.

Schon die Bittschrift, die der Protestzug am Blutsonntag hatte überreichen wollen, enthielt die Forderung nach Anerkennung des Rechts auf geregelte Interessenvertretung und nach Mitsprache der Arbeiter bei Grundfragen des Fabriklebens, von der Lohnfestsetzung bis zu Einstellung und Entlassung. Beide Ziele rückten in den folgenden Monaten weiter in den Vordergrund. Was sie auf Dauer zu sichern suchten – im Kern nichts Geringeres als die Institutionalisierung des industriellen Interessenkonflikts –, wurde während der Arbeitskämpfe oft erzwungen und praktiziert. Streikkomitees verwandelten sich in Fabrikkomitees, die zur typischen Form der ersten Versuche zur Wahrnehmung der Arbeiterinteressen wurden. Auch die Fabrikkomitees wuchsen nicht in jedem Falle und zwangsläufig zu übergreifenden Vereinigungen der gesamten Branche zusammen. Gerade für Rußland war – auch dies ein Indiz rückständiger wirtschaftlicher Strukturen – der »Fabrikpatriotismus«, die Verengung der Perspektive und des Engagements auf einen vielfach noch stark handwerklich geprägten Betrieb oder auf eine Werkstatt innerhalb eines größeren Unternehmens typisch. Dennoch legten die Fabrikkomitees, organisatorisch wie personell, wohl die breiteste Trasse für die Entstehung der Gewerkschaften im Laufe des Jahres 1905.

Es waren im wesentlichen zwei Gruppen, die diese bedeutende Errungenschaft der Revolution auf den Weg brachten. Unter den Arbeitern fiel die führende Rolle den Fachkräften zu. Sie verfügten als schmale Elite inmitten der ungelernten Masse über Voraussetzungen, die sie dafür prädestinierten: relativ lange Erfahrung in der Stadt und Fabrik, eine niedrige Analphabetenrate und hohes Ansehen. Insofern die Gewerkschaften – im Unterschied etwa zu den Parteien – tatsächlich von der Arbeiterschaft getragen wurden, darf man in ihnen auch die entscheidenden Urheber der neuen Erscheinung sehen. Dennoch hätten sie ohne die Mitwirkung der Intelligenz, die liberale eingeschlossen, kaum das Licht der Welt erblickt. Vor allem in der Gründungsphase war der Beitrag professioneller »Organisatoren« unentbehrlich, um den die Arbeiter zumeist selbst baten. Die *intelligenty* informierten über die Theorie und Erfahrungen der Arbeiterbewegung in Westeuropa. Sie leisteten Hilfestellung bei der Formulierung der Statuten, stellten die Sprecher auf den Versammlungen und übernahmen den publizistischen Kampf um Anerkennung und Terraingewinn. Viele verwuchsen so eng mit den Gewerkschaften, daß sie ihre Schlüsselpositionen auch nach dem Abschluß der Gründungsphase behielten. In einigen Fällen mußten sie sich dabei gegen Proteste aus den Reihen der Arbeiter behaupten, die ihre Sensibilität gegenüber möglicher Fremdbestimmung nicht verloren hatten. Daß sie sich in der Regel durchzusetzen vermochten, verweist auf ihre bleibende Unentbehrlichkeit.

Intelligenz und Arbeiterschaft hatten bei den Wahlen zur *Šidlovskij*-Kommission erstmals ausführlich Gelegenheit, Kontakt aufzunehmen. Die Gründungsdaten belegen, daß diese Kooperation den Beginn des Organisationsprozesses markierte. Besondere Bedeutung unter den frühen Gewerkschaften erlangten (und behaupteten bis zur Oktoberrevolution) die Berufsverbände der Drucker und Metallarbeiter, die den Kern der »Arbeiteraristokratie« im Zarenreich bildeten, sowie der Eisenbahner, denen eine besondere strategische Bedeutung zukam. Seinen Höhepunkt erreichte der Vorgang jedoch erst im Oktober und November, in den »Tagen der Freiheit«. Allein in diesen beiden Monaten, der Gründungsphase im engeren Sinn, traten 115 von insgesamt 165 Gewerkschaften, die eine neuere Untersuchung für das gesamte Jahr 1905 registriert, an die Öffentlichkeit.[7]

Auch der liberalen Bewegung gab der Blutsonntag einen kräftigen Impuls. Sie erwarb über den geistigen Einfluß hinaus, der ihr eigentliches Kapital bildete, erhebliches numerisches Gewicht. Indem sie beides miteinander verband, wuchs sie zur führenden Kraft der Opposition heran. In vieler Hinsicht konnte der heraufziehende Sturm gegen die Autokratie als Attacke des *Liberalismus* gelten. Es war sein Programm des freiheitlich-demokratischen Rechtsstaates, in dessen Namen der Kampf geführt wurde und das auch Sozialdemokraten und Sozialrevolutionäre als Nahziel auf ihre Fahnen schrieben. Es waren seine Anhänger, die der Massenbewegung oft als Meinungsführer, Experten und Organisatoren dienten. Und es war die partielle Verwirklichung seiner Parolen, die das ausmachte, was schließlich als Erfolg der Revolution trotz ihrer Niederlage blieb: eine Verfassung, wie wenig sie auch immer den ursprünglichen Forderungen entsprechen mochte.

Zu dieser besonderen Rolle paßt die Beobachtung, daß die liberale Bewegung bereits 1904, vor den revolutionären Parteien, in Schwung geriet. Der Krieg gegen Japan, von dem außerhalb der Regierung und Staatsverwaltung kaum jemand Gutes erwartete, zeitigte bei ihrer Klientel schnellere Wirkung. Er verhalf der Intelligenz im November 1904 zu jenem Sieg über den Zemstvo-Flügel, der den Liberalismus vorübergehend ins revolutionäre Lager führte. Seinen Triumph nutzend, eröffnete der *Bund der Befreiung* noch bei Gelegenheit des Kongresses eine Kampagne, deren Zweck es war, die »politische Gesellschaft« des Reiches gegen die Autokratie zu mobilisieren. Er lud die Delegierten zu einem festlichen Bankett, bei dem die gesamte kritische Intelligenz der Hauptstadt zugegen war. Das unerwartet lebhafte Echo machte den vorsichtig-moderaten Ton der Reden bald überflüssig. Die folgenden Veranstaltungen in Moskau, Samara, Kaluga und anderen Großstädten des Reiches begnügten sich nicht mehr mit Forderungen nach Freiheit der Person, des Wortes und ähnlichem mehr. Sie verlangten offen nach der politischen Ordnung, in der sie einen garantierten Platz haben würden, nach dem demokratischen Rechtsstaat und einer frei, gleich, geheim und allgemein gewählten Verfassungsgebenden Versammlung, um ihn zu begründen. Es war zweifellos ein erstaunlicher Erfolg dieser *Bankettkampagne* des ausgehenden Jahres 1904 (im Vergleich etwa mit einem ähnlichen Versuch 1858), daß sie so weitgehende Ansprüche, die auf eine Selbstaufhebung der Autokratie hinausliefen, in aller Öffentlichkeit äußern und die Zensur faktisch außer Kraft setzen konnte.[8]

Auch in anderer Hinsicht brach die Kampagne unterdrückten Energien Bahn. Es war kein Zufall, daß der erste Berufsverband der Intelligenz, der »Allrussische Bund der Ingenieure und Techniker«, Anfang Dezember im Anschluß an Bankette in Moskau ins Leben gerufen wurde. In gewisser Weise bildete dieses Ereignis ihr ideales Ergebnis: Mobilisierung schlug um in Organisation. Weitere Barrieren fielen durch die Ereignisse nach dem 9. Januar. Gleich der Arbeiterschaft, aber schneller und früher als diese, mit einer Phase besonders hektischer Aktivität im Frühjahr, schloß sich die Intelligenz auf der Grundlage der beruflichen Spezialisierung zu gewerkschaftsähnlichen »Bünden« zusammen. Insgesamt entstanden 14 solcher Vereinigungen, vom Bund der Agronomen und Statistiker über den der Ärzte, Apotheker, Journalisten, Rechsanwälte, Lehrer, Staats- und Kommunal-, Eisenbahn-, Post- und Telegraphenangestellten bis zu dem der Professoren, die ihre nahezu 50 000 Mitglieder am 8./9. Mai in einen Dachverband, den *Bund der Bünde* (*Sojuz sojuzov*), einbrachten. Unter dem Vorsitz von P.N. Miljukov, der damit ins innerste Zentrum der liberalen Bewegung rückte, verabschiedete die Gesamtvereinigung ein Aktionsprogramm, das wie die Programme ihrer Mitgliedsorganisationen weit über ökonomische Forderungen hinausging. Nicht Achtstundentag, Lohnerhöhung, Kranken- und Sozialversicherung, die dennoch ebensowenig fehlten wie der Ruf nach einer Agrarreform, standen im Vordergrund, sondern das liberale Kernanliegen: die Konstituante. Die Gründung der Bünde und ihr Zusammenschluß markierten den Zenit des politischen Einflusses der liberalen Intelligenz. Als linke Speerspitze der Zemstvo-Bewegung und Geburtshelfer der Gewerkschaften zugleich konnte sie wie keine andere Kraft die Energien und die Interessen der Opposition zusammenführen. Es hat wohl keinen Augenblick in der russischen Geschichte gegeben, in dem sie ihrem Selbstverständnis so nahekam: Ohne Zweifel bildete sie die

Hefe, die den politischen und sozialen Gärungsprozeß auf die Revolution zutrieb.[9]

Auch der »Bund der Befreiung« bemühte sich nach Kräften, dieser Rolle gerecht zu werden. Vom 17. bis 25. September 1904 hatten sich Delegierte aller bedeutenden Parteien mit Ausnahme der Sozialdemokraten in Paris getroffen, um über ein gemeinsames Vorgehen zu beraten. Obwohl die Kluft zwischen Liberalen und Revolutionären unverändert groß blieb, konnte man sich über zwei Ziele verständigen: mit vereinter Kraft den Sturz der Autokratie anzustreben und an ihrer Stelle eine demokratisch-parlamentarische Ordnung zu installieren. Die Übereinkunft hat Konflikte vor Ort nicht beseitigt. Aber sie trug zur gegenseitigen Schonung und in zahlreichen Fällen auch zur Kooperation der Lokalkomitees insbesondere von Liberalen und Sozialrevolutionären bei, die zunehmend auch Sozialdemokraten einschloß. Die Werbung einiger Bünde, namentlich der Union der Ingenieure und Techniker sowie der Eisenbahner, um die Arbeiterschaft förderte solche Kooperation. Vor allem die Menschewiki haben nach anfänglicher Ablehnung die Schlüsselstellung der Bünde erkannt und zentrale Positionen in ihnen erobert. Auch diese zukunftsweisende Koalition hat es dem »Befreiungsbund« und dem »Bund der Bünde« leicht gemacht, den Gegner ausschließlich rechts zu suchen.

Allerdings blieb die Anlehnung an die Linke nicht unbestritten. Der gemäßigte, slavophile Flügel bestand fort. Zwar mußte er im ganzen eine weitere Schwächung hinnehmen. Auf dem dritten Zemstvo-Kongreß in Moskau Ende April 1905 vermochte Šipov für seine Idee eines konsultativen, ständischen Reichsrats nur noch 17 von 150 Stimmen zu gewinnen. Dennoch spürten auch die moderaten Kräfte Auftrieb. Zwischen den Befürwortern eines *zemskij sobor* und den konsequenten Demokraten bildete sich eine Mitte. Anlaß dazu gaben Meinungsverschiedenheiten über die Haltung zum Plan einer Volksvertretung, mit dem der Zar sein Versprechen vom 18. Februar wahrzumachen gedachte. Die Grundzüge des Gesetzes drangen bald nach dem letzten Faustschlag im Japankrieg, der Versenkung der zarischen Flotte vor Tsuschima am 14./15. Mai, gut zwei Monate vor seiner formellen Verkündung am 6. August, an die Öffentlichkeit. Sie ließen keinen Zweifel daran, daß die *Bulyginsche Duma* mit einer Verfassungsgebenden Versammlung nichts gemein haben und die Selbstherrschaft nicht ernstlich beschränken würde. Als bloß beratendes, durch indirekte Kurienwahl bestelltes Gremium, das den Adel bevorzugte und die Arbeiterschaft sowie die Intelligenz von der Mitwirkung faktisch ausschloß, orientierte sie sich stark an altrussischen Vorbildern.

Das Projekt stellte im liberalen Lager niemanden zufrieden, nicht einmal die Slavophilen. Von der Mehrheit konnte es in seiner Mißachtung der tatsächlichen politischen Lage und Bedürfnisse nur als Symptom völliger Bewegungsunfähigkeit verstanden werden. Auf einem anderen Blatt stand, ob sich daraus zwingend ein Boykott ergab. Für den linken Flügel lag die Antwort auf der Hand: die Zumutung war zu ignorieren. Gemäßigte Kräfte aus dem Kreis der Zemstvo-Konstitutionalisten plädierten dagegen trotz ihrer prinzipiellen Ablehnung für ein pragmatisches Vorgehen. Sie schlugen vor, die angekündigte Travestie eines Parlaments als Plattform zu nutzen, um auf ihre Umwandlung in eine vollberechtigte Duma hinzuarbeiten. Dem neuen Kurs schlossen sich auch einige Repräsentanten der radikalliberalen Intelligenz an, allen voran Miljukov, der soeben noch zum kompromißlosen Angriff auf die Autokratie aufgerufen hatte.

Für aufmerksame Beobachter kam der Streit nicht überraschend. Manches war seit Januar geschehen, was maßvolle, auf friedliche Veränderung setzende politische Naturen bedenklich stimmen mußte. In den Städten schienen Streiks und Barrikadenkämpfe fast zwangsläufg auf eine letzte Kraftprobe hinzuführen, die kaum ohne Blutbad entschieden werden konnte. Auf den Dörfern häuften sich die Ausschreitungen und weckten Urängste des Adels. Vor diesem Hintergrund ergriffen die Zemstvo-Konstitutionalisten im Juli die Initiative und sagten sich durch Vorbereitungen für die Gründung einer eigenen Partei von der linksliberalen Intelligenz los. Bedeutsamer und erstaunlicher aber war, daß sie auch den vierten und letzten Kongreß des »Befreiungsbundes« am 23./24. August für die Teilnahme an der angekündigten Duma gewinnen konnten. Die Versammlung beschloß die Fusion mit den Zemstvo-Konstitutionalisten zu einer neuen liberalen Einheitspartei. Eine starke Minderheit, unterstützt von der Mehrheit der berufsständischen Organisationen im »Bund der Bünde«, lehnte diesen Schritt jedoch ab. So kam die *Partei der Volksfreiheit* (*Partija narodnoj svobody*), besser bekannt als Partei der *Konstitutionellen Demokraten* oder kurz *Kadetten*, die Mitte Oktober ihren Gründungsparteitag veranstaltete, mit einem Handicap auf die Welt: Ein Teil der radikalliberalen Intelligenz hielt sich fern. Auch wenn manche Kritiker im folgenden Jahr, auf dem Höhepunkt ihrer Popularität, zu ihr (zurück)fanden, hatte sie eine starke Dosis konservativen Bluts in den Adern, das ihren Charakter unter dem Druck veränderter Verhältnisse nach dem Ende der Massenbewegung mehr und mehr prägte.[10]

Während die Wogen der Empörung Gewerkschaften und liberale Bewegung hoch emportrugen, taten sich die *revolutionären Parteien* schwer. Es warf ein bezeichnendes Licht auf ihren Zustand, daß die dubiose Organisation Gapons den Protestzug vom 9. Januar veranstaltete und nicht die Sozialdemokratie oder die PSR. Revolutionäre Bewegung und revolutionäre Parteien waren nicht identisch, auch wenn die sowjetische Geschichtsschreibung nicht müde wird, das Gegenteil zu behaupten und dabei die revolutionären Kräfte umstandslos mit den Bolschewiki gleichsetzt. Sozialdemokraten wie Sozialrevolutionäre wurden von den Ereignissen völlig überrascht. Beide feierten sie als Beginn der ersehnten Revolution. Aber beide mußten erkennen, daß die Entwicklung an ihnen vorbeilief und die Aufgabe noch bevorstand, Anschluß zu gewinnen. Bis zum Oktober operierten sie dabei weiterhin in der Illegalität. Auch wenn es dem Regime immer schwerer fiel, seinen Verboten praktische Geltung zu verschaffen, beließen sie ihre Schaltstellen (Zentralkomitee und Zentralorgan) im westeuropäischen Ausland. Diese Trennung von Kopf und Rumpf mag ihre Tätigkeit behindert haben. Aber sie erklärt nicht hinreichend, warum sie bis zum Spätherbst brauchten, um eine führende Rolle bei den Streiks zu übernehmen. Es waren die Autonomie der Arbeiterbewegung und die Attraktivität des Linksliberalismus, die ihnen zu schaffen machten.

In den Mitteln und Wegen, die »Organisationsfrage« zu lösen, unterschieden sich Sozialdemokraten und Sozialrevolutionäre kaum. Zu wenig ist bisher gesehen worden, daß beide Parteien – zumal in der Anfangsphase vor dem Aufruhr der Bauern – denselben Boden mit denselben Methoden zu demselben Nahziel bearbeiteten und einander auch in ihrer sozialen und organisatorischen Struktur wie Zwillinge glichen. Beide bezogen ihre Kader, die auf ihre Weise Politik in der Regel als Beruf betrieben, aus der radikalen *intelligencija*. Beide fanden ihre aktiven Anhänger fast ausschließlich unter den städtischen Arbeitern. Beide schrieben innerparteiliche Demokratie groß, waren aber faktisch oligarchische

Gebilde, deren Zentren im Exil schon aufgrund der räumlichen Distanz weitgehend souverän entschieden. Beide versuchten, dem Problem der Überführung von Mobilisierung in Organisation, von temporär-spontaner Gefolgschaft in dauerhaft verfügbare, wie eh und je durch die Verbreitung ihrer Anschauungen in Gesprächskreisen und auf Kundgebungen aller Art beizukommen. Es war diese mühselige, unauffällige, deshalb auch kaum beschriebene, aber für politischen Einfluß unentbehrliche Routine des Untergrundes und der Halblegalität, der sich die revolutionären Parteien nach dem Blutsonntag hauptsächlich widmeten.

Freilich ließen sie sich dabei von unterschiedlichen Lageanalysen und Zukunftsvisionen leiten, die auch ihrer Tätigkeit und Erscheinung ungeachtet der Gemeinsamkeiten charakteristische Züge verliehen. Gewiß wollten die Sozialrevolutionäre auch die Arbeiter – und durchaus an vorrangiger Stelle – hinter ihren Fahnen versammeln. Aber ihre eigentliche Sehnsucht galt doch der Bauernschaft. Anders als die Sozialdemokraten, die den Aufruhr auf dem Dorf mit gemischten Gefühlen betrachteten, warteten sie voller Ungeduld auf das Aufbegehren des *mužik*. Trotz der Initialzündung durch die Januarstreiks hielten sie mit gutem Grund an der Meinung fest, daß letztlich nur die Empörung der Bauern eine »levée en masse« sein konnte und den zarischen Staat in die Knie zu zwingen vermöchte. Ihr Schlachtruf blieb, hinter der Marx nachempfundenen Formel von der »Sozialisierung des Landes« kaum verbrämt, die wilde Enteignung, die *Schwarze Umteilung*. Wenn dennoch Arbeiter die Mehrheit ihrer aktiven Mitglieder stellten, so war dies eine Folge besonderer Organisationsprobleme auf dem Lande: Die weiten Entfernungen, die mentale Kluft zwischen städtischen Intelligenzlern und analphabetischen Bauern, die kaum verminderte Traditionsbindung auch des sozialen Protestverhaltens und andere Umstände mehr machten es schwer, annähernd stabile Zellen auf den Dörfern zu schaffen. Auch der einfache sozialrevolutionäre Parteigänger war typischerweise ein Arbeiter, aber er war es mangels Besserem.

Mit dem besonderen Stellenwert des Volksaufstandes hing zusammen, daß die PSR auch ein zweites Erbe des *narodničestvo* reaktivierte: den »individuellen Terror«. Seit dem Anschlag auf Sipjagin 1902 hatte sie ihn mit sichtbarem Erfolg praktiziert: Der Tod zweier Innenminister und eines Großfürsten, zahlreiche Attentate auf Gouverneure, Polizeipräfekten und Gefängnisdirektoren als Repräsentanten staatlicher Willkür und Repression hatten die Autokratie in der Tat »verunsichert« und der Opposition Auftrieb gegeben, wie die Rechtfertigung des Terrors behauptete. Die Taktik der Bombenwürfe und Revolverschüsse wurde zum Kennzeichen der Sozialrevolutionäre. Sie identifizierte die Partei in den Augen der Masse sicherer als theoretische Spitzfindigkeiten, die den meisten ein Buch mit sieben Siegeln blieben. Auch die Partei selbst stellte die »Rächerhelden« auf ein Podest hoch über die gewöhnlichen Mitglieder und verneigte sich vor dem Chef der »Kampforganisation« Evno Azef, der wenige Jahre später (1908) als einer der rätselhaftesten und auf seine Weise erfolgreichsten Doppelagenten der russischen Geschichte entlarvt wurde. All dies verlieh der PSR besondere Militanz und Dynamik. Nicht nur der Ochrana galt sie als gefährlichste Kraft des Umsturzes. Vieles spricht für die Annahme, daß ihr die hochschlagenden Wellen der Jahre 1905/06 mehr Sympathie und Gefolgschaft in der revolutionären Bewegung eintrugen, als sich in der Zahl ihrer Mitglieder von etwa 42 000 Mitte 1906 niederschlug. Zwischen Mobilisierung und Organisation blieb – ähnlich wie 1917 – eine besonders tiefe Kluft. Dies ist bei einem Kräftevergleich mit der RSDRP, deren beide Fraktionen 1906 je etwa 40 000 Mitglieder hinter sich hatten, stärker zu berücksichtigen als bisher.[11]

Solche Attraktivität der PSR, ihr Werben um die Unterstützung aller Ausgebeuteten einschließlich der »werktätigen Intelligenz«, verschaffte ihr auch in den Gewerkschaften und den anderen neuen berufsständischen Organisationen Rückhalt. Besonderen Erfolg scheint sie dabei in den Vereinigungen von lohnabhängigen Beschäftigten gehabt zu haben, die nicht zur Industriearbeiterschaft rechneten, zum Teil ein höheres Sozialprestige beanspruchten und dies in einigen Fällen auf eine bessere Qualifikation stützen konnten (»Stehkragenproletariat«): in den allrussischen Bünden der Angestellten und Ladengehilfen, der Post- und Telegraphenbediensteten und vor allem der Eisenbahner, deren langjähriger Vorsitzender aus ihren Reihen kam. Darüber hinaus fallen Aussagen schwer. Man darf davon ausgehen, daß auch in den bedeutendsten Industriegewerkschaften, denen der Metallarbeiter und Drucker, kein Fabrik- und kein Streikkomitee ohne Sozialrevolutionäre gebildet werden konnte. Dennoch scheinen diese Vereinigungen wie die meisten Gewerkschaften überhaupt im ganzen eine Domäne der Sozialdemokraten gewesen zu sein.

Von selbst versteht sich, daß die *russischen Marxisten* die Unruhen und Kämpfe seit Januar mit besonderem Engagement verfolgten. Es waren *ihre* Helden, die erwachten und sich anzuschikken schienen, die ihnen vorbestimmte Mission zu übernehmen. Indes fiel es gerade der angeblichen »Avantgarde« des Proletariats schwer, sich mit dessen neuem Selbstbewußtsein anzufreunden. Was paradox erscheint, wird bei näherem Hinsehen leicht verständlich. Aus sozialdemokratischer Sicht brachten die Gewerkschaften mindestens zwei Gefahren mit sich: Sie konkurrierten mit ihr als Organisation, und sie neigten zur Beschränkung auf wirtschaftlich-materielle Ziele. Nachdem der »Ökonomismus« in der Partei erst wenige Jahre zuvor niedergerungen worden war, betrachtete man eine Entwicklung mit Skepsis, die ihn womöglich mit vermehrter Kraft wieder zum Leben erwecken würde.

Besonders kompromißlos zeigten sich auch in dieser Hinsicht die Bolschewiki. Nicht zuletzt der »Trade-Unionismus« gehörte zu jenen Verirrungen, die Lenin in *Was tun?* vehement angegriffen hatte, weil sie den Blick versperrten für die einzig richtige Strategie, den politischen Kampf professioneller Revolutionäre. Die Bolschewiki bemühten sich auch als erste, ein Gegengewicht gegen die autonomen Gewerkschaften in Gestalt eigener zu schaffen. Allerdings scheiterte der Versuch, auf diese Weise den so wichtigen Eisenbahnerbund zu unterwandern, ebenso kläglich wie die meisten anderen. Auch die Menschewiki gaben bis zum Sommer die Parole aus, nur eigene Gewerkschaften seien gute Gewerkschaften, zeigten sich dann aber flexibler und stellten ihre Taktik als erste um. Die Bolschewiki zogen etwas später und mit bleibenden Vorbehalten nach. Beiden kam zustatten, daß sozialdemokratische Arbeiterzirkel in den Hauptstädten schon seit den neunziger Jahren bestanden und manche Meinungsführer herangezogen hatten. Der Widerstand der Gewerkschaften gegen die formelle Aufgabe ihrer parteilichen Ungebundenheit schloß deshalb starke Sympathien für die Sozialdemokraten nicht aus. Im Gegenteil, bis zum Herbst, als der eigentliche Sturm der Arbeiter auf die Bastionen der Autokratie begann, brachten sie etwa zwei Drittel aller Gewerkschaften von Moskau und St.Petersburg und die größeren (über 500 Mitglieder) fast vollständig unter ihren Einfluß. Die meisten (zehn der 16 größeren), etwa die wichtige Druckergewerkschaft, kontrollierten dabei die Menschewiki. Neben der liberalen Intelligenz waren sie die zweite bedeutende Kraft der städtischen Revolution des Jahres 1905.[12]

Doch nahm nicht die Arbeiteragitation und -organisation die Hauptkräfte der Partei in Anspruch. Angesichts der dramatischen Geschehnisse gewannen offene theoretische Probleme unerwartete Aktualität und gaben dem Meinungsstreit neue Nahrung. Die Feuerprobe des Aufstandes vertiefte die Kluft zwischen den Fraktionen: Was der zweite Parteitag 1903 eingeleitet hatte, wurde in den meisten Regional- und Ortskomitees nun erst greifbare Wirklichkeit. Zur Debatte stand das Kernproblem der russischen Sozialdemokratie, die Frage nach dem Charakter der angestrebten Revolution. Wie so oft auf den tagespolitischen Kern schauend, gab ihr Lenin die treffend-paradoxe Formulierung: »Dürfen wir siegen?«[13]

Zwei Außenseiter brachten den Stein ins Rollen. Im Herbst 1904 kam es in München zu einer kurzen Zusammenarbeit zwischen L. D. Trotzki (Trockij), der mit seinen menschewistischen Gesinnungsfreunden im Redaktionsstab des Zentralorgans *Iskra* (Der Funke) gebrochen hatte, und dem russisch-jüdischen, im internationalen Sozialismus geschätzten Revolutionär Parvus (Pseudonym für A.L. Helphand). Trotzki entdeckte in dessen Urteil zur Lage in Rußland überzeugende Gedanken, die in dieser Konsequenz am Ort des Geschehens noch niemand zu äußern gewagt hatte. Angesichts der Schwäche ihres sozialen Fundaments gab Parvus den liberalen Kräften im Zarenreich keine Chance, die Autokratie zu mehr als kosmetischen Korrekturen zu bewegen. Grundlegende Veränderungen der politischen und sozialen Ordnung konnte seiner Meinung nach nur die Arbeiterschaft erzwingen; diese würde auch nach dem Umsturz nicht einfach von der politischen Bühne abtreten können. Daraus ergab sich eine unorthodoxe Folgerung, die Trotzki in einem Pamphlet vom Januar 1905 erstmals in aller Klarheit formulierte: Die Arbeiterschaft werde die politischen Kräfteverhältnisse und den Kurs der nachrevolutionären Regierung maßgeblich bestimmen, der soziale und politische Wandel werde über das bürgerlich-kapitalistische Stadium hinauswachsen, die Revolution ein zum Sozialismus hin fortschreitender Prozeß, in diesem Sinne »permanent« sein. Mit dieser Theorie blieb Trotzki bis 1917, als sie faktisch zur bolschewistischen Doktrin wurde, ein Einzelgänger zwischen den Blökken, freilich ein einflußreicher, dessen intellektuelle Statur ihm stets Gefolgschaft sicherte.[14]

Auch Lenin spürte im Angesicht des Arbeiteraufstandes die Künstlichkeit der Formel von der bürgerlichen Revolution und die politischen Fesseln, die sich daraus ergaben. Auch er suchte nach einem Ausweg, der Theorie und Realität versöhnen und der Partei die Handlungsfreiheit zurückgeben würde. Hinzu kam, daß er den Liberalen wie kaum ein anderer mißtraute und sie mit ätzender Polemik überschüttete. Auf keinen Fall war er bereit, ausgerechnet ihnen nach einem Umsturz freiwillig die Macht abzutreten. Auf der anderen Seite zögerte er, so offen mit der Orthodoxie zu brechen wie Trotzki. Lenin folgte diesem in der Annahme, daß die Arbeiterschaft in der russischen Revolution die führende Rolle übernehmen müsse. Aber er hielt daran fest, daß sie einen Bündnispartner brauche, um sich behaupten und demokratische Verhältnisse herstellen zu können. Diesen Bundesgenossen und eine Lösung für die übrigen Probleme fand er, indem er die »bürgerlichen« Kräfte schlichtweg mit der Bauernschaft identifizierte, die laut marxistischer Analyse in ihrer Mehrheit zur (Produktionsmittel) besitzenden Klasse zu rechnen war. Auf diese Weise entdeckte er die Bauernschaft für die sozialdemokratische Revolutionstheorie und wies ihr einen zentralen Platz in den strategischen Überlegungen zu. Lenin konnte die elementare Gewalt des bäuerlichen Aufruhrs, dessen Bedeutung er in vollem Umfang erkannte, auf die Mühlen eines Umsturzes leiten, den die Arbeiter anstelle des Bürgertums durchführen würden. Die Sozialdemokratie hatte, so die Losung seiner berühmten Schrift vom Juni 1905, »zwei Taktiken« zu verfolgen, um das Ziel der »revolutionären Diktatur des Proletariats und der Bauernschaft« zu erreichen. Kein Zweifel, daß auch diese Theorie den Aufstand auf die Tagesordnung setzte. Gegenüber der Trotzkischen hatte sie aber den Vorteil, die demographischen Proportionen im Zarenreich und die Sprengkraft der Dorfbevölkerung nicht zu übersehen.[15]

Die Menschewiki mochten keinem dieser Konzepte folgen. Sie sahen in den Ereignissen, die der Blutsonntag ausgelöst hatte, keinen Anlaß zur prinzipiellen Korrektur der überkommenen Position. Im Gegenteil, der beeindruckende Aufschwung der liberalen Bewegung schien die Prognose zu bestätigen, daß die bürgerlichen Kräfte auch im Zarenreich die politische Macht übernehmen würden. Die meisten Parteiführer waren trotz ihrer bleibenden Reserve bereit, sich ihnen mit der Devise – so ein Leitartikel Plechanovs – »Getrennt marschieren, vereint schlagen!« anzuvertrauen. Freilich herrschte bei den Menschewiki weniger Einmütigkeit als bei ihren Rivalen. F.I. Dan und vor allem Martov, die maßgeblichen Redakteure der *Iskra*, bewahrten größere Skepsis. Sie wiesen dem Proletariat, und das kann am ehesten als offiziöse menschewistische Haltung gelten, die Aufgabe zu, die Liberalen bis an die Grenze ihrer Möglichkeiten zu treiben, um sie zu zwingen, ihrer historischen Rolle gerecht zu werden. Zugleich warnten sie vor einer Überschätzung seiner Stärke und verurteilten die Angriffsparolen als verantwortungsloses Abenteuer. Bei allem Frohlocken über die unerwartete Dynamik der Arbeiterbewegung entdeckten sie in ihr allzu viele Anzeichen von Sprunghaftigkeit und mangelnder Ausdauer. Auch der Bauernschaft trauten sie den langen Atem nicht zu, der sie zu einer führenden Rolle im Kampf gegen den alten Staat qualifiziert hätte. So beließen die Menschewiki, in der Hoffnung auf das Erscheinen »russischer Jakobiner«, den Schlüssel zum Sieg bei den Liberalen und erkauften ihre Treue zum orthodoxen Konzept mit der Gefahr, in deren Schlepptau zu geraten (D. Geyer).[16]

2. Oktoberstreik und »Tage der Freiheit«

Der zweite, entscheidende Schub der Revolution setzte ein, als die Regierung das Schlimmste überstanden zu haben glaubte. Im August wurde der Krieg, wenn auch mit Schande, zu Ende gebracht. Die Opposition lehnte das Bulyginsche Projekt zwar einhellig ab. Liberale und Sozialisten entzweiten sich jedoch darüber, und die meisten Gruppen bis hin zu den Menschewiki votierten gegen einen Boykott. Zugleich mehrten sich die Zeichen dafür, daß der Adel sich von selbstmörderischen demokratischen Träumen loszusagen und in konservativen Vereinigungen um die Autokratie zu scharen begann. Hoffnungen, die der alte Staat daraus schöpfen mochte, erwiesen sich indes als verfrüht. Die Unzufriedenheit breiter Schichten schwelte nicht nur weiter. Sie erhielt neue Nahrung durch die Folgen der Streiks und Unruhen für Wirtschaft, Preise und Löhne. Es waren mehrere Konfliktherde, die im September entstanden und Anfang Oktober jenen Flächenbrand auslösten, vor dem die Autokratie schließlich kapitulierte.

Als erstes schlug die Empörung an den Universitäten neue Wellen. Studentischer Protest gehörte seit den sechziger Jahren zu den sichersten Vorboten sozialer Unruhen. Insofern konnten die Hochschulen als geeigneter Ansatzpunkt für den Versuch gelten, die Lage zu entspannen. Eben dies war die Absicht eines Dekrets vom 27. August, das die Liquidierung der universitären Selbstverwaltung im Zuge der Gegenreformen Alexanders III. (1884) rückgängig machte, studentische Vereinigungen wieder zuließ und Versammlungen auf Universitätsgelände keine Hindernisse mehr in den Weg legte. Was als Entgegenkommen gedacht war, um einen seit Februar andauernden Studentenstreik zu beenden, wirkte wie Zunder. Die Studenten kehrten zwar auf ihre Bänke zurück. Aber sie taten das in der erklärten Absicht, die neue Bewegungsfreiheit für allgemeinpolitische Ziele zu nutzen. Gezielt wandten sie sich an das außeruniversitäre Publikum, für das Schulungs- und Agitationszirkel eingerichtet wurden. Gewiß hat die revolutionäre Rhetorik in den Universitäten den kommenden Aufruhr in keiner Weise verursacht. Aber er förderte jenes Zusammenwirken von oppositioneller Intelligenz und Arbeiterschaft, das ihm zu besonderer Durchschlagskraft verhelfen sollte.[17]

Deutlicher kündigte ein Streik der Moskauer Drucker an, was der Autokratie bevorstand. Es verdient Beachtung, daß dieser Ausstand ohne Zutun der Gewerkschaft ausbrach. Seine Antriebe waren rein ökonomischer Natur. Die Beschäftigten eines Großbetriebes forderten kürzere Arbeitszeiten bei vollem Lohnausgleich. Erst als die Firmenleitung nur zu Teilkonzessionen bereit war, vermochte sich der menschewistisch orientierte Berufsverband einzuschalten. Er rief für den 24. September zum Generalstreik auf und steckte die Ziele höher. Die Drucker verlangten nun die Anerkennung von Arbeitervertretern in den Betrieben, die nicht nur über Fragen der Arbeitsorganisation und -disziplin mitentscheiden sollten, sondern auch über Einstellungen und Entlassungen. In marxistisch-syndikalistischem Geiste eröffneten sie den Angriff auf die uneingeschränkte Unternehmergewalt. Um die Rückbindung ihrer Organisation an die Streikenden zu festigen, gründeten die Gewerkschaftsführer einen Rat der Deputierten der Druckerei- und Lithographiebetriebe, der sich rasch große Autorität sicherte. Die Idee der Arbeiterkontrolle wurde geboren und die des Sowjets in neuer Dimension verwirklicht.

Dem Ausstand der Drucker schlossen sich in der letzten Septemberwoche die Bäcker, Metallarbeiter, die Beschäftigten der Tabakfabriken und andere Berufsgruppen an. Sympathisanten aus allen Schichten beteiligten sich an den Kundgebungen und Protestzügen. Zum Ausbruch von Gewalt, der nicht ausblieb, trug die staatliche Obrigkeit tatkräftig bei. Berittene Polizei, Militär und Kosaken jagten Demonstranten am 22. September mit offenen Säbeln durch die Straßen. Wenige Tage später erwarteten bewaffnete Einheiten die Beschäftigten einer Großbäckerei am Werkstor und eröffneten nach Steinwürfen das Feuer. Selbst entschiedene Anhänger von Gesetz und Ordnung vermißten bei solchen Aktionen nicht nur die Angemessenheit der Mittel, sondern auch die schiere Klugheit. Denn die Folgen traten bald zutage. Im Maße ihrer Verbitterung wuchs die Empfänglichkeit der Arbeiter für die Argumente der revolutionären Intelligenz.[18]

Die letzten Wellen des Druckerstreiks wurden bereits von den ersten Erschütterungen des nächsten Konflikts überlagert: vom Ausstand der *Eisenbahner*. Damit trat ein, was die Regierung in besonderem Maße zu verhindern gesucht hatte. Ihr war bewußt, welche Schlüsselstellung dem Bahnverkehr nicht nur für die industrielle Produktion und Versorgung der Städte, sondern auch für die Truppenmobilisierung, allgemeine Kommunikation und Herrschaftssicherung zukam. Auf der anderen Seite ließ der »Allrussische Eisenbahnerbund« keinen Zweifel daran, daß er seine Macht kannte und auch für allgemeine Interesssen in die Waagschale zu werfen bereit war. Schon im Mai nahm er den Sturz des Regimes ins Visier, als er seine Billigung »aller und jeglicher Mittel des Kampfes« gegen die Regierung zu Protokoll gab. Es bietet sich an, solche Militanz mit der eigentümlichen Struktur des Eisenbahnerbundes in Verbindung zu bringen. Er war seinem Ursprung und sozialen Gepräge nach keine gewöhnliche Gewerkschaft. Auf Initiative der »white collar workers« entstanden, vereinigte er alle Bahnbediensteten, vom Wartungspersonal bis zu den Ingenieuren und leitenden Angestellten. Auch in seinem Selbstverständnis fühlte er sich den Arbeitergewerkschaften ebenso verbunden wie den Berufsorganisationen der Intelligenz. Für eine herausragende Rolle war der Eisenbahnerbund nicht zuletzt deshalb vorbestimmt, weil er in vieler Hinsicht den Charakter der ersten russischen Revolution in nuce verkörperte: die Einheitsfront von Intelligenz und qualifizierten Arbeitern mit dem Ziel, Demokratie und politische Freiheit in Rußland zu installieren.[19]

Hinzu kam, daß die Eisenbahner auch mit dem Staat als ihrem Arbeitgeber im Konflikt lagen. Die Regierung war klug genug,

Kompromißbereitschaft zu zeigen. Für den 20. September lud sie zu einer Konferenz nach St.Petersburg, auf der Delegierte aus ganz Rußland die noch offene Frage einer Neuordnung des Pensionssystems beraten sollten. Die versöhnliche Haltung zahlte sich indes nicht aus. Von Sozialrevolutionären und Sozialdemokraten angeleitet, wich der Bund nicht von seinem aggressiven Kurs ab. Der Septemberkongreß ignorierte seine Zweckbestimmung und erhob allgemeine politische Forderungen, die den Unmut im Lande weiter schürten. Als nach der Zusammenkunft (falsche) Gerüchte über die Verhaftung einiger Delegierter umliefen, schenkte man ihnen ohne weiteres Glauben. In den frühen Oktobertagen machte sich die Empörung in ersten Arbeitsniederlegungen Luft. Am 4. Oktober beschloß der Eisenbahnerbund formell, zum *Generalstreik* aufzurufen. Zwei Tage später, am Abend des 6. legten die Maschinisten, Frachtingenieure und Telegraphisten der Moskau-Kazan'-Linie die Arbeit nieder und informierten alle Depots im Reich. Der Ausstand ergriff binnen kurzem die übrigen Bahnlinien Moskaus. Am 9. Oktober war die Stadt weitgehend isoliert. Von Moskau sprang der Funke auf Char'kov, Ekaterinoslav und Jaroslavl' über, wo der Bahnverkehr in den nächsten beiden Tagen angehalten wurde. Am 12. Oktober schließlich verlor St.Petersburg die Schienenverbindung zur Außenwelt.

Doch nicht nur der Güter-, Menschen- und Nachrichtenfluß wurde unterbrochen. Der Streik wuchs über gewohnte Dimensionen auch dadurch hinaus, daß die Industriearbeiter dem Vorbild der Eisenbahner folgten. In Moskau und St.Petersburg taten sie das zwar zögernder als im Januar. Aber die Menge, die durch die Straßen zog, reichte aus, um den Eindruck einer Mobilisierung neuen Ausmaßes zu erzeugen. Dies um so eher, als die Bewegung zwischen dem 8. und 17. Oktober mehr Städte erfaßte als je zuvor – insgesamt etwa 120 in allen Regionen des Reiches. Auch die Intelligenz unterstützte den Massenprotest tatkräftig. Anders als im Januar war sie nun für eine Mitwirkung politisch und organisatorisch gerüstet. In Moskau ließ sich der Verband der städtischen Verwaltungsangestellten von der Dynamik mitreißen, obwohl der Stadtrat seinen Wünschen weitgehend entsprach. Es folgten die Angestellten der Apotheken, die es schwer hatten, ihre Arbeitgeber zu Klassenfeinden aufzubauen, weil diese ebenfalls ihre Solidarität bekundeten. Die Universität wurde, wie in Char'kov und anderen Städten, zu einer zentralen Versammlungsstätte und Informationsbörse. Und überall gehörten *intelligenty* zum innersten Kern der örtlichen Leitungs- und Koordinationsgremien, wie immer auch sie zustande kamen. Man hat geschätzt, daß bis zum 17. Oktober etwa 1,5 Millionen Fabrikarbeiter, Bergleute, Beschäftigte kleinerer Unternehmen und Eisenbahner sowie 500 000 Angehörige der städtischen Mittelschichten dem alten Regime den Gehorsam aufkündigten.

Angesichts dessen bedarf es kaum der Erwähnung, daß die oppositionellen Parteien nicht abseits stehen konnten. Sozialrevolutionäre und Sozialdemokraten waren von Anfang an dabei. Doch handelten sie als Mitglieder der Führung des Eisenbahnerbundes nicht unbedingt in Übereinstimmung mit ihren Parteien. Menschewiki und Bolschewiki erhoben vielmehr bei den entscheidenden Vorgesprächen mit dem Moskauer Streikrat am 4. Oktober Bedenken gegen eine Kraftprobe, da sie die Arbeiter für erschöpft und zu schwach hielten. Insofern gilt, daß auch dieser zweite, erfolgreiche Angriff auf die Bastionen der Autokratie bei aller Initiative des Eisenbahnerbundes nicht auf die gezielten Anstrengungen der radikalen Parteien – auch wohl nicht der PSR – zurückging. Die professionellen Revolutionäre beugten sich im Gegenteil dem Druck ihrer Klientel. Besonders lange brauchten die Bolschewiki, um ihre Abneigung gegen spontane Massenbewegungen zu überwinden. Sie gaben dem Generalstreik in Moskau erst am 10. und in St.Petersburg erst am 13. Oktober ihr Plazet. Damit handelten sie kaum schneller als die Kadetten, die ihren Gründungsparteitag am 12. Oktober in Moskau nutzten, um dem landesweiten Kampf für eine freiheitliche Verfassung, sicher nicht unbeeinflußt von der erhitzten Stimmung, vorbehaltlose Unterstützung zuzusichern.[20]

Zar und Regierung sahen dem Geschehen erstaunlich hilflos zu. Was getan werden konnte, schien getan. Ein Drittel des Landes stand bereits unter Kriegsrecht. Die Polizei verfügte über außerordentliche Vollmachten, und ein Mann war ernannt, der sie in einer Hand vereinigte. Am 12. Oktober, als der Ausstand auf die Hauptstadt übergriff, gab Nikolaj überdies ausdrücklich Order, sie ohne falsche Rücksicht zu nutzen. D.F. Trepov, stellvertretender Innenminister und Polizeichef, interpretierte den zarischen Willen in einem Befehl an alle Garnisonskommandeure mit den klaren Worten, bei Widerstand der Bevölkerung an Munition nicht zu sparen. Tatsächlich geschah nichts dergleichen. Von seiner

Wirksamkeit nicht überzeugt, scheuten die Verantwortlichen ein zweites Blutbad. Hinzu kam, daß die Folgen des Streiks immer empfindlicher zu spüren waren. Die großen Städte waren ohne Licht, Wasser und Gas; kein Amt arbeitete mehr, und Lebensmittel wurden knapp. Auch die Verbindung zwischen den Behörden riß ab. Die Spitzen des Regimes in der Sommerresidenz Peterhof waren kaum mehr ausreichend über das informiert, was im Land vor sich ging.

Dies war die Stunde eines Mannes, der nach glänzender Karriere in Ungnade gefallen war und auf eine neue Chance wartete. Bei den Friedensverhandlungen mit Japan hatte er soeben bewiesen, daß der Zar schlecht beraten war, seine Fähigkeiten brach liegen zu lassen. Mehr und mehr erschien der ehemalige Finanzminister *Witte* als Retter in der Not. Was ihn 1903 sein Amt gekostet hatte, begründete nun die Erwartung, daß er die Revolution am ehesten werde bändigen können: sein Ruf als Repräsentant eines modernen, liberalen Rußland.

Witte kam bald nach seiner Rückkehr aus Portsmouth mit den Überlegungen zur Bulygin-Duma in Kontakt. Die Zuspitzung der Krise Anfang Oktober führte ihn zu der Überzeugung, daß eine solche Konzession nicht mehr ausreiche und Rußland auf eine Situation zusteuere, in der sich die Alternative zwischen Militärdiktatur oder Liberalisierung stelle. Die Unausweichlichkeit dieser Wahl gab er auch dem Zaren bei einer Audienz zu Beginn der Krisentage am 9. Oktober zu bedenken. Zugleich machte er seine Abneigung gegen den ersten Weg deutlich und legte seine Lösungsvorschläge in einem Memorandum nieder. Die Unruhe, so Wittes grundlegende Erkenntnis, sei nicht das Werk radikaler Hitzköpfe, sondern entspringe einem tief empfundenen natürlichen Bedürfnis der Untertanen nach Freiheit. Der Staat könne die Kontrolle nur zurückgewinnen, wenn er selbst die Initiative ergreife, der Gesellschaft die grundlegenden Freiheitsrechte garantiere und die Möglichkeit zur politischen Mitsprache einräume. Auch wenn er die Souveränität des Zaren nicht beseitigen und ihm ein unbeschränktes Vetorecht bei allen Entscheidungen der Volksvertretung einräumen wollte, ersparte ihm Witte die schlimmste Konsequenz nicht: Wenn keine Reform die Verfassung bringe, werde die Revolution sie erzwingen.

Es kostete Nikolaj einige Überwindung, sich mit Gedanken anzufreunden, die ihm kaum erträglicher erschienen als der Aufruhr selbst. Den Ausschlag gab schließlich die Zurückhaltung der obersten Militärbefehlshaber: Sie wollten sich für die Fähigkeit der Armee nicht verbürgen, Ruhe und Ordnung mit Gewalt wiederherzustellen, geschweige denn die Züge wieder auf die Schienen zu bringen. Schweren Herzens unterzeichnete Nikolaj am Abend des 17. eine Verlautbarung, die als *Oktobermanifest* berühmt geworden ist. Feierlich verpflichtete er sich darin, erstens »der Bevölkerung die unerschütterlichen Fundamente der bürgerlichen Freiheit auf der Grundlage tatsächlicher Unverletzlichkeit der Person, der Freiheit des Gewissens, der Rede, der Versammlung und des Zusammenschlusses zu gewähren«; zweitens, ohne die anberaumten Dumawahlen hinauszuschieben, das Wahlrecht auf alle diejenigen auszudehnen, die bislang ausgeschlossen waren, sowie drittens als »unverbrüchliche Regel« zu beachten, »daß kein Gesetz ohne die Zustimmung der Staatsduma Gültigkeit erlangen« könne, und den gewählten Vertretern des Volkes Gelegenheit zu geben, die Legalität der behördlichen Akte effektiv zu kontrollieren.

Der Begriff der Verfassung fiel in der Verlautbarung wohlweislich nicht. Erst recht war von keiner Konstituierenden Versammlung die Rede. Zwar geht aus der abschließenden, vom Zaren gebilligten Denkschrift Wittes hervor, daß die Schaffung von »Institutionen und legislativen Prinzipien« im Sinne der »politischen Ideale der Mehrheit des russischen Volkes« - und das konnte nach Lage der Dinge nur ein verfassungsmäßiges Parlament sein – ebenso zum Programm der Krisenbewältigung gehörte wie die Garantie strikter Gesetzmäßigkeit und die Beseitigung aller außerordentlicher Maßnahmen. Aber es blieb abzuwarten, ob das Manifest in einer Weise praktische Geltung erlangen würde, die tatsächlich Aussicht bot, das »gestörte Gleichgewicht« zwischen Gesellschaft und Staat wieder auszubalancieren. Wenn es zutraf, daß die denkenden Schichten, wie dieselbe Aufschrift weiter sehr offen formulierte, »aus dem bestehenden Regime herausgewachsen« waren, bedurfte es des aufrichtigen Willens seiner Träger, um eine sichtbar neue angemessene Ordnung zu schaffen. Davon aber konnte nicht ernstlich die Rede sein. Nikolaj handelte gegen seine innerste Überzeugung und hat den Augenblick bald verflucht, in dem er wankelmütig wurde.[21]

Schon die ersten Reaktionen zeigten, welch schweren Stand Witte haben würde. Statt zur Entspannung beizutragen, stiftete das Manifest zunächst nur neue Unruhe. Die Tage nach seiner Verkündung sahen die blutigste Welle der Gewalt der Krisenjahre überhaupt. Revolutionäre Demonstranten, die das Ereignis als Teilsieg und Bestätigung ihres Kampfes feierten, trafen erstmals auf eine organisierte Gegenbewegung. Es kam zu heftigen Zusammenstößen, die in Straßenschlachten ausarteten. In den West- und Südwestgouvernements löste der Haß auf die Feinde von Zar, Religion und Russentum eine Welle von Pogromen aus, die schlimmsten seit Generationen. Ein plebejischer Extremismus wurde sichtbar, der in seiner Mischung aus übersteigertem Nationalismus, Antisemitismus und Antiliberalismus in vieler Hinsicht präfaschistische Züge trug. Kein Zweifel, daß das Oktoberdekret den Herrschaftsverfall zunächst beschleunigte. Die »Tage der Freiheit«, die nun begannen, waren zugleich solche der Anarchie.[22]

Auch die Haltung der etablierten politischen Kräfte trug nicht zur Stabilisierung bei. Daß die Konservativen nicht in Jubel ausbrechen würden, lag auf der Hand. Der Gouverneur von Jaroslavl' war nicht der einzige, der die Kunde aus St.Petersburg für einen schlechten Scherz hielt und die Zeitung konfiszieren ließ, die sie veröffentlichte. Auch die Revolutionäre hatten keinen Anlaß, nun die Hände in den Schoß zu legen. Sie begrüßten das Manifest zwar, aber doch nur als einen allerersten Schritt. Sie bestanden auf der restlosen Beseitigung der Autokratie, forderten tiefgreifende soziale Reformen und wollten vor allem Taten sehen. Was aber nicht zu erwarten war und Wittes Kalkül durchkreuzte, war die Ablehnung der Liberalen. Wohl gab es im Lager der Kadetten Stimmen wie die von Struve oder V.A. Maklakov, die im Manifest ein ausreichendes Fundament für eine Zusammenarbeit mit der neuen Regierung erkannten. Am konservativen Rand der politischen »Mitte« bildete sich überdies aus Anhängern Šipovs und Vertretern des industriellen Bürgertums und der städtischen Selbstverwaltungen um A.I. Gučkov eine neue Partei, die das Oktoberdekret ausdrücklich zu ihrem Programm erhob: Die Reform sollte seine Zusagen verwirklichen, aber darin auch ihre Grenzen haben (*Bund des 17. Oktober, Oktobristen*).

Mäßigung war indes nicht das Zeichen der Zeit. Die Friedenssuche der Autokratie stärkte die konsequenten Demokraten um Miljukov. Auch sie waren nicht bereit, auf das allgemeine Wahlrecht und eine vollberechtigte Konstituante zu verzichten. Witte, der solche Bedingungen nicht akzeptieren wollte, fand keine gesellschaftliche Kraft, die ihm die Hand gereicht hätte. Im Grunde war damit bereits der Stab über sein Experiment gebrochen. Ohne Hilfe aus der »Gesellschaft« konnte der Versuch einer Befriedung und Selbstheilung der Autokratie kaum gelingen. Zugleich entzog der ausbleibende Erfolg dem Premier das Vertrauen des Zaren und der hohen Bürokratie. Gleichviel, ob man die Ursache in mangelnder Einsicht der gemäßigten Opposition oder übertriebener Ängstlichkeit Wittes sucht – früh wurde offenbar, daß er Gefahr lief, in ohnmächtige Isolation zwischen den Fronten zu geraten.[23]

Aber nicht die Liberalen entschieden über das Schicksal der Revolution. Bei aller Skepsis hatte das Oktobermanifest in ihren Reihen am ehesten Nachdenken und Neubesinnung ausgelöst. Zumindest darin erreichte es seinen Zweck, daß es die Einheit der konstitutionellen Bewegung sprengte. Nachdem das gemeinsame große Ziel politischer Freiheit in greifbare Nähe gerückt zu sein schien, traten die gegensätzlichen Interessen wieder in den Vordergrund: Jenes Bündnis von bürgerlicher Intelligenz und Arbeiterbewegung zerfiel, das den Elan des Generalstreiks ausgemacht hatte. Nach dem 17. Oktober war die radikale Opposition weitgehend mit dem Aufbegehren in den Fabriken identisch. Zum eigentlichen Prüfstein der Witteschen Regierung wurde der Kampf gegen die aufständischen Arbeiter.

Gegner war dabei nicht mehr allein die spontan handelnde Masse. Die Bewegung hatte auf ihrem Höhepunkt Organe hervorgebracht, die sie leiten und koordinieren, dadurch auch verstetigen und institutionalisieren sollten. Die *Räte*, gewiß die revolutionäre Neuschöpfung von größter Zukunftsbedeutung, gingen auf verschiedene Wurzeln zurück. Den stärksten Impuls dürften sie von den zahlreichen Fabrik- und Streikkomitees empfangen haben, die seit den Januartagen vielerorts entstanden waren. Hinzu kamen Einflüsse der revolutionären Intelligenz, die sich von Anfang an in besonderem Maße darum bemühte, die Arbeiter zum Zusammenschluß anzuspornen. Während Bolschewiki und Sozialrevolutionäre die Besorgnis nicht zu überwinden vermochten, daß sie ihre eigene Konkurrenz heranzögen, zeigten sich die Menschewiki bald aufgeschlossener. Ihre Idee der »revolutionären Selbstverwaltung«, die auch Trotzki mit Nachdruck vertrat, kam einer theoretischen Begründung der Rätebewegung sicherlich am nächsten. Nicht zufällig spielten die Menschewiki von allen revolutionären Parteien die prominenteste Rolle in den neuen Organen. Als unmittelbare Vorbilder dienten ihnen das Streikkomitee der Moskauer Drucker sowie der *Rat der fünf Berufe*, der in der Schlußphase der Moskauer Arbeitskämpfe zusammentrat.

Auf dieses Vorbild verwiesen die St.Petersburger Menschewiki, als sie am 10. Oktober beschlossen, für die Wahl eines zentralen Arbeiterkomitees als Streikleitung zu werben. Ihnen folgte der linksliberale, aus der Bewegung der *Bünde* kommende Rechtsanwalt G.S. Nosar' (auch: Chrustalev-Nosar'), der eine Arbeiterversammlung zwei Tage später zum selben Schritt ermunterte. Bereits am 13. Oktober trat, noch ohne reguläres Mandat, der Kern eines solchen Komitees zusammen. In den nächsten Tagen konnten neue Delegierte (pro 500 Arbeiter einer) gewählt werden. Am 15. Oktober hatten bereits 96 Betriebe insgesamt 226 Abgeordnete nominiert, die neben fünf Repräsentanten der Gewerkschaften auch je drei Deputierte der Menschewiki, Bolschewiki und Sozialrevolutionäre zu ihrem Kreis zuließen. Zwei Tage später nahm der Rat seine endgültige Gestalt an, indem er ein Exekutivkomitee wählte, unter Mißachtung der Zensur die Herausgabe einer Zeitung beschloß und sich den endgültigen Namen gab. So erblickte – symbolisch für ihre prinzipielle und 1917 auch aktuelle Rivalität – der *Rat der Arbeiterdeputierten* zur selben Stunde das Licht der Welt, als das Oktobermanifest dem russischen Volk ein Parlament versprach.[24]

Von Anfang an stand kein guter Stern über den Sowjets. Der St.Petersburger Rat nahm seine Tätigkeit auf, als die Kraft des Streiks bereits nachließ und der Zusammenbruch absehbar war. Als eine der ersten Maßnahmen mußte das Exekutivkomitee sein eigenes Fundament untergraben und den Ausstand beenden. Der Beschluß vom 19. Oktober sanktionierte vielfach nur, was ohnehin der Fall war. Wittes Triumph währte jedoch nur kurz. In ihren politischen Nahzielen vom Oktobermanifest fürs erste zufriedengestellt, schenkten Unternehmer und Arbeiter den ökonomischen Anliegen wieder mehr Aufmerksamkeit. Dabei gewann das Problem des Achtstundentags neue Brisanz. Als einige Betriebsleitungen auf eigenmächtige Arbeitszeitverkürzungen der Belegschaft mit Lohnabzügen und schwarzen Listen antworteten, wandten sich die Arbeiter mit der Bitte um Unterstützung an den Sowjet. Dieser rief in den letzten Oktobertagen zum abermaligen Generalstreik auf. Was der Rat als willkommene Gelegenheit wertete, um das nachlassende Engagement der Arbeiter wieder zu beleben, entpuppte sich als ein weiterer schwerer Fehlschlag. Die Umstände waren dem Arbeitskampf nicht günstig. Krieg und Revolution hatten die Wirtschaft stark in Mitleidenschaft gezogen. Die Produktion mußte gedrosselt werden, so daß es den Unternehmern nicht schwerfiel, die Fabriktore zu schließen. Dem Streik fehlte jede Hebelwirkung. Am 12. November sah sich der Sowjet genötigt, ihn formell zu beenden.

Spätestens dieser Mißerfolg führte vor Augen, daß der revolutionäre Elan der Arbeiter gebrochen war. Mit gutem Grund sah der Sowjet auch seine Macht schwinden und trat die Flucht nach vorn an. Er beschloß, die Regierung durch eine landesweite Kampagne für den Abzug aller Spareinlagen frontal zu attackieren. Von Anfang an kamen Zweifel auf, ob die Waffe glücklich gewählt war. Zwar lag die finanzielle Misere des Staates nach Krieg und Revolution offen zutage. Aber es war alles andere als ausgemacht, ob die Arbeiter genügend Finanzkraft für einen effektiven Boykott besaßen. In jedem Fall zögerte Witte nicht, die Herausforderung anzunehmen. Am 26. November wurde Nosar' verhaftet. Am 2. Dezember reagierte der Sowjet, indem er die Öffentlichkeit aufforderte, die Steuern zu verweigern, sich Sparguthaben in Gold auszahlen zu lassen, alle Transaktionen in Metallgeld vorzunehmen und ähnliches mehr. Tags darauf fand die kurze Geschichte des ersten Arbeiterdeputiertenrates ein abruptes Ende: Über 250 Delegierte, darunter fast das gesamte Exekutivkomitee und Nosar's Nachfolger Trotzki, wurden ohne Gegenwehr festgenommen. Der dritte Generalstreik, zu dem Sozialdemokraten und Sozialrevolutionäre als Antwort aufriefen, brach nach vier Tagen kläglich zusammen. Die Regierung hatte zur rechten Zeit gehandelt und eine wichtige Schlacht gewonnen.[25]

Der Widerstand der Arbeiter und revolutionären Intelligenz war indes nicht völlig gebrochen. Von St.Petersburg ging die Initiative an Moskau über, wo man die fällige Entscheidung in ihrer ganzen Tragweite erkannte. Von selbst verstand sich, daß nur ein abermaliger Generalstreik eine angemessene Reaktion sein konnte. Dabei machten sich die Moskauer Revolutionäre über die Begrenztheit der eigenen Kräfte keine Illusionen. Auf einer Versammlung von 250 Delegierten am 4. Dezember, als die Nachricht aus St.Petersburg die Gemüter soeben erst aufgewühlt hatte, sprach sich allein der Vertreter der Druckergewerkschaft ohne

Wenn und Aber für die offene Kraftprobe aus. Vor allem die Menschewiki und Sozialrevolutionäre sagten einem isolierten Aufstand der Arbeiter eine sichere Niederlage voraus. Auch die Bolschewiki äußerten Skepsis, votierten aber für eine Erhebung, als der Eisenbahnerbund seine Teilnahme zusicherte. Nach dieser Entscheidung glaubten die Menschewiki, nicht abseits stehen zu können. Gemeinsam setzten die sozialdemokratischen Fraktionen am 6. Dezember im Plenum des Sowjets gegen den Widerstand der radikalliberalen Intelligenz den folgenschweren Beschluß durch, für den nächsten Tag zum politischen Generalstreik und gleichzeitigen Kampf für eine Konstituierende Versammlung und demokratische Republik aufzurufen.

Anders als in St.Petersburg wurde der Appell auf breiter Front befolgt. Binnen kurzem brach, allerdings mit der wichtigen Ausnahme der Verbindung zur Hauptstadt, der Bahnverkehr zusammen und stand die Produktion in den Metall- und Textilfabriken still. Am 9. Dezember befanden sich über 80 000 Arbeiter im Ausstand, bei weitem mehr als in der ersten Oktoberhälfte. Sie schienen dem harten Kern der Revolutionäre, den etwa 1000 Mitglieder zählenden bewaffneten »Kampfbrüderschaften« der Sozialdemokraten und Sozialrevolutionäre, einen soliden Rückhalt zu geben. Die Revolutionäre errichteten Barrikaden, beschossen Polizeipatrouillen und versuchten, durch Überraschungsangriffe nach Partisanenart ihr Handicap der geringen Zahl zu überwinden. Manche Industrievororte, die Polizei und Militär kaum mehr zu betreten wagten, verwandelten sich in exterritoriale Bezirke, in denen die Anweisungen des Sowjets und der revolutionären Miliz galten.

So erstaunlich solche Erfolge der Aufständischen waren, so wenig reichten sie aus. Die Festung hätte, wenn überhaupt, nur im Sturm genommen werden können. In dem Maße, wie sich der Kampf in einen Stellungskrieg verwandelte, neigte sich die Waagschale zugunsten der Staatsmacht. Den Ausschlag gab schließlich das Verhalten der Moskauer Garnison: Die Soldaten schwankten zwar, aber sie blieben – anders als 1917 – loyal. Nach einer knappen Woche breitete sich Resignation aus. Die Menschewiki votierten als erste für den Abbruch des Streiks; am 16. Dezember fügten sich auch die Bolschewiki und Sozialrevolutionäre in das Unvermeidliche. Indessen blieb den Rebellen ein blutiges Ende nicht erspart. Am 12. Dezember hatte der Zar einem Gesuch des Moskauer Generalgouverneurs zugestimmt, Gardetruppen aus der Hauptstadt zu entsenden. Sie trafen am 15. ein und begannen am nächsten Morgen, den Bezirk Presnja, die Hochburg des Aufstandes und letzter verbliebener Brückenkopf, unter Artilleriefeuer zu nehmen. Angesichts der Ungleichheit der Kräfte lösten sich die Milizen, die hier unter sozialrevolutionärem Kommando standen, umgehend auf. Das Semenov-Regiment traf auf wenig Gegenwehr, als es in den beiden nächsten Tagen die Straßenzüge der »Roten Presnja« - so der heutige Name zur Erinnerung an den Aufstand – durchkämmte, die großen Textilfabriken, in denen sich die Arbeiter verschanzt hatten, in Brand setzte und unbeteiligte Anwohner nicht schonte. Insgesamt fielen in den Dezemberkämpfen etwa 700 Revolutionäre und Zivilisten, 2000 wurden verwundet, und über 1000 Nichtkombattanten mußten in den Krankenhäusern behandelt werden – die allermeisten sicherlich infolge der eisernen Befriedung vom 17./18. Dezember. Kein Zweifel, es war ein maßloser Akt der Vergeltung, mit dem die Obrigkeit die letzten Funken der Empörung zu einem Zeitpunkt austrat, als diese ihre Kraft ohnehin schon eingebüßt hatte.

Freilich gab es für die Regierung gute Gründe, so hart durchzugreifen. Auf der Hand lag, daß nicht nur die Moskauer Erhebung auf den Barrikaden der Presnja zusammenbrach, sondern der städtische Aufruhr des Jahres 1905 insgesamt. Die Dezemberereignisse markierten bereits die Peripetie der Revolution. Sie hinterließen viele Verlierer und nur einen Sieger. Wittes Rolle entbehrte nicht einer gewissen Tragik. Er hatte Ruhe und Ordnung im Lande wiederhergestellt und sich dadurch erst recht isoliert. In den Augen der Liberalen hatte er sich mit dem Blut einer Strafaktion befleckt, die selbst der gemäßigte Struve als »sinnloses und gnadenloses... Gemetzel« geißelte. Für den Zaren und seine Koterie blieb er ein unsicherer Kantonist, der seine Schuldigkeit getan hatte und den man gegen seinen erklärten Willen nur deshalb bis April im Amt hielt, weil man ihn zur Aufrechterhaltung der Fassade noch brauchte.

Verloren hatte auch die Opposition. Ihre radikalen Kräfte hatten den Bogen überspannt und aufs Spiel gesetzt, was im Oktober immerhin gewonnen worden war: faktische Versammlungs- und Pressefreiheit, weitgehend unbehinderte Tätigkeit der Parteien und die Aussicht auf Legalisierung dieses Zustandes. Insofern gaben die Ereignisse Miljukov Recht, der den Aufstandsbeschluß als

»Verbrechen gegen die Revolution« verurteilte. Gewonnen hatte einzig die Autokratie, die das Heft wieder in die Hand nahm. Was sie dabei noch zur Behutsamkeit mahnte, war weniger Einsicht als der Druck einer anderen Bewegung: der Bauernrebellion.[26]

3. Bauernaufstand

Auf den ersten Blick scheint die Unruhe auf dem russischen Dorf im Schatten der dramatischen Vorgänge in den Städten gestanden zu haben. Während Arbeiter und Intelligenz die Autokratie unter Druck setzten, blieben die Bauern weitgehend ruhig. Dennoch gibt es gute Gründe für die Behauptung, daß die Bauern die entscheidende Kraft waren, die den Staat an den Rand des Abgrunds brachte. Trotz der Urbanisierung stand ihnen noch lange die Macht der Überzahl zu Gebote. Trotz der Industrialisierung bildeten Ackerbau und Viehzucht das Fundament der Volkswirtschaft. Vor allem aber ruhte die Autokratie politisch und geistig auf dem Lande: Hier fand sie im grundbesitzenden Adel immer noch ihre Führungsschicht und im »naiven Monarchismus« des *mužik*, der auch die Reihen der Armee füllte, ihre alles entscheidende Stütze. Nach wie vor galt, daß der Ungehorsam der Stadt und die Desertion der Intelligenz die zarische Herrschaft stark erschüttern, aber nur der Aufruhr der Bauern sie hinwegfegen konnte. Das Menetekel der Autokratie blieb die Pugačevščina, der große Bauernaufstand.

Anfangs mochte die zarische Regierung gehofft haben, daß ihr eine doppelte Erhebung, ein Zangengriff von Stadt und Land, erspart bleiben würde. Nach der Hungerrevolte in der Ukraine 1902/03 legte sich der bäuerliche Zorn wieder. 1904 und Anfang 1905 wurden so wenig Übergriffe verzeichnet wie lange nicht mehr. Doch die Stille entpuppte sich als die sprichwörtliche Ruhe vor dem Sturm. Im Juni häuften sich die Ausschreitungen (492 Vorfälle im Vergleich zu 41 im gesamten Vorjahr); nach der Verkündung des Oktobermanifestes schwollen sie zu einer Flut von Gewalt an, wie man sie seit Menschengedenken nicht mehr erlebt hatte (796 Vorfälle im November, 575 im Dezember). In nur zwei Monaten verwüsteten die Bauern an die 2000 Güter. In einigen Kreisen des Gouvernements Saratov, traditionell ein Herd agrarischen Aufruhrs, blieb kein größeres Gut verschont, und auch

Besitzungen mittlerer Größe konnten sich nicht in Sicherheit wiegen. Die Angriffe wurden häufig von Brandstiftung begleitet, so daß Feuerketten die Steppe hell erleuchteten, wie eine Augenzeugin berichtete. Kaum anders dürfte der nächtliche Himmel über den gut zehn anderen Gouvernements der Ukraine, des Zentralen Schwarzerdgebiets und der mittleren Wolgaregion zwischen Char'kov und Poltava im Westen und Saratov und Samara im Osten ausgesehen haben, die am stärksten betroffen waren. Hinzu kam, daß der bäuerliche Widerstand auch an der Peripherie, vor allem in den baltischen Provinzen und in Gurien (Kaukasus), wo er sich mit nationalen Gegensätzen verknüpfte, ein erhebliches Ausmaß annahm. Wie die Streikbewegung ergriff der bäuerliche Aufruhr das gesamte Reich. Regierung und Adel hatten durchaus Anlaß, sich an die Schrecken der Aufstände des 17. und 18. Jahrhunderts erinnert zu fühlen.[27]

Gewöhnlich waren Bauernerhebungen (nicht nur) in Rußland an den Jahres- und Arbeitszyklus gebunden. Sie erreichten ihren höchsten Pegel in den Sommermonaten vor der Ernte, ließen im Herbst nach und kamen wie die Feldbestellung im Winter zum Erliegen. Um so eher verdient Beachtung, daß sich die Bewegung des Jahres 1905 erst nach dem Oktober voll entfaltete. Vor allem folgende Ursachen kommen dafür in Betracht. Zum einen wiederholte sich, bezeichnend für bleibende »archaische« Merkmale des Agrarprotests im Zarenreich, ein altes Verhaltensmuster: Die Bauern empörten sich wie 1762 (als die Dienstpflicht des Adels gegenüber dem Staat aufgehoben wurde, aber ihre Lasten unberührt blieben) oder 1861 (als die persönliche Freiheit die wirtschaftlichen Bindungen noch längst nicht beseitigte), weil sie sich in ihren Erwartungen enttäuscht sahen. Ein tief verwurzeltes, »autonomes« Rechtsempfinden gab ihnen bei diesen und anderen großen Reformen die ebenso hartnäckige wie naive Hoffnung ein, daß auch ihrer uralten Forderung nach Land und Freiheit Rechnung getragen werde. Wenn sich das Gegenteil herausstellte, ging schnell das Gerücht um, dem Volk werde ein entsprechender Erlaß des »guten« Zaren von den Beamten und Gutsherren vorenthalten. Auch die Freiheit, die das Oktobermanifest versprach, interpretierten die Bauern in ihrem Sinne. Sie ließen ihrer Empörung freien Lauf, als ihnen abermals nicht gewährt wurde, worauf sie durch ihrer Hände Arbeit ein Anrecht zu haben glaubten.

Im ganzen wichtiger waren aber direkte äußere Einflüsse. Zweifellos wirkte die Mobilisierung der Städte ansteckend. Die Bauern ahmten nach, was ihnen die Arbeiter und sogar manche ihrer einstigen Herren vormachten. Als Bindeglied dienten dabei weniger revolutionäre Agitatoren, die seit dem Sommer in Scharen ausschwärmten. Sie mußten im Gegenteil, ob Sozialrevolutionäre, Sozialdemokraten oder parteilose Radikale, oft mit Ablehnung oder Schlimmerem rechnen. Rote Intelligenzler, die schlecht vom Zaren sprachen, hatten immer noch eine gute Chance, Prügel zu beziehen. Völligen Außenseitern verschloß sich das Dorf noch ebenso wie im »verrückten Sommer« 1874. Beste Voraussetzungen, zum Ferment des Aufbegehrens zu werden, brachten dagegen Dorfbewohner mit, die ihre Heimat verließen, ohne die Beziehungen ganz abzubrechen, oder durch den Erwerb von Bildung und beruflicher Qualifikation über den lokalen Horizont hinaussahen. Solche Mittler waren die Saisonarbeiter, die seit einigen Jahrzehnten in sprunghaft steigender Zahl während der landwirtschaftlichen Ruhezeit in die Städte wanderten. Vor allem sie führten nicht nur »gefährliche« Ideen von sozialer Gleichheit, der Beteiligung des Volkes an der Herrschaft und der Illegitimität des Reichtums im Gepäck; sie verbreiteten auch die Nachrichten von Streiks und übertrugen, was vermutlich am bedeutendsten war, die Stimmung der Städte auf die Dörfer.

Hinzu kamen im Herbst 1905 die bäuerlichen Soldaten und Matrosen, die aus dem unglückseligen Krieg gegen Japan zurückkehrten. Wenngleich sie noch keine so entscheidende Rolle spielten wie 1917, gab ihr Erscheinen doch oft den letzten Anstoß zu Ausschreitungen. Ob sie von Erfrierungen infolge unzureichender Winterkleidung und der Unfähigkeit der Armeeführung berichteten oder den Anspruch äußerten, Land als Belohnung für ihre Strapazen zu erhalten, die Handlungsanweisung, die das Dorf daraus nach tradiertem Muster entnahm, war dieselbe – die vermeintlichen Hauptschuldigen, die Gutsherren, gelegentlich auch die Beamten, zu vertreiben.

Als dritte Gruppe, die zwischen Stadt und Land zu »übersetzen« in der Lage war, ist ferner die untere, auf dem Land ansässige Schicht der »Spezialisten«, die »kleine Intelligenz«, zu nennen. Dazu gehörten vor allem Zemstvo-Angestellte, vom Elementarschullehrer über den Landarzt bis zum Vermessungsingenieur, sowie die Popen. Oft bäuerlicher Herkunft, bewahrten sie eine intime Kenntnis der dörflichen Mentalität und Sprache samt einer gefühlsmäßigen Bindung, die leicht in politisches Engagement umschlug. Was all diese Mediatoren seit dem Sommer 1905 in besonderem Maße bewirkten, war in allgemeiner Perspektive vor allem eines: Sie öffneten die geschlossene, selbstgenügsame Gemeinschaft des Dorfes in stärkerem Maße als je zuvor zur Außenwelt und machten Zusammenhänge zwischen beiden sichtbar, die den angestauten bäuerlichen Unmut offensichtlich schürten.[28]

Die Frage nach den Trägern des bäuerlichen Protests hat schon die zeitgenössischen Revolutionäre lebhaft beschäftigt. Die Sozialdemokraten setzten auf die armen Bauern und die breite Schicht der landlosen Tagelöhner und Knechte als einer Art Ersatz- oder Ergänzungsproletariat. Die Sozialrevolutionäre dagegen appellierten an *alle* »arbeitenden Bauern« mit Ausnahme nur der reichen. Zweifellos verriet ihre Analyse eine bessere Kenntnis der dörflichen Verhältnisse und Denkweise. Zu den hervorstechenden Merkmalen der Bewegung gehörte die außerordentliche Solidarität der *obščina*. Es war die Regel, daß Aktionen vom ganzen Dorf beschlossen und getragen wurden. Vielfach taten sich auch mehrere Dörfer zusammen; im Gouvernement Saratov nahmen bis zu 25 an einigen Attacken teil, und im Gouvernement Černigov belagerten 3000 Bauern mit 1000 Wagen eine große Zuckerraffinerie. Man wird nicht fehlgehen, darin einen weiteren Beleg für die Lebenskraft der *obščina* zu sehen, die gerade das soziale Verhalten ihrer Mitglieder weiterhin prägte. Sogar wohlhabende Bauern nahmen nicht selten an den Übergriffen teil, obgleich sie fürchten mußten, selbst zu deren Ziel zu werden. Dennoch lassen sich Unterschiede im Verhalten der einzelnen Schichten ausmachen. Viele Berichte legen nahe, die treibende Kraft des dörflichen Aufruhrs in den Mittelbauern zu sehen. Diese waren in ihrer Existenz einerseits gefährdet genug, um auf mehr Land angewiesen zu sein; andererseits verfügten sie über jenes Minimum, das sie in die Lage versetzte, ein gewisses Risiko einzugehen. Während die Tagelöhner und Landarmen sich zurückhielten, weil sie die Rache des Gutsherren fürchten mußten, auf dessen Lohn oder Pachtland sie angewiesen waren, genossen die mittleren Bauern eine hinreichende »taktische Beweglichkeit«. Die Parallele zur sozialen Basis des städtischen Aufruhrs sticht ins Auge: So wie unter den Arbeitern die qualifizierten infolge ihrer Verhandlungsmacht und -fähigkeit die Führung übernahmen, so auf dem Lande aus analogen Gründen die Mittelbauern, die freilich stärker in ihre Gemeinschaft eingebettet und an überkommene Aktionsmuster gebunden blieben.[29]

Von selbst versteht sich, daß solche Fermente des Protests eines vorbereiteten Bodens bedurften, um ihre volle Kraft zu entfalten. Die regionale Verteilung der Unruhen verdeutlicht, welche Faktoren dabei am ehesten wirksam wurden. Allein 30% aller 7165 polizeilich erfaßten Übergriffe der Jahre 1905 bis 1907 ereigneten sich im Zentralen Schwarzerdgebiet, weitere 11,8% in der linksufrigen Ukraine (östlich des Dnjepr) und 10,3% an der mittleren Wolga. In den erstgenannten Regionen, im Herzen des bäuerlichen Rußland, war die Überbevölkerung am drückendsten, die Landknappheit am empfindlichsten und die Wahrscheinlichkeit von Mißernten am größten. Kaum Krisensymptome dieser Art fanden sich an der mittleren Wolga, wo die Bauern größere Bodenanteile besaßen und der demographische Zuwachs besser aufgefangen werden konnte. Schon deshalb reichen ökonomische Ursachen zur Erklärung nicht aus. Mindestens drei Tatbestände lassen sich benennen, die alle genannten Regionen miteinander verbanden. Zum einen bildeten letztere (zusammen mit dem Zentralen Gewerbegebiet) das angestammte Terrain der Umteilungsgemeinde samt der sozialen Wahrnehmungs- und Verhaltensmuster, deren Gehäuse und Fundament sie war. Damit hing zusammen, daß kollektiver Protest hier auf eine lange Tradition zurückblicken konnte: Zwischen Saratov und Orel lag der Schauplatz zahlreicher Bauernkriege und -erhebungen seit dem 17. und 18. Jahrhundert. Hinzu kam schließlich drittens, daß der Adel in eben diesem Gebiet am ehesten zu modernen Formen der Gutswirtschaft überging. Hier war das Land fruchtbar genug, um die Anstrengung zu belohnen. Hier trat um die Jahrhundertwende jene neue Generation in ihr Erbe ein, die betriebswirtschaftlich dachte, ihre Besitz- und Rechtstitel optimal zu nutzen suchte und die sozialen Spannungen noch verschärfte. Viele Vorfälle zeigen, daß die Bauern diesen Zusammenhang verstanden. Gutsherren, die der Dorfgemeinde Pachtland entzogen oder ihre Betriebe auf andere Weise modernisiert hatten, zählten zu den ersten Opfern der Unruhen. Häufig galt die Zerstörung gezielt den rationalisierten Produktionszweigen, den gewinnträchtigen Industriekulturen ebenso wie der ergiebigeren Viehhaltung. Erst recht fielen Fabriken zur Veredelung landwirtschaftlicher Erzeugnisse wie Zuckerraffinerien, Alkoholdestillen oder Großmühlen dem bäuerlichen Zorn zum

Opfer. Die Erhebung des Jahres 1905/06 war mithin auch ein Protest gegen das Vordringen der Kommerzialisierung im Agrarbereich. Es scheint, daß dem Zusammenprall dieses Vorgangs mit der ausgeprägten Solidarität des Dorfes zentrale Bedeutung für das Verständnis der Agrarrevolution in Rußland, auch des Jahres 1917, zukommt.

All diese Ingredienzien hätten indes im Spätherbst 1905 kaum eine solche Erschütterung hervorgerufen, wenn nicht zwei weitere Bedingungen hinzugetreten wären. Die bäuerliche Bereitschaft zur Empörung erhielt durch Mißernten der Sommer- und Wintersaat des Jahres 1905 einen nachhaltigen Impuls. Das Unglück traf an die 30 Gouvernements. In den besonders heimgesuchten Provinzen wie Rjazan', Saratov und Tula, wo der Ausfall 40 bis 50% des normalen Ertrags erreichte, stand es der Katastrophe von 1891 kaum nach. Angesichts unzureichender Vorräte brach eine neuerliche empfindliche Hungersnot aus. Vereinzelt traten auch Fälle von Cholera auf, so daß Gerüchte über eine drohende Epidemie die Runde machten. Nachdem schon die Söhne und besten Arbeitskräfte zu den Waffen gerufen worden waren, mußte es den Bauern scheinen, als ob die bestehende Ordnung einmal mehr die schlimmsten aller Geißeln über sie gebracht habe: Krieg, Hunger und Seuchen.

Auf der anderen Seite hatte die Autokratie dem Ansturm der Bauern wenig entgegenzusetzen. Die Garnisonen im Landesinnern hatten zur Stärkung der Armee in Fernost ausgedünnt werden müssen. Was an Polizei- und Armeeeinheiten verblieben war, wurde in den Städten gebraucht. Statt wie üblich ein Detachement bewaffneter Soldaten abzukommandieren, um aufsässige Bauern zur Raison zu bringen, mußten sich Adelsmarschälle und Gouverneure nicht selten mit Besänftigungsversuchen begnügen. Dem doppelten Aufruhr in Stadt und Land war der Staat nach der militärischen Katastrophe nicht gewachsen. Im temporären Zusammenbruch der staatlichen Verteidigungsfähigkeit ist sicher eine elementare Voraussetzung für die »Tage der Freiheit« zu sehen.[30]

Dennoch standen die tatsächlichen Handlungen und Ziele der Bauern in einem gewissen Widerspruch zum Echo, das sie auslösten. Von der ersten Wut im Spätherbst abgesehen, erscheinen sie in vielem maßvoller und friedlicher, als die Reaktion von Adel und Obrigkeit erwarten lassen würde. Panik war im Spiel, und die Furcht vor Gewalt war größer als diese selbst. Die blinde Destruktion fand in der Anarchie (im Wortsinne) des Spätherbstes ihren Höhepunkt. Sie wich friedlicheren Formen des Protestes, nachdem der Staat seine Autorität und die Mittel, ihr Geltung zu verschaffen, im Dezember zurückerobert hatte. Letztes Ziel fast aller bäuerlichen Übergriffe war der Zugewinn oder zumindest die vermehrte Nutzung von Land. In der Regel richteten sich die Ansprüche dabei nicht auf beliebige Ackerflächen, sondern auf solche, deren Eigentumstitel nach 1861 umstritten geblieben war. Nur in wenigen Fällen griffen die Bauern zum nächstliegenden Mittel, das beanspruchte Land einfach kollektiv in Besitz zu nehmen (4% aller 5404 zwischen 1905 und 1907 registrierten Verstöße). Zweckrationale Nüchternheit wurde weder der angestauten Aggressivität gerecht, noch entsprach sie dem Zuschnitt ihres Denkens und den überlieferten Handlungsweisen.

Beidem angemessener waren die Aktionsformen, die der Adel mit gutem Grund am meisten fürchtete: Brandstiftung an Scheunen und Herrenhäusern (18,1%) sowie deren Plünderung (15,7%). Vor allem in der ersten Hitze des Gefechts mochte es scheinen, als ob die Bauern die Gutsherren förmlich ausräuchern wollten. Gebäude und Inventar wurden so systematisch zerstört, daß die Absicht auf der Hand lag, die Besitzer in der (gelegentlich auch so formulierten) Erwartung zu vertreiben, sie würden nicht wiederkehren und die Ländereien den Bauern zufallen. Doch waren derartige Ausschreitungen auch dort, wo sich die Rebellen zu ihnen hinreißen ließen, häufig nicht von Anfang an geplant. Viele Gemeinden wollten das umstrittene Land kaufen oder pachten und griffen zur Gewalt erst, wenn die Besitzer nicht mit sich handeln ließen. Plünderung und Brandstiftung setzten sie häufig nur als Mittel ein, um die Preise zu drücken. Den Besitzern spendete das gewiß wenig Trost. Aber sie profitierten von dieser Ratio insofern, als sich die bäuerlichen Angriffe nicht gegen sie selbst als Personen richteten. Mit Ausnahme der baltischen Provinzen und Guriens, wo die Erbitterung entschieden größer war, ist es nur selten zu Bluttaten gekommen.

Überhaupt überwogen, erst recht nach der Dezemberwende, gewaltlose, wenn auch illegale Mittel. Die Bauern schlugen in den grundherrlichen Wäldern Holz (15,0% der Fälle), trieben ihr Vieh auf fremde Weiden (10,6%), raubten Getreide und Futter (5,8%), verweigerten als Knechte oder Tagelöhner vor allem auf den stärker marktorientierten Gutsbetrieben der rechtsufrigen Ukraine die Arbeitsleistung (13,4%) und ähnliches mehr. Generell kamen dabei Grundbesitzer besser weg, die auf dem Lande lebten, mit der bäuerlichen Mentalität vertraut und womöglich zu geringen Konzessionen, etwa zum Verkauf von Getreide zu erschwinglichen Preisen, bereit waren. Ganz verschont wurden gelegentlich solche, die in ihrer Wirtschaft selbst Hand anlegten, auch wenn gerade sie es waren, die auf Kosten der Bauern Neuerungen einführten. Hier achteten die Aufständischen ihren eigenen Grundsatz, daß demjenigen das Land zustehen sollte, der es bearbeitete. All diese Verhaltensweisen folgten einem alteingewirkten Muster. Sie brachten jene Eigenschaften zum Vorschein, die den bäuerlichen Protest nach wie vor kennzeichneten: einen tief verankerten Legalismus und Traditionalismus, deren Normen freilich – und auch das gehörte zur Überlieferung – einer eigenen Logik folgten und mit den staatlichen Gesetzen oft genug über Kreuz lagen.[31]

Bei alledem waren Zeichen des Wandels nicht zu übersehen. Die Mobilisierung im Reich diente dem Dorfe nicht nur als Signal zum Handeln. Sie schuf auch eine neue Form bäuerlicher Politik und Interessenvertretung. Auf Initiative der Zemstvo- und der Bündebewegung nahm der »Allrussische Bauernbund« im Mai 1905 Gestalt an. Wie die Gewerkschaften und die Standesvertretungen der Intelligenz hatte die Bauernunion grundsätzlich zu klären, in welchem Maße sie allgemeine politische Ziele in ihr Programm aufnehmen wollte. Auf dem Gründungskongreß Ende Juli setzte sich die bündische Linie durch. Die Konferenz schloß sich der Kampagne für eine Konstituierende Versammlung vorbehaltlos an. Zwar widmete sie auch der Landfrage lange und erregte Debatten, die in die Forderung nach der Nationalisierung des privaten Großgrundbesitzes mündeten. Aber sie überwies die endgültige Entscheidung in demokratischer Manier an die einzuberufende Konstituante. Der Bauernbund wurde ein Teil der liberalen Einheitsfront gegen die Autokratie. Trotz einer gewissen Radikalisierung unter dem Einfluß zahlreicher Sozialrevolutionäre in seinen Reihen hielt er an diesem Kurs auch nach dem zweiten Kongreß vom November 1905 fest.

So empfahl der Bauernbund noch zu einer Zeit Zurückhaltung, als seine Mandanten bereits begonnen hatten, ihre eigene Antwort in die Tat umzusetzen. Während die Gewerkschaften ihren Führungsanspruch mehr und mehr ausfüllen konnten, lief ihm die Bewegung aus dem Ruder, die er lenken wollte. Vieles spricht dafür, daß die Kluft zwischen politischer Organisation und Masse auf dem Land um einiges größer war als in den Städten. Andererseits belegen Tausende von Resolutionen und Bittschriften an den Zaren und später an die Duma, daß die Propaganda der etwa 470 örtlichen Filialen des Bauernbundes und der »vermittelnden« Intelligenz vor dem Hintergrund der Strukturkrise, der Kriegserfahrung und des Hungers nicht ohne Spuren blieb. Es wird kein Zufall sein, daß eines der ältesten Merkmale der russischen Bauernunruhen 1905/06 nicht mehr sichtbar war: Anders als noch ein halbes Jahrhundert zuvor meldeten sich keine falschen Zaren mehr, deren objektive Rolle darin bestand, die bäuerlichen Forderungen im Rahmen der gegebenen, gottgewollten Ordnung zu legitimieren und ihnen Gefolgschaft zu sichern. Die Rechtmäßigkeitsfiktion wurde in dem Maße überflüssig, wie das Verständnis für rationale Formen der politischen Interessenvertretung wuchs und der »Zarenmythos« an Wirksamkeit verlor. Bei aller Traditionsbindung geriet die soziale und politische Welt der Bauern in Bewegung. Womöglich liegt in diesem Zusammenwirken überkommener und neuer Momente die tiefste Ursache für die besondere Heftigkeit des bäuerlichen Aufruhrs in beiden russischen Revolutionen.[32]

Die Regierung antwortete auf die bäuerliche Gewalt mit einem Übermaß an Gegengewalt. Sicher traf ihre Reaktion das Dorf entschieden härter als die Stadt. Da die Polizeikräfte nicht ausreichten, beorderte sie reguläre Militäreinheiten in die Dörfer, sobald die Demobilisierung in Fernost dies zuließ. Es waren vor allem die gefürchteten Kosakenregimenter, die in massierter Form (bis zu 20000 Mann je Gouvernement) eingesetzt wurden. Anweisungen der Obrigkeit, Aufrührer nicht zu schonen und nach der Devise zu verfahren, »weniger zu verhaften, aber mehr zu erschießen«, gaben ihnen freie Hand. Großzügiger Ausschank von Wodka öffnete der Grausamkeit Ventile. Oft wurde die gesamte Dorfversammlung durchgepeitscht, wenn sie sich weigerte, Rädelsführer zu benennen, und nicht selten geschah Schlimmeres: Hütten gingen in Brand auf, Vieh wurde getötet, Menschen wurden verstümmelt, wahllos in Kerker geworfen und erschossen. In einem einzigen Dorf im Gouvernement Saratov blieben 46 Tote zurück, nachdem die Staatsgewalt die Überlegenheit ihrer Feuerwaffen über die bäuerlichen Dreschflegel demonstriert hatte. Alles in allem kostete dieses drakonische Strafgericht von Mitte Oktober

1905 bis Ende April 1906 etwa 70000 Personen die Freiheit, 34000 wurden erschossen, weitere 14000 erlagen ihren Verletzungen. Gesetzliche Maßnahmen taten ein übriges. Die berüchtigten Feldkriegsgerichte vom 19. August 1906 erhoben das Standrecht zur legalen Norm: Sie begaben sich an den Ort des Geschehens und waren ermächtigt, innerhalb eines Tages zu ermitteln, zu verurteilen (ohne Appellationsmöglichkeit) und zu erschießen.

So ließen Erfolge im Sinne der Obrigkeit nicht auf sich warten. Wohl flammte die bäuerliche Empörung im Juni und Juli 1906 (739 bzw. 682 Vorfälle) wieder auf. Aber das befürchtete »schreckliche Frühjahr«, das den Sieg der Staatsgewalt über den städtischen Aufruhr womöglich wieder zunichte gemacht hätte, blieb trotz der Auflösung der ersten Duma aus. Die zarische Herrschaft hielt stand und konnte mit guten Gründen der Meinung sein, die Massenrevolte nun endgültig im Griff zu haben. Trotz einiger Nachhutgefechte bestätigte das folgende Jahr 1907 diese Annahme.[33]

4. Parlamentarische Opposition

Mit dem Sieg über die Empörung in Stadt und Land hatte die Autokratie eine wichtige Schlacht gewonnen, aber nicht den Krieg. Den Einsichtigen war klar, daß die eigentliche Bewährung noch bevorstand: Nachdem die Symptome der Krise erfolgreich bekämpft worden waren, galt es nun, ihre Ursache zu beseitigen. Die Versprechen vom Oktober, die dem Staat zum Überleben verholfen hatten, waren einzuhalten. Das Fundament für neue Umgangsformen zwischen Staat und Gesellschaft mußte gelegt werden. Dabei verstand sich von selbst, daß es nur tragfähig sein konnte, wenn es eine Lösung für die entscheidenden sozialen Fragen, allen voran für die Agrarfrage, ermöglichte.

Witte tat die ersten Schritte bald nach der Verkündung des Manifests. Er lockerte die Pressezensur und das Versammlungsverbot, ohne die Beschränkungen im Prinzip aufzuheben. Den Behörden blieb, was Revolutionäre wie Liberale monierten, genug Spielraum für Kontrolle und Maßregelung. Wirkliche bürgerliche Freiheit konnte nur das Parlament bringen. Um so größere Bedeutung kam den Bestimmungen zu, die ihm konkrete Gestalt geben sollten.

Eine erste Weichenstellung vollzog das *Wahlgesetz* vom 11. Dezember 1905. Es dehnte, verglichen mit den entsprechenden Regelungen für die Bulyginsche Duma, das Stimmrecht in der Tat auf alle Schichten der Bevölkerung aus. Aber es führte weder die allgemeine noch die gleiche noch die direkte Wahl ein, wie es die liberale Bewegung forderte. Vielmehr band das Gesetz die Teilnahme zum einen weiterhin an bestimmte Bedingungen, die nicht nur das Mindestalter, sondern auch Geschlecht, Beruf und Vermögen betrafen. Arbeiter von Betrieben mit weniger als 50 Beschäftigten, Studenten, Frauen sowie die »Kellerkinder« der Gesellschaft (Dienstboten, landlose Bauern und Soldaten) blieben ausgeschlossen. Zum anderen behielt es generell den Grundsatz der ungleichen Stimmengewichtung durch mehrstufige Kurienwahl bei. Eingerichtet wurden vier Kurien, die in unterschiedlicher Proportionalität zu ihrer absoluten Zahl Wahlmänner benannten. Auf diese Weise kamen 2532 Delegierte der Bauern (und Kosaken), 1955 der Grundbesitzer, 1352 der Stadtbewohner und bloße 151 der Arbeiter zusammen, die über 500 Dumaabgeordnete (die vorgesehene Zahl von 524 wurde nie erreicht) wählten. Der Zweck des überaus komplizierten Verfahrens ergab sich daraus von selbst: Die Stimme eines Grundbesitzers wog soviel wie die Stimmen von 3,5 Stadtbewohnern, 15 Bauern und 45 Arbeitern. Es war vor allem die städtische Unterschicht, der die Regierung mißtraute, während sie bei den Bürgern in spe auf Honorierung ihres Entgegenkommens hoffen mochte. Die Erfahrungen des vergangenen Jahres gaben kaum Anlaß zu einer solchen Rechnung. Eher spiegelte sich in ihr der konservative Glaubenssatz, daß sich politische Zuverlässigkeit auf ein gewisses Maß an Besitz und Verwurzelung gründe.

Auch wenn das Wahlgesetz weit hinter den Erwartungen zurückblieb, entzog es einer Verständigung nicht völlig den Boden. Gemäßigte wie radikale Liberale protestierten gegen die bleibenden Defizite, erkannten aber den Fortschritt nicht nur gegenüber früheren Plänen an, sondern auch im Vergleich zu den preußischen und österreichischen Bestimmungen. Selbst Miljukov gab die Parole aus, das Beste daraus zu machen und auf die Regularien für die Volksvertretung zu warten. Die Beratungen über diesen Kern des Oktoberversprechens traten im Februar in ihre Schlußphase. Aus verständlichen Gründen fiel es den Würdenträgern des Reiches schwer, gegen die Grundsätze zu verstoßen, die ihnen nach wie vor heilig waren. Lange wälzten sie insbesondere das Problem hin und her, ob der Autokrat seinen Namen nach der Einrichtung eines Parlaments noch im Wortsinne verdiene. Nicht alle Mitglieder des Reichsrates waren aufrichtig genug anzuerkennen, daß die absolute Monarchie mit dem Oktobermanifest auch in Rußland abgedankt hatte. Man einigte sich schließlich auf eine Formel, die dem Versuch einer Quadratur des Kreises gleichkam: Dem »Kaiser aller russischen Lande« wurde die »höchste und autokratische Gewalt« belassen, aber man vermied das Epitheton »unbeschränkt«. In mancher Hinsicht brachte dieser Kompromiß die Absicht der gesamten Reform zum Ausdruck: Auch Witte, der monarchischer war, als es scheinen mochte, wollte weniger die zarische Macht beschränken, als sie an Gesetz und Recht binden.[34]

Das Ergebnis der Beratungen wurde am 24. April 1906 verkündet. Was offiziell mit durchsichtiger Bescheidenheit »*Grundgesetze*« hieß, war faktisch ebenso eine Verfassung wie frühere dem Absolutismus abgerungene Garantien des gesellschaftlichen Mitregiments in Westeuropa. Auch die Untertanen des Zaren erhielten nun ein zentrales Vertretungsorgan, das neben dem Staat und seiner Verwaltung an der Leitung der öffentlichen Angelegenheiten teilnehmen sollte. Auf einem anderen Blatt stand – und das hat die historische Forschung veranlaßt, sehr vorsichtig mit dem Begriff der Verfassung umzugehen – , welche Befugnisse ihm eingeräumt wurden. Dem Buchstaben nach änderte sich nicht viel. Weiterhin ging die Macht im Staate allein vom Zaren aus, der alle exekutiven und die entscheidenden legislativen Kompetenzen für sich behielt. Der Kaiser berief die Duma ein und war lediglich verpflichtet, dies für zwei Monate im Jahr zu tun. Er konnte sie auflösen, wann es ihm beliebte. Ihm oblag die Lenkung der Außenpolitik, er allein konnte Krieg erklären und Frieden schließen. Er blieb Oberkommandierender des Heeres und der Flotte. Er verfügte über die Gesetzesinitiative, wobei ihm vier Bereiche ausschließlich vorbehalten blieben: Änderungen der Grundgesetze, Angelegenheiten der Kaiserlichen Familie einschließlich der Domänen, die orthodoxe Kirche und alle Belange von Heer und Marine. Damit nicht genug, stand dem Zaren bei allen Gesetzen ein definitives Vetorecht zu. Zwar bedurften sie neben seiner Unterschrift der Gegenzeichnung des Vorsitzenden des Ministerrates. Doch blieb die Exekutive bei dieser Kontrolle unter sich: Alle Minister wurden vom Zaren ernannt und waren allein ihm verantwortlich. Um das Maß der kaiserlichen Vorrechte voll zu machen, wurden ihm auf ausdrücklichen Wunsch Wittes auch großzügige

Befugnisse für außerordentliche Situationen verliehen. Der bald häufig in Anspruch genommene Artikel 87 ermöglichte ihm, zwischen den Sitzungsperioden Notverordnungen zu erlassen, deren faktische Geltung dadurch nicht gemindert wurde, daß sie der nachträglichen Bestätigung durch das Parlament bedurften. Zu jeder Zeit sollte der Zar Handlungsspielraum haben, ohne zum Staatsstreich greifen zu müssen.

Entsprechend wenig Macht wurde der Duma übertragen. Sie erhielt – von den drei Ausnahmen abgesehen – die Befugnis, Gesetzesentwürfe einzubringen, ohne sie gegen den Willen des Zaren zu geltendem Recht erheben zu können. Sie durfte Minister vorladen, ohne eine Möglichkeit zu haben, im Streitfall ihre Demission zu erwirken. Sie durfte Anfragen stellen, ohne in der Lage zu sein, den aufgezeigten Handlungsbedarf zu befriedigen. Im Grundsatz stand ihr auch das ureigene parlamentarische Recht der Budgetbewilligung zu, allerdings mit der empfindlichen Einschränkung, daß sich infolge der exklusiven zarischen Kompetenzen etwa ein Drittel des Haushalts ihrer Kontrolle entzog.

Hinzu kam, daß die Duma die beschränkte Befugnis zur Gesetzesvorlage noch mit einem anderen Gremium teilen mußte. Neben das Parlament trat der reformierte Reichsrat. Zur Hälfte vom Kaiser ernannt, zur anderen Hälfte von privilegierten Gruppen aus Staat und Gesellschaft (darunter auch die *zemstva* und Städte) beschickt, zeigte schon seine Zusammensetzung, daß er als Gegengewicht gegen allzuviel Demokratie gedacht war. Der Reichsrat besaß das gleiche begrenzte Recht zur Gesetzesinitiative wie die Duma. Ohne die Zustimmung der jeweils anderen Kammer konnte kein Gesetzesprojekt dem Kaiser vorgelegt werden.

Darüber hinaus schrieb die russische Verfassung als Voraussetzung der neuen politischen Ordnung erstmals die elementaren bürgerlichen Freiheitsrechte fest, die seit der Amerikanischen und Französischen Revolution – mit welchen Verzögerungen auch immer – zum Gemeingut der entstehenden Verfassungsstaaten Westeuropas geworden waren. Sie garantierte die Unverletzlichkeit des Eigentums, die Versammlungs-, Rede-, Koalitions- und Religionsfreiheit sowie die Freizügigkeit und verankerte den Habeascorpus-Grundsatz, daß niemand ohne Beachtung der legalen Verfahrensweisen in Haft genommen werden dürfe. Freilich ließ sie den Vorbehalt von Notstandsdekreten unberührt. Die Ausnahmegesetze von 1881 blieben in Kraft. Die Feldgerichte wurden sogar erst nach ihrer Verkündung begründet. Vorerst strafte die Wirklichkeit das geschriebene Wort Lügen.[35]

Entsprechend heftig reagierte die liberale Opposition. Die Kadetten, die Ende April ihren dritten Parteitag abhielten, mochten kaum glauben, daß die Regierung die Stirn hatte, ihre Zusagen in so grober Form zu brechen. Voller Empörung wies der Kongreß den Versuch zurück, das Parlament zur »Dienstmagd der bürokratischen Obrigkeit« zu degradieren. Das erste Parlament der russischen Geschichte, das wenige Tage später, am 27. April 1906, zusammentrat, stand unter keinem gutem Stern. Seine Gründungscharta wurde weithin als Kriegserklärung betrachtet und nicht als Angebot zur Zusammenarbeit. Dies um so eher, als der Mann, der von der »Gesellschaft« immer noch am ehesten respektiert wurde, nicht mehr zu Ende führen konnte, was er auf den Weg gebracht hatte. Nachdem Witte eine hohe, für die Sanierung der kriegs- und revolutionsgeschädigten Wirtschaft unentbehrliche Staatsanleihe in Frankreich unter Dach und Fach gebracht hatte, gab es keinen Grund mehr, ihn zu halten. Der Premier hatte seine Schuldigkeit endgültig getan. Am 20. März akzeptierte Nikolaj sein Rücktrittsgesuch.

Hinzu kam, daß die Wahl einen anderen Ausgang nahm, als der Regierung lieb sein konnte. Zwar entschieden sich Bolschewiki und Sozialrevolutionäre für einen Boykott, weil sie die ganze Veranstaltung zum Volksbetrug erklärten. Aber auch diejenigen Parteien, die der Meinung waren, man müsse die Chance in jedem Falle nutzen, waren radikal genug, um der Staatsführung deutlich zu machen, daß sie mit keinem gefügigen Parlament rechnen konnte. Sieger des Tages waren mit 182 oder 40% von 448 Sitzen (Stand Ende April 1906) die Kadetten. Schon in den ersten Wochen des Wahlkampfes hatte sich abgezeichnet, daß sie ihre integrative Rolle als Sammelbecken breiter liberaldemokratischer Strömungen noch nicht eingebüßt hatten und auch als Organisation erstaunliche Kraft entfalteten. Überdies kam ihnen die mangelnde Resonanz der sozialistischen Boykottaufrufe zustatten. Zumindest in den Städten dürften sie manche Stimmen des linken Lagers auf sich gezogen haben. Die Bauern freilich, die sich erst recht nicht von der revolutionären Agitation beeindrucken ließen, gaben ihr Votum überwiegend Delegierten aus den eigenen Reihen. Diese schlossen sich in den ersten Sitzungswochen zur bald zweitstärksten Fraktion (107 Sitze oder 23,8% Mitte Mai) der *Trudoviki* (von *trud* = Arbeit) zusammen. Desgleichen entsprach die drittstärkste Gruppe des Parlaments kaum dem Geschmack der Regierung. Als gesamtstaatlicher Einrichtung gehörten der Duma auch Delegierte der nichtrussischen Nationalitäten an (63 Sitze oder 14% Mitte Mai). Keiner Erklärung bedarf, daß selbst die Gemäßigten unter ihnen, etwa die starke Riege der polnischen Nationaldemokraten, mit der Autokratie in Fehde lagen. Im Zeitalter des Imperialismus, als die zarische Politik immer unverhüllter in den Sog eines großrussischen Chauvinismus geriet, wurde das Parlament nicht nur zur Tribüne für liberal-demokratische Forderungen, sondern auch zur Arena der nationalen Emanzipation. Da schließlich auch die Parteilosen (105 Abgeordnete) keineswegs im rechten Lager standen, hatte die bestehende Ordnung so gut wie keine Verteidiger. Die erste Duma war ein würdiges Kind der Revolution. Angesichts dieses Wahlergebnisses hatte der Konflikt in der Tat, wie Miljukov notierte, schon begonnen, bevor das Parlament überhaupt zusammentrat.[36]

Was die Autokratie von einer solchen Duma hielt, machte bereits die Adresse deutlich, zu der sich der Zar bei der Eröffnung herbeiließ. Die wenigen teilnahmslosen Worte beschränkten sich auf Gemeinplätze und vermieden sorgsam, die entscheidenden Probleme zu berühren. Ihr einziger Erfolg bestand darin, die selbstbewußten Kadetten im Verein mit den Trudoviki zu einer Protestnote zu bewegen. Die parlamentarische Opposition machte darin klar, daß sie nicht daran dachte, sich mit dem kümmerlichen Part zu begnügen, der ihr zugedacht war. Sie beharrte auf den Forderungen des »Volkes« nach der Einberufung einer Konstituierenden Versammlung, einer der Duma verantwortlichen Regierung und einer Agrarreform, die den privaten Großgrundbesitz nicht schonen sollte. Die Regierung zögerte ihrerseits nicht, den Schlagabtausch fortzusetzen. Am 13. Mai verlas der neue Ministerpräsident I.L. Goremykin – ein greiser Bürokrat alten Schlages, dessen Ernennung Programm war – vor dem Parlament eine Erklärung, die alle Anliegen rundweg ablehnte. Insbesondere wies er den Vorschlag zur Lösung der Agrarfrage zurück. Unbeschadet der Notwendigkeit der Reform machte er deutlich, daß die Regierung eine Verletzung des Eigentumsrechts nicht zulassen werde. So hatten sich die Gegner schon nach wenigen Wochen in einem Stellungskrieg eingegraben, aus dem kein versöhnlicher Ausweg herauszuführen schien.

Beiden Seiten war indes klar, daß dieser Zustand nicht von Dauer sein konnte. Mitte Juni wurden hinter den Kulissen mehrere Gesprächsfäden mit dem Ziel einer Beteiligung der Kadetten an der Regierung geknüpft. Alle Anstrengungen blieben erfolglos. Vom Wahlsieg beflügelt, fühlten sich die Kadetten stark genug, auf ihren Kernzielen zu bestehen. Solche Kompromißlosigkeit war in der Partei nicht unumstritten. Der Sprecher der konservativen Minderheit Maklakov verurteilte sie als unverantwortlichen Radikalismus und warf seinem Widersacher Miljukov im Rückblick vor, eine historische Chance vergeben zu haben. Daran war soviel richtig, daß sich die Regierung nun veranlaßt sah, das Heil in der Offensive zu suchen. Am 20. Juni warnte sie die Bauern öffentlich, den irreführenden Verheißungen der Opposition zu glauben. Im Gegenzug erließ die Duma am 6. Juli einen Aufruf, der die Regierung heftig angriff und abermals die Verteilung auch der privaten Ländereien an die Bedürftigen versprach. Zar und Regierung hatten nun den gesuchten Vorwand und lösten das Parlament – durchaus verfassungskonform – am 8. Juli auf.[37]

Trotz der gespannten Atmosphäre kam die Order unerwartet. Kaum jemand hatte dem Zaren solche Risikobereitschaft zugetraut, waren doch die Folgen zu diesem Zeitpunkt durchaus nicht abzusehen. Enge Berater sagten Nikolaj »schreckliche« Ereignisse voraus, die »Zerstörung der Monarchie« nicht ausgenommen, und versuchten, ihn zur Rücknahme des schon unterzeichneten Dekrets zu bewegen. Goremykin und der neue Innenminister P.A. Stolypin, die treibenden Kräfte hinter der Machtprobe, behielten indes die Oberhand. Die Ereignisse der folgenden Tage und Wochen bestätigten ihr Kalkül. Was die Opposition dem kaltschnäuzigen Handstreich entgegenzusetzen vermochte, war weniger, als ihre größten Pessimisten befürchtet hatten. Auf Betreiben der Kadetten versammelten sich die Abgeordneten der Kadetten und Trudoviki im finnischen Vyborg, um über eine angemessene Reaktion zu beraten. Nur die wenigsten waren mit dem maßvollen Ton einverstanden, den ein Resolutionsentwurf aus der Feder Miljukovs anschlug. Dennoch gaben sie dem Dokument im Angesicht der anrückenden Polizei ihr Plazet. So beschränkte sich das *Vyborger Manifest* auf den bloßen Appell zum passiven Widerstand, zur Verweigerung von Steuern und Rekruten, bis zum Zusammentritt eines neuen Parlaments. Selbst Miljukov räumte später ein, daß dies die zaghafteste aller denkbaren Reaktionen gewesen sei.[38]

In vieler Hinsicht kam der zarische Gewaltakt den revolutionären Parteien entgegen. Er befreite sie nicht nur aus dem Schatten der Kadetten, in den sie seit April geraten waren. Er bot ihnen auch die erhoffte Gelegenheit, die Sackgasse des Boykotts mit äußerem Triumph zu verlassen: Bewies die Auflösung doch, daß legale Opposition unter den gegebenen Bedingungen zahnlos blieb. Die Zeit schien günstig für einen neuerlichen Aufstand. Allerdings erreichte die Empörung im Land längst nicht das Ausmaß vom Oktober. Die Stimmung schwankte zwischen erwartungsvoller Ungeduld und erschöpfter Resignation. Deutlicher als im Vorjahr lag zutage, daß die Entscheidung auf dem Dorf fallen würde, wo die Ernte aber noch nicht eingebracht und die bäuerliche Energie noch gebunden war. So hatten die Zentralkomitees der revolutionären Parteien, die überdies noch unter dem Eindruck der Dezemberniederlage standen, allen Anlaß, nichts zu überstürzen. Ganz im Gegensatz zu ihrer sonstigen Mäßigung plädierten diesmal die Menschewiki für einen sofortigen Generalstreik. Die Sozialrevolutionäre schlossen sich am 12. Juli mit einem Aufruf zur Rebellion an Bauern, Arbeiter, Soldaten und Matrosen an. Letzten Endes kam es zwischen dem 17. und 20. Juli nur in den Seefestungen Sveaborg und Kronstadt, beides Hochburgen der PSR, zu bewaffneten Erhebungen, die rasch niedergeschlagen wurden. Wenn noch Aussicht bestanden hatte, die Errungenschaften der Revolution gegen ihre Beschneidung durch die wiederhergestellte Staatsgewalt zu verteidigen, dann war sie nach dieser Demonstration der Machtlosigkeit endgültig geschwunden.[39]

Die Regierung ließ den Sieg nicht ungenutzt. Sie ergriff die Initiative, um Tatsachen zu schaffen, an denen das nächste Parlament nicht würde vorbeigehen können. Dabei knüpfte Stolypin, zum Ministerpräsidenten avanciert, an das Wittesche Rezept an: Reform und Repression schienen auch ihm die einzig geeigneten Mittel, um den zarischen Staat auf Dauer zu konsolidieren. Anders als Goremykin nahm Stolypin das Parlament ernst. Wohl als erster russischer Staatsmann, der tatsächlich das Vertrauen des Kaisers genoß, bezog er die Duma als festen Bestandteil in seine Vorstellungen von der zukünftigen Gestalt und Politik des Reiches ein. Der Kampf galt – so eines seiner ersten Zirkulare – »nicht der Gesellschaft, sondern den Feinden der Gesellschaft«. Stolypin akzeptierte die Idee der konstitutionellen Monarchie in der begrenzten Form, wie sie die Verfassung vom April 1906 vorsah. Aber er behielt sich vor, die Modalitäten und das Ausmaß der gesellschaftlichen Beteiligung am politischen Entscheidungsprozeß zu bestimmen.

Auch inhaltlich konnte Stolypin auf die Hinterlassenschaft seines gescheiterten Vorgängers zurückgreifen. In mancher Hinsicht erntete er Lorbeeren, die Witte gebührten. Die Pläne für die *Agrarreform*, die sich bald mit seinem Namen verband, fand er nahezu fertig vor. Er folgte dem Kerngedanken, der ihnen zugrunde lag: daß die Lösung der Krise, wenn sich eine Aufteilung des privaten Grundbesitzes bei Strafe des Untergangs der alten Ordnung verbot, nur in der Entfaltung der bäuerlichen wirtschaftlichen Bewegungsfreiheit und unternehmerischen Initiative bestehen konnte. Desgleichen waren erste konkrete Schritte auf diesem Weg getan worden. Unter dem Eindruck der »grande peur« vom Herbst 1905 hatte Witte den Erlaß aller Ablösungszahlungen verkündet, welche die Bauern immer noch leisten mußten. Darüber hinaus waren durch ein Dekret vom 4. März 1906 auf allen Verwaltungsebenen bis hinunter zum Kreis Kommissionen geschaffen worden, die den Landkauf armer Bauern fördern und zur besseren Nutzung des vorhandenen Landes beitragen sollten. Damit standen die Institutionen bereit, die den Wandel auf dem Dorfe im folgenden Jahrzehnt, soweit er denn stattfand, maßgeblich vorangetrieben haben. Es blieb jedoch Stolypin vorbehalten, die entscheidende Maßnahme zu treffen. Sie verbriefte den Bauern das Recht, samt ihrem Land *ohne* Zustimmungspflicht der Dorfgenossen aus der Umteilungsgemeinde auszuscheiden und dabei die Zusammenlegung der von ihnen genutzten Ackerstreifen zu verlangen. Mit diesem Gesetz vom 9. November 1906 hörte die *obščina* als ökonomische und administrative Zwangsgemeinschaft (nachdem schon 1903 die fiskalische Solidarhaft beseitigt worden war) endgültig auf zu bestehen. Die Regierung opferte den einstigen Schutzwall gegen allzu raschen sozialen Wandel und politische Instabilität, nachdem er sich in beiderlei Hinsicht eher als gegenproduktiv erwiesen hatte. Stolypins Hoffnung galt einem wirtschaftlich kräftigen Mittelbauerntum, das als saturierte Schicht auch eine politische Stütze der geläuterten Autokratie werden sollte.[40]

Bei alledem versäumte der Ministerpräsident – der zugleich Innenminister blieb – nicht, den Kurs der inneren Befriedung auch mit Zwang und Gewalt zu verfolgen. Wer nicht vergessen hatte, daß der ehemalige Gouverneur von Saratov den Sprung nach St. Petersburg seiner ungewöhnlichen Strenge bei der Niederschlagung des Bauernaufstandes Ende 1905 verdankte, konnte davon nicht überrascht sein. Das Ausmaß der staatlichen Willkür, deren er sich bediente, hat indes auch Wohlmeinende verschreckt und seine Person wie die Bilanz seiner Politik ins Zwielicht gebracht. Ein Attentat anarchistischer Sozialrevolutionäre (der *Maximalisten*) auf seine Privatvilla in St. Petersburg gab Anlaß, am 19. August die erwähnten *Feldkriegsgerichte* ins Leben zu rufen. Wenngleich Nikolaus dabei persönlich die Initiative ergriff, spricht nichts für die Annahme, der Premier habe diesen Schritt mißbilligt. Er trug die standrechtliche Erschießung von 1144 Personen während des halben Jahres ihrer Existenz ebenso mit wie die Verurteilung und Verbannung Tausender auf bloße administrative Anordnung ohne ordentlichen Prozeß. Rechtsstaatlichen Normen und der Verfassung sprach dieses Verfahren hohn. Selbst wenn man den Hinweis der Regierung auf die Gewalttätigkeit ihrer Gegner als Rechtfertigung gelten läßt, bleibt die Frage nach der politischen Klugheit. Gesetzlosigkeit und Schnelljustiz waren kaum dazu angetan, Stolypin jenen Rückhalt bei den moderaten Kräften der Opposition zu verschaffen, den er für sein Programm brauchte.

Respekt vor der Verfassung ließ der Premier auch im Vorfeld der Wahlen vermissen. Die Regierung versäumte keine Gelegenheit, massiven Druck auszuüben. Dabei trafen ihre Behinderungen nicht nur die sozialistischen Parteien, sondern an vorrangiger Stelle auch die Kadetten. Nach wie vor verweigerte sie ihnen die Legalisierung. In einäugiger Auslegung des Vereinsgesetzes vom 4. März 1906 hatte sie sich gerade durchgerungen, neben den monarchistischen Parteien die Oktobristen anzuerkennen. Die Versammlungen der Liberalen dagegen wurden verboten, ihre Proklamationen beschlagnahmt, ihre Wahllisten eingezogen. Insgesamt mußten zwischen Januar und Mai 1907, d.h. in den letzten Monaten des Wahlkampfes und während der zweiten Duma, 226 Tageszeitungen vorübergehend oder auf Dauer ihr Erscheinen einstellen. Von einem parlamentarischen Experiment konnte nun vollends nicht mehr die Rede sein. Was Stolypin wollte, war ein gefügiges Repräsentativgremium der besitzenden »Gesellschaft«.

An den Wahlen nahmen erstmals, indem sie ihr grobes Fehlurteil vom Frühjahr korrigierten, auch die großen *Linksparteien* teil. Erstaunlicherweise handelten beide dabei aus einer Position der Stärke. Obwohl der revolutionäre Schwung der Massen offensichtlich gebrochen war, erreichten Sozialdemokraten wie Sozialrevolutionäre 1906 den Höhepunkt ihrer organisatorischen Entfaltung. Die in den »Tagen der Freiheit« schnell gewachsenen lokalen Zellen wurden zu einem mehrstöckigen Gebäude verbunden. Zum ersten Mal entstand unterhalb der Zentralgremien, die wie Generäle ohne Armee agiert hatten, ein breites Fundament. Die PSR schloß ihre langwierige Geburt auf dem Gründungsparteitag an der Jahreswende 1905/06 endgültig ab. Programm und Statut bewahrten sie zwar nicht vor Konflikten und Sezessionen, vermittelten ihr aber neue Festigkeit. Der Staat mußte sie als die gefährlichsten Gegner betrachten, da sie dem Terror durch die Auswahl weniger hochrangiger und leichter zu treffender Opfer zu neuer Durchschlagskraft verhalf: 82 Morde an Polizeipräfekten und Gefängnisdirektoren allein 1906 versetzten die obere Verwaltung in Angst und Schrecken.

Kräftiger als je zuvor präsentierte sich auch die Sozialdemokratie. Der Schock vom Dezember war tief genug gewesen, um beide Fraktionen zu einem neuen Kooperationsversuch zu bewegen. Im sicheren Stockholmer Exil fand im April 1906 der vierte, sogenannte Einigungsparteitag statt. Die Verhandlungen standen im Zeichen einer leichten menschewistischen Mehrheit. Martov und seine Mitstreiter setzten nicht nur den Widerruf des Wahlboykotts durch, sondern überzeugten die Delegierten auch von der Richtigkeit ihres Agrarprogramms. Während die Bolschewiki den privaten Großgrundbesitz nach der entschädigungslosen Enteignung in die ausschließliche Verfügung des Staates geben wollten (»Nationalisierung«), schwebte den Menschewiki eine dezentrale Lösung vor. Selbstverwaltungskörperschaften auf Gouvernementsebene sollten die Verteilung des Landes übernehmen und dadurch regionalen Belangen mehr Geltung verschaffen (»Munizipalisierung«). Die Bolschewiki, die auch im Zentralkomitee in der Minderheit blieben, erwiesen sich als schlechte Verlierer. Sie weigerten sich, ihre Fraktion aufzulösen und die Beschlüsse anzuerkennen. In der Wahlfrage aber kamen sie mit Verzögerung zum selben Ergebnis wie der Parteitag. Auch Lenin gab im August die Parole aus, die Duma als Tribüne revolutionärer Agitation zu nutzen.[41]

Stolypins Kalkül ging nicht auf. Die zweite Duma, die am 20.

Februar 1907 zusammentrat, war dem Staat noch feindlicher gesonnen als die erste. Der Kurswechsel der revolutionären Linken schwächte das Lager der Radikalliberalen, denen keine Leihstimmen mehr zuflossen. Zugleich erstarkten, getragen von einer konservativen Wende im Adel als Reaktion auf die anhaltende Gewalttätigkeit im Lande, auch die monarchistischen Gruppierungen. Die Sozialdemokraten konnten 65 Delegierte entsenden – davon nur 18 Bolschewiki –, die Sozialrevolutionäre 37, die Trudoviki 104, die ihnen nahestehenden »Volkssozialisten« 16 und die Oktobristen gemeinsam mit zehn Sympathisanten 44. Verloren hatten vor allem die Kadetten, die mit 98 Deputierten nur noch die zweitstärkste Fraktion bildeten. Da weitere 93 von den insgesamt 518 Sitzen auf Vertreter Polens und nationaler Minderheiten entfielen, agierte auch die zweite Duma von Anfang an unter der Drohung der Auflösung.

Bei alledem stand Stolypin zu seinem Wort, der »Gesellschaft« die Teilnahme an der Erneuerung des Reiches anzubieten. Er bemühte sich um einen Dialog, dessen Ziele er vor dem Parlament in Gestalt eines umfassenden Regierungsprogramms am 6. März umriß. Über die Fortführung der Agrarreform hinaus kündigte er die Ausweitung der lokalen Selbstverwaltung, die endgültige Legalisierung der Gewerkschaften, neue Arbeiterschutzgesetze, Maßnahmen zur Garantie ordnungsgemäßer Verfahren in Justiz und Verwaltung und anderes mehr an. Allgemein versprach er die uneingeschränkte Achtung der verfassungsmäßig garantierten Freiheitsrechte. Damit zeichnete er in der Tat das Zukunftsbild eines »veränderten Rußland«, das sich die Lektionen der Revolution zu Herzen nahm. Zwar stellte er keine parlamentarische Regierungsweise in Aussicht. Er akzeptierte jedoch die Idee des obrigkeitlichen Rechtsstaates (H. Rogger), der nicht auf seine Macht, wohl aber auf seine Macht zur Willkür verzichtete.

Nach Lage der Dinge hing es von den Kadetten ab, ob Stolypins Offerte eine Mehrheit fand. Eine wachsende Strömung im Liberalismus war nicht abgeneigt, sich deutlicher von den Revolutionären zu distanzieren. Seit dem Vyborger Manifest, das vom nachfolgenden Parteitag mißbilligt wurde, befand er sich auf dem Wege zu gemäßigteren Positionen. Dennoch behielten diejenigen die Oberhand, die schon aus Gründen der Glaubwürdigkeit nicht einfach verleugnen wollten, was sie noch gestern gefordert hatten. Als Stolypin Anfang 1907 Miljukov in einem Privatgespräch den überraschenden Vorschlag unterbreitete, sich als Gegenleistung für die rechtliche Anerkennung der Partei öffentlich, und sei es nur in Gestalt eines anonymen Zeitungsartikels, vom Terror loszusagen, war sein Gegenüber bereit, diesen niedrigen Preis zu zahlen. Die Mehrheit des Führungszirkels lehnte den Handel jedoch ab. Sie wollte nicht erkaufen, was sie für ihr gutes Recht erachtete, auch wenn sie sich mit Aktionsformen solidarisierte, die sie stets bekämpft hatte.

Um so weniger Chancen hatte eine Verständigung im Rampenlicht des Parlaments. Wohl lagen die Standpunkte nicht so weit auseinander, wie es scheinen mochte. Als die Kadetten im März die Abschaffung der Feldgerichte verlangten, wäre ein Arrangement durchaus möglich gewesen. Der Premier hielt es aber für nötig, nach außen hin jeglichen Anschein einer Kollaboration zu vermeiden und die Schnellgerichte unisono mit den Rechtsparteien als notwendige Selbstverteidigung des Staates zu rechtfertigen. Daß er zugleich ihre Aufhebung (im April 1907) vorbereiten ließ, hat die Scherben nicht wieder zusammenfügen können. Auch in der Agrarfrage, die das zweite Parlament ebenso beherrschte wie das erste, gab es gemeinsamen Boden. Den Kadetten wurde mehr und mehr bewußt, daß sich ihr Programm schlecht mit dem Prinzip der Unverletzlichkeit des Eigentums vertrug, für das sie ansonsten einstanden. Je mehr sich die Lage stabilisierte, um so weniger war ihrer Klientel einsichtig zu machen, daß den Gutsbesitzern nicht billig sein sollte, was den Inhabern von Fabriken und städtischen Immobilien recht war. Das neue Projekt einer Agrarreform, das sie Ende April vorlegten, trug diesem Wandel Rechnung. Es beschränkte die Enteignung privaten Landes auf überschüssige Flächen jenseits einer großzügig bemessenen Norm und sah unter Beteiligung der neuen Besitzer eine angemessene Entschädigung vor.

Auch dieses Programm, dem die revolutionären Spitzen sichtlich abgefeilt worden waren, überschritt indes die Toleranzgrenze der Regierung. Der Ministerpräsident machte unmißverständlich klar, daß er für *keine* Form der Enteignung zu gewinnen war. Deshalb fiel eine Vorentscheidung über das Schicksal der Duma, als ihre Agrarkommission nach heftigem Streit eben dieses Prinzip billigte. Hinzu kam, daß es nirgendwo einen Ausgleich gab. Das Parlament nutzte das Interpellationsrecht, um Gesetzesverstöße staatlicher Organe zur Sprache zu bringen, und lehnte den Haushaltsentwurf ab, um seinen allgemeinen Protest gegen die Regierungspolitik zu Protokoll zu geben. Es handelte, wie es sich verstand: als Opposition, nicht als Komplize.

Dies alles führte die zarische Umgebung bald zu der Überzeugung, daß keine Hoffnung auf konstruktive Zusammenarbeit bestand. Seit Anfang Mai suchte sie nach einem Vorwand für die Beendigung des bösen Spiels. Er fand sich dank der Hilfe eines Ochrana-Agenten in den Reihen der sozialdemokratischen Armeepropagandisten. Unter der Anklage verschwörerischer Umtriebe verlangte die Regierung vom Parlament, die Immunität der sozialdemokratischen Fraktion aufzuheben. Die Auflösungsorder war schon fertig, bevor der Antrag abgelehnt wurde. Zugleich mit ihrer Bekanntgabe wurde am *3. Juni 1907* mit Hilfe des Notverordnungsparagraphen ein neues *Wahlgesetz* erlassen. Durch die Verringerung der Wahlmänner in der Bauern- und der Arbeiterkurie um fast die Hälfte, die Aufstockung der adeligen Elektoren um etwa ein Drittel und weitere Maßnahmen schuf sich die Regierung endgültig ein Parlament nach ihrem Bilde. In der dritten Duma gaben die Oktobristen und Monarchisten den Ton an, während die Kadetten auf eine machtlose Minderheit schrumpften. Gegen diesen wahrhaften Coup d'Etat erhob sich, anders als ein knappes Jahr zuvor, nicht einmal mehr verbaler Protest.[42]

III. Konstitutionelle Autokratie (1907–1917)

1. Unvollendete Reform

Nach dem Verfassungsbruch vom 3. Juni 1907 konnte die zarische Regierung zwar aufatmen. Aber sie hatte keinen Anlaß zu ungetrübter Freude. Schon wohlverstandenes Eigeninteresse schloß den Versuch aus, das Rad der Geschehnisse einfach zurückzudrehen. Die Mitschuld des Ancien régime an seiner Existenzkrise lag auf der Hand. Wer den alten Verhältnissen eine Zukunft sichern wollte, mußte sie verändern. Die Devise realistischer Politik konnte nur heißen: maßvolle Reformen von oben, um Schlimmerem, als geschehen war, vorzubeugen.

Im Grundsatz hielt die Bereitschaft zu diesem Kurs zunächst an. Nikolaj gab seinem Ministerpräsidenten weiterhin Rückendeckung. Aber er tat dies mit halbem Herzen und kaum verhohlenen Vorbehalten. In mancher Hinsicht ermunterte er den Widerstand, auf den Stolypin auch im eigenen Lager traf. Vor allem der *Vereinigte Adel*, zu dem sich konservative Grundbesitzer und wohlgeborene Standespolitiker aus der Provinz im Mai 1906 zusammengeschlossen hatten, machte gegen angebliche neue Zugeständnisse an die Revolution mobil. Er fand wirkungsvolle Unterstützung bei den Würdenträgern des Reichsrats, die über enge Kontakte zur nächsten Umgebung des Zaren verfügten. Um so eher blieb der Premier auf die Kooperation mit der Duma angewiesen. Als Partner kamen in erster Linie die Oktobristen in Betracht. Eine Koalition der Vernunft, eine Zusammenarbeit von gemäßigten Konstitutionalisten und reformwilliger oberster Staatsverwaltung, nahm Gestalt an. Die Erwartung schien begründet, daß »Gesellschaft« und Staat auf dem Kurs einer kontrollierten Erneuerung wieder zueinanderfinden könnten.

Indes verflogen solche Hoffnungen schnell. Das »System des 3. Juni« hat keinen ernsthaften Test bestanden. Stolypin mußte bald erkennen, daß ihm die Wahlrechtsänderung bei einer Regierungsform wenig half, die sich nicht aufs Parlament stützen wollte, andererseits aber auch in der autokratischen Vollmacht keinen zureichenden Halt hatte. Sein Balanceakt der unverbindlichen Kooperation manövrierte ihn zwischen die Blöcke und raubte ihm jenes Fundament, das er zur Durchführung seines Programms gebraucht hätte. Die Agrarreform war noch unter dem unmittelbaren Druck der Revolution verabschiedet worden. Alle weiteren Initiativen liefen, von ganz wenigen Ausnahmen abgesehen, im Sperrfeuer der Interessensgruppen und Cliquen fest. Seine Überlegungen zur Erweiterung der lokalen Selbstverwaltung, sicher das zweite Herzstück des gesamten Plans, faßte Stolypin ebenfalls noch im Elan des ersten Amtsjahres in konkrete Vorschläge. Auf der Ebene des Kreises (*uezd*) sollte ein neues, von Staat und *zemstva* beschicktes Gremium eingerichtet werden. Als Vorsitzender war nicht länger ein Vertreter des Adels vorgesehen, sondern ein Staatsbeamter. In den *volosti* wollte der Premier tiefer eingreifen. Hier sollte der überholte Grundsatz der ständischen Zusammensetzung ganz beseitigt werden und jeder Grundeigentümer einschließlich der Bauern eine Stimme erhalten, wenn auch eine nach Besitzgröße gewichtete. An beiden Projekten äußerte der Vereinigte Adel heftige Kritik. Im neuen Kreishauptmann erkannte er einen Vorreiter bürokratischer Allgewalt, in den Volost'-zemstva einen Verstoß gegen das Bauprinzip der alten Ordnung und eine unerwünschte Stärkung der bäuerlichen Mitsprache obendrein. Der konservative Adel erreichte sein Ziel. Ein erboster Ministerpräsident mußte den Gesetzentwurf über die Kreiszemstva im März 1909 zurückziehen, um einer Ablehnung vorzubeugen. Das Projekt über die Volost'-zemstva fand zwar den Weg ins Parlament und den Reichsrat. Aber es trat nie in Kraft.

Nicht besser erging es den übrigen Reformen. Adel und Kirche torpedierten den Ausbau der Grundschulen, weil sie die Volksbildung nicht staatlicher Regie überlassen wollten. Und sie brachten den Versuch zu Fall, den Schismatikern der Orthodoxie, den Altgläubigen (denen führende Industrielle des Reiches angehörten), mehr Toleranz entgegenzubringen. Es war nur ein kläglicher Rest der ehrgeizigen Reformpläne, der Wirklichkeit wurde. Mit der Umgestaltung der Volost'-Gerichte (1910) verband sich die Hoffnung, mehr Legalität und politische Ruhe auf dem Lande zu verankern. In der städtischen Arbeiterschaft sollte eine Sozialversicherung (1912) dazu beitragen, Unzufriedenheit abzubauen. Freilich war auch diesen Maßnahmen der anfängliche Stachel gezogen worden. Das Amt eines unabhängigen, gewählten Friedensrichters, das Stolypin eigentlich hatte schaffen wollen, scheiterte am Veto des Reichsrats. Und den Unternehmerverbänden gelang es, das Verhältnis von Kosten und Kontrolle der Versicherung zu ihrem Besten zu gestalten. Hinzu kam, daß weitere ursprünglich vorgesehene Verbesserungen der Arbeitsbedingungen unterblieben. Schon bald sollten sich die Folgen gerade dieser Versäumnisse zeigen.[1]

Nur noch ein Zerrbild des einstigen Planes war auch jene Reform, über die Stolypin letztlich fiel. Man kann die Heftigkeit des Streits um die Einführung der *zemstva* in neun westlichen Gouvernements (Litauens, Weiß- und Südwestrußlands), die 1864 ausgespart worden waren, nur vor dem Hintergrund der innenpolitischen Gesamtlage verstehen: der Rivalität zwischen verschiedenen Machtzentren und des eigentümlichen Versuchs eines Konstitutionalismus ohne wirkliche parlamentarische Macht. Schon nach wenigen Monaten zeigte sich, daß auch die maßgeschneiderte dritte Duma nicht so gefügig war wie erhofft. Wohl konnte die oktobristische Mehrheit dem Programm des Premiers weitgehend zustimmen. Aber der inhaltliche Konsens bedeutete nicht, daß sie auf eigene Initiative verzichtet hätte. Im Gegenteil, ihre neue Rolle spornte sie an, Akzente zu setzen und mit den Pfunden zu wuchern, die ihr geschenkt worden waren. Die Oktobristen zeigten ihr Profil zunächst vor allem im sensiblen Bereich der Militärpolitik. Sie hatten maßgeblichen Anteil an der ersten Kraftprobe zwischen Parlament und Regierung, die sich im Frühjahr 1909 zu einer ernsten Kabinettskrise ausweitete, als der Zar den Kriegsminister mit dem Vorwurf mangelnder Standfestigkeit gegenüber den Zumutungen der Duma entließ. Bei der Beschneidung der finnischen Autonomie stimmten die Oktobristen zwar mehrheitlich in den chauvinistischen Chor der rechten Gruppierungen ein. Doch warf eine andere Entwicklung in diesen Debatten ihre Schatten voraus: Eine Minderheit verweigerte sich dem überschäumenden Pathos und machte wachsende Uneinigkeit offenkundig. Diese Zerrissenheit verurteilte die Oktobristen in der entscheidenden Phase der Verhandlungen über das umstrittene Zemstvo-Gesetz Anfang 1910 weitgehend zur Taten- und Machtlosigkeit. Die legislative Prozedur lief an ihnen vorbei. Wohl fand Stolypin neue Helfer in Gestalt der gemäßigten Rechten, die sich im Herbst 1909 zur »Nationalen Union« zusammengeschlossen hatte. Aber auf eine breite parlamentarische Unterstützung mußte er verzichten.

Eine andere Frage ist, ob sie ihm genützt hätte. Denn bei der Übertragung der *zemstva* auf die einst polnischen (bis 1772/93) und immer noch stark vom polnischen Adel geprägten Westgouvernements mischten sich nationale Emotionen und korporativsoziale Interessen in unentwirrbarer Weise. Die Meinungsfronten verliefen vielfach quer zu den Partei- und Fraktionsgrenzen. Zahlreiche Änderungen wurden eingefügt, die dem Entwurf die Anstößigkeit weitgehend nahmen. Kaum inhaltliche Kritik hat den Reichsrat deshalb letztlich bewogen, dem mühsam erreichten Kompromiß seine Zustimmung zu versagen. Der Coup galt vielmehr dem Ministerpräsidenten, dessen Kredit inner- und außerhalb des Parlaments zerrann. Auch Stolypin erfaßte die Tragweite der Ablehnung. Unter Androhung seines Rücktritts bewog er den Zaren, die Duma für kurze Zeit zu vertagen und in der Sessionspause von seinem Notverordnungsrecht Gebrauch zu machen. Der Triumph war teuer erkauft. Stolypin zahlte für die Inkraftsetzung einer kaum noch kenntlichen Reform (14. März 1911) mit dem Verlust seiner Glaubwürdigkeit auch bei der parlamentarischen Mitte. Fraglos verstieß sein Vorgehen gegen den Geist der Verfassung. Der Ausnahmezustand wurde bewußt herbeigeführt, der Zweck heiligte die Mittel und machte das Grundgesetz abermals disponibel. Gučkov brachte nicht nur die Empörung seiner eigenen Fraktion zum Ausdruck, als er das Amt des Dumapräsidenten demonstrativ niederlegte. Der Premier erholte sich von seinem Pyrrhussieg nicht mehr. Vieles spricht für die weithin geteilte Meinung, daß seine Ablösung nur noch eine Frage der Zeit war, als er im September 1911 vor der Kiever Oper erschossen wurde.[2]

Stolypins doppelter Tod bedeutete mehr als nur einen Wechsel an der Regierungsspitze. Mit ihm fand der Wille zur Reform überhaupt ein Ende. Den Anhängern der alten Ordnung war es gelungen, alle einschneidenden Maßnahmen mit Ausnahme der Agrarreform zu verhindern. Sie trugen damit wesentlich zum Scheitern der Kooperation zwischen Parlament und Regierung bei. Inhaltliche Gemeinsamkeiten wurden in dem Maße belanglos, wie sie sich politisch nicht durchsetzen ließen. Bei alledem sind die Schuldigen nicht nur unter den Unbelehrbaren im Reichsrat zu suchen. Der Zerfall der oktobristischen Fraktion, für die das Lager der gemäßigten Nationalisten keinen Ersatz bot, schadete dem Experiment ebenso wie Stolypins bleibende Distanz zur Duma und sein Zögern, sich die Hände binden zu lassen. Er blieb, seiner Stellung wie seinem Selbstverständnis nach, ein Ministerpräsident von des

Monarchen Gnaden, eines solchen zudem, der sich weiterhin als uneingeschränkten Herrscher betrachtete.

Der Streit über den Charakter des russischen Konstitutionalismus ist so alt wie dieser selbst. Post festum verband er sich mit der Frage nach den Überlebenschancen des alten Regimes und den Ursachen seines Untergangs. Die Nachwelt hat sich überwiegend dem Verdikt Max Webers angeschlossen, die Autokratie habe die erlahmende Revolution mit einem bloßen »Scheinkonstitutionalismus« abgespeist. Inzwischen schlägt das Pendel zur anderen Seite aus. Mit guten Gründen hat man in jüngster Zeit davor gewarnt, den Verfassungstext für die Wirklichkeit zu nehmen und den historischen Vergleich außer acht zu lassen. Ohne Zweifel eroberte sich das Parlament einen festen Platz im politischen Entscheidungsprozeß. Ohne Zweifel entstand eine publizistische und politische Öffentlichkeit, die weder der Monarch noch die Regierung vollständig ignorieren konnten. Plausibel ist auch der Einwand, den Begriff des Konstitutionalismus nicht erst mit der Sicherung von Ministerverantwortlichkeit und vollständiger Kontrolle des Parlaments über die Gesetzgebung erfüllt zu sehen. Andernfalls verlöre die Abgrenzung vom Parlamentarismus vollends an Kontur und müßten auch im Westeuropa des 19. Jahrhunderts viele Regierungsformen, z. B. die preußisch-deutsche, aus der Liste konstitutioneller Regime gestrichen werden. Die bleibenden Prärogative des Zaren widersprachen, in der Begrifflichkeit der zeitgenössischen west- bzw. mitteleuropäischen Diskussion, nicht dem Konstitutionalismus, sondern der Dominanz des Parlaments im politischen Entscheidungsprozeß nach angelsächsischem Muster.[3]

Man sollte jedoch unterscheiden: Daß die politische Verfassung des Zarenreichs nach 1906 nicht mehr dieselbe war, ist leicht ersichtlich; auf einem anderen Blatt steht, ob die neue Ordnung lebensfähig und stabil war oder zumindest Hoffnung auf Dauerhaftigkeit begründete. Das Stolypinsche Experiment gab wenig Anlaß zu Optimismus. Gučkov, gewiß kein Revolutionär, faßte nur eine allgemeine Empfindung in Worte, als er 1913 das Scheitern des Versuchs feststellte, Regierung und Gesellschaft zu versöhnen. Was sich herausgebildet hatte, kam dem paradoxen Tatbestand einer verfassungsmäßig gebundenen »Selbstherrschaft« nahe. Auch dies war nicht singulär, sondern die eher regelhafte Widersprüchlichkeit eines Übergangs. Weiter als bis zum spannungsreichen Nebeneinander alter und neuer Prinzipien und Institutionen aber war die russische Verfassungswirklichkeit noch nicht gediehen.[4]

Am Vorabend des Krieges war offensichtlich, daß sich die Regierung mehr und mehr auf ihre autonomen Vollmachten zurückzog. Nach Stolypins Tod kopf- und konzeptlos geworden, verausgabte sie ihre ohnehin begrenzten Fähigkeiten in Cliquenkämpfen und innerem Streit. Dem neuen Ministerpräsidenten V.N. Kokovcev (1912–1914) fiel es immer schwerer, sich gegen die erzkonservative Hofkamarilla um die kaiserliche Familie und den dubiosen Wunderheiler Rasputin durchzusetzen. Im Sog einer unheilvollen Absonderung des Zaren von der Wirklichkeit verlor sein Kabinett zusehends an Handlungsfähigkeit. Auf der anderen Seite spürte die liberale Opposition politischen Aufwind, den sie freilich noch nicht zu nutzen verstand. Die Oktobristen bissen sich in Richtungsfehden fest. Auch die Kadetten blieben trotz ihrer konservativen Wende zur »Opposition Seiner Majestät« – so eine pointierte Formel Miljukovs – gespalten. Niemand wird deshalb einen evolutionären Kompromiß ausschließen wollen, zumal nationalistische Ziele und äußere Feindbilder durchaus Gemeinsamkeiten begründeten. Stolypin mag ihn angesteuert haben; aber er vermochte die Hindernisse, die ihm im Wege standen, in der gegebenen Frist nicht zu überwinden.

Nicht erst der Krieg warf tiefe Schatten auf die Zukunft des Reiches. Schon in den vorausgehenden Jahren brachen sich *soziale Spannungen* mit einer Heftigkeit Bahn, die abermals Zweifel an der Überlebensfähigkeit der Autokratie wachriefen. Das auslösende Moment waren Schüsse, die Soldaten am 4. April 1912 auf eine friedliche Versammlung streikender Arbeiter der Goldminen an der sibirischen Lena abgaben und Hunderte von Toten und Verwundeten hinterließen. Der Vorfall ähnelte den Januarereignissen des Jahres 1905 ebenso wie die Folgen. Allein in St.Petersburg traten Mitte April etwa 100 000 Arbeiter in den Ausstand. Der 1. Mai brachte die größte Demonstrationswelle seit Jahren. Insgesamt hat man errechnet, daß die Zahl der Streikenden im europäischen Rußland von 105 000 im Jahre 1911 auf 725 000 1912, 861 000 1913 und 1,45 Millionen in den ersten sieben Monaten des folgenden Jahres stieg, entsprechend etwa einem Anteil von 38,8% (1913) bzw. 68,2% (1914) an allen Industriebeschäftigten.[5] Die Unruhen erreichten Anfang Juli einen dramatischen Höhepunkt, der das literarische Zeitgefühl vom Tanz auf dem Vulkan vollends zu bestätigen schien: In der Hauptstadt mußten Polizei und Kosaken in Stellung gehen, um die Bewohner des Industrievororts Vyborg am Sturm der Paläste und eleganten Kaufhäuser am Nevskij-Prospekt zu hindern.

Bei allem Dissens über die Ursachen dieser Ereignisse steht die Bedeutung eines Vorgangs außer Frage. Seit 1909 verstärkten sich die Anzeichen eines konjunkturellen Aufschwungs, der die Lähmung der Wirtschaft durch Krieg und Revolution ablöste und neue Arbeitskräfte erforderte. Die Statistik weist aus, daß die Zahl der Fabrikarbeiter im europäischen Rußland zwischen 1908 und 1913 von 1,93 Millionen auf 2,46 Millionen, d.h. um 27,5% stieg. Dabei verbergen sich hinter den Durchschnittsangaben erheblich größere Zuwachsraten in einigen Branchen. In der Metall- und Maschinenbauindustrie, denen auch weiterhin eine Schlüsselrolle in der Arbeiter- und der revolutionären Bewegung zufiel, waren drei von vier Arbeitern Neulinge (71,5%). Die meisten kamen nach wie vor vom Dorf, relativ aber bereits weniger als während des »großen Spurts« (A. Gerschenkron) der neunziger Jahre. Dementsprechend wuchs der Anteil der Stadtgeborenen, im Regelfall aus Arbeiterfamilien Stammenden. Mit ihm nahm die Zahl derer zu, die das Fabrikleben und das Elend der übervölkerten Industrievororte von Kindheit an kannten, zugleich ein Mindestmaß an Schulbildung genossen hatten und mit den Formen und Institutionen der kollektiven Interessensvertretung vertraut waren. Ein Strukturwandel fand statt, der die Mentalität vor allem der hauptstädtischen Arbeiter veränderte: Zeitgenössische Beobachter sagten ihnen nach, impulsiver und ungestümer, dabei aber auch informierter und artikulationsfähiger zu sein als die ältere Generation.[6]

Nicht in Zweifel zu ziehen sind auch die politisch-organisatorischen Folgen der neuen Unruhe: die *Radikalisierung* der Arbeiterschaft und der Vormarsch der Bolschewiki in den Gewerkschaften. Der Coup vom 3. Juni 1907 traf gerade die Arbeiterorganisationen hart. Als Keimzellen und Symbole der städtischen Massengewalt waren sie systematischen Repressalien der Polizei ausgesetzt. Sie mußten ihre öffentlichen Aktionen bis zur Selbstverleugnung einschränken und mitansehen, wie sich ihre Anhängerschaft zerstreute. Die Wirtschaftskrise tat dabei ein übriges. Indes zwang die Not sie auch zur Kreativität. Viele Gewerkschaften suchten und fanden Nischen für legale Tätigkeiten. Aus Agenturen der Revolution wurden Bildungsvereine, Unterstützungskassen, Konsumgenossenschaften und Koordinationszentren friedlicher, primär ökonomischer Interessenvertretung. Manches spricht dafür, daß die russischen Gewerkschaften sich auf dem Wege zu »reformistischen« Organisationen nach englischem und deutschem Muster befanden.[7] Repräsentanten und Träger dieses Kurses waren die Menschewiki; er lag in der Konsequenz ihrer Überzeugung von der Notwendigkeit der vollen Entfaltung »bürgerlicher« Verhältnisse vor jedem Versuch einer sozialistischen Umgestaltung.

Das Blutbad an der Lena bereitete eben dieser Entwicklung ein jähes Ende. Von der Verschärfung der Konflikte profitierten die Verfechter militanter Parolen. Was die Menschewiki bei den Wahlen zur vierten Duma im Herbst 1912 noch als Zufall abtaten, verursachte auf dem Gründungskongreß der neu zugelassenen Metallarbeitergewerkschaft von St.Petersburg im April 1913 eine Sensation: Die Delegierten entschieden sich für ein mehrheitlich bolschewistisches Führungsgremium. Ein Jahr später nahmen die Bolschewiki auch die stärkste Bastion der Menschewiki, die Druckergewerkschaft. Zu Recht deuteten die Unterlegenen ihre Verdrängung nun als Resultat einer tiefergreifenden Reorientierung, die womöglich Weichen für die Zukunft stellte: Ihre verhaltene »trade-unionistische« Taktik fand, obgleich sie das Fernziel der Revolution nach wie vor beschworen, keine breite Resonanz mehr. Zumindest in den Hauptstädten entsprach der Stimmung der Arbeiter eher, was die Bolschewiki auf ihre Fahnen schrieben: der Aufruf zu *politischen* Streiks und aggressive Parolen gegen die herrschenden Klassen von Staat und »Gesellschaft«.[8]

Offen bleibt dagegen die Frage nach den Trägerschichten der Radikalisierung und deren Deutung im Rahmen allgemeinerer Hypothesen über die Ursachen städtischen Sozialprotests. Soweit man sich nicht mit bloßer Schuldzuweisung an die Bolschewiki begnügte, galt der Zustrom neu rekrutierter Arbeiter aus den Dörfern lange Zeit als Wurzel des Übels. Ihrem Lebenszusammenhang entrissen, ungewohnter Fabrikdisziplin unterworfen und in menschenunwürdige Elendsquartiere gepfercht, schienen sie zu anarchischem Aufbegehren prädestiniert. Entwurzelung und Entfremdung, so unterstellte man, erzeugten gleichsam naturwüchsig Unzufriedenheit mit der etablierten Ordnung. Sie schufen einen Boden, auf dem militante Agitation leichtes Spiel hatte. Unbeschadet der produktiven Impulse, die in den letzten beiden Jahrzehnten von ihr ausgingen[9], hat sich diese Argumentation in jüngster Zeit wachsender Kritik ausgesetzt gesehen. Dabei gelten die Zweifel weniger der vereinfachenden Annahme eines reflexartigen Zusammenhangs zwischen »Frustration« und »Aggression«, der ihr als psychisches Muster letztlich zugrunde liegt. Vielmehr ist plausibel gemacht worden, daß die bäuerlichen Zuwanderer die ihnen zugeschriebene zentrale Rolle ebensowenig innehatten wie die stadtgeborenen Neulinge. Wohl verliehen beide Gruppen der Arbeiterschaft neue Züge: ein Element der dörflichen Neigung zur spontanen Empörung, des *buntarstvo*, die einen, ein ausgeprägteres Interessensbewußtsein die anderen. Aber sie lösten die überkommenen Führungskader der Gewerkschaften nicht ab. Die Alters- und Herkunftsstruktur war gemischt. Rückgrat der Bewegung blieb allem Anschein nach die qualifizierte, großenteils von handwerklichem Bewußtsein geprägte »Arbeiteraristokratie«, die überdies durch die erste Revolution an politischer Erfahrung gewonnen hatte. Vieles spricht dafür, die Ursache der Radikalisierung weniger im Identitätsverlust als umgekehrt in einem Zuwachs an kollektivem Identitätsbewußtsein vor allem der Facharbeiter zu suchen. Nicht *Ent*wurzelung, sondern *Ver*wurzelung, nicht blinde Wut, sondern ein kollektiver Lernprozeß führte mithin zu jener Streikwelle, die das alte Regime schon vor Kriegsausbruch in Bedrängnis brachte.[10]

Allerdings war ebenso bemerkenswert, daß das flache Land ruhig blieb. Während die Arbeiter wieder Barrikaden errichteten, ließen die *Bauern* keinerlei Anzeichen neuer Unruhe erkennen. Ungewöhnlich genug, sprang nicht der geringste Funke über. Das Dorf hatte andere Sorgen. Nicht nur waren die Schäden der Aufstände und der Befriedung durch Polizei und Kosaken zu beseitigen. Hinzu kam die Durchführung der Agrarreform, sicher der ehrgeizigsten Maßnahme auf diesem Sektor seit der Aufhebung der Leibeigenschaft. Probleme schufen dabei weniger der Austritt aus der Dorfgemeinde und die Überführung des bisher genutzten Landes in Privateigentum. Langwierig und kompliziert war vielmehr die Flurbereinigung in Gestalt der Zusammenlegung der zahlreichen Ackerstreifen, aus denen ein *nadel* in der Regel bestand. Beide Vorgänge sollten im Idealfall verbunden sein. Wer die Dorfgemeinde verlassen und einen Besitztitel auf sein Landlos erwerben wollte, konnte beantragen, daß ihm nach Möglichkeit eine

»kommassierte« Ackerfläche zur Verfügung gestellt wurde. Ergänzende Gesetze der Jahre 1910/11 (14. Juni und 29. März) haben diesen Zusammenhang noch unterstrichen. In der Praxis gingen beide Reformen dennoch nicht Hand in Hand. Der Versuch, ihren Erfolg und das Ausmaß des Wandels auf dem russischen Dorf zwischen den Revolutionen zu bestimmen, hat dies zu bedenken.

Dem Gewicht dieser Frage entspricht die Vielfalt der Antworten. Angesichts der Dürftigkeit der statistischen Grundlage bleibt mehr Spielraum für Deutung, als wünschenswert ist. Folgende Daten und Schlußfolgerungen scheinen plausibel. 1905 zählte man in 50 Gouvernements im europäischen Rußland 12,3 Millionen bäuerliche Haushalte, die 123 Millionen Desjatinen Land nutzten. 9,5 Millionen dieser Haushalte mit 115,4 Millionen Desjatinen Land gehörten Dorfgemeinden an; 2,8 Millionen mit 23 Millionen Desjatinen privatem Land verfügten über eigenen Boden. Die selbständigen Wirtschaften fanden sich ganz überwiegend außerhalb Zentralrußlands im Süden, Süd- und Nordwesten. Man darf unterstellen, daß sich in den vier Jahrzehnten der Bewahrung der *obščina* als fiskalischer und administrativer Zwangsgemeinschaft Austrittswünsche angehäuft hatten. Sie schlugen sich in einer relativ hohen Zahl von entsprechenden Gesuchen in den Jahren von 1907 bis 1909 nieder (ca. 1,7 Millionen). Danach ließ das Interesse deutlich nach. Bis 1915 beantragten insgesamt 2,755 Millionen Haushaltsvorstände die Umwandlung ihres Anteillandes in Privateigentum. 2,008 Millionen Vorgänge konnten abgeschlossen werden; dadurch erhielten 21,9% aller *obščina*-Wirtschaften im Durchschnitt sieben Desjatinen und zusammen 14,1 Millionen Desjatinen (12,2% allen *obščina*-Besitzes) Land. Hinzuzurechnen sind solche Haushalte, die laut Gesetz vom 14. Juni 1910 eo ipso als Eigentümer betrachtet wurden, wenn sie Gemeinden angehörten, die seit 1887 keine Landumteilung mehr vorgenommen hatten. Ihre Zahl läßt sich nur ungefähr schätzen. Die Regierung ging von 3,5 Millionen Haushalten aus, Fachleute der Opposition von weniger als einer Million; amtlich bestätigt sind lediglich 470 000.[11]

Ähnliche Probleme bereiten die Angaben über die Flurbereinigung, den wirtschaftlich wichtigeren Prozeß. Zwischen 1907 und 1916 legten 1,3 Millionen Haushalte ihre Ackerstreifen im Gesamtumfang von 12,7 Millionen Desjatinen (11% des gesamten *obščina*-Besitzes) zu einer zusammenhängenden Nutzfläche zusammen. Es läßt sich aber nicht feststellen, ob dies innerhalb oder außerhalb der Dorfgemeinde geschah. Den ungünstigsten Schätzungen zufolge blieben bis zu 600 000 der konsolidierten Wirtschaften in der *obščina*.

Maßstab für die Wirkung der Stolypinschen Reformen auf die traditionelle dörfliche Sozial- und Wirtschaftsorganisation ist daher im allgemeinen der Besitztransfer gewesen. Dabei hat die vorsichtige Schätzung von 2,5 Millionen effektiver Austritte mit Umwandlung des Anteillandes in Privateigentum am ehesten Zustimmung gefunden. Mithin hätte immerhin ein knappes Viertel aller *obščina*-Haushalte von der Neuregelung Gebrauch gemacht und als Keimzelle einer leistungsfähigeren, marktorientierten mittelbäuerlichen Schicht zur Verfügung gestanden. Andererseits enthält auch diese Schätzung manche Ungenauigkeiten, die für eine Korrektur nach unten sprechen. Vor allem übersieht sie, daß die starke Bevölkerungszunahme von jährlich 2% zahlreiche Teilungen nach sich zog. Solche Neugründungen von Bauernstellen abgerechnet (etwa 3,5 Millionen von 1915, d.h. 15 Millionen Haushalte), verringert sich der Anteil der Austritte auf 21,7 %. Insgesamt ergibt die Kalkulation damit, daß 1915 noch 61% aller Bauern des Reiches (die peripheren Regionen mit Einzelgehöftstruktur eingeschlossen) im Rahmen der Dorfgemeinde wirtschafteten und lebten – ein erheblicher Verlust gegenüber den 77% von 1905, aber doch eine »deutliche Mehrheit«.

Zu keinem grundsätzlich anderen Ergebnis führen die Daten über den Landkauf. Wohl verfügten die Bauern 1915 über 40% mehr Privatland als 1905 (34,4 Millionen Desjatinen im Vergleich zu 24,6 Millionen). Aber sie erwarben dieses zusätzliche Land häufig kollektiv, in Gestalt von Käufergenossenschaften oder durch die *obščina* selbst. Dies in Rechnung gestellt, zeigte die starke Zunahme privater Ackerfläche nicht in jedem Falle an, daß die Wirklichkeit der Stolypinschen Vision eines russischen Farmertums näherrückte. Allerdings kam der Wandel auf diesem Wege wohl am ehesten voran.[12]

So bleibt als Fazit der Vorkriegsentwicklung festzuhalten: Das konstitutionelle Experiment war zum Stillstand gekommen, wenn nicht gescheitert. Der Graben zwischen Regierung und »liberaler« Gesellschaft, die als Träger einer verfassungsmäßigen Mitregierung einzig in Frage kam, vertiefte sich zusehends. In der Arbeiterschaft verbreitete sich, genährt durch unverändert schlechte Lebens- und Arbeitsbedingungen, neue Unzufriedenheit und Verbitterung. Vor allem in der Hauptstadt schien ein offener Konflikt vom Ausmaß des Jahres 1905 bevorzustehen. Dennoch wird man zögern, das Jahr 1914 »auf halbem Wege«[13] zum Jahr 1917 anzusiedeln. Die Unruhe blieb auf wenige Städte beschränkt. Vor allem aber griff sie weder aufs Land noch auf die Intelligenz über. Auch im Ansatz war nicht zu erkennen, daß sich jene explosive Gleichzeitigkeit der Empörung von Stadt und Land wiederholen würde, die das Regime 1905 schwer erschüttert hatte und 1917 beseitigen sollte. Statt dessen befand sich das Dorf im Umbau. Zweifellos haben die Stolypinschen Reformen Wirkung gezeigt und der zarischen Herrschaft eine Atempause verschafft. Andererseits veränderten sie die dörfliche Sozial- und Wirtschaftsstruktur nicht in dem Maße, wie es zur Behebung der Agrarkrise nötig gewesen wäre. Land blieb eine knappe Ressource und bewahrte als Ziel bäuerlicher Hoffnungen seine elementare revolutionäre Sprengkraft. Stolypin hat in einem bekannten Diktum 20 Jahre Zeit erbeten, um Rußland so zu verwandeln, daß man es nicht wiedererkenne. Die Geschichte – und darin erwies sich die Verzögerung der russischen Entwicklung abermals als schwere Hypothek – gab aber weder ihm noch dem Reich diese Frist.

2. Die Last des Krieges

Der Streit über den Platz des Ersten Weltkriegs in der Vorgeschichte der Revolution ist so alt wie die Revolution selbst. Nicht zufällig schieden und scheiden sich die Geister besonders an dieser Frage: schließt die Antwort doch eine Stellungnahme zur Reform- und Überlebensfähigkeit des alten Regimes ein. Konservative wie liberale Selbstdeutungen neigten dazu, im Krieg die entscheidende Ursache zu sehen. Nachfolgende Historiker haben sich ihnen angeschlossen, soweit sie dem Zarenreich Zukunftschancen einräumen. Die Zerreißprobe des Krieges brach in dieser Perspektive eine hoffnungsvolle Entwicklung ab. Sie versperrte Rußland den weiteren Weg zur wirtschaftlichen und politischen Angleichung an Westeuropa, den es nach der Revolution mit neuem Elan zu beschreiten schien. Die alte Ordnung, so meint man, wurde von einem Ereignis aus der Bahn geworfen, an dem sie gewiß nicht schuldlos war, das aber doch von außen mit der Gewalt eines Naturgeschehens über sie hereinbrach – ohne Krieg keine Revolution.

Andere Sehweisen verschiedenster Färbung erkennen zwar an, daß die außergewöhnliche Belastung den Sturz des Zarismus beschleunigt hat. Aber sie gehen davon aus, daß Rußland in jedem Falle auf eine schwere Krise zusteuerte. Sie finden deren Wurzeln primär in inneren Vorgängen, in asynchronen Entwicklungsschüben, in der Gleichzeitigkeit destabilisierender Prozesse in mehreren Sektoren von Wirtschaft und Gesellschaft sowie vor allem in der wachsenden Diskrepanz zwischen sozioökonomischer und politischer Modernisierung. Solch eine strukturgeschichtliche Sicht geht in der Regel nicht davon aus, daß eine Revolution unausweichlich war. Jedoch wertet sie den Krieg als zusätzliches, nicht unentbehrliches Glied der Ursachenkette. Vielfach erkennt sie in der Vorkriegszeit eine neue Qualität der Zuspitzung: eine *zweifache* Polarisierung zwischen Staat und »Gesellschaft« auf der einen und »Gesellschaft« und Arbeitern auf der anderen Seite. Diese Doppelkrise, von der auch die sowjetische Geschichtswissenschaft ausgeht, überstieg nicht nur den kümmerlichen Rest politischer Handlungsfähigkeit auf seiten des Regimes. Zugleich lähmte sie diejenigen, die zur Ablösung bereitstanden, und legte den Keim für das Schisma der Revolution im Februar 1917 samt seinem gewaltsamen Ende im Oktober.

Der Waffengang gegen das kraftstrotzende Deutsche Reich kam für Rußland zu früh. Obwohl sich die Überzeugung von der Unausweichlichkeit eines Überlebenskampfes zwischen germanischer und slavischer Welt in weiten Teilen der politischen Öffentlichkeit zur Gewißheit verdichtet hatte, fehlte es an ausreichenden Vorbereitungen. Der Mobilmachungsbeschluß der Regierung in St. Petersburg war kein Zeichen selbstbewußter Stärke. Vielmehr entsprang er der begründeten Furcht vor der Überlegenheit der deutschen Kriegsmaschinerie, gegenüber der man sich wenigstens einen zeitlichen Startvorteil zu verschaffen suchte.[14] Nicht nur die russische Rüstung – die laut Plan frühestens 1917 auf den Ernstfall vorbereitet gewesen wäre – hinkte leichtfertigen politischen Beschlüssen und überschießenden nationalistischen Emotionen hinterher. Gleiches galt für die Transport- und Kommunikationswege, weite Bereiche der Industrie und die Volkswirtschaft als Ganze. Zumindest für einen Materialkrieg neuen Typs war das Zarenreich schlecht gewappnet.

Um so größer waren die Anstrengungen, die erforderlich wurden. Die russische *Industrie* durchlief einen ähnlichen Prozeß der Umstrukturierung und Konzentration wie die anderen Kriegswirtschaften. Beachtung verdient, daß ihre Produktion bis 1916 kontinuierlich zunahm (1916=121,3 bezogen auf 1913=100) und erst danach abfiel (1917=77,3). Vor allem die Metallverarbeitung und chemische Industrie erlebten einen steilen Aufschwung. Bomben, Waffen und anderes Kriegsgerät verhalfen ihnen zu einer Vervielfachung ihres Ausstoßes (1916=300,7 bzw. 252,7).[15] Allerdings verlief die Entwicklung in den einzelnen Branchen höchst unterschiedlich. Außer der Textilherstellung ging auch die Leistung der Bergwerke und Eisenhütten zurück. Schon deshalb hatte *eine* Schwäche Bestand, die der russischen Armee früh zum Verhängnis wurde und die Wirtschaft mehr und mehr lähmte: die völlig unzulängliche Transportkapazität. Der Bahnbau war zwar seit den neunziger Jahren mit großem Aufwand vorangetrieben worden. Aber nicht nur das Streckennetz blieb in einem Lande von solch riesiger Ausdehnung höchst lückenhaft. Mehr noch fehlte es an Lokomotiven und Waggons, als ganze Divisionen zu bewegen waren und Überbeanspruchung den Verschleiß erhöhte. Bald vermochten Schienen und Ausrüstung weder den militärischen noch den zivilen Bedarf zu decken.

Solche Kriegsfolgen trafen auch die *Arbeiterschaft*. Gewiß hatten in erster Linie die Bauern als größte Bevölkerungsgruppe die Last des Frontdienstes zu tragen. Aber die Arbeiter blieben nicht verschont. So klagte der Verband der Eisenindustriellen, daß der Stellungsbefehl mindestens ein Viertel, in einzelnen Unternehmen bis zu 40% der Beschäftigten von den Werkbänken gerissen habe. Alle Lohnabhängigen eingeschlossen, vom landwirtschaftlichen Tagelöhner bis zum Dienstpersonal, schrumpfte ihre Zahl zwischen 1913 und Anfang 1917 um etwa ein Sechstel (von 18,2 Millionen auf 15 Millionen).[16] Zugleich war jedoch ein gegenläufiger Prozeß zu beobachten. Als Folge der Ausweitung der bevorzugten Rüstungs- und Produktionsgüterindustrie verbreiterte sich auch die *Fabrik*arbeiterschaft im engeren Sinne (von 3,1 Millionen auf 3,5 Millionen). Anfang 1917 gab es im metallverarbeitenden Gewerbe 66%, in den chemischen Fabriken 14% mehr Beschäftigte als bei Kriegsbeginn. Man darf davon ausgehen, daß sie in der Regel die Werkhallen der Großbetriebe füllten. Die Kriegswirtschaft ließ nicht nur die Auftragsbücher bestimmter

Branchen anschwellen; sie gab auch der ohnehin hohen Konzentration einen neuen Schub. Im letzten Friedensjahr gehörten 55% aller Arbeiter von Petrograd[17] zu Unternehmen mit mehr als 1000 Beschäftigten, drei Jahre später bereits 67,9%. Anders gerechnet, erreichte die Agitation in nur 132 Betrieben (=13%) 80,7% aller hauptstädtischen Arbeiter. Die eminente Bedeutung solcher Massierung, die in der Metallverarbeitung am höchsten war, für die politische Mobilisierung in großem Stil liegt auf der Hand.[18]

Die neuen Arbeitskräfte stammten nach wie vor überwiegend vom Land. Aber es kamen andere als vor dem Krieg. Auf den Dörfern waren schon im zweiten Kriegsjahr, seit den katastrophalen Niederlagen vom Frühjahr 1915, kaum noch Männer zu finden. Frauen und Kinder blieben, um die Feldarbeit zu verrichten. Sie waren es auch, die als Ersatz für die männlichen Arbeitskräfte in größerer Zahl als je zuvor in die städtischen Fabriken zogen. Anfang 1914 verzeichneten die staatlichen Inspektoren 31,2% (knapp 724 000) Frauen in den von ihnen kontrollierten Großunternehmen, drei Jahre später 40,1% (839 000). Freilich gab es auch in dieser Hinsicht erhebliche regionale und branchenmäßige Unterschiede. Frauen und Kinder stellten traditionell einen überdurchschnittlichen Anteil der Arbeitskräfte in der Textil- und sonstigen Leichtindustrie. In Petrograd erreichte er 1917 bis zu 68%. Insgesamt arbeiteten hier mehr als doppelt so viele Frauen wie bei Kriegsbeginn (+110%). In und um Moskau stieg ihr Anteil an der Gesamtzahl der Beschäftigten von 12% (1914) auf 24% (1917).[19] Die politischen Folgen dieser Veränderungen sollten spätestens bei den ersten Hungerrevolten im Herbst 1916 zutage treten.

Bei alledem wäre es verfehlt, den Strukturwandel der Arbeiterschaft zum Identitätsverlust zu überzeichnen. Zumindest in den kriegswichtigen Schlüsselbranchen und den großen Städten, in denen sich das Schicksal der Autokratie weitgehend entschied, war ebenso eine bemerkenswerte Kontinuität zu beobachten. Man hat geschätzt, daß infolge von Freistellungen zwischen 1914 und 1917 de facto nur 17% der Petrograder und 27% der Moskauer Arbeiterschaft eingezogen wurden. Auch wenn man den breiten Zustrom von außen in Rechnung stellt, hielten neue und alte Gruppen einander die Waage. Die Folgerung scheint gerechtfertigt, daß der Kern der hauptstädtischen Arbeiterschaft den Umbruch weitgehend überstand. Viele der Erfahrenen und Qualifizierten, der

Meinungsführer und Organisatoren blieben an ihrem Platz. Ihnen war es auch zu verdanken, daß sich einige der Vorgänge fortsetzten, die das Profil der Arbeiterschaft vor Kriegsbeginn entscheidend geprägt hatten. So nahm der Analphabetismus trotz der ländlichen Immigration weiter ab. In Petrograd konnten 1918 89% aller männlichen und 65% alle weiblichen Beschäftigten lesen und schreiben. Im Druckereigewerbe und in der Metallverarbeitung gab es wohl niemanden mehr, der keine Schule und Lehre durchlaufen hätte. Weniger eindeutig ist die Frage nach den Bindungen der städtischen Arbeiter an das Dorf zu beantworten. Vieles spricht jedoch dafür, daß die allmähliche Trennung beider Welten durch den Krieg nicht rückgängig gemacht, sondern bestenfalls verlangsamt wurde.[20] Im ganzen blieb damit auch jene Mischung aus städtischen und dörflichen Elementen in der Zusammensetzung und Mentalität der Arbeiterschaft erhalten, die den Nährboden für die neue Militanz seit den Schüssen an der Lena abgegeben hatte.

Im Gefolge des Krieges kamen vor allem drei Vorgänge hinzu, die den Sturm auf die Autokratie weiter angefacht haben. Sie lassen sich unter dem Stichwort der dramatischen Verschlechterung der städtischen Lebens- und Arbeitsbedingungen zusammenfassen. Erstens: Obwohl viele Probleme der Aufrechnung von Preisen und Löhnen ungelöst sind, spricht alles für einen deutlichen Verfall der Realeinkommen. Ursache war eine rapide Inflation, die bald nach Beginn der Kampfhandlungen einsetzte und vor allem 1916 ein verheerendes Ausmaß annahm. Bezogen auf 1913 (=100) kletterte der Preisindex im nationalen Durchschnitt, einer zurückhaltenden Schätzung zufolge, bis Ende 1916 auf 221 und bis Ende 1917 auf 512. In der Hauptstadt erreichte er im Oktober 1916 für Roggen- und Weizenmehl 243 bzw. 269, für Buchweizen – unverzichtbarer Bestandteil eines warmen Essens in Rußland – 320, für Salz 500 und für Butter 845. In Moskau erhöhten sich die Kosten für den durchschnittlichen »Warenkorb« des einfachen Mannes, ebenfalls am Vorkriegsniveau gemessen (1913=100), auf 204 1916 und 361 im Januar 1917.[21] Auf der anderen Seite liegt ebenso deutlich zutage, daß auch die Löhne stiegen, zum Teil als Ausgleich für die Inflation, zum Teil infolge von Überstunden. So ermittelten die staatlichen Fabrikinspektoren in allen Unternehmen des Reiches, die ihrer Aufsicht unterstanden, ein Anwachsen der Jahreseinkommen von 257 Rubel 1913 auf 478 Rubel 1916. Rüstungsarbeiter verdienten 1915 sogar 594 Rubel und 1916 912 Rubel im Vergleich zu 393 Rubel im Vorkriegsjahr. In Moskau kletterte der Lohnindex (1913=100) bis Ende 1916 bei den Holzarbeitern am unteren Ende der Skala auf 164 und an der Spitze bei den Metallarbeitern auf 232 . Unterm Strich hielten Gewinner und Verlierer in Moskau bis zum Herbst 1916 einander die Waage, wobei erstere vor allem in der Metall-, Chemie-, Leder- und sogar in der Textilindustrie zu finden waren. Danach mußten aber zumindest in Petrograd auch die höchsten Lohngruppen reale Einbußen in Höhe von 15 bis 20% im Vergleich zu 1913 hinnehmen.[22]

Zweitens: Der Krieg brachte den Arbeitern nicht nur Teuerung und Lohnverfall. Er forderte auch mehr Einsatz und Leistung. Ohnehin war die wöchentliche Arbeitzeit in Rußland mit einem Durchschnitt von 9,7 Stunden an sechs Tagen (1913) länger als in Westeuropa. Die Ausweitung der Rüstungsproduktion führte vor allem in den Hauptstädten zu einer zusätzlichen Anspannung der Kräfte. In der Metallindustrie wurde elf bis zwölf Stunden pro Tag gearbeitet, in der Textil- und Lederindustrie nicht selten noch mehr. Überstunden waren üblich, und 1915 hob man das Verbot der Nachtarbeit für Frauen und Kinder auf. Mit einer solchen Ausschöpfung aller Kapazitäten hing zusammen, daß sich auch Sicherheit, Hygiene und Gesundheit in den Werkhallen, um die es dürftig genug stand, noch verschlechterten. Insgesamt scheinen Erkrankungen, begünstigt durch mangelhafte Ernährung und Mehrarbeit, zugenommen zu haben. Die anhaltende Zuwanderung vom Dorfe und der Flüchtlingsstrom aus den Kampfgebieten spitzten das Problem der Wohnungsnot in den Industrievororten weiter zu. Alle diese Vorgänge waren im Verein mit wachsender Beunruhigung über die Niederlagen und den Menschenverschleiß an der Front geeignet, die Spannungen zu verschärfen.[23]

Drittens: Den entscheidenden Anstoß zu neuer Unruhe gab indes die Versorgungskrise. Soweit ersichtlich, war sie nur zum geringeren Teil Resultat der Teuerung. In erster Linie ergab sie sich aus der Verknappung des Warenangebots auf den großstädtischen Märkten. Die erwähnten Engpässe des Bahntransportes spielten dabei eine wesentliche Rolle. Hinzu kamen Probleme der agrarischen Produktion, da die Aushebung von Millionen männlicher Arbeitskräfte und der Verlust eines großen Teils der Zugkraft (durch die Beschlagnahme der Pferde für die Armee) nicht ohne Folgen für die Bestellung der Äcker blieben. Die Erträge gingen zurück, Gutsbesitzer und Bauern verkauften weniger Getreide. Daß sie dies in solchem Maße taten, war allerdings einem weiteren und womöglich wichtigeren Umstand anzulasten: der planlosen Preis- und Beschaffungspolitik des Staates. Um die Versorgung der Armee zu sichern und der Spekulation vorzubeugen, betraute die Regierung im zweiten Kriegsjahr das Landwirtschaftsressort mit der Aufgabe, Getreide zu verordneten Festpreisen direkt bei den Erzeugern aufzukaufen. Das Ministerium griff dabei mangels eigener Instanzen auf die Hilfe der *zemstva* zurück. Wenig später wurden unter der Aufsicht des Innenministeriums Bevollmächtigte ernannt, die unabhängig von jenen dasselbe Ziel verfolgten. Da auch die *zemstva* diesbezügliche Anstrengungen in der richtigen Erkenntnis unternahmen, daß die staatlichen Behörden überfordert seien, operierten drei oder zumindest zwei Organisationen und Typen von Beauftragten vor Ort. Allein dies begünstigte eine bleibende Konkurrenz zwischen Fest- und Marktpreisen, welche die Produzenten geradezu einlud, Beschaffer und Händler gegeneinander auszuspielen. Die Lage wurde auch nicht besser, als sich die Regierung im Dezember 1916 zur Ultima ratio entschloß und die Zwangseintreibung von Getreide befahl. Dem Staat fehlten erst recht die Mittel, eine Versorgungsdiktatur durchzusetzen.

Die Folgen solcher Defizite wurden seit dem zweiten Kriegsjahr sichtbar. Im Herbst 1916 kulminierten sie in einer schweren Versorgungskrise, die den Schwarzmarkt ins Kraut schießen ließ und die arme Masse der Stadtbewohner an den Rand des Hungers brachte. Die Zahlen über die Getreidefuhren nach Petrograd sprechen für sich: Die Anlieferung sank von 65 Millionen Pud 1914 auf 57 Millionen 1916 und 28,6 Millionen 1917, d.h. um 44%. Schon Ende 1915 verschwanden Weizenmehl, Fleisch und Zucker aus den Läden. Ende 1916 zehrte man bei fast allen Artikeln des täglichen Bedarfs von den letzten Notvorräten. Im Februar 1917 mußte das Brot auf ein Pfund pro Person und Tag rationiert werden. Aus der Textilstadt Ivanovo-Voznesensk nahe Moskau berichtete das Stadtoberhaupt, nicht einmal in den Krankenhäusern gebe es Roggenmehl. Einige Fabriken mußten schließen, weil die Kantinen die Arbeiter nicht mehr verpflegen konnten.[24]

Die Vermutung liegt nahe, daß der Krieg das *politische Verhalten der Arbeiter* nicht unberührt ließ. In der Tat hatte es zunächst den Anschein, als ob der äußere Konflikt für Ruhe an der inneren Front sorgen würde. Im August 1914 geschah in Rußland ähnliches wie in fast allen kriegführenden Staaten: Eine Welle der nationalen Begeisterung ging durch das Land, die die Gräben zwischen den streitenden Parteien und Lagern zuzuschütten schien. Auch wenn der Burgfriede eher mit der liberalen Opposition, d.h. innerhalb der »Gesellschaft«, geschlossen wurde, blieb die Arbeiterschaft nicht außen vor. Hinzu kamen praktische Folgen der neuen Lage: Die Aushebungen und die Umstellung des gesamten Lebens auf Krieg und Selbstbehauptung rückten andere, lebenswichtigere Sorgen in den Vordergrund als Demonstrationen für höhere Löhne und bessere Arbeitsbedingungen. Im Zeichen des Ausnahmezustands konnte die Polizei unliebsame Organisationen wirksamer verfolgen und Kundgebungen unterbinden. All dies traf, wie die sowjetische Geschichtswissenschaft nicht leugnet, die Streikbewegung an der Wurzel. Für ein knappes Jahr, vom August 1914 bis zum Frühsommer 1915, kam sie fast zum Erliegen. Der Krieg half der Autokratie, die verlorene soziale Stabilität annähernd wiederzugewinnen.

Die Atempause war jedoch kurz. Seit Herbst 1915 gehörten Streiks und Demonstrationen wieder zum gewohnten Bild der inneren Zustände im Reich. Und ein Jahr später erlebten besonders die Hauptstädte ein Ausmaß an Protest, das Erinnerungen an die Vorkriegszeit weckte. Versorgungsmängel und Inflation entfalteten dabei die größte Sprengkraft. Aber auch politische Motive waren im Spiel. Gerüchte über das seltsame Treiben Rasputins zeichneten Nikolaj als willenlose Marionette eines Scharlatans, und Andeutungen über eine Verschwörung im Umkreis der aus Deutschland gebürtigen Zarin Aleksandra Fedorovna deckten einen Abgrund von Landesverrat im Herzen der kaiserlichen Familie auf. Hinter der Angst und Panik, die der drohende Hunger auslöste, verbarg sich mehr: ein tiefes Mißtrauen gegen die Regierung und das alte Regime schlechthin. Auch wenn sich die Lage im November wieder beruhigte, war eine neue Stufe der Entfremdung und Eskalation erreicht.

Bei alledem verdient Beachtung, daß die Arbeiterschaft so autonom handelte wie zu kaum einer anderen Zeit. Weniger denn je war die Arbeiterbewegung im Ersten Weltkrieg mit den revolutionären Parteien identisch. Der Ausbruch der Feindseligkeiten traf letztere schwer. Soweit sie überhaupt wieder Fuß gefaßt hatten, wurden sie auf den Zustand nach dem Junicoup 1907 zurückgeworfen. Die Polizei konnte abermals mit aller Härte gegen sie vorgehen. Prominente Parteiführer fanden sich in sibirischer Verbannung wieder oder flüchteten ins Exil, soweit sie nicht ohnehin schon im sicheren Zürich, Paris oder London lebten. Zurück blieben versprengte Gruppen, die bis Ende 1916 den Namen einer Organisation kaum verdienten. Überwiegend existierten die Parteien im Ausland und bemühten sich hier, mit der zweiten Kriegsfolge fertig zu werden: dem tiefen Riß zwischen Patrioten und Internationalisten, der die russischen revolutionären Parteien ebenso spaltete wie die gesamteuropäische Arbeiterbewegung.

Freilich zog diese Belastungsprobe nicht alle gleich in Mitleidenschaft. Die *Sozialrevolutionäre Partei* hatte es in mancher Hinsicht am schwersten. Organisatorisch lag sie seit der Azef-Affaire[25] so sehr am Boden, daß sie von der Unruhe am Vorabend des Krieges nicht zu profitieren vermochte. Überdies wurde sie von innerem Streit zerrissen. In der dünnen Luft des Stolypin-Regimes hatten sich Befürworter einer rein legalen Taktik zusammengetan und ein eigenes Presseorgan ins Leben gerufen. Die Schicksalsfrage der Haltung zum Krieg beschleunigte diese Erosion. Es war kein Zufall, daß die neuen Fronten entlang der Trennlinien zwischen Verfechtern und Gegnern legaler Organisations- und Agitationsformen verliefen. Zu Recht hat man gesagt, daß die formelle Spaltung im November 1917 nur sanktionierte, was sich bereits nach Kriegsausbruch vollzogen hatte.

Die sozialrevolutionäre Exilführung trat noch im August 1914 zusammen, um über die neue Lage zu beraten. Schon auf dieser Konferenz war eine Einigung nicht mehr möglich. Černov, trotz mancher Anfeindungen immer noch Vordenker der Partei, sah keinen Anlaß, von den alten Prinzipien abzurücken. Hauptfeinde des Volkes blieben für ihn die Autokratie und ihre Stützen. Der Krieg gab keine Ursache, zu ihren Gunsten Partei zu ergreifen. Im Gegenteil, als scheußlichstes Produkt des imperialistischen Machtrauschs konnte er selbst nur Gegenstand des Kampfes sein. Das internationale »werktätige Volk« sollte eine »dritte Kraft« quer zu den Lagern bilden, die ihren eigenen Weg zu gehen hatte. Černov rief dazu auf, die Schwäche der kriegführenden Staaten zu nutzen. Aber er blieb dabei ein Pazifist, der *keiner* Partei den Sieg wünschte und davor zurückschreckte, die Niederlage der Autokratie als Hebel der Revolution zu begrüßen. Solche Skrupel unterschieden seine »linkszentristische« Position trotz der Gemeinsamkeit des Internationalismus nicht nur oberflächlich von der Lenins und der Bolschewiki.

Sie markierten auch die Grenzlinie zu einigen sozialrevolutionären Emigranten, die Černov Rückendeckung gaben, aber radikaler argumentierten. Diese Gruppe um M.A. Natanson rückte bald enger zusammen und bildete den Kern einer linken Fraktion. Auf sie traf der Begriff des Defaitismus im engeren Sinne zu. Sie wollte die Kapitulation des Zarenreiches, um auf seinen Trümmern eine neue, andere Gesellschaft zu errichten. Solche Differenzen traten auch nach außen hin zutage. Als sich im September 1915 die Kriegsgegner der zerfallenen Zweiten Sozialistischen Internationale im schweizerischen Zimmerwald trafen, schloß sich Černov der gemäßigten Position an. Natanson hatte dagegen als zweiter Vertreter der PSR keine Bedenken, die radikalen Losungen Lenins zu unterstützen. In einem wesentlichen Punkte kündigte sich hier die Koalition des Jahres 1917 an.

Gegen Černov und Natanson traten Parteifreunde auf, die sich der patriotischen Begeisterung nicht entzogen. Das fiel ihnen um so leichter, als das Bekenntnis zur Vaterlandsverteidigung nicht gleichbedeutend war mit direktem Einsatz auf seiten des Zarenreichs. Überwiegend votierten die »Defensisten« für die Unterstützung Frankreichs und Englands. Ihnen lag an praktischer Hilfe für die liberalen Demokratien, nicht an der Rettung der morschen Autokratie. Ihre nationalen Antriebe kamen eher in der Gemeinsamkeit des Feindes zum Ausdruck: im Kampf gegen den deutschen Hegemonialanspruch und all das, was sie mit Deutschland verbanden – Kadavergehorsam, Militarismus und Unterdrückung nach innen und außen. Aus der landesweiten Begeisterung der ersten Wochen schlossen die »Defensisten«, daß der Krieg auch die Gemüter der umworbenen Massen ganz und gar beherrsche. Im Herbst 1915 nahmen sie zwar zur Kenntnis, daß die Arbeiter ihren Protest wieder auf die Straße trugen. Aber sie zogen ihre eigene Lehre aus den Ereignissen: daß der Umsturz, dem sie die Wahrscheinlichkeit nicht mehr bestritten, im Zeichen nationaler und demokratischer Forderungen stehen werde. Die politische Revolution trat an die Stelle der sozialen, die zwar nicht aufgehoben, aber aufgeschoben wurde. Damit näherten sie sich dem orthodox-marxistischen Konzept der »bürgerlichen Revolution«. Ohne »schwarze Umteilung«, in welcher rechtlichen Verkleidung auch immer, ließen sich die sozialrevolutionären Nahziele leicht mit den sozialdemokratischen verbinden. Längst vor der glücklosen Kooperation des Jahres 1917 befanden sich die moderaten Sozialrevolutionäre »im Hinterhof« der Menschewiki.[26]

Nicht besser als die Sozialrevolutionäre überstanden die *Menschewiki* die Herausforderung des Krieges. Auch ihre Einheit zerbrach über der nationalen Frage. Was von ihrer Organisation nach der Auflösung des innerrussischen Zentralkomitees blieb, wurde durch erbitterte Richtungskämpfe im Exil weiter geschwächt. Viele mochte es dabei überraschen, daß der Hüter marxistischer Orthodoxie in Rußland, Plechanov, auf dem äußersten »rechten« Flügel der Partei zu finden war. Er hielt es für ein Gebot seiner Lehre, den Kampf der westlichen Demokratien gegen das säbelrasselnde Preußentum uneingeschränkt zu unterstützen. Der Triumph der Allianz liege im ureigensten Interesse des Proletariats. Auch wenn er die zarische Herrschaft womöglich vor dem Untergang bewahrte, mußte er Rußland laut Plechanov einen weiteren Schritt auf dem vorbestimmten Wege zu »bürgerlichen« Verhältnissen voranbringen.

Die Mehrheit der menschewistischen Exilführer folgte diesen Gedanken nicht. Obgleich ebenfalls am Dogma der bürgerlichen Revolution festhaltend, verstand sie die überkommenen Überzeugungen anders: als Verpflichtung auf eine Politik des Friedens und der grenzüberschreitenden proletarischen Solidarität. Die Arbeiterschaft der europäischen Industrienationen sollte miteinander für die Revolution kämpfen. Das schweizerische »Auslandssekretariat« um Martov, dem sich Dan und I.G. Cereteli in sibirischer Verbannung anschlossen, befand sich mit dieser Haltung auf dem internationalistischen Kurs der Zimmerwalder Bewegung. Verbal war kaum ein Unterschied zum linken Zentrum der PSR und zur bolschewistischen Position zu entdecken. Dennoch blieb zumindest zwischen Martov und Lenin eine wichtige Differenz. Die menschewistischen Internationalisten riefen nicht wie Lenin und die Zimmerwalder Linke zum offenen Bürgerkrieg und zur Desertion auf. Sie gaben die Einheit der internationalen Arbeiterbewegung nicht als unrettbar auf, sondern bemühten sich um ihre Wiederherstellung. Dieses Vertrauen in die Überlebensfähigkeit des Vorkriegssozialismus verband sie mit einem kleinen, aber intellektuell herausragenden Gesinnungskreis um Trotzki in Paris und der ihm verwandten Gruppe der *Mežrajoncy*, die für eine Versöhnung zwischen Menschewiki und Bolschewiki eintrat.

Der Riß, der das Exil zerteilte, sparte die innerrussischen Organisationen nicht aus. Vor allem in den großen Städten wiederholte sich die Blockbildung, allerdings mit einer deutlichen Verschiebung der Kräfteverhältnisse. Gemäßigte »Vaterlandsverteidiger« beherrschten das Feld, die nicht gegen den Krieg agitieren, ihn aber auch nicht schüren wollten. Da der Kampf dem russischen Volk aufgezwungen worden sei, gelte es, sich seiner Haut zu wehren. »Selbstverteidigung« lautete der programmatische Titel eines Sammelbandes, in dem sie ihre Haltung 1916 begründeten. Die Autoren sahen sich dabei in keinem unüberwindbaren Gegensatz zum internationalistischen Lager. Auch sie erkannten im alten Staat das größte Hindernis auf dem Wege zur Revolution und hielten es für unerläßlich, ihn im Bunde mit den bürgerlichen Kräften zu Fall zu bringen. Solch eine vermittelnde Position erlaubte den vor Ort operierenden Gruppen, die Grenzen der Legalität zu respektieren und dennoch die Verbindung zur Parteimehrheit zu halten. Es lag eine gewisse Logik darin, daß sich die menschewistische Dumafraktion dem gemäßigten Defensismus bei aller internationalistischen Rhetorik mehr und mehr annäherte. Gleiches galt für die (im November 1915 eingerichtete) menschewistisch orientierte Arbeiterkurie beim zentralen Kriegsindustriekomitee, das als einziges Interessenvertretungsorgan der Arbeiter einigermaßen unbehelligt agieren und bis Anfang 1917 maßgeblichen Einfluß auf seine Klientel ausüben konnte.[27]

Eine Konkurrenz bildeten höchstens die *Bolschewiki*. Wohl stellte der Krieg auch sie vor erhebliche organisatorische wie theoretische Probleme, wohl unterzeichneten auch ihre Dumaabgeordneten jene Erklärung zur Ablehnung des Kriegsbudgets, die eine Verteidigung des kulturellen Erbes der Nation offen ließ. Aber eine nennenswerte patriotische Front bildete sich in ihren Reihen nicht heraus. Ihrer radikalen Grundstimmung entsprach eine Haltung, die sich auf Kompromisse und angebliche Gemeinsamkeiten mit der Autokratie nicht einlassen wollte. Mehr noch als für die Intellektuellen im Exil, die der internationalen Diskussion näher waren, traf dies für die einfache Anhängerschaft in Rußland zu. Es fiel Lenin leicht, die verbliebenen Organisatoren im Untergrund auf seinen entschieden defaitistischen Kurs einzuschwören. Man darf davon ausgehen, daß solch eine Agitation gegen den Krieg bei den Umworbenen anfangs auf weitgehendes Unverständnis stieß und den Zerfall der bolschewistischen Zellen beschleunigte. Mit wachsender Kampfmüdigkeit und zunehmenden inneren Spannungen wendete sich aber das Blatt. Wie am Vorabend des Krieges spielte die Unfähigkeit des Regimes den unversöhnlichen Revolutionären in die Hände. Zweifellos bewegten sich die Arbeiter, als sie ihrem berechtigten Verlangen nach Brot, erträglichen Lebensbedingungen und einer besseren politischen Ordnung wieder öffentlichen Ausdruck gaben, auf die Position der Bolschewiki zu. Ende 1916 zeichnete sich die Stunde der Radikalen ab.

Auch theoretisch bereiteten sich zumindest Lenin und seine engeren Gefährten darauf vor. Die Kriegsjahre waren eine Zeit besonders heftiger Debatten im Exil. Gestritten wurde mit wechselnden Fronten über das nationale Selbstbestimmungsrecht der »kleinen (staatenlosen) Völker«, über das Schicksal des Herrschaftsapparates nach dem erhofften Umsturz sowie nicht zuletzt über die Essenz des imperialistischen Zeitalters in ihrer Bedeutung für die Möglichkeit der Revolution. Gegen Rosa Luxemburgs rigorosen Internationalismus anerkannte Lenin die Gültigkeit des nationalen Prinzips beim bevorstehenden »bürgerlichen« Umsturz. Auch wenn die meisten Unabhängigkeitsbewegungen solchen Bekundungen wenig Glauben schenkten, stellte er damit entscheidende Weichen: Wenigstens temporär konnten autonomistische Energien auf bolschewistische Mühlen fließen. Gegen Kautsky und die Zweite Internationale, die er in Bausch und Bogen des tatenlosen Zuwartens und Verrats an der proletarischen Sache bezichtigte, beharrte Lenin darauf, daß der »Imperialismus als höchstes Stadium des Kapitalismus« zugleich dessen letztes sei. Dabei leugnete er die stabilisierenden Tendenzen nicht, die er vor allem in »Extraprofiten« der international operierenden Monopole begründet sah. Aber er gab dieser aus westeuropäischen Imperialismustheorien und Überlegungen Bucharins entlehnten Beobachtung eine gegenteilige Wendung: An die Stelle der bequem gewordenen, vom Wohlstand »bestochenen« Arbeiterschaft der fortgeschrittenen Länder setzte er das Proletariat der rückständigen. Die Kette der imperialistischen Staaten werde in ihrem schwächsten Glied brechen. Lenin knüpfte hier nicht nur an national gefärbte Utopien des »russischen Sozialismus« an. Zugleich nahm sein unbeirrbarer Glaube an die »Aktualität der Revolution« (G. Lukács) eine neue Dimension an: Seine Schlußfolgerung beschwor die Vision eines globalen Aufstandes der Peripherie gegen das Zentrum, der Armen gegen die Reichen der Erde, herauf. Abermals schien Rußland zu einer welthistorischen Mission berufen.[28]

Naturgemäß ließ der Krieg auch die Beziehungen zwischen jenen Kräften nicht unberührt, die einander im institutionalisierten Ringen um die Zukunft des Reiches gegenüberstanden. *Regierung und Duma*, Autokratie und »Gesellschaft«, zogen dabei anfangs an einem Strang. Das nationale Hochgefühl in der Frontstellung gegen die germanische Welt, das sie über die bleibende Kluft hinweg am ehesten miteinander verband[29], erreichte im Sommer 1914 seinen Höhepunkt. Während Arbeiter und Bauern den Burgfrieden eher passiv mittrugen, fand er im liberalen Bürgertum und Adel ebenso engagierte Fürsprecher wie im konservativ-autokratischen Lager. Kadetten und Oktobristen ließen sich willig auf die »union sacrée« ein. Sie murrten auch nur verhalten, als der Zar es für angezeigt hielt, die Dumaabgeordneten nach der eintägigen Manifestation nationaler Einheit am 26. Juli (a.St.) wieder nach Hause zu schicken. Der Staat hatte, so machten Nikolaj und sein greiser Ministerpräsident Goremykin klar, die Absicht, die kommenden Herausforderungen aus eigener Kraft zu bewältigen.

Es dauerte kein Jahr, um die kritische Öffentlichkeit zu der Überzeugung zu bringen, daß er dazu nicht fähig war. Die alarmierenden Nachrichten von der Front, die durchaus begründete Meinung, der russische Soldat werde durch Munitionsmangel und Organisationsdefizite um die Früchte seines Einsatzes gebracht, verlangten politische Konsequenzen. Eine kurze Arbeitssession des Parlaments hatte im Februar noch im Zeichen der Einheit stattgefunden. Nun wurde im Frühsommer der Ruf nach ihrer Wiedereröffnung zu regulären Sitzungen und Verhandlungen laut. Er verband sich mit weiteren Forderungen, die das Ende der inneren Waffenruhe unübersehbar machten. In vielfältiger Weise ergriff die »Gesellschaft« die Initiative, um den russischen Karren wieder flottzumachen. Die Moskauer Industriellen brachten im Mai die Kriegsindustriekomitees auf den Weg. Bereits kurz vor Kriegsausbruch hatten sich die *zemstva* in einem Dachverband, dem *Zemstvo-Bund*, zusammengeschlossen und damit unter den skeptischen Augen des Innenministers ein lang ersehntes Ziel endlich erreicht. Im August 1914 waren Vertreter der Munizipalverwaltungen diesem Beispiel gefolgt und hatten den *Städtebund* ins Leben gerufen. Nun bildeten sie aus ihrer Mitte ein neues Organ zur zentralen Koordination der Armeeversorgung (*Zemgor*). Sie machten damit einen Vorgang sinnfällig, den beide auch dezentral in den Gouvernements mit verstärkter Kraft vorantrieben: die Übernahme der staatlichen Verwaltungsaufgaben durch Wahlorgane der »Gesellschaft«. Die »Landschaften« und Stadtgemeinden sorgten für jenes Mindestmaß an innerer Funktionsfähigkeit, das vorerst noch aufrechterhalten werden konnte. Ein »Gegenstaat« wurde sichtbar, der politisch aufs engste mit den konstitutionellen Kräften im Parlament verbunden war.

Nicht genug damit, erhob die liberale Opposition auch politische Ansprüche. Nach dem Einbruch der Südwestfront im April verlangte sie den Rücktritt der Verantwortlichen. Unter ihrem Druck fand sich der Zar bereit, zwei besonders unpopuläre Kabinettsmitglieder zu entlassen. Seine Geste reichte jedoch nicht aus, um die Lage zu entspannen und die weitere Formierung der Opposition zu verhindern. Im August 1915 trat ein, was unmöglich schien: Auf Drängen der Kadetten schlossen sich alle Dumaparteien mit Ausnahme der radikalen Rechten und Linken zum *Progressiven Block* zusammen. Allerdings wurde die Breite der Einheitsfront mit der Ausklammerung zentraler Probleme erkauft. Das Programm ließ nicht nur Mäßigung, sondern auch eine beträchtliche Unverbindlichkeit erkennen. Den Bauern versprach es rechtliche Gleichstellung, den Arbeitern die Wiederzulassung der Gewerkschaften, den religiösen und nationalen Minderheiten das Ende der Diskriminierungen, es forderte Amnestie für politische Gefangene, mehr Rechtsstaatlichkeit und Toleranz. Aber es schwieg sich über die Agrarfrage und soziale Reformen ebenso aus wie über Einzelheiten einer besseren Verfassung. Kern der Plattform und Raison d'être des Blocks war letztlich nur *eine* Forderung: die nach einer »Regierung des gesellschaftlichen Vertrauens«. Auch hier blieb das Verlangen nach einer *verantwortlichen* Regierung ausgespart, weil es vom rechten Flügel (konservative Oktobristen und gemäßigte Nationalisten) nicht mitgetragen wurde. In dieser Zurückhaltung lagen Chance und Risiko zugleich. Der Progressive Block konnte gewiß als stärkste parlamentarische Opposition seit 1906 gelten. Er wußte nicht nur den Städte- und Zemstvo-Bund hinter sich, sondern konnte auch auf kooperationsbereite Kräfte in der Regierung um den ehrgeizigen Landwirtschaftsminister A.V. Krivošein rechnen. Aber er machte sich durch seine Mäßigung von der Einsichtsfähigkeit der Autokratie abhängig. Sollte das alte Regime nicht zur Vernunft kommen, lief er Gefahr, von der wachsenden Ungeduld der städtischen Masse überholt und unter Zugzwang gesetzt zu werden. Als »Sicherheitsventil«, wie einer seiner Schöpfer (V.V. Šul'gin) formulierte, konnte der Block nur bei sichtbaren Erfolgen wirken, nicht wenn er machtlos gegen eine Mauer anrannte.[30]

Die Staatsführung zog es vor, sich mit solchen Gedanken nicht zu belasten. Im Spätsommer 1915 traf Nikolaj gleich zwei schwere Fehlentscheidungen. Zum einen setzte er sich in den Kopf, das militärische Geschick des Reiches durch eigenen Einsatz zum Besseren wenden zu können und den unmittelbaren Oberbefehl über das Heer zu übernehmen. Auch treue Anhänger der Monarchie hielten mit ihrer Kritik nicht hinterm Berge, band der Zar doch seine persönliche Autorität an das militärische Geschehen: Die Verantwortung für Niederlagen konnte fortan glaubwürdig nicht mehr den Generälen zugewiesen werden. Hinzu kam seine Entfernung vom Zentrum des politischen Geschehens. Nikolaj verbrachte die letzten anderthalb Jahre seiner Regentschaft im Hauptquartier der Armee an der Südwestfront, in Mogilev. Nicht ungern entzog sich der scheue, im privaten Kreis aufblühende Kaiser der Hektik, den Anforderungen und den Intrigen der Hauptstadt. Die Isolation von Mogilev mag den zweiten Fehler vom Spätsommer 1915 begünstigt haben: Der Zar ließ sich vom Ministerpräsidenten Goremykin zur abermaligen Auflösung der Duma verleiten. Statt Verständigung zu suchen, entschied er sich für eine Strafaktion gegen das unbotmäßige Parlament. Als Goremykin dem Kabinett die Ordre aus Mogilev vortrug, rief er Kopfschütteln hervor. Einige Minister wagten es, ihre Bedenken offen auszusprechen. Nikolaj schlug die Warnungen nicht nur in den Wind; auf Betreiben der Kaiserin Alexandra Fedorovna zog er die Kritiker für den angeblichen Verstoß gegen das autokratische Prinzip auch zur Rechenschaft. Die Koinzidenz der Ereignisse sprach Bände: Einen Tag nach der Entlassung Krivošeins und zweier »liberaler« Ministerkollegen (am 26. September 1915) durfte der zwischenzeitlich aus der Hauptstadt verwiesene Rasputin nach Petrograd zurückkehren. Das alte Regime grub sich durch hilflosen Starrsinn das eigene Grab. Zwar hatte sich die Duma am 3. September ohne Gegenwehr in den Zwangsurlaub schicken lassen, aber die »union sacrée« war unwiderruflich zerstört.

Nach der Jahreswende deutete sich ein Umschwung an. Angesichts der wachsenden Unruhe im Lande schickte der Kaiser den Urheber des Gewaltstreichs, Goremykin, in den überfälligen Ruhestand. Darüber hinaus berief er das Parlament wieder ein und kündigte an, der Wiedereröffnung am 9. Februar in höchsteigener Person beiwohnen zu wollen. Monarchisten im liberalkonservativen Lager wie der oktobristische Dumapräsident M.V. Rodzjanko verstiegen sich voller Dankbarkeit zu der Hoffnung, Nikolaj könne die Gelegenheit nutzen, um eine »Regierung des gesellschaftlichen Vertrauens« anzukündigen. Die Träume verflogen rasch. Nikolajs Anwesenheit blieb ein folgenloser Coup de théâtre. Und schon die erste Parlamentsrede des Ende Januar bestallten neuen Ministerpräsidenten B.V. Stürmer (Štjurmer) enthüllte ihn als das, was er war: als farblosen, erzkonservativen Favoriten der Kaiserin und ihres unheiligen Beichtvaters. Er besaß am allerwenigsten die Statur, um das sinkende Schiff der Autokratie zu retten.

Unverdrossen und selbstmörderisch halfen beim Untergang die Zarin und ihre spiritistische Clique, deren Einfluß dank der Abwesenheit Nikolajs im Zenit stand. Ihrer Rache fielen weitere verständigungsbereite Minister zum Opfer, darunter im Juli 1916 zum Befremden der Alliierten auch der langjährige Außenminister S.D. Sazonov. Die Portefeuilles wechselten ihre Besitzer mit dem Tempo inflationärer Münzen. Zwischen September 1915 und Februar 1917 verbrauchte das Zarenreich vier Premier-, fünf Innen-, drei Außen-, drei Kriegs-, drei Verkehrs- und vier Landwirtschaftsminister.[31] Solch ein ministerielles »Bockspringen«, wie Zeitgenossen spotteten, war kaum geeignet, das Vertrauen der Bevölkerung zurückzugewinnen. Als sich der neue Innenminister und einstige Oktobrist A.D. Protopopov ebenfalls als Kumpan der Hofkamarilla entpuppte und der Volkszorn angesichts leerer Geschäfte immer bedrohlicher wurde, konnte auch der Progressive Block dem Sog kaum noch standhalten. Sicher ist Miljukovs berühmte Parlamentsrede vom 3. November 1916 als Tribut an die wachsende Empörung im Lande zu verstehen. Die kunstvoll-provokative Wiederholung seiner Frage, ob es »Dummheit oder Verrat« sei, was die Regierung zu ihrem verhängnisvollen Kurs treibe, formulierte in durchaus demagogischer Manier die tiefen Zweifel an der Zurechnungsfähigkeit, die weite Teile der Bevölkerung endgültig ergriffen hatten. Dabei ist zu beachten, daß ein Mann zum Fenster hinaus sprach, der die Stimmung besänftigen und nicht schüren wollte. Die von ihm geführte kadettische Mehrheit hielt bis zuletzt am Grundsatz der Legalität fest. Fraglos fürchtete sie den revolutionären Bruch nicht weniger als eine Fortsetzung der alten Herrschaft. Aus Angst vor der unkontrollierbaren Gewalt der Straße akzeptierte der Block am 17. Dezember die abermalige Vertagung der Duma (auf den 14. Februar 1917) erneut ohne Widerstand. Hinzu kamen außenpolitische Motive: *Alle* Parteien der parlamentarischen Opposition waren so tief vom nationalen Gedanken durchdrungen, daß sie an der Notwendigkeit der Fortsetzung des Krieges keine Minute zweifelten. Ob aber Rußland nach einem Sturz der Autokratie seine Bündnisverpflichtungen noch würde einhalten können, blieb in höchstem Maße ungewiß.[32]

Bei alledem kam auch den konservativen Kadetten zu Bewußtsein, daß die Weichen zum Massensturm irreversibel gestellt waren. Letzte, verzweifelte Versuche, ihm durch Veränderungen an der Staatsspitze vorzubeugen, scheiterten. Seit August 1916 hatte sich Gučkov bemüht, die hohen Generäle für einen Putsch zu gewinnen. Selbst Mitglieder der weiteren Zarenfamilie waren in konspirative Pläne eingeweiht. Sie wurden aber zu zaghaft betrieben, als daß sie Wirklichkeit hätten werden können.[33] Desgleichen verfehlte die Entlassung Stürmers Mitte November ihre Wirkung. Seine beiden Nachfolger blieben ähnlich kontur- und machtlos. Und auch der Mord an Rasputin am 16. Dezember, durch den Angehörige des Hochadels eine schwere Hypothek für die Autokratie beseitigen wollten, konnte den Lauf der Ereignisse nicht mehr korrigieren. Der revolutionäre Weg, so mußte im Januar 1917 selbst der langjährige Sprecher der rechten Kadetten, V.A. Maklakov, einräumen, sei »unausweichlich«. Offen bleibe nur, wann der Kampf beginne.[34]

IV. Demokratische Revolution (Februar-Oktober 1917)

1. Der Februaraufstand

Der harte Winter 1916/17 gab der Versorgungskrise eine weitere dramatische Zuspitzung. Zwar erwies sich der letzte Landwirtschaftsminister als durchaus fähiger Organisator. Aber seine Versuche, der Lage durch Zwangsrequisitionen und ein neues Ablieferungssystem doch noch Herr zu werden, kamen zu spät. Am 19. Februar 1917 beschloß die Petrograder Stadtverwaltung, die Rationierung vorzubereiten. Die Vorräte reichten nur noch für zehn Tage. Panik brach aus, Hamsterkäufe leerten die letzten Regale. Brot und Milch waren kaum noch zu beschaffen. Zugleich blühte die Korruption wie eh und je: Das wohlhabende Petrograd litt keine Not. Welche Verzweiflung und Wut sich bei den einfachen Leuten anstauten, blieb den Behörden nicht unbekannt. Ochrana-Agenten machten sie auf die zahllosen Mütter aufmerksam, die trotz endlosem Anstehen ihre Kinder in schmutzigen und unbeheizten Räumen verhungern sähen. In ihnen, nicht in den »Herren Miljukov und Co.«, erkannten sie den Zunder, der das Land in Flammen setzen werde. Und prophetisch vermerkte ein Bericht, daß dieses Feuer, auch wenn es die Revolutionäre schürten, spontan ausbrechen werde, »ganz wie ein Hungeraufstand«.[1]

Den Beginn des fünftägigen Sturms, der das Gebäude der Autokratie zusammenbrechen ließ wie ein Kartenhaus, markierte eine Kundgebung am 23. Februar (i.e. 8. März n.St). Eigentlich ungeplant, weil die Parteien den wenig populären Internationalen Tag der Frau nicht begehen wollten, offenbarte sie am ehesten jenen »spontanen« Charakter, den man den Februarereignissen generell zugeschrieben hat. Es waren die erschöpften, doppelt belasteten Textilarbeiterinnen und Hausfrauen von Vyborg, die das Maß des Zumutbaren für randvoll hielten und sich auf den Straßen versammelten, um Brot zu fordern. Ihrem Aufruf zur Solidarität konnten sich die Revolutionäre in den nahegelegenen großen Metallfabriken trotz anderslautender Generaldirektiven der großen Parteien nicht entziehen. Ein Protestzug formierte sich, der mit bemerkenswerter Gewaltsamkeit die Beschäftigten benachbarter

Betriebe zum Anschluß zwang. Streik und Demonstration blieben jedoch auf den Außenbezirk beschränkt. Noch gelang es der Polizei, den Weitermarsch ins Innere der Stadt zu verhindern.

Am 24. Februar standen auch die Räder von Fabriken in anderen Stadtteilen still. Insgesamt traten an diesem Tage etwa 210 000 Arbeiter in den Ausstand. Auf der Vyborger Seite formierten sie sich – unter ebenso prägender Beteiligung der Frauen wie am Vortag – schon in aller Frühe zu einem neuerlichen Protestzug. Etappenziel war der zweite Versuch, die Forderungen in der Innenstadt, unter den Augen der Regierung, der Duma und der ganzen Nation, zu erheben. Immer noch arbeiteten Sozialdemokraten und Sozialrevolutionäre in ungewohnter Eintracht zusammen. Solange genaue Anweisungen der überraschten Parteizentralen ausblieben, entschieden die Obleute an der Basis, die den gemeinsamen Kampf oft höher bewerteten als abstrakte theoretische Differenzen. Der Winter half, die Neva trotz gesperrter Brücken zu überqueren. Vereinzelte Schüsse vermochten das Unerhörte nicht zu verhindern: Zum ersten Mal seit 1905 zogen gegen Mittag Kolonnen feindseliger Demonstranten über den Nevskij-Prospekt. Aufs höchste alarmiert, akzeptierte der letzte Ministerpräsident, Fürst N.D. Golicyn, die Aufforderung des Parlaments, die Lebensmittelverteilung fortan der Petrograder Stadtverwaltung zu übertragen. Beide gingen noch von der irrigen Annahme aus, es mit einer bloßen Hungerrevolte zu tun zu haben. Was die Demonstranten auf den Trottoirs vor den Palästen und Luxusgeschäften außer der Forderung nach Brot bereits skandierten, hätte sie eines Besseren belehren können: »Nieder mit dem Krieg« und »Nieder mit der Autokratie«.[2]

Am dritten Tag weitete sich der Ausstand zum Generalstreik. Auf der anderen Seite rüstete das Regime für die offene Schlacht. Der Zar wies den Petrograder Militärkommandanten S.S. Chabalov telegraphisch an, alle Rücksicht fallenzulassen und Schießbefehl zu erteilen. Freilich mehrten sich Probleme, ihn in die Tat umzusetzen. Von Anfang an hatten die Kosaken Sympathien für die Aufständischen erkennen lassen. Nun leisteten sie offene Hilfe oder zeigten ostentative Neutralität. Die berühmte Szene auf dem Nevskij-Prospekt war unmißverständlich: Als Kosaken und Demonstranten aufeinander zumarschierten und eine Teilnehmerin sich aus dem Zug löste – nahm der Kosakenoffizier den Strauß roter Rosen entgegen, den sie ihm überreichte. Wohl bemühte sich die örtliche Obrigkeit am 26. Februar, mit allen Mitteln durchzugreifen. Neben Polizei und Kosaken schickte Chabalov erstmals das Militär ins Gefecht. Die mit Bedacht ausgewählten Spezialtruppen (Ausbildungseinheiten der Garderegimenter) erwiesen sich als loyal: Im Kugelhagel von Maschinengewehren fielen etwa 150 unbewaffnete Demonstranten. Unter den Revolutionären wurden Stimmen laut, die zum Rückzug rieten. Jedermann war klar, daß die Revolte am Wendepunkt stand. Doch die streikenden Arbeiter reagierten prompt. Während die Revolutionäre über Mittel und Wege zur Gründung einer Miliz nachdachten, berichteten sie in der nächsten Kaserne von der Bluttat der Offiziersanwärter. Ihre Empörung fiel auf vorbereiteten Boden. Auch wenn das Eingreifen des Pavlovschen Regiments die Kräfteverhältnisse noch nicht veränderte, setzte sein Ungehorsam Zeichen. Zudem war aufmerksamen Beobachtern ein weiteres böses Omen nicht entgangen: Die zu seiner Disziplinierung herbeigerufene Einheit erfüllte ihre Aufgabe zwar, aber sie weigerte sich, von der Schußwaffe Gebrauch zu machen.

Unterdessen nutzte der Progressive Block im Parlament die Lage, um seinerseits Druck auf die Autokratie auszuüben. Besonders in Szene setzte sich dabei Rodzjanko. Nicht ohne Eitelkeit witterte er die Chance, dem Lauf der Weltgeschichte nachzuhelfen und bei Rußlands Übergang zum ungeschmälerten Konstitutionalismus Pate zu stehen. Telegraphisch übermittelte er dem Zaren einen ebenso dramatischen wie zutreffenden Lagebericht. In der Hauptstadt, erfuhr Nikolaj, herrsche Anarchie; die Versorgung sei völlig zusammengebrochen; man müsse einen neuen Anfang machen; jegliches Zögern sei »tödlich«. Noch am Morgen desselben Tages von Chabalov mit der Meldung beruhigt, alles sei unter Kontrolle, tat Nikolaj den Alarm als Zweckphantasie unbefriedigter Geltungssucht ab. Auch die Regierung vor Ort glaubte nach der Niederschlagung der Meuterei, die Situation im Griff zu haben. In solcher Verblendung bewog sie den Zaren zu einem Schritt, der fataler kaum denkbar war: Am Abend des 26. verkündete Golicyn dem Dumapräsidenten statt der Berufung eines neuen Kabinetts die abermalige Auflösung des Parlaments mit sofortiger Wirkung.[3]

Doch nicht der Widerstand der Duma trieb die Ereignisse auf den Höhepunkt. Den Todesstoß versetzte dem alten Regime am 27. Februar die massenhafte Fahnenflucht der hauptstädtischen

Soldaten. Dies machte die Erhebung endgültig zur Revolution und markierte den qualitativen Unterschied zu 1905: daß der bewaffnete Arm der Autokratie im Innern – wohlgemerkt: (noch) nicht an der Front – seinen Dienst versagte. Den Stein ins Rollen brachte dabei nicht zufällig jene Einheit, die am Vortag das blutige Gemetzel verursacht hatte. Gleichsam als ein Akt der Wiedergutmachung verließen Offiziere und Soldaten des Wolhynischen Regiments am frühen Morgen die Kasernen, um ihre Solidarität mit dem Aufstand zu bekunden. Als der Zug Vyborg erreichte, hatten sich ihnen Angehörige aus vier weiteren Regimentern angeschlossen. Auf der Litejnyj-Brücke kam es zur Verbrüderung mit den demonstrierenden Arbeitern: eine denkwürdige Begegnung, die das Novum der Februarunruhen symbolhaft zum Ausdruck brachte. Auch die folgenden Aktionen waren bezeichnend für den neuartigen Charakter des Geschehens. Arbeiter und Soldaten stürmten ein Waffenarsenal und nutzten ihre Beute, um Häftlinge zu befreien und Polizeiakten zu verbrennen. Zugleich setzte die gewonnene Macht eine blinde und anarchische Gewaltsamkeit frei. Ähnlich wie 1905 (und während anderer vergleichbarer Umwälzungen) betrat der Mob mit Plünderung und Totschlag die Szene. Die aufrührerische Masse offenbarte jene »Unhöflichkeit« (Trotzki), die schwere Krisen der staatlichen Autorität unvermeidlich begleitet.

Die Euphorie des nahen Sieges wirkte ansteckend: Man schätzt, daß die Zahl der meuternden Soldaten im Laufe des Tages von gut 10 000 auf knapp 67 000 wuchs. Rein numerisch hatte die Obrigkeit bei einer gesamten Truppenstärke von etwa 180 000 und weiteren 152 000 im näheren Umkreis immer noch eine gute Chance, mit dem Schrecken davonzukommen. Doch stand die Mehrheit der Regimenter eher Gewehr bei Fuß, als daß sie die alte Ordnung verteidigt hätte. Man wird einen Zusammenhang mit dem Wandel ihres sozialen Charakters unterstellen dürfen: Die neu rekrutierten Garnisonssoldaten stammten etwa zur Hälfte aus dem Arbeiter-, Handwerks- und Tagelöhnermilieu der Petrograder Umgebung. Sie teilten die Sorgen und Stimmung der kleinen Leute in der Hauptstadt. Über den Erfolg des Aufstandes entschied weniger die Kraft der Rebellen als die Schwäche der Verteidiger. Vieles spricht für das Urteil eines führenden Dumapolitikers, daß ein einziges diszipliniertes Regiment von der Front genügt hätte, um ihn niederzuschlagen. Ein solches aber war nicht zur Stelle, weil die lokale Militär- und Zivilführung eine bemerkenswerte Unfähigkeit an den Tag legte. Als Chabalov am Abend des 27. erstmals zugab, nicht mehr Herr der Lage zu sein, und die Armeeführung in Mogilev um Verstärkung bat, war viel kostbare Zeit verstrichen. Bevor Nikolaj das Telegramm anderntags überhaupt erhielt, hatte er die Herrschaft faktisch schon verloren.

Denn am Abend des 27. mußte auch die Regierung ihre Machtlosigkeit eingestehen. Ihre Weisheit erschöpfte sich im Offenbarungseid: Sie erklärte geschlossen ihren Rücktritt. Um dieselbe Zeit setzte der Zar im fernen Mogilev General N.I. Ivanov zum Militärdiktator von Petrograd ein und schickte ihn mit allen entbehrlichen Truppen in die Hauptstadt. Aber bereits die Antwort auf die telegraphische Anfrage nach dem Stand der Dinge gab wenig Anlaß zur Hoffnung. Von einigen Hundert Garnisonssoldaten im Winterpalast und der Admiralität abgesehen, hatten sich alle Regimenter der Stadt auf die Seite der Rebellen geschlagen.[4]

Der Sieg warf unabweisbar die Frage nach einem neuen Zentrum der Macht auf. Eine Kraft wurde gebraucht, die fähig war, die entfesselte Dynamik der Masse zu bändigen und auf ein neues Ziel zu lenken. Dabei blieb ihr Charakter durchaus offen. Zwar war die alte Herrschafts- und Regierungsform längst nicht mehr zu retten. Aber über das Schicksal der Monarchie und des Regimes als Träger der legitimen Souveränität mußte noch ebenso entschieden werden wie über die Art und das soziale Fundament der neuen Ordnung. Am ehesten war die *Duma* zum Handeln aufgerufen. Ihre abermalige Auflösung am Vorabend zwang sie, Farbe zu bekennen. Nichts war bezeichnender für ihre unverminderte Skepsis als die Verzögerung, mit der sie trotz allem reagierte. Zum Abwarten zwang die Abgeordneten am Morgen des 27. zunächst der Dumapräsident. Rodzjanko weigerte sich, den Ältestenrat einzuberufen, dessen Bildung er nach der Entlassungsorder widerwillig zugestimmt hatte. Die Entwicklung ging jedoch über solche Mischung aus Furcht und Untertanengeist hinweg. Am frühen Nachmittag kam etwa ein Drittel der Parlamentarier zusammen, um über das weitere Vorgehen zu beraten. Immer noch war man peinlich darauf bedacht, offenen Ungehorsam zu vermeiden. Die Versammlung deklarierte sich zu einem »privaten« Treffen. Erst die unerwartete Ankunft von Demonstranten, erst der Widerhall der Straßenkämpfe in der klassizistischen Kunstwelt des Taurischen Palais veranlaßte sie zu Schritten, die damit nicht mehr zu vereinbaren waren. Aber sie wählte unter den vorgeschlagenen Handlungsalternativen auch jetzt noch die unverbindlichste. Statt den Ältestenrat zur Regierung auszurufen oder sich selbst nach dem Vorbild der französischen Generalstände (vom 17. Juni 1789) zur Konstituierenden Versammlung zu erklären, begnügte sie sich mit der Einsetzung eines *Provisorischen Komitees ... zur Wiederherstellung der öffentlichen Ordnung* ... Den Kern dieses dreizehnköpfigen Gremiums stellten die führenden Politiker des Progressiven Blocks. Hinzu kamen der Vorsitzende der menschewistischen Dumafraktion, N.S. Čchejdze, und als neuer »Stern« am politischen Himmel der Trudovik A.F. Kerenskij. Beiden fiel die lebenswichtige Aufgabe zu, den Kontakt zu den revolutionären Parteien und den Aufständischen herzustellen.

Auch nach diesem kaum mehr verfassungsmäßigen Akt verfolgte die Duma einen vorsichtigen Kurs. Das Komitee begriff sich in der Tat nicht als neue Regierung, sondern als Vermittlungsinstanz. Über den Zarenbruder Michail Aleksandrovič bemühte es sich ein weiteres Mal, den Kaiser im fernen Mogilev zur Besinnung zu bringen. Erst als sich Nikolaj auch diesem Appell versagte und der Triumph der Rebellion in der Hauptstadt feststand, fügten sich die oppositionellen Parlamentarier dem Zwang des Geschehens. Gegen Mitternacht räumte selbst der »Progressive Nationalist« Šul'gin ein, daß die Duma das Heft in die Hand nehmen müsse, wenn sie es nicht radikalen Kräften überlassen wolle. Am 28. Februar um zwei Uhr morgens wandte sich das Komitee mit zwei Aufrufen an die Öffentlichkeit. Es mahnte darin zum Verzicht auf Gewalt und versprach, sich im Benehmen mit dem Volk und der Armee um die Bildung einer neuen vertrauenswürdigen Regierung zu bemühen. Immer noch reagierte die »Gesellschaft« mehr, als daß sie agierte. Sie ergriff die verwaiste Macht, um die Anarchie zu verhindern, nicht weil sie eine Chance suchte, ihr liberales Programm zu verwirklichen.[5]

Hinzu kam ein weiteres, ebenfalls äußeres Motiv. Auch die Masse der aufständischen Arbeiter und Soldaten brachte am 27. ein Organ hervor, das ihren gemeinsamen Willen im bevorstehenden Ringen um die Zukunft des Landes zur Geltung bringen sollte. Ihr half die revolutionäre Intelligenz aller Schattierungen inner- und außerhalb der Parteien. In Abwesenheit der prominenten Radikalen fiel dabei den vor Ort präsenten gemäßigten Parteiführern der legal operierenden Menschewiki und der Arbeitergruppe beim zentralen Kriegsindustriekomitee eine Schlüsselrolle zu. Als der Streik sich ausweitete, entstand in ihrem Umkreis die naheliegende Idee, auf die 1905 erprobten Räte zurückzugreifen. In dieselbe Richtung drängten auch die aufständischen Arbeiter selbst. Verbürgt ist, daß sie in einigen Fabriken bereits am zweiten Protesttag Delegierte wählten und die menschewistische Dumafraktion aufforderten, ein zentrales Repräsentativgremium einzuberufen. Die Befreiung der politischen Gefangenen am Mittag des 27. tat ein übriges. Etwa zur gleichen Zeit, als der Dumaausschuß zur Wiederherstellung der öffentlichen Ordnung zusammentrat, gründeten menschewistische Abgeordnete mit Unterstützung der übrigen revolutionären Gruppen im selben Gebäude ein *Provisorisches Exekutivkomitee des Arbeiterdeputiertenrates*. Zugleich beraumten sie die konstituierende Plenarsitzung des Rates selbst bereits für den Abend desselben Tages auf der Grundlage der Wahl je eines Abgeordneten pro tausend Arbeitern in den Fabriken und je eines pro Kompanie in den Regimentern an.

Für breite Zustimmung spricht, daß der Sowjet tatsächlich noch am Tag der großen Erhebung zusammentrat. Wichtigste Handlung war die Wahl der Führungsgremien. Die Delegierten gaben dabei ihre Sympathie für die gemäßigte Haltung der Menschewiki zu Protokoll. Zum Vorsitzenden bestellten sie Čchejdze, zu seinen Stellvertretern M.I. Skobelev, ebenfalls ein georgischer Menschewik, und Kerenskij. Auch im Exekutivkomitee, dem eigentlichen Führungsgremium, gaben die Menschewiki mit sechs Mitgliedern neben fünf Parteilosen, zwei Sozialrevolutionären und zwei Bolschewiki den Ton an. Für Sachentscheidungen war die Zeit noch nicht reif. Der Sowjet debattierte aber über die Versorgungsfrage und die militärische Lage. Auch damit unterstrich er seinen Anspruch, weit mehr als ein Koordinationszentrum des Aufstandes zu sein. Bereits in den allerersten Stunden der neuen Ära trat ein zweites allgemeines Führungsorgan auf die Bühne. Beide Triebkräfte des Erneuerungsprozesses, die ihre Distanz zueinander nicht zu überwinden vermochten, hatten eigene Repräsentativinstitutionen mit unterschiedlichen Konzepten über die künftige Verfassung und Gesellschaft hervorgebracht. Auch wenn Miljukov die Existenz einer »Doppelherrschaft« leugnete (und damit den Begriff schuf), war ihr Fundament unzweifelhaft gelegt.

Freilich blieb die Rivalität vorerst latent. Die Autokratie lag noch nicht am Boden. Gemeinsames Handeln tat not. Die Initiative ergriff dabei die Duma. Sie ließ die zarische Regierung mitsamt der hohen Verwaltung und regionalen Militärbefehlshaber verhaften, ernannte einen neuen Oberkommandierenden und entsandte Bevollmächtigte zur kommissarischen Leitung in alle Ministerien. Vom Transportministerium erging der erste Aufruf, der die Nachricht von den Petrograder Ereignissen im ganzen Lande verkündete und insbesondere die Eisenbahner um Solidarität bat. Allerdings wurde auch der Sowjet im entscheidenden Bereich tätig. Er setzte eine Militärkommission zur Kontrolle über die aufständischen Regimenter ein. Zu Recht erkannte das Dumakomitee in diesem Gremium eine gefährliche Konkurrenz und verlangte seine Unterstellung unter den von ihr ernannten Kommandeur. Der Streit wiederholte sich bei der Gründung von Milizen als Ersatz für die zarischen Sicherheitskräfte. Ein offener Konflikt konnte nur knapp vermieden werden.

Überhaupt gewann der Sowjet schnell an Autorität und Macht. Ihm kam zustatten, daß bereits am 28. Februar reguläre Neuwahlen der Deputierten begannen und das Exekutivkomitee durch Vertreter der Truppen ergänzt wurde. Der Arbeiterrat wandelte sich zum Arbeiter- *und Soldaten*rat. Allerdings verlangte diese Erweiterung ihren Preis. Die neuen Alliierten stellten unerwartet radikale Forderungen. In mancher Hinsicht hatten die gemäßigten sozialistischen Intellektuellen Anlaß, sie mit gemischten Gefühlen zu betrachten. Bezeichnend dafür war die Entstehung des berühmten *»Befehls Nr.1«*. Soldatenvertreter diktierten dem Ratsmitglied N.D. Sokolov den Text in die Feder. In der gegebenen Situation blieb dem Exekutivkomitee keine andere Wahl, als sie zu akzeptieren. In der Nacht vom 1. auf den 2. März teilte man der Öffentlichkeit mit, was als Symbol der Soldaten- und Matrosenrevolution stürmisch gefeiert wurde: das Ende der Autokratie auch in der Armee, die Wahl von Komitees in den Regimentern, die Unterstellung der Regimenter unter den Sowjet, die Übertragung der Kontrolle über die Waffen an die Komitees und – psychologisch womöglich am wichtigsten – das Verbot des erniedrigenden »Du« samt der verbreiteten Beschimpfungen von seiten der Offiziere. Die Sowjetführung sicherte sich mit der Zustimmung zu diesem Befehl die Loyalität der aufständischen Truppen. Aber sie mochte ahnen, daß solch plötzliche Demokratisierung der Armee nicht ohne Auflösung der Disziplin zu haben war.[6]

Zudem waren die Anliegen der Soldaten geeignet, die weitere

Strategie des Exekutivkomitees zu durchkreuzen. Am selben Tag debattierte der Sowjet zum ersten Mal über die Machtfrage und Regierungsbildung. Drei Lager gewannen schnell Kontur. Auf der Rechten votierten Volkssozialisten, jüdischer Bund sowie einige Menschewiki und Sozialrevolutionäre für eine formelle Koalition mit den liberal-bürgerlichen Kräften der Duma. Auf der Linken forderten Bolschewiki, linke Sozialrevolutionäre und *Mežrajoncy* eine allein vom Sowjet getragene »Provisorische Revolutionäre Regierung«. Dazwischen formierte sich eine Mitte aus der menschewistischen und sozialrevolutionären Mehrheit. Sie ging ebenfalls davon aus, daß der im politischen Geschäft erfahrenen bisherigen parlamentarischen Opposition gleichsam organisch und trotz des Bruches kontinuitätswahrend die Führung zufallen müsse. Aber sie wollte den Kopf nicht in die Schlinge stecken und sich darauf beschränken, die Regierung je nach Sachlage mitzutragen und zu kontrollieren. Um die Entscheidung über Rußlands Zukunft nicht völlig der anderen Seite zu überlassen, sah sie lediglich einen Programmkatalog vor, den das bürgerliche Kabinett als Gegenleistung für seine Duldung akzeptieren sollte.

Noch am späten Abend des 1. März begannen entsprechende Verhandlungen. Die meisten der von N.N. Suchanov und Ju.M. Steklov vorgetragenen Wünsche des Exekutivkomitees stießen auf Zustimmung. Gegen eine Amnestie für alle politischen Häftlinge, gegen die Einberufung einer Konstituierenden Versammlung auf der Basis des »vieradjektivischen« Wahlrechts, gegen die Verkündung der Presse-, Rede-, Koalitions-, Streik- und der übrigen bürgerlichen Freiheiten, gegen die Abschaffung religiöser und nationaler Diskriminierungen; kurz: gegen eine grundlegende Demokratisierung von Staat und Gesellschaft hatten die Führer des Progressiven Blocks nichts einzuwenden; dies um so weniger, als sein rechter Flügel nach dem Umsturz Kredit und Einfluß fast völlig verloren hatte. Als Sprecher des Dumakomitees brachte Miljukov lediglich zwei, allerdings gravierende Einwände vor. Zum einen lehnte er die vorgeschlagene Ausrufung der Republik ab und bestand darauf, daß erst die Konstituierende Versammlung endgültig über die Staatsform entscheide. Bis dahin sollte der Zarenbruder Michail Aleksandrovič als Reichsverweser amtieren. Offenbar wollte Miljukov damit die Option einer konstitutionellen Monarchie offenhalten. Nur eine oberflächliche Kritik wird ihm dies als bloßes Bremsmanöver auslegen. Im Rückblick erscheint der Gedanke nicht abwegig: Womöglich hätte die Legitimität der Monarchie einen Rest an innerem Zusammenhalt bewahren und ein Gegengewicht gegen sozialen Krieg und Unregierbarkeit bilden können, die der gelernte Historiker (wohl mit Blick auf die Französische Revolution) am Horizont heraufdämmern sah. Zum anderen wies Miljukov die Wahl der Offiziere durch die Soldaten zurück, die der Sowjet im Geiste der »Order Nr. 1« forderte. Ebenfalls mit guten Gründen fürchtete er um die Kampffähigkeit der Armee, wenn die bisherige Befehlshierarchie auf derart drastische Weise auf den Kopf gestellt werde. Dies war sicher das stärkste Motiv für beide Einwände Miljukovs, daß er die Fortsetzung des Krieges an der Seite der Alliierten gefährdet und die Wahrscheinlichkeit einer Niederlage wachsen sah. Auf einem anderen Blatt stand, und hierin lag die grundlegende Schwäche seiner Position, ob Nationalprestige und Vaterlandsverteidigung um jeden Preis in der gegebenen Situation als Richtschnur der Politik noch taugten.

Für beide Probleme wurde eine Lösung gefunden. Die Dumaliberalen akzeptierten den Grundsatz der Demokratisierung der Armee, die ohnehin nicht mehr aufzuhalten war. Im Gegenzug verzichtete der Sowjet darauf, sie bis zur Wahl der Offiziere voranzutreiben. Bezüglich der Staatsform blieb Miljukov hart. Gewiß hatte er dabei auch die alles entscheidende Frage der nächsten Zukunft im Auge: wie die Armeeführung für die Revolution zu gewinnen sei. Die Abgesandten des Exekutivkomitees teilten diese Sorge und ließen ihre Forderung fürs erste fallen.

So war der Weg frei für die Bildung der *Provisorischen Regierung*. Am Nachmittag des 2. März erschien Miljukov im Katharinensaal des Taurischen Palais, um in einer historischen Stunde den zufällig Anwesenden stellvertretend für die gesamte Öffentlichkeit das neue Kabinett vorzustellen. Im Vergleich zum Dumakomitee hatte sich seine politische Achse deutlich nach links verschoben. Der Prestigeverlust Rodzjankos trug maßgeblich dazu bei. Als Ministerpräsident wurde an seiner Stelle der Vorsitzende des Zemstvo-Bundes, Fürst G.E. L'vov, ausersehen, der zugleich das Innenressort leiten sollte. Die Kadetten M.I. Tereščenko, N.V. Nekrasov, A.I. Šingarev und A.A. Manuilov übernahmen das Finanz-, Transport-, Landwirtschafts- und Bildungsministerium. Miljukov selbst reservierte sich das Außenministerium. Gučkov sollte als einschlägig ausgewiesener Parlamentsexperte an die Spitze des Heeres- und Marineressorts treten. Insgesamt gehörten der zwölfköpfigen Regierung nur zwei Oktobristen an. Linke Kadetten und Progressisten verliehen ihr ein glaubwürdiges demokratisches Gepräge. Dennoch richteten sich kritische Zwischenrufe nicht nur gegen die wenigen Konservativen. Klassenkämpferische Töne wurden laut, die das Kabinett als Veranstaltung der »privilegierten Gesellschaft« schmähten. Daran änderte auch die bejubelte Bereitschaft Kerenskijs nichts, ihm ungeachtet des Sowjetbeschlusses als einziger aus den Reihen der revolutionären Parteien beizutreten. Kein Zweifel, die Bindungen zwischen Regierung und Sowjet waren schwach. Die Unterstützung galt auf Abruf.[7]

Angesichts dessen ist die Frage nie verstummt, warum der Deputiertenrat die Macht überhaupt aus der Hand gab, die der Aufstand vor allem *ihm* übertragen hatte. Üblicherweise hat man die Antwort in den geschichtstheoretischen Prämissen der Mehrheitsfraktionen gesucht. Menschewiki und rechte Sozialrevolutionäre definierten den Umsturz als endgültige Beseitigung der Feudalgesellschaft. Zweck dieser *bürgerlichen* Revolution mußte es sein, die nunmehr freigesetzte kapitalistische Gesellschaft mitsamt der ihr entsprechenden politischen Verfassung zur vollen Reife zu entfalten. Die Sozialisten hatten die Bourgeoisie bei dieser ihrer genuinen historischen Aufgabe nicht zu stören. Ihnen kam, da sie infolge der spezifischen Phasenverschiebung der russischen Entwicklung als potente Faktoren bereits vorhanden waren, höchstens eine Korrektivfunktion zu. Vieles spricht indes dafür, daß sich hinter den ideologischen Argumenten unbeschadet ihrer Gültigkeit noch andere Motive verbargen: der Streit in den eigenen Reihen, ein Unterlegenheitsgefühl gegenüber den parlamentarisch erfahrenen Liberalen und allgemein eine tiefsitzende Furcht vor der Verantwortung. So gesehen, entpuppt sich das vielzitierte »Paradoxon der Februarrevolution« (Trotzki) als sein Gegenteil: als naheliegende Konsequenz ungleicher Handlungsfähigkeit und -bereitschaft.[8]

Miljukov erkannte wohl am schärfsten, daß der Schlüssel für den endgültigen Sieg der Revolution im Hauptquartier der Armee lag. Vom Verhalten der Generäle hing ab, ob Nikolaj und die Monarchie noch eine Chance hatten. Dies um so eher, als auch in anderen Städten Zeichen der Unruhe sichtbar wurden und Rettung vom Dorf nicht zu erwarten war.

Die übliche Darstellung der Mission des Generals Ivanov bedarf einiger Korrekturen. Überzeugend ist widerlegt worden, daß sie von vornherein aufgrund zahlenmäßiger Unterlegenheit zum Scheitern verurteilt war. Siebzehn Regimenter und Kompanien von der Nord- und Westfront, darunter zwei Maschinengewehr- und vier Artillerieeinheiten, summierten sich durchaus zu einer eindrucksvollen Streitmacht. Trotz der Anweisung des Dumakomitees, die Waggons unterwegs anzuhalten, erreichte Ivanov am späten Abend des 1. März die Sommerresidenz Carskoe Selo vor den Toren Petrograds. Kaiserin und Hof konnten seine Ankunft aber schon nicht mehr als Hilfe in der Not feiern. Ihre Lage war prekär. Am 28. hatte die Revolution auf Carskoe Selo übergegriffen. Nur der Palast wurde noch von loyalen Verbänden geschützt. Nicht nur diese unerfreuliche Entwicklung mußte Ivanov zur Kenntnis nehmen. Gleich nach seiner Ankunft machten ihm Emissäre des Dumakomitees klar, daß die zarische Herrschaft in der Hauptstadt, wenn überhaupt, nur durch ein Blutbad schlimmsten Ausmaßes wiederherzustellen sei. Als auch die Zarin das Risiko eines Kampfes scheute, zog sich Ivanov aus Carskoe Selo zurück. Über seine genauen Motive ist viel spekuliert worden. Inzwischen dürfte feststehen, daß ihn weder die Stärke der revolutionären Kräfte noch die angebliche Desertion seiner Truppen zum Abbruch des Unternehmens bewog. Den Ausschlag gab vielmehr eine neue Instruktion Nikolajs, die ihn anwies, bis zu seinem Eintreffen abzuwarten.[9] Der Zar aber erreichte seine Residenz nicht mehr.

Kaum weniger Gewicht hatte ein zweites Telegramm, das am selben Abend des 1. März bei Ivanov einging. N.V. Alekseev, Chef des Generalstabs und faktischer Oberkommandierender des Heeres, hob darin die Bemühungen des Provisorischen Dumakomitees um Ruhe und Ordnung und dessen Absicht hervor, die Monarchie zu erhalten. Er gab seiner Erwartung Ausdruck, Ivanov könne auf dieser Grundlage gemeinsam mit dem Zaren eine »friedliche« Lösung des Konflikts herbeiführen. Welche Informationen den Generalstab zu dieser Kehrtwende veranlaßten, ist unklar. Ins Reich der Phantasie gehört gewiß die Vermutung, er sei einer List der Duma aufgesessen. Wahrscheinlicher ist, daß die Generäle Nachrichten über eine Stabilisierung der Lage bereitwillig aufnahmen, weil sie eine Chance sahen, die Armee unversehrt durch die politischen Wirren zu steuern. Hinzu kam, daß einige von ihnen, wie die Oberkommandierenden der Nord- und der Südwestfront N.V. Ruzskij und A.A. Brusilov, schon seit längerem zu der Auffassung neigten, Staat und Reich könnten nur im Bunde mit der »Gesellschaft« neue Kraft schöpfen. Hiobsbotschaften über die Ausbreitung der Revolution verfehlten ihre Wirkung ebenfalls nicht. In jedem Falle formulierte das Telegramm Alekseevs die *letztlich entscheidende* Überlebensbedingung der Februarrevolution: Der Generalstab war bereit, das alte Regime dem übergeordneten Zweck der Aufrechterhaltung der nationalen Verteidigungsfähigkeit zu opfern und sich mit der Duma zu arrangieren.

Was folgte, entwickelte sich mit tragischer Zwangsläufigkeit. Der zarische Sonderzug war auf Weisung des Transportministeriums in sicherer Entfernung von Petrograd abgefangen und nach Pskov umgeleitet worden. Hier im Hauptquartier der Heeresleitung Nord gab Nikolaj am späten Abend des 1. März, nachdem er sich anfangs erneut geweigert hatte, dem hartnäckigen Drängen von Ruzskij und Alekseev nach, die Bildung einer »Regierung des gesellschaftlichen Vertrauens« zu verkünden. Gegen drei Uhr früh erfuhr Ruzskij in einem telegraphischen Gespräch mit Rodzjanko, daß die Ereignisse solch karge Konzessionen längst überholt hätten und die Monarchie, wenn überhaupt, nur durch die Abdankung des Zaren zu retten sei. Alekseev schloß sich dieser Meinung an, nachdem andere Quellen Rodzjankos Urteil bestätigt hatten. In der Erwartung, daß Nikolaj sich gegen den Verzicht sperren werde, bat er gegen zehn Uhr morgens alle Generäle um ihre Meinung. Gegen Mittag trafen die Antworten zusammen mit der Stellungnahme Alekseevs in Pskov ein. Im Bewußtsein, einem historischen Augenblick beizuwohnen, begab sich Ruszkij in den Waggon des Zaren und legte ihm die Telegramme vor. Nikolaj konnte sich dem einmütigen Votum der Armeeführung nicht entziehen und fügte sich. Seine aus Einfalt und Prinzipientreue gebaute Vorstellungswelt ließ jedoch den Gedanken immer noch nicht zu, daß er an diesem Ende selbst tatkräftig mitgewirkt hatte: Verrat und Feigheit, so vertraute er seinem Tagebuch bitter an, hätten ihn zu Fall gebracht.

In bester Absicht traf der unglückselige Zar bei seiner Abdankung eine Entscheidung, die auch das Schicksal der Monarchie selbst besiegeln sollte. Nikolaj verzichtete nicht nur für sich auf den Thron, sondern schloß seinen bluterkranken einzigen Sohn

Aleksej ein. Er durchkreuzte damit den Plan der liberalen Monarchisten, den unmündigen Aleksej unter der Regentschaft seines Onkels Michail zum neuen, konstitutionellen Kaiser auszurufen. Hinzu kam, daß eine solche Absicht unter den Aufständischen und im Sowjet auf entschiedenere Ablehnung stieß als erwartet. Das gab der Mehrheit der Provisorischen Regierung Anlaß, ihre Position zu revidieren. Selbst Rodzjanko sprach sich nun gegen die Beibehaltung der Monarchie aus und bereitete Alekseev auf diesen weiteren Schritt der Revolution vor. Für den Generalstabschef war freilich das Maß des Zumutbaren voll. Er entschloß sich zur Intervention. Die Mehrheit der Generäle versagte sich jedoch diesem Vorhaben. Vor allem Ruszkij und Brusilov machten Alekseev klar, daß ein Eingreifen der Armee die Radikalisierung womöglich noch weiter vorantreiben werde. Damit lag das Heft des Handelns wieder bei der Provisorischen Regierung. Obwohl einzig Miljukov noch für die Monarchie focht, beschloß sie, die endgültige Entscheidung dem Großfürsten zu überlassen. Nach Beratung mit der vollzählig versammelten Regierung lehnte Michail Aleksandrovič die Krone ab. Den Ausschlag gaben wohl die Voten von Rodzjanko und L'vov, die keine Garantie für seine persönliche Sicherheit übernehmen wollten. Auch das Bewußtsein der Illegitimität seiner Thronfolge war im Spiele. So ging am Morgen des 3. März 1917 die dreihundertjährige Geschichte der Dynastie der Romanovs und die gut vierhundertjährige der russischen Monarchie nicht eben ruhmvoll zu Ende.[10]

Als Petrograd am 4. März zum Alltag zurückkehrte, waren 433 Tote und 1136 Verwundete zu beklagen. Die Februarrevolution verlief weder so gewaltlos noch so spontan, wie oft behauptet wurde. Dennoch trifft zu, daß sie im Vergleich zu Geschehnissen von ähnlicher Tragweite wenig Opfer forderte, weil sie sich auf ein verbreitetes Unbehagen quer durch die Schichten und Gruppen der Untertanen stützen konnte. »Gesellschaft« und Masse, liberaler Adel, neue Bourgeoisie, Arbeiter und Soldaten waren sich in ihrer Kritik am alten Regime einig. Von Strukturkrisen und Kriegslasten gleichermaßen überfordert, durch Erstarrung und politische Blindheit isoliert, blieb die zarische Herrschaft im Augenblick der Bedrohung ohne Verteidiger. Die Koinzidenz *zweier* Angriffe, des parlamentarischen Staatsstreichs im Zeichen der Demokratie und des Aufstands der Massen für Brot, Freiheit, Gleichheit und Friede, ermöglichte den Umsturz. Aber sie verhalf ihm noch nicht zum Sieg. Entscheidend für den raschen Triumph – und das ist bisher zu wenig gesehen worden – war das Arrangement zwischen Armeeführung und Duma, das seinerseits die *Mäßigung* der Revolution voraussetzte.[11] Darin lag zumindest die aktuelle objektive Ratio für die Übergabe der Macht an das Parlament und ein wichtiger Grund für den bemerkenswerten Tatbestand, daß es eine nennenswerte gegenrevolutionäre Bewegung, einen Bürgerkrieg, nach dem Februar (anders als nach dem Oktoberumsturz) nicht gegeben hat. Freilich blieben Differenzen zwischen den beiden Revolutionen. Sie mußten aufbrechen in dem Maße, wie sich der Vorrat an gemeinsamen Absichten zur Herstellung bürgerlich-demokratischer Verhältnisse nach westeuropäischem Muster aufzehrte und die wirtschaftlich-militärische Lage sich nicht besserte. Der Februarumsturz hob lediglich *eine* Hälfte der doppelten Polarisierung auf, der er sich verdankte; die andere gab er dem neuen Rußland als schwere Hypothek mit auf den Weg.

2. Doppelherrschaft

Nach außen konnte es so scheinen, als festige sich das neue Regime in derselben Weise, wie das alte zusammengebrochen war: rasch und widerstandslos, als habe das Weltgeschehen ein Einsehen mit der revolutionären Geschichtsphilosophie. Arbeiter und Soldaten in der Provinz taten es ihren Petrograder Genossen ohne Zögern nach. In Moskau, Kiev, Jaroslavl', Kazan', Kronstadt, Rostov am Don und andernorts vollzog sich die Revolution ähnlich reibungslos wie in der voraneilenden Hauptstadt. Als Michail die Krone ablehnte, trauerte der russischen Monarchie auch im weiten Hinterland sichtbar kaum jemand nach. Dessenungeachtet lag auf der Hand, daß die eigentliche Bewährung noch bevorstand. Die neue Herrschaft erbte die Aufgaben der alten. Ihre Lebensfähigkeit mußte von den Lösungen abhängen, die sie dafür finden würde. Insofern war die »Notstandsdemokratie« (D. Geyer) des Februar 1917 in ähnlicher Weise auf Kredit errungen worden wie die Freiheit der Herbstwochen 1905.[12] Nur daß der Gläubiger diesmal weniger auf seiten der Gegenrevolution als in den eigenen Reihen zu suchen war. Die aufständische Masse erwartete in absehbarer Zeit Abhilfe für die Beschwerden, um deretwillen sie dem Zarismus die Gefolgschaft aufgekündigt hatte. Daß bald auch die Bauern wieder nach dem griffen, worauf sie ein altes Anrecht zu haben glaubten, machte die Lage nicht einfacher. Über die Sicherung der Demokratie hinaus bezeichneten die werbewirksamen Parolen des Oktoberumsturzes: Brot, Land und Friede in der Tat die zentralen Probleme, an deren Lösung sich das neue Regime messen lassen mußte.

Am leichtesten fiel es der Provisorischen Regierung, das allgemeine Versprechen *politischer Freiheit* einzulösen. In diesem Punkte gab es weder in ihren eigenen Reihen noch von seiten des Sowjets nennenswerten Dissens. Was die Regierung am 6. März als Programm verkündete, wurde ohne Verzug in Gesetze gegossen oder anderweitig auf den Weg gebracht. Allgemein verpflichtete sie sich, allen politischen Kräften die Möglichkeit zu ungehinderter politischer Betätigung zu garantieren. Die Koalitions-, Versammlungs- und Pressefreiheit sollte ebenso vorbehaltlos gelten wie die übrigen Grund- und Menschenrechte. Signalwirkung besaß eine Amnestie, die den politischen Häftlingen des Reiches die Gefängnistore öffnete oder ihnen die Rückkehr aus sibirischer Verbannung und Emigration ermöglichte. Bis Anfang April fanden sich alle revolutionären Führer von Rang und Namen in der Hauptstadt ein – ein denkwürdiges Ereignis, aber keines, das zur Stabilisierung der neuen politischen Verhältnisse beigetragen hätte. Am 12. März wurde die Todesstrafe abgeschafft, kurz darauf der Strafvollzug von Peitsche, Eisen und Zwangsjacke befreit – Dekrete von starker Symbolkraft, die Sinnbilder der *aziatščina* beseitigten, auch wenn ihnen die Praxis in der Regel bereits entsprach. Am selben Tag erfuhr die Öffentlichkeit, daß jegliche rechtliche Diskriminierung aus ständischen, nationalen und religiösen Gründen aufgehoben sei. Die Provisorische Regierung liquidierte damit nicht nur die nach 1861 verbliebenen Reste der Feudalgesellschaft. Sie korrigierte auch Auswüchse von Russifizierung und innerem Nationalismus und holte mit bezeichnender Verspätung die Emanzipation der Juden nach. Auch für diese sollten Beschränkungen der Freizügigkeit, der Berufswahl, der Bildungsmöglichkeiten und der Religionsausübung der Vergangenheit angehören.

Ende März war die rechtliche und politische Verfassung des russischen Reichs nicht mehr wiederzuerkennen. Erstmals wurde ernst gemacht mit dem Versuch, den Untertanenverband in eine Gemeinschaft freier, rechtsgleicher und souveräner Staatsbürger zu verwandeln. Zum ersten und einzigen Mal war Rußland auf dem besten Wege zu einer demokratischen Regierungsform. Da mochte es vorerst als bloßer Schönheitsfehler erscheinen, daß deren angemessene Legitimation noch auf sich warten ließ. Immerhin aber stellte die Provisorische Regierung auch in dieser Hinsicht frühzeitig die Weichen. Am 26. März richtete sie eine »Besondere Beratung« mit der Aufgabe ein, die Konstituierende Versammlung vorzubereiten, wohl wissend, daß Ruhe und Ordnung einigermaßen gesichert sein mußten, bevor reguläre Wahlen durchgeführt werden konnten.[13]

Die Euphorie des Aufbruchs hatte indes einen kurzen Atem. Sie wurde von der Widerborstigkeit der Verhältnisse ebenso erstickt wie vom Dissens zwischen den Organen der Revolution. Unüberschreitbare Grenzen ihrer Durchsetzungskraft mußte die Regierung bereits bei einem der ersten zentralen praktischen Probleme erkennen, denen sie sich zuwandte. Von selbst versteht sich, daß die alte *Verwaltung* nicht einfach übernommen werden konnte. Ohnehin war sie nach den Garnisonen das erste Opfer des Umsturzes geworden. In den meisten Gouvernements- und Kreisstädten verlief die Wachablösung fast ohne Gegenwehr. Die örtlichen Bastionen der zarischen Gewalt lösten sich auf und überließen spontan gebildeten Komitees das Feld. Fast überall duplizierte sich im Ergebnis das gespannte Nebeneinander eines Bürgerausschusses und eines Arbeiter- und Soldatenrates. Vielfach standen bei ersteren die *zemstva* und Stadtdumen Pate, die mit Wissen und Personal halfen.

Die Regierung vertraute auf solche Kontinuität und die Schule der Selbstverwaltung, die der große Aufbruch Alexanders II. ungeachtet aller Gegenreformen dauerhaft verankert hatte. Dem Programm einer demokratischen Revolution konnte nur der Versuch angemessen sein, das staatliche Handeln vor Ort auf der Grundlage weitgehender Eigenständigkeit wiederherzustellen. Erstmals bot sich die Chance, die jahrhundertealte Herrschaft der kopflastigen Bürokratie über die Provinz zu beenden. Den Zemstvo-Liberalen lag in besonderem Maße daran, dem neuen Gemeinwesen die schöpferischen Kräfte der Regionen nutzbar zu machen, die der alte Obrigkeitsstaat überängstlich zu seinem Nachteil hatte brachliegen lassen. Sie verstanden die Revolution – darin ungewöhnlich einig mit Sozialrevolutionären und Menschewiki – nicht nur als einen Akt der politischen und sozialen

Emanzipation, sondern auch als Befreiung des flachen Landes vom lähmenden Druck einer übermächtigen Zentralgewalt. Allerdings mußte die Funktionsfähigkeit des Staates gewahrt bleiben. Es war eine Verbindung von Föderalismus und Zentralismus, von lokaler Selbstbestimmung und gesamtstaatlicher Verfügungsgewalt, die das neue Regime nach dem Muster westeuropäischer Demokratien anstrebte. Seine Sympathien lagen dabei auf seiten des regionalen Prinzips.

Auch damit mag der bescheidene Erfolg der einschlägigen Bemühungen zusammenhängen. Zwar folgten seit Ende März Erlässe in dichter Reihe. Gouverneure, Vizegouverneure und Landhauptleute (in den Kreisen) wurden entlassen. An ihre Stelle traten ex officio die Vorsitzenden der Zemstvo-Exekutivkomitees bzw. in den Kreisen die Vorsitzenden der Exekutivkomitees der Kreis-Zemstva als temporäre Kommissare der Provisorischen Regierung. Wie die Duma auf zentraler Ebene übernahmen die Organe der »Gesellschaft« auch auf regionaler die Macht – ein Vorgang, der die Klammer zwischen der Gegenöffentlichkeit des alten und den etablierten Kräften des neuen Regimes besonders klar vor Augen führte. Auf längere Sicht war vorgesehen, die Kreis- und Gouvernementskommissare zu wählen, zumal Kritik am autoritären Ernennungsprinzip früh laut wurde. Die gute Absicht fiel jedoch drängenderen Sorgen zum Opfer. Bis zuletzt gelang es der Provisorischen Regierung nicht, ihren Hoheitsträgern und Emissären vor Ort ausreichenden Respekt zu verschaffen und ihnen eine klare Hierarchie gewählter Gremien an die Seite zu stellen. Die Entfesselung lang gebundener Energien löste einen unkontrollierbaren Wildwuchs miteinander konkurrierender und rivalisierender Komitees und Organisationen aus. Die Klagen der Regierung über mangelnde Information selbst von seiten der Gouvernementskommissare, über willkürliche Verhaftungen, Entlassungen, Kompetenzanmaßungen, Räubereien, Übergriffe auf Eigentum und unautorisierte quasistaatliche Handlungen aller Art sprechen für sich. Vor Ort herrschte ein Eigenleben, das sich zentraler Kontrolle weitgehend entzog.[14]

Da half es wenig, daß die Reform der Stadtverwaltung und der *zemstva* einfacher war. Im Kern bestanden hier die Institutionen fort, welche die »aufgeklärten« Fachbeamten Alexanders II. geschaffen hatten. Das neue Regime konnte sie übernehmen und brauchte im wesentlichen nur ihre Kompetenzen und konstitutiven Prinzipien zu verändern. Leitender Grundsatz war dabei, das Wahlrecht auf alle Schichten der Bevölkerung auszudehnen und die Stimmengewichtung nach Korporationen bzw. Steuerklassen aufzuheben. Auch hier sollte Demokratie ohne Abstriche verwirklicht und rechtlich fixiertes, ständisches Mißtrauen gegen die politische Reife des Volkes beseitigt werden. Derselben Absicht diente die Neugründung von *zemstva* auf Volost'-Ebene. Per Dekret vom 21. Mai wurde eine alte Forderung der liberalen Opposition Wirklichkeit: das Gebäude der Selbstverwaltung des Landes erhielt endlich ein Fundament. Auch slavophile und agrarsozialistische Anliegen kamen damit zum Zuge, da sich diese Gremien, in mancher Hinsicht eine Erweiterung der *obščina*, im wesentlichen auf die Mitarbeit der Bauern stützen mußten. Geltendes Recht wurde schließlich ein noch ehrwürdigerer Wunsch der Zemstvo-Bewegung, die Ergänzung des Gebäudes auch durch ein Dach. Faktisch hatte schon die Ausnahmesituation des Krieges zur Bildung eines gesamtrussischen Zentralverbandes geführt. Dennoch bedeutete es mehr als eine Formalität, wenn er nun zu einem Baustein des neuen Staates aufgewertet wurde. Eine andere Frage war, was diese Reformen in der Praxis bewirkten. Alles spricht dafür, daß ihnen kein besseres Schicksal widerfuhr als dem Versuch der Reorganisation des staatlichen Behördenzuges. Nicht nur die äußeren Umstände, auch die historischen Voraussetzungen waren ungünstig. Kaum von ungefähr litten die Wahlen zum Volost'-Zemstvo an mangelndem Interesse. Und auch die Stadtbewohner griffen nicht eben begierig nach den neuen Möglichkeiten. Statt die Regierung und ihre Revolution, wie die marxistische Theorie behauptete, tatkräftig zu stützen, warteten sie ängstlich und teilnahmslos ab, was die unruhige Zeit bringen würde.[15]

Ähnlich düstere Perspektiven eröffnete die *Versorgungsfrage*. Der Stillstand des Transports, der Produktion und des öffentlichen Lebens allgemein während der Aufstandstage hatte die Lage weiter zugespitzt. In der Hauptstadt waren die Vorräte an Getreide auf den Bedarf von drei bis vier Tagen geschrumpft. Die Experten des Sowjets, allen voran der Menschewik V.G. Groman (Grohmann) – später einer der Vordenker des ersten Fünfjahresplans –, hielten ein Getreidemonopol des Staates für unerläßlich, um die erneut anziehenden Preise zu kontrollieren. Dagegen sperrte sich der kadettische Landwirtschaftsminister Šingarev. Außer wirtschaftsliberalen Grundanschauungen gaben ihm nachdrückliche Warnungen des allrussischen Industrie- und Handelstages, der Mitte März in Petrograd zum ersten Mal nach der Wende zusammentrat, Anlaß zur Reserve. Der Druck der Masse zwang die Regierung jedoch, ihre Bedenken zurückzustellen. Am 25. März erklärte sie Weizen unter Verfügung von Festpreisen zur Monopolware des Staates und richtete lokale Komitees zur Kontrolle von Aufkauf und Verteilung des Getreides ein. Um eine eventuelle Verringerung der Aussaat zu verhindern, stellte sie auch die Saatflächen unter Schutz und Aufsicht des Staates. Handel und Produzenten sollte der durchaus aufrichtige Hinweis auf den außergewöhnlichen Charakter der Maßnahme beruhigen.

Die Regierung sprang mit solchem Dirigismus zweifellos über ihren bürgerlichen Schatten. Um so bitterer mußte für sie die Erfahrung sein, daß die Anstrengung erfolglos blieb. Im April verschärfte sich die Ernährungskrise weiter. Der zuständige Minister sah sich gezwungen, die von der letzten zarischen Administration verfügte Rationierung von Getreideprodukten zu erneuern. Der Petrograder Sowjet richtete den flehentlichen Appell an die Bauern, die Ernährung des Landes zu sichern und dadurch »die Revolution (zu) retten«. Im Mai wurde ein eigenes Ministerium für die Versorgung eingerichtet und eine gesamtnationale Konferenz zur Koordination aller einschlägigen Anstrengungen veranstaltet. Im August nahm die Regierung sogar einen Wortbruch in Kauf, indem sie den mehrfach garantierten Festpreis in der verzweifelten Hoffnung verdoppelte, die Produzenten dadurch zu verstärkter Abgabe zu bewegen. Auch dieses Heilmittel nach liberalem Rezept, zu dem Struve schon in den ersten Kriegsjahren geraten hatte, schlug jedoch nicht an. Vieles spricht dafür, daß der Regierung in der Tat nur zwei Wege offen standen, um diese Entwicklung zu verhindern: Getreide mit Waffengewalt einzutreiben oder den Krieg zu beenden. Beide konnte sie nicht einschlagen, ohne dem Programm untreu zu werden, mit dem sie angetreten war. Die gemäßigte, demokratische Revolution ließ sich mit Zwangsrequisitionen nicht vereinbaren. Aber sie war der Aufgabe auch nicht gewachsen, mit friedlichen Mitteln eine neue Ordnung zu verankern und zugleich den äußeren Konflikt fortzusetzen. Zum Menetekel der Revolution wurde der Krieg.[16]

Armee und Krieg haben die Organe der Doppelherrschaft denn auch von Beginn an am stärksten beschäftigt und erste Auseinandersetzungen verursacht. Regierung und Sowjet dachten unterschiedlich über beide Aspekte des Militärproblems, die unauflöslich miteinander verzahnt waren: wie unter den veränderten Verhältnissen die Kampfkraft der Armee zu bewahren sei und wie man es mit einem möglichen Frieden halten sollte. Das hinderte sie nicht am Konsens darüber, Rußland keinem Diktat der Mittelmächte zu unterwerfen. Auch nach dem Eintritt der gemäßigten Sozialisten hielt die Regierung am Grundsatz fest, den Bündnisverpflichtungen so lange nachzukommen, wie kein akzeptabler Friede in Sicht war. Letztlich verlor der Friedenswille darüber an Glaubwürdigkeit. Die Befürwortung des Verteidigungskrieges markierte den Graben zu den radikalen Kräften, die sich bald in den Sowjets meldeten. Sie bildete die Klammer, die den Notbund vom Februar trotz allem zusammenhielt – aber auch die wichtigste Voraussetzung seines bitteren Endes. Die Sowjetführer beugten sich mehr und mehr der Staatsräson. Sicher hätte ein größeres Maß an Stehvermögen und politischem Gespür in dieser Frage der Demokratie, der sie sich verpflichtet fühlten, unschätzbare Dienste geleistet.

Dabei war von einer Gemeinsamkeit der Patrioten anfangs wenig zu spüren. Regierung und Sowjet traten vielmehr in scharfen Wettstreit um die Loyalität der Soldaten. Auf den ersten Blick mochte es so scheinen, als habe der Rat als Repräsentativgremium auch der hauptstädtischen Truppen und Urheber des bedeutungsschweren »Befehls Nr. 1« in jedem Falle die besseren Karten. Die tatsächliche Lage war freilich verworrener. Zwar steht die durchschlagende Wirkung der Order außer Frage. Über die Garnisonen entlang der Bahnlinien und die Flottenhäfen verbreitete sie sich wie ein Lauffeuer an die Front. Auch für die Revolution in der Armee galt, daß ihre Ursachen bei allem Gewicht der niederschmetternden Kriegserfahrungen weit über das Jahr 1914 hinaus in die Abhängigkeiten der Leibeigenschaftszeit und die Umgangsformen zwischen Mannschaften und Offizieren zurückreichten, die sie bleibend prägten.[17] Die Soldaten interpretierten die Ereignisse im Hinterland als Befreiung von menschenunwürdiger Behandlung. Sie kündigten die Unterwerfungsrituale des Strammstehens und Grüßens auf, protestierten gegen Herrenallüren, überhörten mißliebige Anweisungen und sperrten hie und da verhaßte Vorgesetzte hinter Gitter. Aber sie handelten bei alledem nicht in Übereinstimmung mit dem Sowjet. Im Gegenteil, dessen Führung distanzierte sich umgehend von seinem ersten Befehl in der begründeten Furcht, der Disziplinverfall in der Armee werde seine politische Macht nicht eben festigen. Selbst der spätere rote Kommandeur V.M. Bonč-Bruevič sah Rußlands neue Zukunft gefährdet, und der prominente Bolschewik A.G. Šljapnikov glaubte einen Anarchisten beim Entwurf der Sowjetresolution erkannt zu haben. In aller Eile gab der Vorsitzende der Militärkommission des Sowjets Erläuterungen zur Front durch. Dieser »Befehl Nr. 2« korrigierte zwar das verbreitete Mißverständnis, die erste Order habe den Grundsatz der Offizierswahl verfügt. Aber er trug wenig zur Klärung bei, weil er die entscheidende Frage der Kontrolle über die Waffen nicht erwähnte.

Andererseits mochten Armeeführung und Regierung über den Coup des Sowjets noch so entsetzt sein – sie mußten erkennen, daß keine Macht die alten Verhältnisse wiederherstellen konnte. Um zu retten, was noch zu retten war, blieb Alekseev und Gučkov keine andere Wahl, als mit den Revolutionären über einen Kompromiß zu verhandeln. Man fand eine Lösung, die in der Tat den Bedürfnissen beider Seiten Rechnung trug. Der Sowjet erklärte sich bereit, die Frontsoldaten in einer förmlichen Verlautbarung zu Disziplin und Gehorsam im Dienst aufzurufen. Zugleich beschränkte er die Gültigkeit seiner künftigen Anordnungen auf die Hauptstadt. Im Gegenzug erließ der Kriegsminister kraft der unbestrittenen Legalität seines Amtes zwei neue Dekrete, die den Hauptwunsch der Soldaten bestätigten. Die entwürdigenden, noch 1913 bestätigten Diskriminierungen der Gemeinen wie das Verbot, im Innern der Straßenbahn zu fahren, in Restaurants zu speisen oder ohne Einwilligung der Offiziere Zeitungen zu lesen, wurden endgültig beseitigt. Mit Billigung des Generalstabs untersagte die Weisung Nr. 114 den Offizieren das erniedrigende »Du« und erlaubte umgekehrt den Soldaten, alle Vorgesetzten mit einem egalitären »Herr« statt mit verschnörkelten Devotionsformeln anzureden. Sie nahm damit inhaltlich wie psychologisch den Kern der berühmten »Deklaration der Soldatenrechte« vorweg, die eine gleichzeitig eingesetzte gemischte Kommission von Regierung und Sowjet ausarbeitete.

In zentralen Fragen wurde solche Befreiung des Menschen im Soldaten umgehend vollzogen. Die Justizreform hob mit enormer psychischer Wirkung die Todesstrafe und Sondergerichte auch in der Armee auf. Ein übriges taten die Komitees, die im Laufe des März an allen Frontabschnitten entstanden. In gewissem Sinne übertrugen sie die Doppelherrschaft auf die Front. Neben den Generalstab und die Kommandeure trat ein zweites Machtzentrum, das Beschlüsse zumindest kontrollierte, wenn auch nicht in erster Linie faßte. Gewiß kam dieser Vorgang dem Zusammenbruch der traditionellen Befehlshierarchie gleich. Insofern mochte für die altgedienten hohen Militärs in der Tat die Anarchie ausgebrochen und die Niederlage unabwendbar geworden sein. Auf der anderen Seite ist gezeigt worden, daß mehr als formale Parallelen zu den Verhältnissen im Hinterland für diese Zeit in die Irre führen. Die Komitees verdankten ihren Ursprung nur zum Teil der Nachahmung dessen, was die Garnisonen vorgeführt hatten. Nicht unerheblich war daneben die Mitwirkung der Offiziere selbst. Viele von ihnen machten ihre überlegene Kenntnis geltend und bewahrten ihre Autorität. In aller Regel hatten nur diejenigen Grund zur Furcht, die sich offen gegen die Revolution stellten. Die Truppenkomitees standen häufig unter dem Befehl kompromißbereiter Vorgesetzter. Sie verfolgten keinen pazifistischen Kurs, sondern sprachen sich entschieden für die Fortführung des Krieges aus. Spätestens seit Dumaabgeordnete in der zweiten Märzhälfte die Front bereisten und aus erster Hand über die Vorgänge in Petrograd berichteten, zeichnete sich auf dieser Grundlage eine Stabilisierung ab. Um der Wahrung seines eigentlichen Auftrages willen akzeptierte der Generalstab, was wohl das schwerste Opfer für ihn war: das Eindringen »der Politik« in die Armee. Auch wenn der damit verbundene Versuch scheiterte, die Umwälzung an der Front ganz anzuhalten, blieb der Erfolg nicht aus. Die Komitees wurden vielfach Teil der Kommandohierarchie und wirkten konstruktiv am gemeinsamen Ziel mit.[18]

Solche Mäßigung änderte sich erst, als die konservative Presse Ende März eine Kampagne gegen die Frontrevolution begann. Angesichts von Spannungen zwischen Arbeitern und patriotischen Soldaten – die unangemeldet in hauptstädtische Fabriken eindrangen, um zu prüfen, ob die Beschäftigten ihren Kampf nicht durch Faulenzerei sabotierten – hielt sie den Zeitpunkt für günstig, um den Kassandraruf vom Vaterland in Not vielstimmig ertönen zu lassen. In bekannter Manier zur vollen Wiederherstellung alter Disziplin aufrufend, schreckte sie nicht vor Kritik am »Befehl Nr. 1« zurück. Im Gegenzug verstärkte der Sowjet seine Agitation und förderte zielstrebig die Gründung von Räten. Zur Heerschau der sozialistischen Kräfte geriet ein großer Kongreß von Komiteedeputierten der Westfront, der vom 7. bis 17. April in Minsk unter Anwesenheit der revolutionären Prominenz aus Petrograd stattfand. Er machte zugleich die Abkehr der Soldatenkomitees von der bedingungslosen Vaterlandsverteidigung deutlich und wurde zum Tribunal über die Außenpolitik der Provisorischen Regierung. Die Offensive der nationalen Presse bewirkte eben das, was sie verhindern sollte: den Schulterschluß zwischen den Räten an der Front und denen im Hinterland. *Sie* erst verhalf dem Petrograder Sowjet zur festen Kontrolle über die soldatische Revolution.

Freilich hatte damit eine Dynamik eingesetzt, die über den Status quo hinauswies. Bereits Ende April war der Preis sichtbar, den der Sowjet für die Loyalität der Armee zahlen mußte: die glaubwürdige Bemühung um einen baldigen Frieden. Was in den letzten Märztagen mit der Befehlsverweigerung einiger Kompanien begonnen hatte, schwoll im April zur Demoralisierung ganzer Regimenter an und mündete ab Mai in eine Flut von Desertionen. Die patriotische Begeisterung erwies sich als Firnis, den die Kriegsmüdigkeit, die vom Zarensturz ausgelöste allgemeine Friedenserwartung und die Friedensankündigungen von Regierung und Sowjet schnell zerrieben. Verbrüderung wurde zum Problem, wo immer der Feind in Sicht war. Die Entfernung von der Truppe war auf jedem Bahnhof sichtbar. Dennoch haben gerade diese Bilder zu Übertreibungen geführt. Die verbreitete Schätzung von 1,9 Millionen Deserteuren bis zum August 1917 bei einer Gesamtstärke der Armee von ca. 6,9 Millionen (Dezember 1916, davon aber nur 3,5 Millionen an der Front) bedarf der Korrektur. Tatsächlich verzeichnete jede Division der Nordfront in den zehn Wochen von März bis Mitte Mai einen Verlust von 135 Mann, entsprechend 1,1 bis 1,5% der Kampfstärke, jede Division der Westfront von 95 Mann entsprechend 0,75 bis 0,9%. Andererseits bleibt unbestreitbar, daß die Desertion zur Existenzfrage des neuen Regimes wurde. Eine Amnestie vom 4. April für alle, die sich wieder bei ihren Einheiten einfinden würden, gestand dies ein. Ihren eigentlichen Adressaten fand sie indes in den Truppen im Hinterland. Die unerlaubte Heimkehr in die Dörfer war zunächst, wie die Revolution insgesamt, ein Problem der *Etappe*. Erst seit Juni weitete sie sich zur eigenmächtigen Demobilisierung ganzer Regimenter auch der Front aus. Diese Massenflucht ignorierte nicht nur die Befehle der Regierung, sondern auch die Aufrufe der sie nunmehr formell mittragenden Mehrheit des Sowjets. Sie war das erste unübersehbare Indiz für den Aufstieg der Bolschewiki.[19]

Mit dem Streit um Disziplin und Kampffähigkeit der Armee untrennbar verbunden war die *außenpolitische Orientierung* des neuen Regimes. Sie stand im Zeichen *einer* Frage: der nach Krieg und Frieden. Gerade bei diesem heikelsten Problem trat die Kluft zutage, die das liberal-bürgerliche Lager der Regierung vom sozialistischen im Sowjet trennte. Andererseits gab es auch innerhalb der Blöcke eine beträchtliche Spannweite der Meinungen: Befürworter eines Vernunftfriedens zur inneren Beruhigung in der Regierung, gemäßigte »Defensisten« im Sowjet. Wenn es über die Friedensfrage zur ersten Zerreißprobe der Doppelherrschaft kam, so hatte das viel mit zwei zusätzlichen Belastungen zu tun: mit der Persönlichkeit des Außenministers und der grundlegenden Veränderung der politischen Szene durch die Rückkehr der Emigranten seit Anfang April.

Miljukov vertrat nicht nur während des Umsturzes konservative Positionen. Auch in der Regierung profilierte er sich schnell als entschiedenster Gegner der »revolutionären Demokratie«. Sein Einsatz für die Monarchie war ohne Ergebnis geblieben. Um so hartnäckiger hielt er an dem zweiten Eckpfeiler fest, ohne den das neue Staatsgebäude seiner Meinung nach keinen dauerhaften Halt finden konnte: auf der vorbehaltlosen Erfüllung der Bündnisverpflichtungen. Als Bewunderer besonders der angelsächsischen Verfassung und Gesellschaft versprach er sich von der Allianz weit mehr als nur einen militärischen Sieg: Hilfe beim Aufbau der Demokratie in einem Lande, in dem sie keine Wurzeln besaß und ihren Weg unter denkbar schlechten äußeren Bedingungen beginnen mußte. So begründet diese Überlegung war, so wenig rechtfertigte sie die weitreichenden Kriegsziele, zu denen er sich mehrfach öffentlich bekannt hatte. Miljukov tat wenig, um den Eindruck zu verwischen, er unterstütze die Annexionspläne der zarischen Regierung am Bosporus. Wer noch im Januar 1917 keine moralischen Bedenken gegen eine Eroberung Konstantinopels anzuerkennen vermochte, weil die Stadt nicht wirklich türkisch sei, und die russischen Interessen in dieser Region mit der Bedeutung Elsaß-Lothringens für Frankreich verglich, brauchte sich über den Vorwurf imperialistischer Gesinnung ebensowenig zu wundern wie über den Spottnamen *Dardanell'skij*. Auch innenpolitisch waren Zweifel an der Angemessenheit seiner Haltung angebracht. Miljukov nahm wenig Notiz von der Stimmung der Masse und den Zwängen der nachrevolutionären Situation. Darin lag, bei allem intellektuellen Format, seine grundlegende politische Schwäche.[20]

Schon die erste Verlautbarung des Außenministers vom 4. März sorgte für Aufregung. Miljukov versicherte darin den Bündnispartnern, die neue Regierung werde die internationalen Verträge des Zarenreiches ohne Einschränkungen erfüllen. Er unterstrich die Bereitschaft Rußlands, dem aggressiven Hegemonialstreben einer »räuberischen Rasse« mit allen Kräften entgegenzutreten, und gab seiner Hoffnung Ausdruck, daß sich die Beziehungen zu den befreundeten Völkern auf der Grundlage gemeinsamer demokratischer Strukturen noch enger gestalten würden. Der Friede kam in der Note nur am Rande und als Neuordnung nach einem Sieg der Allianz vor. Solchermaßen provoziert, beschloß der Sowjet, eine eigene Stellungnahme auszuarbeiten und sie in Gestalt eines feierlichen Manifests als erste internationale Erklärung der Revolution bekanntzugeben. Von keinem Geringerem als Maxim Gorki (Gor'kij) entworfen, wandte sich der Aufruf vom 14. März nicht an die Regierungen, sondern an die »Völker der Welt«. Wie die Note Miljukovs ging er davon aus, daß der Triumph der Freiheit auch im Reich des einstigen »Gendarmen Europas« so lange nicht gesichert sei, wie der Krieg andauere. Aber der Friede, den er pathetisch beschwor, war ein anderer Friede, kein Diktat der Machthaber welcher Seite auch immer, sondern die Verständigung der Unterdrückten über die nationalen Grenzen hinweg. Der Sowjet appellierte an die Völker, die Entscheidung selbst in die Hand zu nehmen und nach russischem Vorbild die Eroberer im eigenen Land zu bekämpfen – Revolution als einzig konsequente Friedenspolitik. So radikal das Manifest klang, es forderte keine Waffenruhe hic et nunc und provozierte die Alliierten nicht mit dem alten Druckmittel eines Separatfriedens. Bei allem verbalen Pazifismus ließ es Raum zur Deutung, die Čchejdze anderntags in die Worte kleidete, bevor man über Frieden verhandle, rufe man den Deutschen zu, Kaiser Wilhelm zu stürzen. Das Manifest versperrte einem Arrangement mit der Provisorischen Regierung nicht den Weg. Aber es setzte dem Siegfrieden Miljukovs die Formel entgegen, auf die sich alle Fraktionen des Sowjets, die Bolschewiki eingeschlossen, einigten: Frieden ohne Annexionen und Kontributionen.

Natürlich konnte sich der Sowjet mit dem bloßen Appell an die Welt nicht zufriedengeben. Es gehörte zum Wesen der Doppelherrschaft, daß er konkreten Einfluß auf die Regierungspolitik zu nehmen suchte. Nach zähen Verhandlungen kam am 27. März ein Kompromiß zustande, der ebenfalls mehrere Lesarten erlaubte. Das »freie Rußland« bekräftigte darin zwar öffentlich, keine Herrschaft über fremde Nationen anstreben zu wollen. Aber es bekundete zugleich seine Entschlossenheit, das »Vaterland« nicht »erniedrigt« aus dem Schicksalskampf hervorgehen zu lassen. Der Sowjet zeigte sich zufrieden. Die Distanzierung von Eroberungen genügte ihm, um der Deklaration mit großer Mehrheit zuzustimmen. Miljukov hatte allerdings nicht weniger Grund zur Genugtuung. Er nutzte die dehnbare Formulierung für eine geheime Note an die Verbündeten, in der er deutlich machte, daß alles beim alten bleibe. Einige Skeptiker mochten diese Möglichkeit ahnen, als sie den Kompromiß als Pyrrhussieg werteten.[21]

Unterdessen veränderte sich die politische Szene Petrograds und Moskaus entscheidend. Die prominenten Revolutionäre und künftigen »dramatis personae« kehrten in die Heimat zurück. Dreißig kamen im berüchtigten plombierten Waggon, der mit allerhöchster Genehmigung exterritorial durch das Deutsche Reich fuhr, aus der Schweiz. Lenin, der berühmteste Mitreisende, wurde am 3. April mit angemessenem Zeremoniell, aber spürbarer Beklemmung von einer Delegation des Sowjets auf dem Finnischen Bahnhof empfangen. Die gleiche Ehrung ließ man am 9. April, in entspannterer Atmosphäre, Černov zuteil werden. Bereits in der dritten Märzwoche war der georgische Menschewik Cereteli, ein begnadeter Debattenredner und Stratege, aus Sibirien eingetroffen; mit Dan an seiner Seite stieg er binnen kurzem zur beherrschenden Figur des Exekutivkomitees des Sowjets auf. Der »patriotische« Sozialrevolutionär und baldige Innenminister N.D. Avksent'ev fand sich ebenso ein wie der Führer der Parteilinken Natanson, der als einziger Veteran der siebziger Jahre noch eine bedeutende Rolle spielen sollte. Anfang Mai betraten schließlich Martov und Trotzki wieder russischen Boden, ersterer ebenfalls im versiegelten Transit durch Feindesland, da die Alliierten den russischen Revolutionären nach wie vor die Durchreise verweigerten. Ohne Zweifel brachte erst die Selbstauflösung des Exils die politischen Kräfteverhältnisse in Rußland angemessen zum Ausdruck. Was sich dabei herstellte, wies die typischen Verzerrungen einer Ordnung auf, die keine Opposition geduldet hatte. Die meisten und vor allem die fähigsten Emigranten bekannten sich in der ein oder anderen Form zur Zimmerwalder Bewegung. Ihre Rückkehr markierte nicht nur den endgültigen Einzug der Parteien in den Sowjet und die Verdrängung freischwebender Intelligenzler aus seiner Führung. Sie leitete auch eine stärkere Hinwendung zu programmatischen Positionen der Linken ein.

Dies um so eher, als die Opposition im Sowjet erstarkte. Mit Lenins Ankunft fuhr ein neuer und – alle anderen Fraktionen waren sich darin einig – böser Geist in die Bolschewiki. Kraft und Charisma seiner Person verliehen der seit Februar orientierungslosen und trägen Organisation nicht nur Dynamik und Geschlossenheit. Lenin rammte mit wuchtigen Schlägen auch neue taktische Grenzmarkierungen in die nachrevolutionäre Parteienlandschaft. Aufmerksame Zeitungsleser konnten von seinen Überlegungen nicht überrascht sein. Schon die *Briefe aus der Ferne*, noch in Zürich verfaßt, machten deutlich, daß er den Kurs seiner Petrograder Parteifreunde nicht mittrug. Dennoch schlugen die Thesen zur aktuellen Lage, die Lenin am Tage nach seiner Ankunft im bolschewistischen Hauptquartier vortrug, wie der »Blitz aus heiterem Himmel« ein. Das gespannte Publikum hörte mit Erstaunen, daß die neue Regierung nicht mehr Schonung verdiene als die alte. Infolge ihres »kapitalistischen Charakters« führe sie denselben »räuberischen imperialistischen Krieg« und keinen Kampf zur Verteidigung der Revolution. Der gutgläubigen Bevölkerung müsse der unauflösliche Zusammenhang zwischen Krieg und Kapital klargemacht werden – ohne Sturz des letzteren könne es keinen wahrhaften Frieden geben.

Lenin untermauerte seine Situationsanalyse durch ein allgemeineres Fundament und scheute sich dabei nicht, revolutionstheoretischen Ballast abzuwerfen. Wenn er die »Eigenart« der aktuellen Lage Rußlands bereits »im *Übergang*« von der ersten zur zweiten Etappe der Umwälzung erkannte, wenn er die Machtergreifung der »Bourgeoisie« im Februar nur dem Mangel an Organisation und Klassenbewußtsein auf seiten des Proletariats zuschrieb, dann ließ er die alte, im Parteiprogramm von 1903 festgeschriebene Auffassung vom bürgerlich-demokratischen Charakter des Sturzes der Autokratie endgültig hinter sich. Einen Monat nach ihrem Amtsantritt gab er der bürgerlichen Regierung mit der Begründung den Laufpaß, ihr geschichtlich aufgetragenes Werk sei schon getan. Aufgabe der Zukunft müsse es sein, »die Macht in die Hände des Proletariats und der ärmsten Schichten der Bauernschaft« zu legen. Theoretisch betrat Lenin mit dieser Wende, wenn auch unausgesprochen, den Boden der Trotzkischen Gedanken über die »permanente Revolution« und legte den Grundstein für ihre baldige Zusammenarbeit. Praktisch pflanzte er, wie Plechanov ihm vorwarf, »die Fahne des Bürgerkriegs inmitten der revolutionären Demokratie« auf. Denn die Handlungsanweisung der neuen Lehre ließ sich in einem Satz zusammenfassen: die Provisorische Regierung, der man eben noch in den Sattel geholfen hatte, zu »entlarven«, ihre »ganze Verlogenheit« aufzudecken und sie zu bekämpfen, wo immer dies möglich war. Gegner sprachen von »Verrücktheiten« und »Fieberphantasien« oder erklärten, Lenin habe seinen Anspruch auf den lange verwaisten Thron Bakunins angemeldet. Aber auch die meisten Parteigenossen wie L.B. Kamenev und Šljapnikov, die Meinungsführer der hauptstädtischen Bolschewiki im Februar und März, schrieben die irritierende Radikalität solcher Ansichten mangelnder Vertrautheit mit den innerrussischen Verhältnissen zu. Ihre Hoffnung auf die heilende Wirkung der Eingewöhnung erfüllte sich jedoch nicht. Lenin beharrte nicht nur auf seinen bald berühmten »Aprilthesen«; nach und nach brachte er auch die Partei hinter sich. Der Doppelherrschaft entstand ein unversöhnlicher Feind. Auch wenn er noch schwach war, setzte er sie durch die bloße Suggestion einer Alternative in neuartiger Weise unter Erfolgszwang.[22]

Welche zusätzliche Spannung diese und andere Vorgänge in die ohnehin labile innenpolitische Lage hineintrugen, mußte die Provisorische Regierung bald erfahren. Černov brachte die richtige Erkenntnis mit, daß die Friedenserklärung vom 27. März im Ausland nicht zur Kenntnis genommen worden sei. Auf sein Drängen hin trug der Sowjet dem Kabinett den Wunsch vor, die Alliierten im Geiste dieser Verlautbarung förmlich zu unterrichten. Miljukov fügte sich widerstrebend, nutzte aber die Gelegenheit, um seinen Standpunkt deutlicher zum Ausdruck zu bringen. Die »Note« des Außenministers, schon zeitlich mit bemerkenswertem Ungeschick plaziert, traf am 18. April (i.e. dem 1. Mai n.St.) auf die aufgewühlte Stimmung der Arbeiterdemonstrationen. Bereits seit Monatsbeginn beherrschte die Friedensfrage alle politischen Debatten; die Formel des Sowjets machte die Runde. Vor diesem Hintergrund konnte ein Text nur als Provokation empfunden werden, der den Annexionsverzicht gar nicht erwähnte und über die eilfertige Versicherung russischer Bündnistreue hinaus noch »Garantien und Sanktionen« anmahnte, die dem Russischen Reich nach Kriegsende als Fundament eines dauerhaften Friedens einzuräumen seien. Selbst gemäßigte Linke waren sicher, daß sich dahinter nichts anderes als der alte imperiale Wunschtraum von einem Protektorat über *»Car'grad«* (Konstantinopel) und den Bosporus verbarg. Drei Tage zogen sich die Protestmärsche einer »ungeheuren Menge« teilweise bewaffneter Arbeiter hin, die den Rücktritt des Außenministers und der Provisorischen Regierung verlangten. Auf der anderen Seite vermochte auch das bürgerliche Lager seine Anhänger zu mobilisieren. Der neue Kommandeur Petrograds, General L.G. Kornilov, stand mit Truppen bereit. Ein Bürgerkrieg lag in der Luft, zumal auch in Moskau »die Straßen und Plätze kochten«.

Indes kam der Sowjet der bedrängten Regierung zu Hilfe. Menschewiki und Sozialrevolutionäre im Exekutivkomitee waren sich darin einig, daß es keine Alternative zur Herrschaftsteilung gebe. Sie verhandelten mit der Regierung und erzwangen eine Richtigstellung, die in Gestalt einer gemeinsam formulierten Zusatznote am 22. April veröffentlicht wurde. Der darin ausgesprochene Verzicht auf jegliche territorialen Ansprüche brachte im Verein mit dem Argument, der Aufstand schade nur der Revolution, die Masse zur Raison. Die Regierung überstand die Krise; nicht einmal Miljukov mußte zurücktreten. Dennoch hatte sich Entscheidendes verändert: Unübersehbar lag zutage, daß allein der Sowjet über Macht verfügte. Ihr Transfer erwies sich als bloßer Schein. Für jedermann sichtbar ruhte die Doppelherrschaft nur noch auf *einer* Säule, an die sich die zweite bloß anlehnte.[23]

Die Unruhen warfen somit die Frage nach der Regierungsverantwortung neu auf. Eine Minderheit meinte, daß nun die Stunde der Entscheidung gekommen sei. Sie forderte den Sowjet im Sinne der Leninschen Parolen auf, die ungeteilte Macht zu übernehmen. Auf der Gegenseite sprachen sich die konservativen Liberalen um Miljukov und Šul'gin dafür aus, den Rat in seine Schranken zu weisen. Auch sie suchten mit der Begründung die Konfrontation, daß nur klare Verhältnisse eine solide Handlungsgrundlage abgeben könnten. In beiden Lagern setzten sich jedoch die Verfechter einer konzilianten Politik durch. Nach wie vor wollte die menschewistische und sozialrevolutionäre Sowjetmehrheit das tatsächliche Kräfteverhältnis nicht formalisieren: »Alle Macht den Räten« vertrug sich nicht mit dem Vorsatz, die neue Ordnung durch ein möglichst breites Fundament zu sichern. Ebensowenig war die Regierung geneigt, die Errungenschaften der Revolution aufs Spiel zu setzen. In diesem Sinne wirkte die Erschütterung heilsam. Das Kabinett verwechselte die Fiktion des eigenen Machtmonopols weniger denn je mit der Realität und erkannte die Chance einer Stabilisierung allein im engeren Zusammenrücken. Das Ziel, das anzustreben war, hatte die rettende Hilfe des Sowjets in den Krisentagen vorgegeben: ein förmliches Bündnis der Gemäßigten, eine Koalition der Vernunft.

Trotz der günstigen Ausgangslage erwiesen sich die Gespräche als äußerst beschwerlich. Vor allem die Menschewiki um Martov verschlossen sich dem Angebot des Ministerpräsidenten und der Fürsprache von Kerenskij, Goc, Černov und Cereteli. Den Knoten löste der Rücktritt des Kriegsministers am 29. April. Die Entscheidung Gučkovs, der seine Glaubwürdigkeit durch die Einigung von Sowjet und Generalstab über die Soldatenrechte zerstört sah, wirkte als Signal für einen neuen Anfang. L'vovs zweite Offerte wurde nur noch von den Bolschewiki und den linken Menschewiki und Sozialrevolutionären abgelehnt. Allerdings band der Sowjet seine Bereitschaft, Verantwortung zu übernehmen, an inhaltliche Forderungen. Dan und Cereteli arbeiteten einen Acht-Punkte-Katalog aus, der die gemeinsame Regierung auf die wesentlichen Nahziele der »revolutionären Demokratie« festzulegen suchte: Frieden ohne Annexionen und Kontributionen, Demokratisierung der Armee, verstärkte Kontrolle über die Industrie, Reform der Landwirtschaft zum Nutzen der Bauern und Verantwortlichkeit der sozialistischen Minister gegenüber dem Sowjet.

Den Liberalen fiel es schwer, solche Wünsche zu akzeptieren. Sie mußten vor allem die Aufwertung des Sowjets zu einem regulären und dem Parlament gleichgeordneten Organ als Zumutung empfinden. Miljukov hat auch nicht gezögert, sein Amt mit Eklat niederzulegen, obwohl ihn der Sowjet aus Angst vor einem irreparablen Bruch mit dem Generalstab gar nicht mehr zum Rücktritt drängte und lediglich einen Ressorttausch zur Gesichtswahrung vorschlug. Der Lordsiegelbewahrer der demokratischen Revolution, als der er sich wohl sah, mußte jedoch erleben, daß ihn seine Partei nicht unterstützte. Abermals bewies er ebensoviel politisches Ungeschick wie Prinzipientreue, als er seine Entscheidung ohne Absprache mit dem Zentralkomitee traf. Die Mehrheit der kadettischen Führung stellte ihre Bedenken im Angesicht der Gefahren für das Vaterland zurück. Dabei kam ihr der Sowjet entgegen, der sich mit der Stärkung der Armee und neuen Verteidigungsanstrengungen einverstanden erklärte.

Es blieb die Frage der Ressorts und ihrer Besetzung. Nach zähem Ringen traten ins neue, der Öffentlichkeit am 5. Mai vorgestellte Kabinett unter anderem ein: Kerenskij als Heeres- und Marineminister, Černov als Landwirtschaftsminister, der Trudovik A.V. Pešechonov als Minister für die Lebensmittelversorgung, der Menschewik M.I. Skobelev als Arbeitsminister. Cereteli begnügte sich mit dem Postressort, um Zeit für seine Hauptaufgabe zu finden, Regierung und Sowjet miteinander zu verbinden. Ministerpräsident und Innenminister in Personalunion blieb Fürst L'vov. Insgesamt übernahmen Menschewiki und Sozialrevolutionäre sechs von fünfzehn Ressorts. Sie *wollten* in der Minderheit bleiben, da die Revolution in ihren Augen weiterhin primär bürgerliche Aufgaben zu erfüllen hatte. Das Gefühl unzureichender historischer Legitimation vermochten sie nicht abzulegen. Darin bewahrte sich eine Unentschiedenheit, die sie ehrte, aber die Chancen des Experiments nicht eben erhöhte. Auch die Scheu vor dem Risiko formeller Machtübernahme fand neue Nahrung: Falls die Koalition scheiterte, war außer der Konterrevolution nur *ein* Gewinner in Sicht: die extreme Linke.[24]

3. Koalition der Not

Nicht nur die Hartnäckigkeit früherer Gewissensbisse und Befürchtungen gab den Sozialisten Anlaß zu zaudern. Hinter den Vorbehalten stand bei vielen die Sorge um den Zusammenhalt der Partei. Denn die Euphorie des Februar hatte die alten Risse nur verdeckt, nicht beseitigt. Als die Revolution gesichert schien und die ersten Grundsatzfragen zu entscheiden waren, traten sie wieder an die Oberfläche. Die Rückkehr der Emigranten wirkte dabei ebenfalls beschleunigend. Außer ihren Talenten brachten sie den Meinungsstreit der Kriegsjahre mit in die Heimat. Nicht nur zwischen den politischen Lagern, auch innerhalb der Parteien brachen die alten Grabenkämpfe wieder auf.

Hinzu kamen neue Probleme. Nach dem Februarumsturz erhoben sich Sozialdemokraten und Sozialrevolutionäre mit frischer Kraft aus der Asche der zarischen Repression. Sie konnten sich so frei betätigen wie nie zuvor. Ihre Mitglieder blieben nicht nur unbehelligt, sondern hatten sogar Grund zu der Erwartung, einer staatstragenden Organisation von Gewicht anzugehören. Erstmals konnte innerparteiliche Demokratie ohne Einschränkungen praktiziert werden. Zugleich entdeckte eine große Zahl von Beitrittswilligen ihr Herz für den Sozialismus. Das Wort von den »Märzgefallenen« machte die Runde. Vor allem die Ortsverbände der Sozialrevolutionäre und Menschewiki füllten sich in einem Tempo, das ihre Integrationskraft überschritt. Es waren in tiefem Wandel begriffene, von alten und neuen Konflikten zerrissene Parteien, die das Wagnis der Koalition eingingen.

Die *Menschewiki* fanden sich erstmals in der zweiten Maiwoche zusammen, um ihre Reihen auf einer gesamtrussischen Konferenz zu mustern. Knapp 70 Delegierte aus 45 Komitees machten deutlich, daß die Partei auch numerisch eine Renaissance erlebte. Mit 45 000 Mitgliedern hatte sie die Stärke des Jahres 1906 übertroffen und verlorenes Terrain von den Bolschewiki zurückerobert. Im Vordergrund der Debatten stand naturgemäß der Regierungsbeitritt. Nach hitziger Debatte gab die Konferenz dem Fait accompli mit einer soliden Mehrheit seinen nachträglichen Segen. Dennoch hatten Cereteli, Skobelev und Čchejdze keinen Grund zu ungetrübter Freude. Die Abgesandten der Basis unterstützten ihren Kurs nicht bedingungslos. Zu lange hatte man ihnen den Klassenkampf gepredigt, als daß sie sich ohne Reserve an das Schicksal einer überwiegend »bürgerlichen« Regierung hätten ketten wollen. Ihr Ausweg erwies sich freilich als nutzlos: Der Beschluß, keine Verantwortung für die Handlungen der menschewistischen Minister zu übernehmen, konnte die Arbeiter nicht davon abhalten, die Partei als ganze haftbar zu machen.

Ohne Wirkung blieb der Vorbehalt auch in anderer Hinsicht. Die Brücke, die er zu den Gegnern der Koalition und ihres Programms schlagen sollte, trug nicht. Martov mußte zwar hinnehmen, daß die Partei sich über sein Votum hinwegsetzte. Aber er blieb stark genug, um eine widerspenstige Minderheit zu sammeln. Sie verdammte in scharfen Worten denselben Krieg, den ihre Parteigenossen mittrugen. Sie verurteilte die Zusammenarbeit mit den Liberalen als Kollaboration und viele sozialpolitische Maßnahmen ihrer eigenen Minister als Flickwerk, wenn nicht gar als Sabotage an der Revolution. Auch eine Einigungskonferenz, im August zu schwerer Stunde zusammengerufen, als der Zusammenbruch des Februarregimes absehbar wurde, verfehlte ihr Ziel. Der linke Flügel zeigte sich angesichts der Dauerkrise der Koalition eher gestärkt. Im Grunde war eine formelle Spaltung überfällig. Daß sie bis zuletzt ausblieb, hing eher mit emotionalen Bindungen und der Angst vor dem Unwiderruflichen zusammen als mit Resten inhaltlicher Gemeinsamkeiten. In keinem Fall hat die beibehaltene organisatorische Einheit der demokratischen Revolution das gewährt, was sie am dringendsten brauchte: Rückendeckung im Kampf um die Loyalität der Masse.[25]

Man kann darüber streiten, welche der beiden Parteien die eigentliche Stütze des Februarregimes bildete. Architekten der Doppelherrschaft waren sicher die Menschewiki, die über begabtere Organisatoren und überlegene parlamentarische Talente verfügten. Die Massenpartei dieser Monate aber war die *PSR*. Wie 1905/06 profitierte sie von ihrem Anspruch, die Unterdrückten in Stadt und Land gleichermaßen hinter ihren Fahnen zu versammeln. Nach wie vor wirkte sie wie ein Schmelztiegel radikaler Unzufriedenheit der verschiedensten Art. Daten über ihre Mitgliederzahl bestätigen solche Attraktivität. Mitte 1917 ging die Rede, eine Million Menschen betrachteten sich als Sozialrevolutionäre. Wenn man Einzelangaben hochrechnet, scheint diese Schätzung nicht einmal übertrieben. Auch die Ergebnisse der ersten demokratischen Wahlen im Gesamtreich, der Wahlen zu den Stadtparlamenten vom Juni 1917, bestätigen die herausragende Popularität der PSR. Obwohl die Sozialisten in der Provinz häufig vereint antraten, steht außer Zweifel, daß die Sozialrevolutionäre als stärkste Einzelpartei aus dem Wettbewerb hervorgingen. In 130 Städten diesseits des Ural erreichten sie etwa 16,6% der Mandate, in 40 Gouvernementshauptstädten 17,6% im Vergleich zu 7,5% (7,8%) für die Bolschewiki, 3,8% (4,7%) für die Menschewiki und 11,6% (15,2%) für die Kadetten. Besonderen Glanz bescherte ihnen das Resultat aus Moskau: Mit 58% der Stimmen verwiesen sie die anderen Parteien (KD: 16,8%; Menschewiki: 11,8%; Bolschewiki: 11,7%) auf die Plätze. Andere Verhältnisse brachten lediglich die Wahlen zu den Bezirksverwaltungen von Petrograd zutage, die schon Ende Mai stattfanden. Hier mußte sich die PSR mit dem dritten Rang (7,4%) begnügen, weit hinter den Kadetten

(21,9%) und den Bolschewiki (20,4%), deren Widerhall bei der hauptstädtischen Bevölkerung erstmals in vollem Ausmaß sichtbar und von aufmerksamen Gegnern mit Besorgnis registriert wurde.[26]

Solch eine breite Ausstrahlung der PSR setzte sich jedoch nicht ohne weiteres in politischen Einfluß um. Die Masse der Sympathisanten hielt sich von tätigem Engagement fern. Selbst in Petrograd nahmen nur einige Dutzend, bestenfalls einige Hundert der angeblich 35 000 Mitglieder an den Versammlungen teil. Die Parteikomitees trugen durch laxe Handhabung der Mitgliedschaftsregularien zu diesem unguten Zustand bei. Insbesondere außerhalb der großen Städte wurde oft schon als Mitglied geführt, wer einer Kundgebung beigewohnt hatte. Sicher standen die anderen Parteien vor ähnlichen Problemen. Dennoch scheint die Kluft zwischen registrierter und aktiver Gefolgschaft in der PSR besonders ausgeprägt gewesen zu sein. Die Sozialrevolutionäre offenbarten auch 1917 eine erstaunliche organisatorische Schwäche. Nicht zuletzt deshalb vermochten sie trotz ihrer großen Anhängerschar in der Stunde der Entscheidung, anders als die straff geführten Bolschewiki, kaum jemanden auf die Straßen zu bringen, der die Regierungspolitik verteidigt hätte.

Ein übriges taten innere Querelen, die der PSR noch heftiger zusetzten als den Menschewiki. Ihrem »synthetischen« Programm entsprach eine Offenheit, die sehr verschiedenen Temperamenten und Tendenzen Platz ließ. Nach der Rückkehr der Emigranten Anfang April hatte es den Anschein, als ob sich eine integrationsfähige Mitte bilden würde. Die gemäßigten Internationalisten um Černov verbanden sich mit den kompromißbereiten Defensisten um A.R. Goc zu einer Führungsriege, die ihrerseits engen Kontakt zum menschewistischen Triumvirat aufnahm. Diese Zusammenarbeit setzte Miljukovs politischer Laufbahn ein Ende und legte den Grundstein nicht nur für die Koalition, sondern auch für den Fortbestand des Februarregimes bis zum Oktober überhaupt. Sie gab den Sozialrevolutionären erstmals die Chance zum Versuch, das Land nach ihren tausendfach erhobenen Forderungen umzugestalten. Aber sie forderte den Preis einer Vertiefung der Risse in den eigenen Reihen.

Noch kaum bemerkt oder nicht ernstgenommen, formierte sich bereits im April der rechte Flügel unter der Ägide von A.A. Argunov und der späteren Minister (der zweiten Koalition) B.V. Savinkov und S.L. Maslov. Ihm nahe standen weniger enthusiastische Patrioten, die dennoch an der Notwendigkeit der Verteidigung festhielten. Dank ihres intellektuellen Potentials eroberte diese gemäßigte Rechte um Avksent'ev, V.M. Zenzinov und V.V. Rudnev, dem Bürgermeister von Moskau, allmählich die Mehrheit im Zentralkomitee. Černov, ohnehin zu sensibel für das rauhe Alltagsgeschäft der Politik, und die bis dahin tonangebende linke Mitte gerieten ins Abseits. Dazu trug der Umstand bei, daß sie am linken Rand der Partei keinerlei Unterstützung fanden. Die äußerste Linke entfernte sich selbst von den moderaten Internationalisten in dem Maße, wie sich diese in die Koalitionspflicht nehmen ließen. Sie lehnte die Fortführung des Krieges ebenso entschieden ab, wie sie die Räte gegenüber Regierung und Duma zu stärken suchte. Schon seit Mai zog sie faktisch mit den Bolschewiki an einem Strang. Dabei konnte sie sich solche Eigenwilligkeit leisten. Persönlichkeiten wie B.D. Kamkov und M.A. Spiridonova verhalfen ihr, gestützt auf das hohe Ansehen Natansons, zu beträchtlichem Einfluß.

So lag denn die Spaltung noch spürbarer in der Luft als bei den Menschewiki. Auf dem dritten Parteitag der PSR Ende Mai konnte sie noch vermieden werden. Die erste freie Zusammenkunft der Gesamtpartei nach zehn Jahren war nicht der Ort, um Wunden aufzureißen oder gar schmerzhafte Operationen vorzunehmen. Vom Hochgefühl des Triumphes getragen, fand der Kongreß auch in den heftig umstrittenen Lebensfragen der Revolution einen Kompromiß. Černov bot seine gesamte hochentwickelte Kunst der vermittelnden Formulierung auf, um gemeinsame Resolutionen zu Krieg und Frieden zu erwirken. Die Delegierten stimmten dem Plan einer internationalen Friedenskonferenz zu. Aber sie billigten zugleich den Verteidigungskrieg einschließlich neuer Anstrengungen, um ihn siegreich zu beenden. Sie gaben der Koalition mit den Liberalen ihren Segen, fügten aber die Einschränkung an, daß sie nur als temporäre Lösung anzusehen sei. Opfer solch elastischer Beschlüsse war die Politik der linken Mitte. Die Führungsriege um Goc und Avksent'ev konnte die Distanz zur Provisorischen Regierung nun vollends aufgeben. Nichts hinderte sie mehr daran, sich der Koalition mit Haut und Haar zu verschreiben. Diese »Menschewisierung« (O.H. Radkey) zähmte den einst überschäumenden revolutionären Elan der PSR so nachhaltig, daß er den vorsichtigen Pragmatismus an der Seite des bürgerlichen Partners in der Tat nicht störte. Aber sie machte die Sezession der Linken zur Gewißheit. Lange vor der formellen Gründung der PLSR im November gab es mehrere sozialrevolutionäre »Parteien«, die einander befehdeten und lahmzulegen suchten.[27]

Die Zerrissenheit der »revolutionären Demokratie« schien geeignet, den Einfluß der *Liberalen* zu stärken. Ohnehin stellten sie immer noch den Ministerpräsidenten und die Mehrzahl der Kabinettsmitglieder. Nach wie vor fiel ihnen die tragende Rolle des Bündnisses zu. Eine andere Frage war, ob sie ihr gerecht zu werden vermochten. Von inneren Gruppenkämpfen blieben sie weitgehend verschont. Zwar stand Miljukov mit seiner Skepsis nicht allein. Aber zu Streitigkeiten, die ihre Einheit gefährdet hätten, kam es über die Koalitionsfrage nicht. Im Gegenteil, in mancher Hinsicht gingen die Kadetten gestärkt aus der Krise hervor. Das ständige Ringen mit den Kräften der sozialen Revolution im Regierungsalltag selbst veranlaßte sie zu neuer Geschlossenheit. Sie besannen sich auf alte Werte und rückten im Bewußtsein enger zusammen, das letzte Bollwerk gegen utopische Experimente und Anarchie zu sein. Verpflichtung gegenüber der Staatsidee (*gosudarstvennost'*) und der Anspruch, über den Klassen zu stehen (*nadklassnost'*), kamen als Leitideen wieder stärker zu Ehren. Die Liberalen schöpften neue Identität aus der Abgrenzung von Partnern, die ihnen suspekt blieben und im Falle Černovs selbst das Odium eines Terroristen oder eines neuen Pugačev nicht verloren hatten.

Damit fanden sie die Stärkung ihres Selbstbewußtseins nicht am selben Ort im politischen Spektrum, den sie zuvor eingenommen hatten. Im Frühsommer 1917 kündigte sich eine ähnliche Entwicklung an wie nach den Aufstandsmonaten des Jahres 1905. Die wohlhabenden Schichten formierten ihren Widerstand gegen die Bedrohung ihres Eigentums und ihrer Stellung, die sie durch den Eintritt der Sozialisten in die Regierung wachsen sahen. Unternehmer und Industrielle verteidigten ihre Interessen in Wort und Tat mit größerem Nachdruck. In 15 Gouvernements schlossen sich landsässige Adelige zum *Verband der Grundbesitzer* zusammen, um die bevorstehende Agrarreform abzuwehren. Die Kadetten blieben von solchen ersten Regungen der Gegenrevolution nicht unberührt. Zwar gaben Intelligenz und Bildungsbürger in ihren Reihen nach wie vor den Ton an. Auch 1917 stammte die erdrückende Mehrheit ihres Zentralkomitees (58 von 66 Mitgliedern) aus der Schicht der Freiberuflichen (mit einem bezeichnenden Übergewicht der Juristen) und aus der akademischen Elite (Professoren). Dessenungeachtet waren ihre Verbindungen zur Welt des (nichtadeligen) Geldes und Besitzes eng, ein Zustand, den die wachsende Macht des Sowjets weiter festigte. Was an der gezielten Exklusivität eines neu gegründeten kadettischen Klubs in Petrograd als Symptom sichtbar wurde, kennzeichnete die Entwicklung insgesamt: Angesichts der sozialen Polarisierung suchten die Liberalen die Distanz zur Masse und zur Linken. Der Anspruch einer klassenneutralen Politik, der *vor* der Revolution im Kampf für das allgemeine Ziel der Demokratie eine gewisse Berechtigung besessen hatte, verlor an Glaubwürdigkeit.

Damit ging einher, daß die Partei auch organisatorisch über das Stadium einer Honoratiorenvereinigung nicht hinauskam. Zwar gelang es ihr, bis Juni etwa 230 lokale Filialen zu gründen. Aber diesen fehlte es an Mittel, Personal und Einsatz, um spürbaren Einfluß auszuüben. Die Juni-Wahlen präsentierten den Kadetten die Quittung. Nirgends konnten sie den sozialistischen Parteien das Wasser reichen. Selbst in ihren Hochburgen Moskau und Petrograd mußten sie im Vergleich zu den Dumawahlen empfindliche Verluste hinnehmen. Wenn es noch eines Beweises bedurfte, die ersten Wahlen (von den folgenden nicht zu reden) lieferten ihn: Die Februarereignisse brachten die Liberalen nicht wieder auf die Höhe von 1906; die Regierungsverantwortung zahlte sich nicht aus. Ein solches Fazit verschaffte Stimmen vom rechten Rand der Partei Gehör, die meinten, die Revolution habe dem Lande zu viel Demokratie beschert (V.A. Maklakov). In keinem Fall stärkte es das Vertrauen in die politische Vernunft der Koalition, ohne daß eine Alternative in Sicht gewesen wäre.[28]

Die unter solchen Auspizien gebildete Regierung stand nicht nur vor den ungelösten Aufgaben der alten. Darüber hinaus wuchs die Ungeduld im Lande und drängte die Zeit. Schicksalsfrage des Regimes blieb der *Krieg*. Die Koalition glaubte, die Quadratur des Kreises durch eine Doppelstrategie erreichen zu können: Fortführung des Krieges bei gleichzeitiger Bemühung um einen »demokratischen Frieden« der Völker. Hilfreiche Impulse erwartete man vom Kriegseintritt der Vereinigten Staaten (Anfang April) und vom eigenen demonstrativen Annexionsverzicht. Die besondere Hoffnung aber galt dem Plan einer Friedenskonferenz aller sozialistischen Parteien, der schon im Februar im Kreise der menschewistischen Internationalisten des Schweizer Exils entstanden war und seitdem vor allem von schwedischen und niederländischen Sozialdemokraten mit dem Ziel einer Zusammenkunft in Stockholm weiter verfolgt wurde. Die Bruderparteien, so das Kalkül, sollten ihre Regierungen durch parlamentarischen Druck veranlassen, sich der Idee eines Verständigungsfriedens zu öffnen. Miljukovs Nachfolger, M.I. Tereščenko, am linken Rande der Kadetten stehend, und Cereteli, Vordenker der neuen Strategie, arbeiteten dabei Hand in Hand. Während der Sowjet den Geist von Zimmerwald beschwor, gab der Außenminister den Alliierten im Sinne der Note vom 27. März eine Revision der Kriegsziele zu bedenken. Er warb sogar um Unterstützung für die Konferenz mit dem Argument, daß es Demokratien wohl anstünde, einen demokratischen Frieden anzustreben. Beide Bemühungen blieben indes ohne Erfolg. Zwar setzte der russische Vorstoß im sozialistischen Lager eine rege Reisetätigkeit in Gang. Aber die alten Fronten waren weder in Rußland selbst noch in Westeuropa zu überwinden. Das Spiel war endgültig verloren, als bekannt wurde, daß eine Schlüsselfigur, der Schweizer Sozialdemokrat Robert Grimm, in geheimen Beziehungen zu deutschen Mittelsmännern stand. Die Konferenz geriet, allen gegenteiligen Beteuerungen zum Trotz, in den Ruch von Separatfriedensbemühungen, Verrat und Kollaboration. Nicht zuletzt die verbündeten Regierungen schlugen nun Alarm und torpedierten weitere Vorbereitungen. So scheiterte der Plan einer Friedenskonferenz schon im Vorfeld konkreter Abmachungen. Mit ihm brach der Eckpfeiler der neuen Außenpolitik zusammen.[29]

Was blieb, war die Fortsetzung der Bankrotterklärung aller Politik – des Krieges. Ohnehin argwöhnten linke Gegner und hofften rechte Kritiker, daß dies die eigentliche Bestimmung der Koalition und die Klammer sei, die sie zusammenhalte. Mit seinem ausgeprägten Talent zur Selbstdarstellung festigte der neue Kriegsminister diesen Eindruck. Kerenskij erklärte es unverhohlen zu seiner Hauptaufgabe, die Kampfkraft der Armee wiederherzustellen. Die französische »levée en masse« vor Augen, vertraute er auf die Überzeugungskraft des Appells zur Verteidigung der Freiheit. Pathetisch und nicht ohne falsche Töne hatte er schon während der Aprilkrise vor einer Konferenz von Armeedelegierten deklamiert, er werde es bedauern, nicht in der ersten Stunde der Revolution gestorben zu sein, wenn sich herausstellen sollte, daß das »befreite Rußland wirklich nur ein Land meuterischer Sklaven« sei. Nach seinem Amtsantritt ließ er es an Mühen nicht fehlen, sich nicht beim Wort nehmen zu müssen. Aufsehen erregte, obwohl ihr Kern schon längst Wirklichkeit war, die förmliche Verkündung der Charta der Soldatenrechte. Allerdings nahm Kerenskij einige wesentliche Änderungen vor. Er ergänzte die Vorlage um die unmißverständliche Klarstellung, daß die Befugnis zur Ernennung und Entlassung der Offiziere *ausschließlich* bei den Kommandeuren liege, und unterstellte die Sowjetkommissare bei den Truppen der Regierung. Die Absicht der Deklaration in dieser Form lag auf der Hand: Einerseits sollte sie den Untergang der alten Armee besiegeln und die Loyalität der Soldaten sichern helfen, andererseits aber den revolutionären Prozeß im Heer anhalten und das Fundament für den Endsieg an der Seite der Alliierten legen.

Denn die Provisorische Regierung geriet auch von außen zunehmend unter Druck. Die Bündnispartner klagten eine Zusage ein, die noch vor der Revolution gegeben worden war: den für das Frühjahr geplanten französischen Angriff durch eine Offensive an der russischen Südwestfront zu unterstützen und die Mittelmächte in die Zange zu nehmen. Wegen der Februarereignisse war der Termin zweimal verschoben worden. Nun pochten hochrangige Besucher, wie der sozialistische Rüstungsminister Frankreichs A. Thomas, und die alliierte Militärmission in Petrograd gleichermaßen auf baldige Taten. Die Regierung war indes klug genug, die Verantwortung für ein solch riskantes Manöver nicht allein auf sich zu nehmen. Am 3. Juni wurde in Petrograd der erste Allrussische Kongreß der Räte der Arbeiter- und Soldatendeputierten eröffnet. Schon im Vormonat (4. bis 28. Mai) waren die Vertreter der (organisatorisch separaten) Bauernräte zu einer analogen Konferenz zusammengetroffen und hatten zur Führung der Geschäfte zwischen den Plenarsitzungen ein Zentrales Exekutivkomitee (VCIK) hinterlassen. Auf beiden Konferenzen verfügten Sozialrevolutionäre und Menschewiki über eine solide Mehrheit. Sie nutzten diese, um ihrem Vorhaben Mitte Juni die »breiteste demokratische Legitimation« zu sichern, die vor dem Zusammentritt der Konstituierenden Versammlung zur Verfügung stand. Unmittelbar darauf unterzeichnete Kerenskij den Befehl zur *Offensive*, die zwei Tage später, am 18. Juni (1. Juli n.St.), unter der strategischen Führung Brusilovs als neuem Generalstabschef – Alekseev war Ende März abgesetzt worden – begann.[30]

Der klägliche Mißerfolg des aufwendigen Unternehmens ist bekannt. Drei Armeen und einige Sondereinheiten sollten in Bewegung gesetzt werden. Auf dem Papier verfügten sie bei drei- bis vierfacher Truppenstärke und erheblich mehr Geschützen als die deutsch-österreichische Seite über klare Vorteile. Doch die Soldaten ließen sich nur mit Mühe aus den Gräben holen. Der Angriff kam kaum voran. Bereits am dritten Tag mußte die Operation abgebrochen werden. Der ganze Gewinn bestand in einem Streifen von drei bis fünf Kilometern auf einer Länge von 60 Kilometern. Der Gegenstoß der Mittelmächte, der am 5. Juli begann, traf auf keinen nennenswerten Widerstand. Im Angesicht der feindlichen Truppen ergriffen »oft ganze Regimenter und Divisionen« die Flucht. Die Offensive bewirkte eben das, was ihre Kritiker vorausgesagt hatten: Sie beschleunigte den Zerfall der Armee und erschütterte die Autorität des Februarregimes zutiefst.[31]

Denn ohne Zweifel markierte der fatale Entschluß zur Vorwärtsverteidigung jenen Punkt, an dem die Regierung und die Mehrheitsparteien ihren Kredit bei den Soldaten endgültig verloren. Alle Versuche, die Kontrolle zurückzugewinnen, waren umsonst. Die drastische Maßnahme der Wiedereinführung der Todesstrafe an der Front am 12. Juli dokumentierte eher ihre Hilflosigkeit als einen neuen, festen Willen. Gerade sie erwies sich als Fallgrube für ihre Urheber. Indem sie den Offizieren faktisch die alte Macht zurückgab, trieb sie die Soldaten in die Arme der radikalen Agitatoren. Die Bauern in Uniform deuteten sie als Annullierung der Errungenschaften des Februar und schenkten fortan denjenigen mehr Glauben, die der Regierung von Anfang an Verrat an der Revolution vorgeworfen hatten. Im Juli begann der Siegeszug der Bolschewiki in der Armee. Lenin, nicht lange zuvor noch als deutscher Agent beschimpft, avancierte zum Hoffnungsträger. Zugleich hielten Desertion und Zerfall an. Welches genaue Ausmaß sie auch immer annahmen – und Zweifel an den bislang kolportierten Globalangaben scheinen angebracht –, der Zusammenbruch der Befehlshierarchie, die Auflösung in funktionsunfähige Einzelverbände stehen außer Frage. In diesem Sinne hörte die Armee als Garant der nationalen Souveränität und als mögliche Stütze der demokratischen Revolution auf zu bestehen. Der Regierung war ein irreversibler Fehler unterlaufen: Sie hatte nicht begriffen, daß die Freiheit für die Soldaten ohne Friede keinen Wert besaß.[32]

Angesichts des allgemeinen Notstands war der Koalition auch *im Innern* keine Schonzeit vergönnt. Die sozialen Spannungen gewannen an Schärfe. Bereits im Mai flammten die Arbeitskonflikte wieder auf und lösten die größte Streikwelle seit dem Umsturz aus. Das Minimum an Gemeinsamkeit, das die Februarrevolution gestiftet hatte, schmolz dahin. In vieler Hinsicht kehrten die Konflikte der Vorkriegsjahre zurück, ohne daß ihr destruktives Potential noch von irgendeiner Macht hätte begrenzt werden können. Politische Begleiterscheinungen traten im Frühsommer unübersehbar zutage. Sie leiteten eine neue Phase des Umwälzungsprozesses ein: die Konfrontation zwischen Gemäßigten und Radikalen. Was für die einen die Revolution in Permanenz war, markierte für die anderen den Umschlag in die Perversion der ursprünglichen Ziele von Freiheit und Demokratie. Seit Juni war die Revolution nicht mehr dieselbe (M. Ferro).

Solche Gräben taten sich zu einer Zeit auf, als sich die revolutionäre Demokratie in vollem Glanze präsentieren konnte. Zum bereits erwähnten ersten *Allrussischen Kongreß der Räte der Arbeiter- und Soldatendeputierten* entsandten 305 örtliche Sowjets gewählte Vertreter. Ihre Zahl richtete sich nach der Größe der Einwohnerschaft, auf die sie ihr Mandat zurückführten. Kleinere Sowjets (unter 50 000 Urwähler) schickten ein bis zwei, die großen (über 200 000) acht Delegierte. Insgesamt kamen 1090 Kongreßteilnehmer zusammen, die etwa 20 Millionen Urwähler repräsentierten, knapp die Hälfte derjenigen, die einige Monate später für die Konstituierende Versammlung zur Urne gingen. Über volles Stimmrecht verfügten 822 Abgeordnete. Davon bekannten sich 285 zur PSR und 248 zu den Menschewiki. Nur eine Minderheit folgte den Bolschewiki (105); die übrigen gehörten kleineren sozialistischen Gruppen an oder gaben an, unabhängig zu sein. Der Kongreß war keine Veranstaltung nach dem Geschmack des bürgerlichen Lagers, da er wohl frei, aber unter Ausschluß der besitzenden Schichten gewählt worden war. Dennoch konnten die Anwesenden zusammen mit den Mitgliedern des Allrussischen Bauernsowjets[33] den Anspruch erheben, für die große Bevölkerungsmehrheit der russischen Kernlande (nicht der fremdethnischen Gebiete) zu sprechen.

Die Verhandlungen des Kongresses hinterließen keine tieferen

Spuren. Er war als Symbol bedeutsam, weniger wegen seiner Debatten und Beschlüsse. Den menschewistischen und sozialrevolutionären Strategen fiel es nicht schwer, die Zustimmung der Delegierten zu den politischen Grundsatzfragen, zur Koalition und zum Krieg, zu sichern. Bemerkenswert war dennoch eines: der erste Auftritt der Bolschewiki vor einer landesweiten Öffentlichkeit und die Rede ihres Führers. Lenin antwortete in einem sonst wenig eindrucksvollen Debüt auf die Behauptung Ceretelis, es finde sich in Rußland keine Partei, die bereit sei, die Staatsgewalt allein zu tragen, mit der herausfordernden Erklärung: es gebe sie, die Bolschewiki seien »jede Minute bereit, die Gesamtheit der Macht zu übernehmen«. Aufmerksame Beobachter haben den programmatischen Gehalt dieses bald vielzitierten Satzes nicht überhört. Erstmals gab Lenin öffentlich eine unverhüllte Auslegung seiner Aprilthesen: Hinter der Parole, daß alle Macht den Räten gebühre, wurde der Herrschaftsanspruch der bolschewistischen Partei auch als Minderheit sichtbar. Obgleich man gut daran tut, die Äußerung nicht mit der Kenntnis der künftigen Entwicklung zu befrachten – an der Kampfansage, die sie enthielt, war nicht zu deuteln.[34]

Den Mehrheitssozialisten, die diese Äußerung angesichts des Häufleins bolschewistischer Delegierter mit Spott quittierten, verging die Heiterkeit schon vor dem Ende der ersten Konferenzwoche. Sie hatten eine Erscheinung vergessen, die für die gesamte Revolution typisch war: daß die Uhren in der Hauptstadt anders gingen als in der Provinz, aus der die meisten Delegierten kamen. In Petrograd aber schlug der Streit um die *Villa Durnovo* – das im unruhigen Vyborg gelegene Hauptquartier der Anarchisten, das die Regierung räumen lassen wollte – hohe Wellen und leitete Wasser auf die Mühlen der Radikalen. Am 9. Juni hielten aufgebrachte Sowjetführer ein bolschewistisches Flugblatt in den Händen, das die Arbeiter zum Protestmarsch gegen die »Konterrevolution« aufrief. Die Proklamation prangerte die andauernden Plagen von Arbeitslosigkeit, Hunger und Krieg an und endete in der Forderung nach Abschaffung der Duma, Absetzung der zehn »kapitalistischen Minister« und Übergabe der ungeteilten Macht an die Arbeiter-, Soldaten- und Bauernräte.

Den Abgesandten eben dieser Räte aus dem ganzen Lande mußte das wie Hohn erscheinen. Offenkundig war die Demonstration nicht nur ohne, sondern auch gegen sie geplant worden.

Furcht vor einem Aufstand breitete sich aus. Cereteli, Dan, Čchejdze und Goc entwarfen eine Gegenproklamation und appellierten an das bolschewistische Zentralkomitee, die Demonstration abzusagen. In der Tat beugte sich die bolschewistische Führung dem Druck. Sie war in dieser wie in anderen Fragen zutiefst gespalten. Namentlich die Sprecher der bolschewistischen Fraktion im Allrussischen Sowjet Kamenev und V.P. Nogin votierten für den Rückzug, mußten sie doch fürchten, andernfalls aus dem Kongreß ausgeschlossen zu werden. Auch Lenin sah dieses Risiko und nahm den Beschluß zum Verzicht auf die Demonstration hin.

Wer über diesen Sieg von Regierung und Sowjet Genugtuung empfand, hatte dennoch die Rechnung ohne den Wirt gemacht. Die Unruhe in den Petrograder Arbeitervierteln war so groß, daß der Sowjet sich veranlaßt sah, durch eine eigene, von ihm anberaumte Demonstration gleichsam ein Ventil zu schaffen. Die Kundgebung sollte die Geschlossenheit der revolutionären Kräfte zeigen und für die demokratische Republik und die Konstituierende Versammlung werben. Um so entsetzter waren die Veranstalter, als sie am 18. Juni die Parolen der Kolonnen lasen, die in großer Zahl aus allen Teilen Petrograds über das Marsfeld neben dem Winterpalais defilierten: »Dicht wie ein Wald« reihten sich *bolschewistische* Losungen aneinander. Es waren die Bolschewiki, die zuletzt lachten, während die Koalitionsparteien allen Anlaß hatten, die Lektion ernst zu nehmen, die ihnen erteilt worden war.[35]

Mehrere Umstände trugen dazu bei, daß sich die Lage trotz der nachgeholten Demonstration nicht entspannte. Tiefste Quelle der Unruhe war sicherlich eine zufällige, aber bedeutungsschwere Koinzidenz: Am 18. Juni begann auch die Offensive. Ihrem Protest gaben unter anderem die »Vierzigjährigen« Ausdruck. Im April waren diese älteren Soldaten zur Feldarbeit nach Hause entlassen worden; jetzt erhielten sie einen neuen Einberufungsbefehl. In Petrograd wurden etwa 40 000 von ihnen zusammengezogen, die nichts sehnlichster wünschten, als vom Fronteinsatz verschont zu bleiben. Hinzu kamen anhaltende innerstädtische Konflikte. Am 19. Juni beschloß die Regierung, mit den Bewohnern der Durnovo-Villa kurzen Prozeß zu machen. Die Räumung verlief reibungslos, aber fortan war täglich mit einer gewaltsamen Erhebung in Vyborg zu rechnen. Die Lunte führten dabei anarchistische Rädelsführer, die das bolschewistisch beherrschte Erste Maschinengewehrregiment für einen Putsch zu gewinnen suchten. Die Soldaten gaben ihre anfängliche Zurückhaltung auf, als am 20. Juni der Befehl eintraf, Maschinengewehre zur Verwendung an der Front abzuliefern. Sie lehnten diese Order als Versuch der Entwaffnung ab und bedrängten seither die bolschewistische Führung mit Aufstandsplänen. Das Zentralkomitee zeigte sich jedoch sichtbar reserviert. Auch Lenin hielt es nach wie vor für verfrüht, nach der Macht zu greifen.

In welchem Maße der weitere Führungskreis der Partei dennoch an der Vorbereitung des Putsches beteiligt war, ist nicht genau auszumachen. Vieles spricht dafür, daß die Militärkommission beim ZK die Stimmung gezielt schürte. In jedem Falle beschloß das Maschinengewehrregiment, auf eigene Faust zu handeln. Vom Debakel an der Front sicher nicht unbeeindruckt, rief es am späten Nachmittag des 3. Juli zu einer bewaffneten Demonstration gegen die Regierung auf. Am frühen Abend glich Petrograd einer belagerten Stadt. Die Entwicklung überraschte beide Seiten, die nun zum Handeln aufgefordert waren: die Angegriffenen ebensosehr wie diejenigen, in deren Namen die Attacke geführt wurde. Angesichts des fortgeschrittenen Stadiums der Ereignisse entschied die bolschewistische Führung diesmal, ohne den abwesenden Lenin, sich an die Spitze des Protests zu stellen. Sie gab ihm damit endgültig den Charakter eines Umsturzversuches. Indes vermochte sie ihrem Beschluß keine Taten folgen zu lassen. Schätzungsweise 60 000 bis 70 000 Menschen waren auf den Beinen, genug, um die Februartage zu wiederholen. Auf den Prachtboulevards der Innenstadt kam es zu sinnlosen Gewalttaten: »Die Gewehre gingen von allein los.« Aber der Bewegung fehlten Ziel und Führung. Niemand ergriff die Initiative, um sie in die planmäßigen Bahnen eines Staatsstreichs zu lenken.

Auch am folgenden Tag blieb das unzweideutige Signal zum Aufstand aus. Die Bolschewiki waren schon in der Nacht wankelmütig geworden. Gegen Mittag kehrte Lenin aus Finnland zurück. Seine unwillig gehaltene Rede ließ die Ovationen, die ihm bereitet wurden, schnell verstummen. Er bekräftigte zwar die Forderung nach der Übergabe der gesamten Macht an die Räte, rief aber zugleich zur Bedachtsamkeit auf. Es war bezeichnend, daß Matrosen und Arbeiter am Nachmittag nicht zum Sitz der Provisorischen Regierung zogen, sondern zum Taurischen Palais. Sie wollten weniger selbst handeln, als den Sowjet drängen, das Heft in die Hand zu nehmen. Der vielzitierte Zuruf ließ an Deutlichkeit nichts zu wünschen übrig, mit dem ein wütender Matrose Černovs Versuche quittierte, die Wogen zu glätten: »Ergreife die Macht, du Hurensohn, wenn man sie dir gibt.« In diesem Sinne trugen Vertreter der aufständischen Arbeiter und Matrosen den gemeinsam tagenden Exekutivkomitees der beiden Allrussischen Sowjetkongresse am Abend des 4. Juli ihre Beschwerden gegen die Regierung und ihre »kapitalistischen Minister« vor. Martov nutzte das Votum der Masse, um im Namen der Linken aller Fraktionen die Bildung einer rein sozialistischen Regierung zu fordern. Die Allianz der »rechten« Mehrheit von PSR und Menschewiki blieb jedoch fest. Sie unterstützte eine Gegenresolution von Goc, die der Koalition die weitere Unterstützung der Sowjets zusicherte.

Unterdessen wendete sich die Lage auf den Straßen. Seit Beginn der Unruhen waren die meisten Garnisonsregimenter in ihren Kasernen geblieben. Sie hatten sowohl die Solidaritätsaufrufe der Aufständischen als auch die Hilfsgesuche der Regierung zurückgewiesen. Wie in den Februartagen entschied ihr Verhalten über den Ausgang der Erhebung. Was sie trotz der Unpopularität der Offensive letztlich bewog, sich auf die Seite der Regierung zu schlagen, ist im einzelnen unklar. Entscheidend waren wohl Dokumente über Lenins angebliche Agententätigkeit für Deutschland, die der Justizminister V.N. Pereverzev Abgesandten einiger Regimenter vorlegte. Verdächtigungen, die seit April nie ganz verstummt waren, schienen zweifelsfrei erhärtet. Dieser nicht eben honorige Appell an den bei aller Kampfesmüdigkeit regen Patriotismus ließ das Pendel gegen die Bolschewiki ausschlagen. Die Nachricht vom Anrücken der herbeigerufenen Fronttruppen tat ein übriges. Noch in derselben Nacht fügte sich die bolschewistische Führung (gegen den Widerstand der Militärkommission) in die Niederlage. Die *Pravda* vom 5. Juli rief die Soldaten und Arbeiter auf, in ihre Kasernen und an ihre Werkbänke zurückzukehren.

Der Juliputsch klärte die Fronten. Für die Regierung lag nun offen zutage, daß Lenins vollmundige Erklärung vor dem Allrussischen Sowjet ernst gemeint war. Mit guten Gründen deutete sie die Zurückhaltung des bolschewistischen Zentralkomitees lediglich als taktische Vorsicht. Kerenskij zögerte deshalb nicht, Härte zu zeigen. Die Partei wurde samt ihrer Publikationen verboten, ihre Führungsriege, soweit man ihrer habhaft werden konnte, verhaftet. Neben Kamenev und der gesamten Militärorganisation mußten wie zu zarischen Zeiten auch die Neulinge Trotzki und A.V. Lunačarskij den Weg ins Gefängnis antreten. Allerdings zeigte sich bald, daß die Regierung nicht über die Mittel verfügte, ihre Sanktionen in der gebotenen Strenge durchzusetzen. Überdies konnte sich die wichtigste Person in Sicherheit bringen. Lenin floh nach Finnland und dirigierte von dort aus die weitere, illegale Tätigkeit seiner Anhänger. Auch wenn sein Konfrontationskurs weiter in Mißkredit geriet, ging Lenin in einer Hinsicht als Sieger aus der Niederlage hervor: Fortan konnte es in der Tat, wie er voreilig nach dem Rückzug vom 10. Juni verkündet hatte, keine friedliche Demonstration unter bolschewistischer Beteiligung mehr geben.[36]

Der bolschewistische Aufstandsversuch bildete aber nur die eine Hälfte der schweren Erschütterung, die das Februarregime im Juli erfuhr. Als die vereinigten Allrussischen Exekutivkomitees am 4. Juli, noch ohne Kenntnis der Straßenszenen, zusammenkamen, stand eigentlich ein anderes Problem auf der Tagesordnung: das *Ende der ersten Koalition*. Urheber der Krise waren die Kadetten. Wachsende Unzufriedenheit mit den anhaltenden Mißständen im Lande führte sie zu neuem Nachdenken über die angemessene Strategie. Insbesondere Miljukov drängte seine Parteifreunde zur Besinnung. Für ihn war klar, wo die hauptsächliche Wurzel der Übel lag: in der Nachgiebigkeit gegenüber linken Umtrieben. Die langersehnte Offensive diente ihm als Anlaß, auch im Innern ein härteres Regiment zu fordern. Dabei schreckte er vor dem riskanten Manöver nicht zurück, die Koalitionsfrage in der Erwartung zu stellen, daß die revolutionären Parteien die alleinige Regierungsverantwortung immer noch scheuen und zu Konzessionen bereit sein würden.

Zum Testfall wurde der Konflikt mit der ukrainischen Regionalregierung.[37] Der staatlichen Wiedergeburt einer historischen Nation wie Polen, der so offenbares Unrecht geschehen war, konnten die Vorkämpfer bürgerlicher Freiheit die Anerkennung nicht verweigern. Aber schon gegen die Unabhängigkeitserklärung Finnlands, nach allen denkbaren Kriterien eine selbständige Nation und bis zur Jahrhundertwende als solche auch weitgehend respektiert, meldeten sie Bedenken an. Um so energischer mißbilligten sie den Anspruch auf exklusive Machtbefugnis in einem eigenen

Territorium, den die Rada am 10. Juni erhob. Die Ukraine war politisch, ökonomisch und geschichtlich zu bedeutsam, als daß ihre Eigenständigkeit von national gefärbtem zentralistischem Denken hätte akzeptiert werden können. Hinzu kamen aktuelle Motive, da auch die Bildung einer getrennten Armee angesagt war. Schon aus bloßer Sorge um das Überleben des Reststaates teilten die sozialistischen Minister das Befremden über das ukrainische Vorgehen. Die Verhandlungsdelegation, die man nach Kiev entsandte, vermochte zwar die Zustimmung der Rada zu dem allgemeinen Vorbehalt zu erwirken, daß erst die Konstituierende Versammlung endgültig über das Schicksal des Einheitsstaates entscheiden könne. Aber sie mußte im Gegenzug die ukrainische Nationalregierung und die meisten ihrer Forderungen bis zu diesem Zeitpunkt anerkennen. Die kadettischen Minister akzeptierten diese Notlage nicht. Sie traten kurz nach der Rückkehr der Delegation, am 2. Juli, geschlossen zurück. Allerdings war dieser Schritt im Zentralkomitee umstritten. Eine starke Minderheit hielt Miljukovs Kurs (mit guten Gründen) für selbstmörderisch. Sie sagte als Folge der Demission die weitere Schwächung der ohnehin labilen Staatsgewalt voraus und sah in konservativen Rezepten keine Chance für neue Kraft. Mit 16 zu elf Stimmen setzte sich die harte Linie dennoch durch.

Die Regierungskrise zog sich bis zum 25. Juli hin. Schon ihre ungewöhnliche Länge weist darauf hin, daß das Februarregime seine Reserven tief ausschöpfen mußte, um die auseinanderdriftenden politischen und sozialen Kräfte noch einmal zusammenzubinden. Der bolschewistische Angriff machte die Sache nicht leichter. Er bestärkte zwar Miljukovs parteiinterne Gegner in der Überzeugung, daß die Staatsräson in jedem Fall eine Fortsetzung der Koalition gebiete. Aber zugleich zwang er die menschewistische und sozialrevolutionäre Mehrheit, sich der Nöte der einfachen Leute mit größerem Engagement anzunehmen. Diese Einsicht bestimmte die Erklärung vom 8. Juli, mit der das Rumpfkabinett nach der Wiederherstellung von Ruhe und Ordnung an die Öffentlichkeit trat. Als Grundlage für neues Vertrauen erklärte es seine Absicht, die begonnenen Reformen mit größerer Entschiedenheit fortzuführen. Dabei legte es sich, über die Demokratisierung des öffentlichen Lebens und verstärkte Bemühungen zur Sanierung der Wirtschaft hinaus, vor allem auf ein Programm der *sozialen* Verbesserungen fest. Nicht nur die gesetzliche Regelung des Achtstundentags, auch eine Agrarreform auf der Grundlage der »Übergabe des Landes an diejenigen, die es bearbeiten«, wurde zugesagt. Mit solchen Versprechen bewirkte das Manifest zunächst das Gegenteil seiner Absicht. Der noch amtierende kadettische Ministerpräsident Fürst L'vov wollte die Festschreibung der Bodenenteignung nicht akzeptieren und trat zurück. Sein Amt übernahm, Ausdruck einer gewissen Ausstrahlung und Integrationskraft, über die er immer noch verfügte, Kerenskij.

Es folgten zwei hektische Wochen des Streits in und zwischen den Parteien. Miljukov und seine Anhänger sahen in der Erklärung vom 8. Juli den letzten Beweis für die Entgleisung der Revolution und ein unüberwindbares Hindernis für eine neuerliche Zusammenarbeit mit den sozialistischen Parteien. Auf der anderen Seite ließ der linke Parteiflügel, mit starker Rückendekkung im Moskauer Komitee, den Draht zur Sowjetführung nicht abreißen. Beide waren sich einig, daß vor allem *ein* Kabinettsmitglied einer Politik des Augenmaßes im Wege stand: die Symbolfigur der Agrarrevolution Černov. Der Landwirtschaftsminister wurde zum Ziel einer Pressekampagne, die neben Kerenskij schließlich auch den rechten Flügel seiner eigenen Partei bewog, ihn fallenzulassen. Jedoch machte das Petrograder Zentralkomitee die Rechnung ohne die Provinz. Der Plan rief einen solchen Proteststurm in den Regional- und Lokalorganisationen der Partei hervor, daß man ihn aufgeben mußte. Die Koalitionsverhandlungen schienen endgültig gescheitert.

Es bedurfte einer theatralischen Geste Kerenskijs, um sie doch noch aus der Sackgasse zu befreien. Im Bewußtsein seiner Unentbehrlichkeit erklärte der neue Ministerpräsident am 21. Juli ebenfalls seinen Rücktritt. Den drohenden Untergang des Februarregimes vor Augen, beschlossen die Minister, die Demission nicht zu akzeptieren und in einer Notsitzung von Vertretern aller demokratischen Parteien eine Lösung zu finden. Die historische Zusammenkunft fand noch in derselben Nacht im Malachitsaal des Winterpalasts statt, wohin die Provisorischen Regierung inzwischen, symbolträchtig genug, übergesiedelt war. Alle Parteien sprachen Kerenskij ihr Vertrauen aus und räumten ihm weitgehende Sondervollmachten ein. Verlierer waren letztlich die konservativen Kadetten um Miljukov. Kerenskij beließ nicht nur den Landwirtschaftsminister im Amt; de facto erhob er auch die Erklärung vom 8. Juli zum Regierungsprogramm. Außer Černov und dem Ministerpräsidenten selbst, der zugleich Kriegs- und Marineminister blieb, traten vier weitere Sozialrevolutionäre in die Regierung ein: neben Savinkov, einst ein berüchtigter Terrorist und eine äußerst schillernde Figur, als Stellvertretender Kriegs- und Marineminister unter anderem Avksent'ev, der aufgehende Stern der jungen Garde, als Chef des Innenressorts. Zusammen mit den Ministern der Menschewiki – jedoch ohne ihren Kopf, Cereteli, der das sinkende Schiff verließ – und verwandter Parteien, stellten sie die große Mehrheit des Kabinetts, dem nur noch vier Kadetten angehörten. Das Kräfteverhältnis hatte sich verkehrt: Die zweite (bzw. dritte, wenn man die Interrimsregierung mitzählt) Koalition schien einer rein sozialistischen Regierung und der ausschließlichen Macht der Räte ziemlich nahezukommen. Dennoch spricht alles für die Behauptung Miljukovs, das Kabinett Kerenskij habe einen Schritt nach rechts bedeutet. Die Vertreter der sozialistischen Parteien zählten mit der einzigen Ausnahme Černovs zu den jeweiligen konservativen Flügeln. Ihr politisches Profil unterschied sich von den liberalen Kadetten kaum. Sie alle verband der Wunsch nach Fortsetzung des Krieges und die Überzeugung, die soziale Umwälzung dürfe, wenn überhaupt, nur durch die Konstituierende Versammlung vollzogen werden. Ebensowenig wie ihre Vorgänger begriff die neue Regierung des Februar, daß ihr die Zeit davonlief.[38]

4. Soziale Revolution

Arbeiternot und Klassenkampf

Das Februarregime nahm mit einer Revolte der Arbeiter seinen Anfang, und es endete mit einem Ereignis, das ohne ihre Mitwirkung nicht denkbar gewesen wäre. Sein Schicksal entschied sich, ungeachtet der lebenswichtigen Unterstützung durch die Bauern in und außerhalb der Armee, in höherem Maße als das der ersten Revolution in den Industrievororten der großen Städte. Immer wieder, im April, im Juli, im August, im Oktober, griff die städtische Unterschicht in die hohe Politik ein und erzwang wesentliche Veränderungen. Genau besehen, ruhte die »Doppelherrschaft« auf mindestens drei Säulen, da Arbeiter und Garnisonssoldaten eine Vetomacht behielten. Voraussetzung dafür war das Engagement einer kritischen Masse für ihre Interessen. Früh öffnete sich eine Kluft zwischen den Aufständischen und den Organen, die sie hervorbrachten. Die Übergabe der Macht an die »Gesellschaft« und das Konzept der »bürgerlichen Revolution« trugen das Ihre dazu bei: Sie legitimierten die *politische* Umwälzung, legten aber der *sozialen* Fesseln an. Das Februarregime vermochte die Spannung zwischen beiden, die zugleich ein Aspekt des allgemeinen Gegensatzes von Mobilisierung und geregelter Politik, des Paradoxons der »Institutionalisierung« der Revolution war, immer weniger zu überwinden. Politische Kurzsichtigkeit und eine widrige Wirklichkeit standen ihm gleichermaßen im Wege. An beidem ging es schließlich zugrunde.

Der Sturz des Zaren bescherte der Arbeiterschaft vor allem eines: unumschränkte Organisationsfreiheit. Diese beruhte nicht nur auf der politischen Macht, die ihr über Nacht zufiel. Hinzu kam die Chance des Neuanfangs und der Gesetzlosigkeit. Die »Tage der Freiheit« kehrten zurück. Arbeitervereinigungen schossen wie Pilze aus dem Boden. Dabei hatten die kleinen überschaubaren Gremien den Vorzug, daß sie den Bedürfnissen näher standen und schneller einzurichten waren. Die charakteristische Organisation der Arbeiter im Jahre 1917 waren die *Fabrikkomitees*, nicht die Gewerkschaften. Darin lagen zugleich eine Gemeinsamkeit und ein Unterschied zu 1905. Offenkundig knüpften die von der Belegschaft gewählten Betriebsräte an die Vorbilder der ersten Revolution an. Beide hatten ihrerseits Wurzeln im tradierten Institut der »Ältesten« (einige Komitees nannten sich in den Februartagen zunächst »Ältestenrat«) und den zählebigen Genossenschaften vor allem des Dorfes (*artel'*, *obščina*). Auf der anderen Seite verdient der Umstand Beachtung, daß sich das wesentliche Geschehen in der zweiten Revolution näher an die Basis verlagerte. Man wird einen Zusammenhang mit der bescheideneren Rolle der Intelligenz unterstellen dürfen. An deren Stelle traten noch sichtbarer die qualifizierten Arbeiter, die in den Komitees das Sagen hatten und sie zumeist ins Leben riefen. Ob man in diesem Wandel nun einen neuen Grad der »Reife« erkennt (wie die sowjetische Forschung) oder nicht – erwiesen scheint, daß die Arbeiter 1917 über mehr Erfahrung, mehr Selbstbewußtsein, angesichts des völligen Zerfalls der staatlichen Zwangsgewalt auch über mehr Macht verfügten und zugleich der »Gesellschaft« mit größerem Mißtrauen begegneten als zuvor. Nicht zuletzt die »Offensive der Arbeit« (J. Keep) zwischen März und Oktober und die wachsende Empfänglichkeit für radikale Parolen waren Ausdruck der Polarisierung, die das soziale Gefüge Rußlands zwischen den Revolutionen prägte.[39]

Es versteht sich, daß die Fabrikkomitees weitgehend dieselben Forderungen erhoben wie die Gewerkschaften. Nach dem Umsturz galt ihr Einsatz in erster Linie dem hauptsächlichen Nahziel seit 1905: der Einführung des *Achtstundentags*. Von der Revolution erwarteten sie, daß sie dem zustimmte, was längst einen zusätzlichen, symbolischen Wert erworben hatte. Einige Großbetriebe der Hauptstadt verliehen ihrem Wunsch zwingenden Nachdruck, indem sie die Arbeit trotz des Endes der Unruhen nicht wieder aufnahmen. Am 10. März lenkten die Petrograder Industriellen ein und erklärten sich zu einem Abkommen über den Achtstundentag bereit. Womöglich wichtiger war jedoch ein anderer Vertragspunkt: Die Unternehmer mußten zugleich die Betriebskomitees rechtlich anerkennen, denen man nicht nur die Überwachung der neuen Regelung auftrug, sondern auch erhebliche Befugnisse in Angelegenheiten der Arbeitsorganisation und Personalstruktur zugestand. Dies war die zweite Kernforderung der Fabrikkomitees und ihr besonderes Aktionsfeld, das sie von den Gewerkschaften unterschied: Sie verlangten und erhielten Mitspracherechte bei Einstellungen und Entlassungen, während die Produktion (vorerst) außerhalb ihres Ehrgeizes blieb. Für Streitfälle wurden außerdem paritätisch besetzte Schlichtungskommissionen geschaffen. Die Abmachung gab ein »Signal für ganz Rußland«: In Moskau verkürzten die Belegschaften ihren Arbeitstag auf eigene Faust, als die Unternehmer hartnäckigeren Widerstand leisteten. Mit ihr hatten sich die Fabrikkomitees endgültig etabliert.

Daneben vergaßen sie nicht, was ihren Mandanten in gleichem Maße auf den Nägeln brannte. Der Monat März sah eine Welle von Lohnkämpfen. Meist genügten kurze Ausstände auf Betriebsebene, um die Forderungen durchzusetzen. Schon die Verkürzung der Arbeitszeit war bei vollem Lohnausgleich erzwungen worden. Nun kam weiterer Gewinn hinzu. Für Petrograd hat man errechnet, daß die Verdienste im Laufe des März durchschnittlich um 35 bis 50% stiegen. Die Entwicklung setzte sich in den folgenden Monaten fort, so daß sie im Juli, ohne daß genaue Daten vorlägen, wohl das Zwei- bis Dreifache des Januarniveaus betrugen. In Moskau verlangten Textilarbeiter im Mai Lohnerhöhungen zwischen 300 und 600%; ein Schiedsgericht sprach ihnen immerhin 210% zu. Schon die Dimensionen verweisen darauf, daß es den Arbeitern nicht um effektive Einkommensverbesserungen in der geforderten Höhe ging. Vielmehr galt es, im alten Wettlauf mit den Preisen einigermaßen zu bestehen. In welchem Maße die Inflation in den nachrevolutionären Monaten voranschritt, ist eher noch schwerer zu ermitteln als die Lohnbewegung. Für Petrograd hat man geschätzt, daß sich die Einkommen bis zum Frühsommer mindestens verdoppeln mußten, um nicht vom Geldverfall aufgezehrt zu werden. Andere, Moskau einbeziehende Berechnungen geben den Preisauftrieb zwischen Februar und Juni mit 48 bis 57% an. In der Summe wird man deshalb davon ausgehen können, daß sich der Februarumsturz für die Arbeiter anfangs auch materiell auszahlte, obwohl die einzelnen Branchen und Lohngruppen recht unterschiedlich profitierten. Ohne Zweifel veränderte er das Kräfteverhältnis in den Fabriken zu ihren Gunsten.

In der Euphorie der nachrevolutionären Tage hatten die Unternehmer einen schweren Stand. Sie fanden Halt in der Regierung, die bei allem Druck der Arbeiter doch über mehr Spielraum verfügte. Der Unternehmerverband und der Minister für Industrie und Handel A.I. Konovalov, selbst ein betuchter Textilfabrikant aus Moskau, verfolgten gemeinsam das Ziel, in den Werkshallen wieder Ruhe herzustellen und die Voraussetzungen für eine geregelte Produktion zu schaffen. Beide akzeptierten dabei die Notwendigkeit von Kompromissen. Sie erklärten sich nicht nur zur Garantie eines Minimallohns (24.April), sondern auch zur Anerkennung der Fabrikräte in ganz Rußland bereit. Ein entsprechendes Gesetz vom 23. April verbriefte diesen die Befugnis, die Interessen der Belegschaft gegenüber der Unternehmensleitung in Fragen der Bezahlung und Arbeitsbedingungen zu vertreten. Allerdings war das Bemühen um eine enge Begrenzung der Kompetenzen nicht zu verkennen. Das entscheidende Problem der Mitsprache bei Einstellungen und Entlassungen blieb ausgespart. In dieser Ambivalenz gab die Regelung den Kurs vor, den die Regierung gegenüber der Arbeiterbewegung bis zum Frühsommer insgesamt steuerte: Durch institutionelle Integration hoffte sie einer politischen Radikalisierung vorzubeugen. Auch die Sowjetführung schloß sich diesem Programm an. Sie mochte am besten wissen, daß selbst das bescheidene Kalkül nur bei annähernder Normalisierung des wirtschaftlichen Lebens aufgehen konnte.[40]

Es ist zur Gewohnheit geworden, die Fabrikräte mit *Arbeiterkontrolle* gleichzusetzen und sie als größten Triumph anarchosyndikalistischer Tendenzen in der russischen Revolution zu betrachten. Neuere Untersuchungen geben Anlaß, diese Sehweise zu korrigieren. Offenbar speiste sich die Bewegung aus unterschiedlichen Motiven, die eher pragmatischer als theoretischer Natur waren. Sicher hatte die Forderung nach Kontrolle über Fabriken und Betriebe, soweit sie einem zusammenhängenden Gedankengebäude entstammte, ihre Wurzeln am ehesten in der von Kropotkin geprägten Tradition des Anarchismus. Das Ideal der überschaubaren autonomen Produktionsgemeinschaft als Keimzelle einer gleich organisierten Gesellschaft, jene utopische Überhöhung handwerklich-vorindustrieller Wirtschafts- und Lebensformen war den russischen Verhältnissen (obgleich in einem anderen Kontext entstanden) zu sehr auf den Leib geschrieben, als daß eine Resonanz hätte fehlen können. Allem Anschein nach blieb das Echo jedoch recht begrenzt. Das Verlangen nach Arbeitermitbestimmung oder gar Arbeiterselbstverwaltung entsprang trotz der Wahlverwandtschaft keinem syndikalistischen Programm, sondern der Überzeugung, daß nur eigener Einsatz Produktionseinstellung und Entlassung würde verhindern können. Damit harmoniert der Befund, daß in der Praxis der Fabrikkomitees wenig Indizien für eine Ablehnung staatlicher Gewalt oder zentraler Wirtschaftslenkung als solcher zu erkennen waren. Was sie ins Leben rief und zu einer entscheidenden Kraft der nachrevolutionären Sozialordnung machte, war vielmehr ein handfestes, drängenderes Motiv: der schlichte Versuch der Eigenhilfe vor dem drohenden Untergang.[41] Auf einem anderen Blatt steht, ob sie nicht eben dadurch ungewollt jenes wirtschaftliche Chaos verschärften, dessen Folgen für die eigene Existenz sie abzuwenden suchten, und jenen politischen Umschwung begünstigten, der ihnen selbst das Wasser abgraben sollte.

Der Kampf gegen den Ruin nahm die verschiedensten Formen an. Zu den ersten Aufgaben gehörte die Versorgung mit Lebensmitteln. Die Komitees traten in Konkurrenz zu eigens dafür gewählten kommunalen Gremien (Konsumkooperativen u.a.), um die Nachteile ihrer Klientel im Kampf um die weiter schrumpfenden Vorräte wettzumachen. Den Arbeitern fehlte es nicht nur an

Geld, sondern auch an Zeit: Längst hatte sich der Achtstundentag, wie das Innenministerium einräumte, durch das Anstehen wieder in einen Zwölf- und Dreizehnstundentag zurückverwandelt. Darüber hinaus bemühten sich die Räte um die Hebung der Arbeitsdisziplin, führten Kampagnen gegen Trunkenheit und Bummelei, unter denen die Produktivität nach wie vor litt. Es entsprach der Logik dieser Sorge um den Arbeitsplatz, daß sie Belegschaftsangelegenheiten im engeren Sinne bald überschritt. Die Löhne waren nur gesichert, wenn das Unternehmen insgesamt funktionierte. Mit der Aufsicht über die Rohstoffe war der entscheidende Schritt getan: Die Räte griffen nach der Produktionskontrolle und den Kompetenzen des Managements.

Auch wenn dieser Schritt nahelag, entsprang er keinem Automatismus. Die Radikalisierung war von der wirtschaftlichen Katastrophe nicht zu lösen, auf die Rußland immer schneller zueilte. Sicher trifft zu, daß die Arbeiterschaft, soweit sie ihre Wünsche äußerte, der Provisorischen Regierung von Anfang mit Skepsis begegnete. Aber die Vorstellung eines vorprogrammierten Zerwürfnisses wäre verfehlt. Wachsende Versorgungsprobleme, Massenentlassungen, Aussperrungen und eine schwindelerregende Teuerung gaben ihm die entscheidenden Impulse. Vor allem sie bereiteten im Verein mit der härteren Haltung der Unternehmer den Boden für die Zuspitzung der Interessenwahrnehmung zum Klassenkampf. Die Wende markierten dabei die frühen Sommermonate. Im Mai war abzusehen, daß die wirtschaftliche Misere dem Ausgleich das Fundament raubte. Bis dahin hatte die Tätigkeit der Komitees vor allem im Zeichen des Versuchs gestanden, demokratische Grundsätze als Wesen der Revolution auch in den Unternehmen zu verankern. Nun gingen sie dazu über, wo immer möglich die Effizienz der Produktion zu überwachen. Zwischen Juli und Oktober erreichte die Rätebewegung auf Betriebsebene ihren größten Einfluß. Allerdings erzwang sie die volle Verfügungsgewalt nur in Ausnahmefällen. Im August registrierte man im ganzen Reich lediglich 567 Fabriken mit durchschnittlich 335 Beschäftigten, in denen die Arbeiter das Sagen hatten. Im Regelfall verwalteten sie den Bankrott. Arbeiterkontrolle im engeren Sinne setzte sich vor allem dort durch, wo andere Mittel gegen die Schließung versagt hatten. Rätebewegung und ökonomischer Niedergang waren Zwillinge.[42]

Ebenfalls im Mai zeichnete sich ab, welche politische Rolle den

Komitees zufallen sollte. Ende des Monats fand in Petrograd ihre erste gesamtstädtische Konferenz statt. Fast die Hälfte der 568 Delegierten kam aus der metallverarbeitenden Industrie, deren Großbetriebe vollständig vertreten waren. Die Debatten zeigten bald, daß die Bolschewiki in ihren Hochburgen die alte Stärke nicht verloren oder wiedergewonnen hatten. Als Hauptredner traten Skobelev und Lenin auf. Der Arbeitsminister erinnerte daran, daß die demokratische Etappe der Revolution, in der man sich befinde, auch auf Fabrikebene die falsche Zeit für Kraftproben mit der Bourgeoisie sei. Aus dem anderen Lager feuerte Lenin eine seiner ersten öffentlichen Breitseiten gegen die »Lakaien des Kapitals« in der Regierung. Er forderte die Majorität für die Beschäftigten in allen entscheidenden Gremien und die Verantwortlichkeit des Managements gegenüber den autorisierten Organen der Arbeiterbewegung. Obwohl seine Worte deutbar blieben und eine bezeichnende Ambivalenz gegenüber der Arbeiterkontrolle erkennen ließen, mußten sie von der Versammlung in ihrem Sinne verstanden werden. Mit Hilfe der Anarchisten und Syndikalisten vereinigte die bolschewistische Resolution die überwältigende Mehrheit der Stimmen auf sich.[43]

Um dieselbe Zeit hatten sich auch die *Gewerkschaften* von den Kriegsfolgen erholt. Ihre Renaissance begann unmittelbar nach dem Umsturz und war Ende April weitgehend abgeschlossen. In der Summe scheint die Kontinuität nicht so ausgeprägt gewesen zu sein, wie man erwarten konnte. Wohl nahmen alle bedeutenden Verbände aus zarischer Zeit ihre Tätigkeit wieder auf. Aber es kam eine bemerkenswert hohe Zahl neuer hinzu, allein in Moskau und Petrograd etwa 130. Ein Zusammenhang mit dem Befund liegt nahe, daß die parteilich oder allgemein sozialistisch engagierte Intelligenz in den Gewerkschaften anders als in den Fabrikräten über erheblichen Einfluß verfügte. Die verschiedensten politischen Gruppierungen förderten ihren Gründungseifer und leisteten Hilfe, wo immer möglich. Im Endeffekt entstanden im ganzen Land 976 größere Organisationen (die Gesamtzahl erreichte knapp 2000), die Ende Juni zur ersten allrussischen Konferenz nach der Revolution zusammenkamen. Sie beanspruchten, etwa 1,5 Millionen Mitglieder zu repräsentieren. Im Oktober erreichte diese Zahl nach zeitgenössischen Schätzungen knapp zwei Millionen.

Aus mehreren Gründen war die politische Färbung der Gewerkschaften weniger einheitlich als die der Fabrikkomitees. Soweit sie bereits auf eine nennenswerte Tradition zurückblicken konnten, setzte sich die alte Orientierung durch. Allgemein schlug der Wettbewerb der Parteien zu Buche, der auf der höheren Organisationsebene, auf der die Gewerkschaften operierten, einfacher war als an der Basis. Bolschewiki und Menschewiki teilten sich dabei in etwa die bedeutenden Leitungsgremien. Mitte März nahm in Petrograd das örtliche Zentralbüro seine Arbeit auf. Vier Bolschewiki saßen hier vier Menschewiki und einem Syndikalisten gegenüber; den Vorsitz führte ein Bolschewik, ab Mai der bekannte Marxforscher D.B. Rjazanov. In Moskau und den meisten Provinzhauptstädten gaben dagegen die Menschewiki den Ton an. Hart umkämpft war die Führung des Allrussischen Verbandes. Im Zentralen Exekutivkomitee, das der erwähnte Kongreß Ende Mai wählte, bildeten Bolschewiki und Menschewiki gleichstarke Blöcke (16:16). Letztere konnten aber auf die Unterstützung von drei Sozialrevolutionären rechnen, so daß der Vorsitz dem Menschewiken V.P. Grinevič, dem wohl prominentesten Gewerkschaftsführer seit den Tagen der ersten Revolution überhaupt, zufiel. Die bedeutenden Einzelgewerkschaften verteilten ihre Sympathien unterschiedlich. Fest in bolschewistischer Hand befand sich immer noch der Verband der Metallarbeiter; unter dem prägenden Einfluß des alten Kämpen Šljapnikov wurde seine Petrograder Organisation zum unentbehrlichen Instrument der Aufstandspolitik. Die zweitgrößte Gewerkschaftsgruppe, die der Beschäftigten der Textilindustrie, neigte anfangs eher den Menschewiki zu, geriet aber seit Juni mehr und mehr in das Fahrwasser der bolschewistischen Rivalen. Seinen eigentümlichen sozialen und politischen Charakter bewahrte der Bund der Post- und Telegraphenangestellten, in dessen Exekutivkomitee die Sozialrevolutionäre über die Hälfte der Sitze einnahmen. Und auch der Eisenbahnerbund pflegte das Selbstverständnis einer »white-collar«-Vereinigung mit angemessener, moderat sozialistischer Grundhaltung. Man darf unterstellen, daß die organisatorische Verschmelzung der Fabrikräte mit den Berufsverbänden vor allem an dieser andersartigen politischen Ausrichtung scheiterte. Von der Gewerkschaftsführung wurde sie betrieben, und sachlich lag sie nahe. Die Komitees beharrten jedoch auf ihrer Selbständigkeit und veranstalteten am 20. Oktober sogar ihre erste allrussische Delegiertenkonferenz. Sicher handelten sie dabei im Einverständnis mit der bolschewistischen Führung. Vor dem Umsturz waren die Komitees an der Basis die zuverlässigeren und wertvolleren Gehilfen.[44]

Gewerkschaften und Komitees zogen freilich mit Blick auf das wichtigste Ziel ihrer Klientel an einem Strang: beim Kampf gegen die *wachsende Not*. Sommer und Herbst des Jahres 1917 brachten die Wirtschaft des Landes so dicht an den Rand des Zusammenbruchs wie nie zuvor. Krieg und innere Unruhen rissen immer tiefere Löcher in das brüchige Geflecht gegenseitiger Abhängigkeit. Längst fehlte es an allen lebensnotwendigen Gütern, über die Grundnahrungsmittel hinaus vor allem an Energie, mit unabsehbaren Konsequenzen für Produktion, Arbeitsplätze und Versorgung. Der Niedergang begann, sich aus eigener Schwerkraft zu beschleunigen. In den Bergwerken machte sich der Abzug qualifizierter Arbeitskräfte bemerkbar. Im Verein mit der allgemeinen Überbeanspruchung von Mensch und Material führte er im wichtigsten Kohlerevier, im Donecbecken, zu einer ungewöhnlich hohen Zahl von Schachtüberflutungen und einem drastischen Produktionsrückgang. Verglichen mit 1914 sank die Förderung im ersten Halbjahr 1917 auf die Hälfte. Auch davon kam nur ein Teil in den Ballungszentren an, weil die Transportkapazität selbst für die verringerte Menge nicht mehr ausreichte. Im Oktober befand sich jede vierte Lokomotive (26,1%) in Reparatur. Bei den Waggons war der Ausfall im Durchschnitt geringer (um 7%); regional aber nahm er zum Teil noch schlimmere Ausmaße an – in Petrograd lag die Hälfte brach. Ein übriges taten Brennstoffmangel und Eisenbahnerstreiks: Wo Zugmaschinen und Waggons noch fahrtüchtig waren, fehlte es an Kohle oder Personal. Dies alles verfestigte sich zu einem chronischen Zustand. Bis zum Frühsommer herrschte Mangel, weil die Kohle auf der Halde liegen blieb. Danach herrschte Mangel, weil die Produktion ins uferlose fiel. Im Oktober mußten selbst die bevorzugten elektrifizierten Unternehmen ihren Betrieb infolge von Stromkürzungen drastisch einschränken. Der Einbruch in diesem und den folgenden Monaten war so tief, daß im Jahres- und Landesdurchschnitt ein Produktionsrückgang der erzeugenden Industrie von 30,5% zu verzeichnen war. Petrograd wurde dabei mit 34,9% stärker getroffen als Moskau (–10,8%), und die hier angesiedelte energieintensive Metallindustrie (–65%) schwerer in Mitleidenschaft gezogen als die rückständige Textilherstellung der alten Zarenstadt.

Solch ein Verfall belastete die Bevölkerung, zumal die kleinen Leute, auf vielfache Weise. In den Ballungszentren fiel die Lebensmittelversorgung auf einen neuen Tiefstand. Auch hier addierten sich verschiedene Ursachen zur Katastrophe. Unruhen, Zerstörungen und schlechtes Wetter sorgten dafür, daß die Getreideernte noch hinter der Vorjahresmenge um 12,8% zurückblieb. Und was eingebracht werden konnte, lagerte zu einem größeren Teil als zuvor auf den Tennen, weil Bauern und Gutsherren es angesichts des niedrigen staatlichen Festpreises vorzogen, das Korn selbst zu verbrauchen oder auf bessere Zeiten zu warten. Nicht zuletzt der legale Getreidemarkt brach im Spätsommer endgültig zusammen. Transportkrise und kriegsbedingte Verkehrsbehinderungen (Besetzung der baltischen Küste) schließlich trieben diese Notlage über jene Grenze hinaus, »jenseits derer der Hunger mit all seinen Folgen« begann. Die Brotration mußte auf ein halbes Pfund (ca. 200 g) pro Tag gekürzt werden. Die Karten boten keine Garantie auf Zuteilung mehr, weil die erforderliche Getreidemenge nicht mehr eintraf. Im März konnte die Hauptstadt 81% ihres Bedarfs decken, im Mai 90%, im Juni noch 62% und in den folgenden Monaten nur etwa 50%. Bald mußten auch die übrigen Grundnahrungsmittel wie Fleisch, Eier, Speiseöl und Zucker rationiert werden. Die Anlieferung von frischer Milch fiel auf verschwindende 8% des Vorkriegsstandes.

Umgekehrt kletterten die Preise in einem ähnlich atemberaubenden Tempo, ausgehend von einem ohnehin schon hohen Niveau. Ein führender sowjetischer Wirtschaftshistoriker (S.G. Strumilin) hat errechnet, daß die Festpreise im Laufe des Jahres 1917 um das 2,3-fache, die Marktpreise aber um das 34-fache stiegen. Trotz erheblicher Lohnaufschläge mußten die Arbeiter, wie es scheint fast aller Qualifikationskategorien, eine reale Einkommenseinbuße hinnehmen. Auch dieser Sturz in neues Elend begann im Frühsommer. Ein Vergleich zwischen sechs größeren Petrograder Unternehmen zeigt, daß die Kaufkraft der Verdienste im Juni überall noch über dem Niveau vom Januar lag (um 15 bis 69%), aber bis Oktober kontinuierlich und beträchtlich sank (um 10 bis 58%).[45]

Inflation und Wirtschaftskrise schritten nicht ohne Schaden für den sozialen Frieden fort. Seit Mai rollte eine neue Streikwelle über das Land, die bis zum Herbst nicht abebbte. Landesweit stieg die Zahl der Streikenden von 35 000 im April auf 175 000 im Juni und 1,2 Millionen im Oktober. Zugleich wuchs die Militanz. Die Demonstranten des Sommers waren besser vorbereitet und organisiert. Sie brachten das Selbstbewußtsein der erfolgreichen Revolution und der nachrevolutionären Lohnkämpfe mit. Sie konnten auf die Unterstützung ungehindert tätiger Fabrikkomitees und Gewerkschaften zurückgreifen und sich der Argumentationshilfe der verschiedensten Parteien bedienen. Sie taten das um so eher, als auch die Unternehmer ihre Konzilianz aufgaben. Teils stand ihnen das Wasser selber bis zum Halse, teils versuchten sie, die Notlage der Streikenden zu nutzen: Seit dem Frühsommer beantworteten sie Arbeitsniederlegungen verstärkt mit Aussperrungen oder Betriebsstillegungen, die ihnen oft genug gelegen kamen. Im April registrierte man in Petrograd 55 einschlägige Akte, im Mai 108, im Juli 206. Anfang Oktober planten die Arbeitgeber sogar eine landesweite Aussperrung. Der Klassenkampf gewann eine neue Dimension beklemmender Wörtlichkeit.

Die Fronten stießen um so härter zusammen, als das Reformprogramm der Koalitionsregierung, das die Wogen hätte glätten sollen, an inneren und äußeren Widerständen zerschellte. Der neue Arbeitsminister weckte hohe Erwartungen. Er erklärte die Forderung nach Lohnanhebungen für berechtigt. Vom Sowjet gedrängt, versprach er, die Unternehmergewinne höher zu besteuern und Maßnahmen zur Kontrolle der Monopole zu ergreifen. Verwirklicht wurde von alledem wenig. Im wesentlichen erneuerte Skobelev Schutz- und Sozialgesetze aus der Vorkriegszeit oder erweiterte sie: Er stellte die Fabrikinspektion wieder her, dehnte im Juli die Sozialversicherung von 1912 auf alle Arbeiter aus, verbot die Nachtarbeit für Frauen und Minderjährige und führte das Mutterschaftsgeld ein. Alle übrigen Maßnahmen wurden von Konovalov und seinen liberalen Kabinettskollegen zu Fall gebracht oder, wie das Steuergesetz vom 12. Juni, bis zur Unkenntlichkeit verwässert. Noch größeren Schaden aber erlitt das Ansehen der Regierung bei den Arbeitern durch die Kehrtwende, die Skobelev seit Juni in der Öffentlichkeit vollzog. Immer häufiger mahnte der Minister zu Disziplin und politischer Zurückhaltung. Immer nachdrücklicher unterstrich er die Notwendigkeit von Entbehrungen für die Offensive und Revolution, und mehrfach verurteilte er »willkürliche« Streiks, die nur dazu geeignet seien, die Wirtschaft weiter zu schädigen. Bevorzugte Zielscheibe seiner Angriffe wurden nach dem Juli die Fabrikräte. Offizielle Zirkulare entzogen ihnen Ende August jegliche Kompetenzen bei Einstellungen und Entlassungen und untersagten ihnen sogar Versammlungen während der Arbeitszeit.[46]

Die Motive solcher Anweisungen waren ebenso verständlich wie der zunehmend unversöhnliche Kurs der Unternehmer. Eine andere Frage bleibt, ob sie auch die politische Klugheit auf ihrer Seite hatten. Über die Folgen konnte keine Unklarheit herrschen. Sie waren an der Unruhe und zahllosen Resolutionen von Betriebsversammlungen abzulesen. Angesichts derselben Teuerung und Lebensmittelknappheit wie zu zarischen Zeiten, angesichts der Tatsache, daß nicht einmal der faktisch erkämpfte Achtstundentag durch ein Gesetz zur allgemein verbindlichen Norm erhoben wurde, fühlte sich eine wachsende Zahl von Arbeitern um die Früchte des Februarsieges betrogen. Unversöhnliche Kritik an der bestehenden politischen Ordnung und am privaten Eigentum im Wirtschaftsleben überhaupt breitete sich aus – nicht nur als irrationale Reaktion auf eine Zeit, die aus den Fugen zu geraten schien, sondern auch als pragmatische Antwort auf die Herausforderungen der wirtschaftlichen und sozialen Situation. Träger dieser Radikalisierung waren dieselben Schichten wie vor dem Kriege: die Qualifizierten und Organisationserfahrenen als Meinungsführer, die Minderqualifizierten und Neulinge aus dem Dorfe als unruhige, leicht mobilisierbare Mitläufer, die jungen Fabrik- und Stadtgewohnten als militante Speerspitze. Im September erreichte die bolschewistische Formel von der »Arbeiterkontrolle über die Produktion und Distribution« eine nie dagewesene Popularität. Diffuses Klassenbewußtsein, allgemeine Sympathie für die Revolution verwandelte sich in »Parteibewußtsein«.[47] Die Weichen waren für die ironische Pointe gestellt, daß der Geburtshelfer des Februarregimes auch sein Totengräber werden könnte.

Bauernaufstand und Agrarfrage

Für die Bauern kam die Februarrevolution aus heiterem Himmel. Dem Umsturz gingen keine Ausschreitungen gegen die Gutsherren voran. Anders als beim ersten Versuch wartete im Dorf niemand auf das Signal aus der Stadt. Von den wehrfähigen Männern weitgehend entblößt, mit den Folgen der Stolypinschen Reform beschäftigt und durch die staatliche Getreidepolitik relativ begünstigt, blieb das flache Land die ganzen Kriegsjahre über ungewöhnlich ruhig. Die kommenden Ereignisse führten indes vor Augen, daß der Friede trog. Keinesfalls zeigte er die Überwindung der Agrarkrise und den Abbau der sozialen Spannungen an. Die Reaktion der Bauern auf die Nachricht vom Sturz der Autokratie ließ an Klarheit nichts zu wünschen übrig. Ein offizieller Bericht vermerkte »allgemeine Freude« und Erleichterung. Monarchistische Kundgebungen wurden nur in drei Gouvernements registriert. Vom Zarenmythos, der die Loyalität der Bauernschaft über Jahrhunderte gesichert hatte, war überraschend wenig geblieben. In dieser Hinsicht hatten Krieg, Revolution und der allgemeine, wenn auch langsame sozioökonomische Wandlungsprozeß gründliche Arbeit geleistet.

Der Provisorischen Regierung wäre womöglich eine verhaltenere Antwort nicht unlieb gewesen, setzte sie der ungeteilte Jubel doch unter starken Handlungsdruck. In der Vergangenheit hatte beinahe jede größere Reform bei den Bauern die Hoffnung auf Erfüllung ihrer alten Wünsche geweckt. Um so eher mußte diese Erwartung nach dem unwiderruflichen Untergang des alten Staates entstehen. Persönliche Freiheit, wenn auch vielfach amputiert, besaßen die Bauern seit 1861, die politische fiel ihnen mit dem Februarumsturz zu – niemand konnte ihnen plausibel machen, warum nicht umgehend folgen sollte, was nach bäuerlicher Auffassung der Freiheit erst ein materielles Fundament gab: die Zuteilung von Land. Die neue Regierung stand im Grundsatz vor demselben Dilemma wie bei den Forderungen der Arbeiter: Sie konnte nicht halten, was die Revolution versprach, ohne die Fortsetzung des Krieges aufs Spiel zu setzen und eine tiefgreifende soziale Umwälzung mit unabsehbaren Folgen für den inneren Frieden vorzunehmen. Nur stellte sich dieses Problem in noch schärferer Form, weil die bäuerlichen Ansprüche nicht mit partiellen Konzessionen oder monetären Ersatzleistungen befriedigt werden konnten. Überdies galt angesichts der schieren Masse der bäuerlichen Bevölkerung (gut 80%) immer noch, daß die Landreform das soziale Kernproblem des Reiches und letzten Endes auch die Überlebensfrage für jedes revolutionäre Regime bildete. Hinzu kam schließlich eine weitere Hypothek. Die neue Regierung war in elementarer Weise auf die aktive Unterstützung des Dorfes angewiesen – nicht nur um im Krieg zu bestehen, sondern auch zur Sicherung der Versorgung. Unter den gegebenen Umständen konnte sie aber wenig Gegenleistungen anbieten. Was sie sich vorgenommen hatte, kam in der Tat der Quadratur des Kreises nahe: ein ausreichendes Getreideaufkommen zu gewährleisten und dennoch die soziale Revolution auf dem Lande hinauszuschieben, bis die Konstituierende Versammlung Zeit fände, darüber in Ruhe zu beraten.

Grundsätzlich konnte auch das bürgerlich-liberale Kabinett auf einen Vertrauensvorschuß rechnen. Dorfversammlungen, in denen Sozialrevolutionäre erkennbar Wort und Feder führten, versicherten ihm nicht nur ihre Sympathie. Sie äußerten auch Zustimmung zur Absicht, die endgültige Entscheidung über die Verfassung einem demokratisch gewählten Gründungskongreß zu überlassen. Höchst unterschiedliche Meinungen traten jedoch in der Frage zutage, was bis dahin zu geschehen habe. Die Regierung verstaatlichte zwar Mitte März demonstrativ die Besitzungen der Kaiserlichen Familie samt einigen öffentlichen Ländereien, den sogenannten Kabinettsländereien. Aber sie machte zugleich klar, daß sie nicht daran dachte, Hand an private Güter zu legen. Vorerst sah sie ihre Aufgabe darin, neben Ruhe und Ordnung auch den sozialen Status quo auf dem Lande zu sichern. Nicht zuletzt diesem Zweck diente die Einsetzung provisorischer Volost'-Komitees als Ergänzung zu den Gouvernements- und Kreiskommissaren[48]. Aus dörflicher Perspektive erschien die Maßnahme allerdings in anderem Licht. Sicher mit einseitigem Blick achteten die Bauern vor allem auf Roß und Reiter. Sie stellten fest, daß in den zunächst – bis zur regulären Wahl – ernannten Komitees auch der Adel Sitz und Stimme haben sollte. Was die Regierung als einzige Möglichkeit betrachtete, um unterhalb der Kreise umgehend geordnete Verhältnisse herzustellen, wertete das Dorf als Beginn einer abermaligen (Ent-) Täuschung: Die alten Herren sollten die neuen sein.

Die Bauern zögerten nicht, der Regierung ihre eigenen Vorstellungen entgegenzusetzen. Es verträgt sich schlecht mit dem vielfach anzutreffenden Vorwurf anarchischer Neigungen, daß sie als erstes neue Ordnungsorgane schufen. Sie erkannten die Notwendigkeit, das Vakuum an legitimer Zwangsgewalt zu füllen, das die Revolution geschaffen hatte. Auch das Dorf griff dabei auf bestehende Institutionen zurück: Faktisch übernahm die Gemeinde die Macht. Sie rief in der besonderen Situation neue, von allen männlichen Einwohnern oder der Versammlung herkömmlicher Art (d.h. der Haushaltsvorstände) gewählte Gremien ins Leben. Als

Dorf-, Volost'-, Revolutions- oder Volkskomitees zogen sie die verwaisten Funktionen von Polizei, Justiz und Verwaltung an sich. Ihre Zusammensetzung entsprach den jeweiligen lokalen Besonderheiten und unterlag in vieler Hinsicht dem Zufall. In ihren Reihen fanden sich Dorflehrer, Popen, Schreiber und andere Angehörige der »Landintelligenz«, gelegentlich sogar geschätzte und respektierte Gutsbesitzer. Die große Mehrheit der Mitglieder aber stellten die Bauern selbst. Vielfach waren die Komitees vom Gemeinderat kaum zu trennen, der bei enger personeller Verflechtung neben ihnen weiterbestand. Auf Volost'-Ebene verschmolzen sie weitgehend mit den neuen staatlichen Komitees. Trotz aller Verschiedenheit des Namens und des sozialen Gehalts bildeten sie im Kern Organisationen gleichen Typs: direkte Vertretungen der Bauern, die deren Interessen zur Geltung brachten.[49]

Was die *obščina* von den Komitees in erster Linie erwartete, lag auf der Hand: dringend benötigte Nutzfläche zu beschaffen. Städtische Agitatoren, die in größerer Zahl als je zuvor ausschwärmten, bestätigten ihr die Legitimität dieses Anliegens. Allerdings spricht nichts dafür, daß sie mehr bewirkten, als die Stimmung zu schüren. Die Bauern handelten aus *eigenem* Antrieb und nach alter Gewohnheit, zumeist im Rahmen der Dorfgemeinde, gelegentlich auch auf Volost'-Ebene, ganz selten in größerem Maßstab. Bereits im März wurde die Provinz von ersten Plünderungen und Zerstörungen erschüttert. Erneut leerten die Bauern gutsherrliche Getreidespeicher und raubten Vieh und Geräte. Bedingt durch die Aussaat, nahm die Gewalttätigkeit im April ab. Häufig und typisch aber blieben bis zur eigentlichen Revolution auf dem Dorfe im Spätsommer die Aktionen, die auf den Kern der bäuerlichen Wünsche zielten: Landnahmen. Offene und verdeckte Aneignung sowie gezielte Schwächung und Zurückdrängung der Gutsbetriebe gingen dabei Hand in Hand. Teils beseitigten die Bauern einfach die Grenzmarkierungen und begannen, adeliges, vor allem brachliegendes Land umzupflügen. Teils erklärten die Komitees selbstherrlich, daß alles Land, das nicht binnen einer kurz bemessenen Frist bestellt werde, der *obščina* anheimfalle. Da Bauern und Tagelöhner meist auch ihre Arbeitsleistungen einstellten, liefen solche Beschlüsse auf eine schlecht verhüllte Rechtfertigung des Gesetzesbruchs hinaus. Keiner Erwähnung bedarf, daß die Dorfbewohner, wie seit eh und je in Zeiten des Aufruhrs, in gutsherrlichen Wäldern Holz schlugen und andere Eigentums-, zumeist vormalige Feudalrechte verletzten. Eines taten sie jedoch noch nicht: Sie verjagten die Grundbesitzer in den seltensten Fällen ganz, sondern beließen ihnen den größten Teil der Besitzungen. Tradition bestimmte auch darin immer noch ihre Handlungen.

Unterdessen bemühte sich die Regierung, die Lage unter Kontrolle zu bringen. Nach bemerkenswert kurzer Zeit (Ende März) gab sie Anweisung, im Ernstfall auch Polizei und Truppen einzusetzen – im städtischen Kontext kaum denkbar und ein Indiz für die unverminderte panische Angst der gehobenen Gesellschaft (unter Einschluß von Teilen der revolutionären Intelligenz) vor dem unverstandenen dörflichen Zorn. Im wesentlichen aber vertraute sie auf die beruhigende Wirkung konkreter Schritte zur Vorbereitung einer Agrarreform. Am 21. April wurden die *Landkomitees* aus der Taufe gehoben. Das Gesetz sah sie auf vier Verwaltungsebenen vor, von den *volosti* über die Kreise und Gouvernements bis zu den Ministerien. Ihre Mitglieder sollten aus der Gesamtheit der mündigen Bürger unter besonderer Berücksichtigung von Experten gewählt werden. An der Spitze stand ein »Hauptkomitee«, das dem Landwirtschaftsministerium beigeordnet war und neben Vertretern der Gouvernementskomitees auch Repräsentanten aller größeren Parteien umfaßte. Allen Komitees wurde aufgetragen, Material für die säkulare Reform zusammenzutragen und der Konstituierenden Versammlung in die Hände zu arbeiten, ihr aber nicht vorzugreifen.

Schon diese organisatorische Grundlegung der Agrarpolitik der Provisorischen Regierung ist in aller Regel gescholten worden. Das Hauptkomitee hat keine guten Noten bekommen, weil es bei 161 Mitgliedern kaum effektive Arbeit leisten konnte. Es vereinigte manch abstrakten Sachverstand, aber wenig Kenner der konkreten Verhältnisse. Durch die Einbeziehung der Parteien von den Nationalisten bis zu den Bolschewiki wurde es überdies zum Schauplatz heftigen und unfruchtbaren Streits. Černov, unter dessen Ägide als Landwirtschaftsminister es seine Arbeit aufnahm, vermochte daran wenig zu ändern. Um die untergeordneten Komitees war es nicht besser bestellt. Sie agierten ebenfalls im luftleeren Raum. Hinzu kam mangelnde Kompetenzabgrenzung gegenüber den erwähnten Parallelorganen, denen das Landwirtschaftsministerium noch die sogenannten Versorgungskomitees, zuständig vor allem für die Überwachung und den Aufkauf des

Getreides, hinzufügte. Soweit sie überhaupt eingerichtet wurden, führten alle diese Ämter ein tatenloses Dasein im Schatten der Dorfgemeinde, es sei denn, sie verschmolzen aus Personalmangel mit einem aktiven Gremium (wie manche Volost'-Versorgungskomitees mit den bäuerlichen Volost'-Komitees). In der Regel erging es ihnen nicht anders als den vorangegangenen Versuchen des Behördenstaates, seine Instanzen bis in die Dörfer vorzuschieben: Sie scheiterten an der Geschlossenheit der bäuerlichen Welt und der Weite des Raumes.[50]

Mit der Weichenstellung vom April schlug die Provisorische Regierung einen Kurs ein, der angesichts der bäuerlichen Wünsche nichts Gutes verhieß. Statt pragmatisch zu reagieren, beschwor sie Rechtspositionen. Statt zu handeln, vertröstete sie die Bauern auf kommende Zeiten. Sie vergaß dabei, daß ihre Untätigkeit Handlungschancen nicht einfach aufschob, sondern unwiederbringlich vertat. Starrsinn und Blindheit verbanden sich zu einer fatalen Bewegungsunfähigkeit, an deren Ende eben das stand, was man um jeden Preis hatte verhindern wollen: das bäuerliche Faustrecht und der völlige Vertrauensverlust des Februarregimes.

Hinter der Entscheidungsscheu standen jedoch nicht nur politische Grundsätze, sondern auch soziale Interessen. Aus beiden Gründen verlief die hauptsächliche Streitfront in der Regierung zwischen den Kadetten und den Sozialrevolutionären um Černov. Wohl hatten unverdrossene Linksliberale nicht vergessen, was die Partei in der ersten Revolution versprochen hatte. Sie erkannten die unverminderte Wut der landhungrigen Bauern und sprachen sich weiterhin für die Zwangsenteignung von privatem Großgrundbesitz aus, wenn auch bei angemessener Entschädigung. Lediglich die prekäre Versorgungslage veranlaßte auch sie, konkrete Schritte noch zu vertagen. Die Mehrheit der Delegierten, die im Mai zum achten Parteikongreß zusammenkamen, wies solche Ansichten freilich entsetzt zurück. Auf Vorschlag Maklakovs und Miljukovs verabschiedete sie mehrere Ergänzungen zum Parteiprogramm, die das darin noch verankerte Prinzip des Landtransfers durch einen Katalog von Ausnahmen weitgehend aufhoben. Obwohl sie Enteignungen nach wie vor für zulässig erklärte, distanzierte sich die Konferenz sichtbar von den letzten Resten der revolutionären Vergangenheit. Der russische Liberalismus machte sich zwar nicht ausdrücklich zum Sprecher von Adel und Grundbesitz. Aber er verpflichtete sich dem Eigentum doch so stark, daß der Graben zu den bäuerlichen Forderungen nicht mehr zu überwinden war.

Auf der anderen Seite herrschte bei den Sozialrevolutionären selbst in der Agrarfrage keine Einigkeit. Der dritte Parteitag vom Mai bestätigte zwar in pathetischen Worten die alte Losung von der entschädigungslosen Überführung des Großgrundbesitzes in die »gleiche Nutzung« der »werktätigen«, d.h. selbst arbeitenden Bauern. Aber er beschloß zugleich, der Konstituierenden Versammlung die Festlegung der Modalitäten zu überlassen. Auch die PSR vertagte das Problem, obwohl gerade ihr das Risiko bewußt sein mußte. Sie nahm es auf sich, um die Einheit der Partei äußerlich fürs erste zu retten. Der Kompromiß war jedoch zu dürftig, als daß er den Meinungsstreit tatsächlich hätte schlichten können. Vor allem die Regierungsverantwortung zwang das Zentralkomitee, Farbe zu bekennen. Dabei hielt die Mehrheit auch in dieser Frage am Schulterschluß mit Kadetten und Menschewiki fest. Die gemäßigte Rechte um Goc, Avksent'ev und Zenzinov war nicht bereit, den Bauern eine Sonderrolle einzuräumen und Prinzipien der bürgerlich-demokratischen Revolution für sie außer Kraft zu setzen.

Demgegenüber fühlte sich Černov stärker dem ursprünglichen Geist der Partei verpflichtet. Auch er wollte der Konstituierenden Versammlung das letzte Wort nicht nehmen. Aber er hielt Konzessionen an die bäuerlichen Forderungen für dringend geboten, um der Februarordnung Halt zu geben. Černov und die schwindende Schar seiner Anhänger inner- und außerhalb des Landwirtschaftsministeriums waren letztlich die einzigen, die der politischen Dimension der Agrarfrage angemessen Rechnung trugen. Was sie durchzusetzen vermochten, war jedoch nur ein Minimalprogramm. Ende Juni verfügte Černov die Beseitigung der Landeinrichtungskommissionen aus dem Jahre 1906. Damit wurde der verhaßten, weil gegen die *obščina* gerichteten Stolypinschen Reform das organisatorische Rückgrat gebrochen. Am 12. Juli verbot sein Ministerium jegliche Art von Landtransfer (Verkauf, Tausch, Verpfändung u.a.), um zu verhindern, daß Großgrundbesitzer durch Scheingeschäfte die anvisierte Reform unterliefen. Am 16. Juli schließlich erließ er ohne Zustimmung des Kabinetts ein Dekret, das den Landkomitees vor Ort einige zusätzliche Rechte gab wie die Festsetzung von Pachtzahlung bei Uneinigkeit der Parteien oder die Verleihung von Zugtieren an bedürftige Bauernwirtschaften. Der Zeitpunkt dieser Maßnahmen war kein Zufall. Černov nutzte die Koalitionskrise, um unbehindert von den ausgeschiedenen liberalen Ministern wenigstens einen symbolischen Rest des sozialrevolutionären Programms zu verwirklichen. Vor allem die Order vom 16. Juli bedeutete mehr, als sie im Wortlaut formulierte. Černov mußte wissen, daß sie von den Komitees großzügig als Anerkennung ihrer Verfügungsgewalt über das Land gedeutet werden würde. Das »Mißverständnis« konnte nur in seinem Sinne sein: Eben diese Verfügungsgewalt schwebte ihm als Interimslösung bis zur Konstituierenden Versammlung vor. Sie war zugleich der größte Stein des Anstoßes für die Kadetten, die darin zu Recht den ersten Schritt zur faktischen Legalisierung der »Schwarzen Umteilung« sahen.

Letzten Endes hatten die Liberalen mit Unterstützung der konservativen Sozialrevolutionäre und Menschewiki den längeren Atem. Als Černov einsehen mußte, daß sein mehrfach eingebrachter Gesetzentwurf zur Landreform im Kabinett keine Chance haben würde, gab er Ende August auf. Sein Nachfolger S.L. Maslov vom rechten Flügel der PSR wollte nur noch Pachtland in den Distributionsfonds geben, sah eine Entschädigung der Besitzer vor und schonte reiche Bauern (Kulaken) durch Sonderbestimmungen. Selbst dieses Mitte Oktober vorgelegte Projekt, das die großen Versprechungen des Parteiprogramms Lügen strafte und den bäuerlichen Landhunger mit Brosamen zu befriedigen suchte, blieb auf der Strecke. Die Regierung des Februar und mit ihr die Sozialrevolutionäre als mittlerweile stärkste Kraft verspielten ihren großen Kredit bei der Dorfbevölkerung leichtfertig.[51]

Nicht glücklicher operierte die PSR auf dem zweiten Schauplatz der Agrarpolitik, in den *Bauernsowjets*. Die Räteidee faßte auf dem Dorfe mit bezeichnender Verspätung Fuß. Organ der bäuerlichen Interessenvertretung war seit Menschengedenken die Gemeindeversammlung. Nach dem Umsturz kamen die Dorfkomitees hinzu, die vielfach nur die Arbeit der *obščina* taten und ebenfalls schon überflüssig waren. Die Bauernräte entsprangen denn auch nicht dörflicher Initiative. Die erste Deputiertenkonferenz dieser Art trat am 18. März in Moskau auf Anregung des Arbeiter- und Soldatensowjets zusammen. In Petrograd nahm Mitte April ein paralleles Gremium aus 280 Repräsentanten der bäuerlichen Garnisonssoldaten seine Tätigkeit auf. Bis Mai entstanden 20 Räte, bezeichnenderweise in den Gouvernementsstädten, nicht auf dem Lande. Ihr erster Allrussischer Kongreß, der vom 4. bis 28. Mai tagte, war deshalb auch in geringerem Maße als der Allrussische Kongreß der Arbeiter- und Soldatenräte die Spitze einer bestehenden Pyramide. Seine Mitglieder leiteten ihr Mandat nicht aus der Wahl der jeweils untergeordneten Sowjets ab, sondern wurden von allen volljährigen Bauern in einem zweistufigen Verfahren in der Relation von einem Delegierten auf 150000 Stimmberechtigten gewählt. Erst der Kongreß gab der Gründung von Räten in den Kreisen, *volosti* und Dörfern den entscheidenden Impuls. Die Bauernsowjets entstanden von oben nach unten, nicht umgekehrt. Zu keiner Zeit vermochten sie die mangelnde Verwurzelung zu überwinden: Gerade sie mußten sich dem Vorrang der *obščina* beugen.[52]

Politische Bedeutung erlangte vor allem der Allrussische Bauernsowjet. Auf Initiative der PSR, des wiedererstandenen »Allrussischen Bauernbundes« und der Kooperativbewegung zusammengerufen, konnte seine parteiliche Orientierung keine Überraschung sein. Von den 1115 Delegierten rechneten sich 537 zu den Sozialrevolutionären, nur 14 zu den Bolschewiki. Unverhältnismäßig viele kamen aus der Schwarzerdzone, dem Herzen des agrarischen Rußland und der Wiege der PSR. Bemerkenswert hoch war der Anteil von Soldaten: 558 von 1167 Delegierten (laut anderen Quellen) erschienen in Uniform, ein weiterer Beleg für die enge Verflechtung der Unruhe in Armee und Dorf.[53] Im Vordergrund der Debatten stand naturgemäß die Landfrage. Sozialrevolutionäre Parolen beherrschten die Reden, solche allerdings, die vielen Parteiführern nicht mehr behagten. Die meisten Delegierten bezeugten einer PSR Sympathie, die zumindest auf der höchsten Organisationsebene kaum noch existierte. Bemühungen der konservativen Sozialrevolutionäre, radikale Beschlüsse zu verhindern, blieben vergeblich. Die Resolution vom 26. Mai empfahl die Gründung von Landkomitees auf allen Verwaltungsebenen und trug diesen auf, bei der Vorbereitung einer umfassenden Reform vom Grundsatz auszugehen, daß sämtliche Staats-, Kirchen- und Privatgüter entschädigungslos in den Besitz des ganzen Volkes zu überführen seien. Die Bauerndeputierten forderten dasselbe wie 1905: die »Sozialisierung des Landes«.

Ein solches Echo ihrer Losungen hätte der PSR den Rücken stärken können. Als die Delegierten Ende Mai abreisten, hinterließen sie einen fünfzehnköpfigen ständigen Ausschuß, das Präsidium des Zentralen Exekutivkomitees, in dem die Sozialrevolutionäre nach Belieben schalten und walten konnten – gewiß ein Forum von nicht geringer Bedeutung. Doch die solchermaßen in ihrer Wunschrolle Bestätigten nutzten dieses Kapital nicht. Statt dessen trugen sie ihren inneren Streit ins Exekutivkomitee hinein. Die Namen der Hauptkontrahenten, Avksent'evs als Vorsitzendem und Černovs als populärstem Mitglied, waren Programm. Ihre Ministerämter brachten es mit sich, daß das Gremium überdies mit den ungelösten Problemen der Regierung belastet wurde. Die Fronten verhärteten sich nach der Demission Černovs. Avksent'ev sah sich bei seinem Versuch, den Bauernrat für die Unterstützung der Koalition einzusetzen, mit wachsendem Widerstand konfrontiert. Am Ende stand eine Selbstblockade der sozialrevolutionären Politik nicht nur im Exekutivkomitee, sondern auch in vielen regionalen Bauernräten, die mit den widersprüchlichen oder ihren Wünschen entgegenlaufenden taktischen Anweisungen nichts anzufangen wußten.

Das Dorf antwortete auf solche Untätigkeit auf seine Weise. Alte, bittere Erfahrungen mit der Politik der städtischen Obrigkeit bestätigt sehend, griff es zum wiederholten Mal zur Selbsthilfe. Die Fieberkurve des bäuerlichen Aufruhrs stieg von April bis Mitte Juli steil an. Eine deutliche Abflachung in den Hochsommerwochen bis Ende August zeigte keine Normalisierung an. Sie dokumentierte lediglich, daß die Unruhen immer noch dem saisonalen Zyklus folgten. Nach der Ernte flammte die Empörung wieder auf und brachte in einem Ausmaß Gewalt und Panik über das Land, wie man es seit 1905 nicht mehr gesehen hatte. Im Frühherbst 1917, als die Regierung ihre Handlungsfähigkeit endgültig eingebüßt hatte und dem Staat in der Provinz keine Zwangsmittel mehr zur Verfügung standen, um seiner Autorität Geltung zu verschaffen, erlebte Rußland eine neuerliche »grande peur« - verheerender als die vorangegangene und politisch folgenreicher: Sie schuf unentbehrliche Voraussetzungen für den Oktober.

Über die Monate zog der soziale Flächenbrand auf dem Dorfe nicht nur breitere Kreise. Die 5000 bis 6000 schwereren Rechtsverstöße, die der Miliz zwischen April und Oktober bekannt wurden, änderten auch ihren Charakter. Schon seit dem Frühsommer nahmen Radikalität und Gewalt zu. Die Bauern gaben sich keine Mühe mehr, den Schein von Legalität zu wahren. Sie gingen ihr Ziel frontal an: Wo sie Land beanspruchten, nahmen sie es im

Handstreich; wo sie es gepachtet hatten, ignorierten sie die Verträge. Im Zentralen Schwarzerdgebiet wurde die pogromartige Plünderung von Gutshöfen durch ganze Dorfgemeinden bei Herbstbeginn nachgerade zur üblichen Äußerungsform ihres Zorns. Wo noch bewaffnete Milizen ausgeschickt werden konnten, blieb Blutvergießen nicht aus. Auch unbesonnenes oder provokatives Verhalten seitens der einstigen Herren konnte die Empörung bis zum Mord steigern. Sonst aber galt wie 1905/06, daß die Angreifer in den seltensten Fällen Lynchjustiz übten.

Nicht nur darin wirkten hergebrachte Muster des bäuerlichen Protest- und Sozialverhaltens fort. In ihrer ganzen Erscheinungsform folgte die dörfliche Revolution des Jahres 1917 weitgehend den gewohnten Bahnen. Sie wurde nach wie vor von der *obščina* getragen, auch wenn diese häufig unter anderem Namen als Dorfkomitee in Erscheinung trat. Weiterhin konzentrierte sie sich in den dicht bevölkerten Regionen der Ukraine und mittleren Wolga, wo beinahe die Hälfte der einschlägigen Vorfälle registriert wurde. Unverändert blieben die Gegner und Ziele der Angriffe: die Gutsbesitzer und ihr Land. Und auch das Zusammenwirken sozialstruktureller mit kurzfristig hinzutretenden Ursachen gehörte zu den traditionellen Mechanismen des bäuerlichen Aufruhrs. Zu Beginn des Herbstes griff die Getreideknappheit nach einer schlechten Ernte auf das Dorf über. Die Bauern mußten fürchten, im Winter selber an den Rand des Hungers zu geraten oder kein Saatgut übrigzubehalten. Wie im Herbst 1905 trafen zwölf Jahre später drei entscheidende Faktoren aufeinander, um sie zum Aufstand zu treiben: der andauernde Sozialkonflikt, eine Mißernte und der weitgehende Zusammenbruch des staatlichen Zwangspotentials vor Ort.

Was an neuen Zügen hinzukam, ergab sich aus der Gültigkeit der alten Formen und Motive. Auf die geographische Verteilung der Unruhen wirkte die Nähe zur Front in starkem Maße ein. Bauern in Uniform verbreiteten die Unzufriedenheit der Armee in die angrenzenden Gouvernements vor allem des Südwestens (von Mogilev bis Wolhynien), die historisch nicht zu agrarischem Sozialprotest neigten. Umgekehrt übertrugen sie die Stimmung ihrer Heimatdörfer auf die Armee. Neu waren ferner Gegner, die in besonderem Maße vom Zorn der Aufständischen heimgesucht wurden: die einstigen Dorfgenossen, die im Gefolge der Stolypinschen Reform der *obščina* den Rücken gekehrt hatten. Dies (nach

Art der sowjetischen Geschichtswissenschaft) als Beleg für den Klassenkampf auf dem Dorf zu deuten trifft bestenfalls die halbe Wahrheit. Die Heimgesuchten wurden zur Zielscheibe wütender Attacken nicht allein wegen ihres überdurchschnittlichen Wohlstandes, über den sie in der Regel verfügten. Vor allem zogen sie den Zorn auf sich, weil sie gegen die herkömmliche Ordnung verstoßen und sich zu Außenseitern gemacht hatten.[54]

Denn wenn es in Revolution und Bürgerkrieg auf dem Dorfe einen Sieger gab, dann war es die traditionale Lebens- und Wirtschaftsform in Gestalt der *obščina*. Die verfügbaren Daten sprechen für sich: Im Vergleich zu 1917 fielen der Anteil von relativ großen Höfen (über acht Desjatinen) bis 1919 von 8,9% auf 3,7% und der Anteil der landlosen Bauernfamilien von 11,5% auf 6,6%. Drei Viertel aller Haushalte (72,2% im Vergleich zu 1917=57,6%) verfügten 1919 über kleine Flächen bis zu vier Desjatinen, 17,6% (vorher 21,9%) über mittelgroße von vier bis acht Desjatinen. Vier Desjatinen waren weniger, als ein marktorientierter Betrieb bei dem gegebenen kläglichen Produktivitätsniveau benötigte. Die »Schwarze Umteilung« bewirkte mithin vor allem eines: Sie nivellierte den bäuerlichen Landbesitz auf niedrigem Niveau, machte die Erfolge der Stolypinschen Reform rückgängig und kräftigte die Dorfgemeinde, die mehr Ackerstreifen verteilen konnte als je zuvor.[55]

Fraglos goß auch die wachsende Verbitterung der Bauern Wasser auf die Mühlen der militanten Gegner des Februarregimes. Nicht zuletzt auf dem Dorfe grub sich die Provisorische Regierung ihr eigenes Grab. Schon vor dem Allrussischen Kongreß der Bauernräte im Mai hatte Lenin eine effektvolle Rede gehalten, deren Botschaft die Stimmung der Anwesenden weit eher traf als Černovs Appell zur Mäßigung. Dennoch bewahrten die Sozialrevolutionäre in vielen Regional- und Dorfkomitees eine erstaunliche Popularität. Den Bolschewiki gelang es nicht, sie zu verdrängen. Die offenbare politische Radikalisierung, vorangetrieben vor allem von den Bauernabteilungen, die den städtischen Arbeiter- und Soldatenräten immer häufiger angegliedert wurden, kam ganz überwiegend den *linken* Sozialrevolutionären zugute. Mit gutem Grund sahen die Bauern in ihnen die wahrhaften Erben der alten PSR. Beide führte nicht nur das gemeinsame Ziel einer sofortigen Agrarrevolution zusammen, sondern ebenso das Vertrauen in die Dorfgemeinde als Fundament auch der künftigen Sozialordnung im agrarischen Bereich. Hierin lagen die tiefere Vernunft dieses Bündnisses und der eigentliche Antrieb des bäuerlichen Aufruhrs auch 1917.

5. Nationale Revolution

Zu Recht gilt die Umwälzung des Jahres 1917 als klassisches Beispiel einer Sozialrevolution. Der Untergang des Zarenreichs ist ohne strukturelle und aktuelle gesellschaftliche Antriebe und Bestrebungen, ohne das Aufbegehren von Arbeitern, Soldaten und Bauern und den Ehrgeiz von Bürgertum und Intelligenz nicht zu denken. Aber der Kernvorgang hatte breitere Wirkungen, die ebenfalls zum innersten Wesen der Geschehnisse gehören. Der Zerfall der staatlichen Zwangsgewalt setzte lang angestaute regionale Energien frei. Nicht nur die alte Herrschafts- und Sozialordnung brach wie ein Kartenhaus zusammen, sondern auch das Imperium über die nichtrussischen Völker. Zur sozialen und politischen Emanzipation als Hauptmotive des Umsturzes gesellte sich außerhalb des ethnischen Rußland die *nationale*. Vieles spricht dafür, daß sich die Revolution an der Peripherie nur in dem Maße behaupten konnte, wie sie die nationalen Bestrebungen auf ihre Seite brachte. Die Politiker des Februarregimes haben, anders als die Bolschewiki, auch dies nicht gesehen und ihren Gegnern weitere, unentbehrliche Alliierte zugeführt.

Dabei lag die Verbindung zwischen sozialer und nationaler Revolution im Zarenreich nahe. Die Unabhängigkeitsbewegungen der zahlreichen, im Laufe von Jahrhunderten unterworfenen Völker und Staaten bewahrten jene Wahlverwandtschaft, die beide Bestrebungen ursprünglich miteinander verknüpft hatte. Darin bestand eine wesentliche Gemeinsamkeit mit gleichgerichteten Strömungen der west- und südslavischen Völker im zweiten noch verbliebenen Vielvölkerstaat Europas (wenn man das Osmanische Reich beiseite läßt), der habsburgischen Doppelmonarchie. Freilich brachten es das geringere Maß an innerer Freiheit und das niedrigere sozioökonomische Entwicklungsniveau der Peripherie des zarischen Territoriums mit sich, daß die Symbiose unter autokratischer Herrschaft noch enger und nahezu zwangsläufig war. Die russische Zentralgewalt duldete (anders als die österreichische nach 1867) im Regelfall keinerlei administrative oder kulturelle Eigenständigkeit. Der regierungsoffizielle Nationalismus seit den

Zeiten Nikolajs I. engte den Spielraum der nichtrussischen Völker im Gegenteil immer weiter ein. Von panslawischem Hegemonialanspruch und religiös-kulturellem Sendungsbewußtsein untermauert, mündete er gegen Ende des Jahrhunderts in eine aggressive Russifizierungspolitik, die auch das bloße Anderssein nicht mehr duldete. Das alte Imperium hatte sich weitgehend mit der Erhebung von Steuern, Einziehung von Rekruten und wirtschaftlich-kultureller Inanspruchnahme begnügt. Es hatte eine mehr oder weniger formelle Oberhoheit über die Ukraine, die baltischen Hafenstädte, polnischen Westgebiete, den Kaukasus und Zentralasien – um nur die wichtigsten Eroberungen zu nennen – hergestellt. Kernpolen, 1795 im Zuge der dritten Teilung endgültig annektiert, und Finnland, 1808 von Schweden erobert, genossen sogar eine verfassungsmäßig garantierte, im Falle Polens allerdings nur kurze Zeit faktisch gültige, administrative Autonomie.[56] Im Zeitalter des Nationalismus und Imperialismus, beginnend bereits unter Alexander II., energisch vorangetrieben unter den letzten beiden Zaren, schien das mit russischem Geltungsbedürfnis und Stolz nicht mehr vereinbar. Systematisch ging man daran, historisch gewachsene Strukturen von Herrschaft und Verwaltung zu zerstören und die bodenständige Kultur bis hin zur Sprache und Religion zurückzudrängen: Erzwungene Assimilation durch *ukaz*, gezielte Kolonisation und militärisch-polizeiliche Knebelung wurden zur Maxime der Politik. Am längsten rettete Finnland seine Freiheiten. Als auch diese 1899 aufgehoben wurden, blieb der Autokratie, von anderen Behinderungen abgesehen, nicht mehr genügend Zeit und Ruhe, ihren Dekreten zur Wirksamkeit zu verhelfen.

Staatlicher Nationalismus und Russifizierung bildeten indes nur eine Variante nationalen Denkens und Handelns. Mit ihnen breiteten sich seit der Romantik Strömungen aus, die das verschüttete kulturelle, sprachliche, religiöse und allgemein historische Erbe der »kleinen Völker« unter zarischer Herrschaft freizulegen und zu entwickeln suchten. Sie drängten bald über das Ziel kultureller Freiheit und Selbstbestimmung hinaus. Im letzten Drittel des 19. Jahrhunderts sah sich die Autokratie allenthalben mit dem Anspruch *politischer* Autonomie der Nationalitäten konfrontiert. Er ergänzte den polnischen Kampf um die Wiederherstellung der verlorenen Souveränität, der ihr schon genug Kopfzerbrechen bereitete. Die nationalen Bewegungen zerfielen naturgemäß in verschiedene Strömungen, abhängig von einer Vielzahl spezifischer Bedingungen. Fast überall aber bildeten sich gemäßigte, von den privilegierten Schichten getragene Gruppen und solche heraus, die zugleich mit der nationalen Befreiung tiefgreifende soziale Veränderungen für die städtischen und ländlichen Unterschichten anstrebten. Im Regelfall galt auch, daß die gemäßigten Strömungen in wirtschaftlich und sozial weiter fortgeschrittenen Regionen des Reiches (etwa in den baltischen Provinzen und Polen) über größeren Einfluß verfügten und den revolutionären zum Teil Paroli bieten konnten. Sonst aber verschaffte die Rückständigkeit der meisten peripheren Gebiete dem Anliegen der sozialen Revolution breite Resonanz.

Ein bezeichnendes Paradox lag darin, daß bürgerliche wie revolutionäre Bewegungen von der Entwicklung des politischen Denkens in Rußland entscheidende Impulse bezogen. Von hier borgten sie Argumente, Aktions- und vor allem Organisationsformen. Auch das nationale Aufbegehren der Peripherie ist ohne den sozioökonomischen und kulturellen Modernisierungsprozeß im Zarenreich nicht denkbar. Im Endeffekt entstanden in vielen Regionen – die islamischen aufgrund der allzu großen kulturellen Distanz am ehesten ausgenommen – Parteien, die sich von ähnlichen Grundorientierungen leiten ließen wie die russischen. Sozialdemokratische, sozialrevolutionäre und liberaldemokratische Strömungen waren gleichermaßen, wenn auch in unterschiedlicher Stärke vertreten, ohne daß sich irgendeine Regelmäßigkeit in der Verteilung der Gewichte erkennen ließe. Andererseits führte solche weltanschauliche Nähe nicht ohne weiteres zur Kooperation. Die nationale Frage barg genügend Potential für Dissens. Solange man gemeinsam gegen die Autokratie focht, blieb es latent. Erst ihr Untergang setzte seine Sprengkraft frei. Er zwang die russischen oppositionellen Parteien zu bekennen, wie sie es mit dem Selbstbestimmmungsrecht der Völker hielten, und die nationalen Bewegungen, ihre Haltung gegenüber dem neuen, demokratisch-revolutionären Rußland zu klären.

Am wenigsten Kopfzerbrechen bereitete diese Frage den *Sozialrevolutionären*. Sie glaubten, sie ebenso wie das Problem der Staatsorganisation mit der Zauberformel des Föderalismus lösen zu können. Den Nationen sollte dieselbe Selbständigkeit zustehen wie den Regionen. Ihre Freiheit werde am Gesamtinteresse eine Grenze finden, das die höchsten Wahlorgane geltend zu machen hatten. Das demokratische Bauprinzip von Staat und Gesellschaft als einer Pyramide von *obščiny* versprach, auf der Basis eines Konsenses über die sozialen Grundstrukturen auch zu einem geregelten Ausgleich der nationalen Bedürfnisse zu führen. Freilich zeigten schon die Debatten des Gründungsparteitages Ende 1905, daß die PSR es sich mit solch dürftigen, von naivem Fortschrittsglauben geprägten Konstrukten zu leicht machte. Bedenken gegen die Formel vom uneingeschränkten Selbstbestimmungsrecht wurden laut, die auf die Gefahren für die Lebensfähigkeit eines amputierten Gesamtstaates hinwiesen. Noch deutlicher traten die Meinungsverschiedenheiten auf einem Kongreß der nationalrevolutionären Parteien anderthalb Jahre später zutage. Die offiziöse Ansicht der PSR war fortan, daß es keine einheitliche Lösung gebe. Ihrer ganzen Natur und geistigen Grundfärbung nach blieb sie aber eine überzeugte und glaubwürdige Verfechterin des föderalistischen Prinzips. Es war kein Zufall, daß ihr besonders viele revolutionäre Gruppen der nichtrussischen Gebiete nahestanden.

Auch das Programm der *Sozialdemokratie* aus dem Jahre 1903 unterstrich das Selbstbestimmungsrecht der kleinen Völker. Aber dem Bekenntnis fehlte die Überzeugungskraft des engagierten Einsatzes. Nationale Einheit und Unabhängigkeit waren keine vorrangigen Ziele der marxistischen Bewegung. Beide gehörten für sie zur bürgerlichen Etappe der historischen Entwicklung. Die sozialistische Gesellschaft als Endziel kannte ebensowenig nationale Grenzen wie der ökonomische Prozeß, der sie hervorbrachte. Im großen und ganzen galt bis zum Vorabend des Weltkriegs die orthodoxe Anschauung, daß der Proletarier kein Vaterland habe. Dabei bestand schon längst Anlaß, ihre Zweckdienlichkeit zu überprüfen. Die Attraktivität nationaler Ideen wurde in den Randgebieten zum agitatorischen Problem. Hinzu kam die Ausstrahlung der Debatten im internationalen Sozialismus, der sich seit einiger Zeit darum bemühte, Marxismus und nationale Orientierung miteinander zu versöhnen. Innerhalb der russischen Sozialdemokratie hatte eine betroffene Partei, der *Allgemeine jüdische Arbeiterbund von Polen, Litauen und Rußland*, kurz *Bund* genannt, die Frage schon um die Jahrhundertwende aufgeworfen und sich die Überlegungen der weithin respektierten österreichischen Sozialdemokraten Karl Renner und Otto Bauer zu eigen gemacht. Ihre Gedanken zur Möglichkeit kultureller Autonomie auch zerstreut siedelnder Minderheiten schienen den russischen

Verhältnissen ebenso auf den Leib geschneidert wie den habsburgischen. Als erste Partei überhaupt nahm der Bund das Konzept der »extraterritorialen Autonomie« in sein Programm auf. Allerdings scheiterte 1903 der Versuch, solche Vorstellungen in der gesamtrussischen Sozialdemokratie zur Geltung zu bringen.

Als patriotischer Überschwang die Klassenbindung endgültig aufzulösen schien, machten sich beide Fraktionen aus taktischen Erwägungen, nicht aus Überzeugung daran, ihr Verhältnis zur Nation zu klären. Im August 1912 versammelten sich Vertreter der *Menschewiki* und ihnen nahestehender ethnischer Schwesterparteien in Wien. Als Teil einer klareren Abgrenzung von den Bolschewiki leiteten sie auch einen Kurswechsel in der nationalen Frage ein. Dies kam angesichts der prominenten Rolle georgischer Menschewiki wie Čchejdze und Cereteli und ehemaliger Bundisten wie Martov nicht unerwartet. Ungeachtet der sonstigen theoretischen Orthodoxie und gegen den Widerstand Plechanovs freundeten sich die Menschewiki mit der Forderung national-kultureller Autonomie an und nahmen sie 1917 in ihr Programm auf.

Die *Bolschewiki* taten sich schwerer und leichter zugleich. Anfang 1913 beauftragte Lenin einen jungen Genossen, weil die eigentlichen Sachkenner nicht greifbar waren, mit einer Stellungnahme zu den neuen menschewistischen Anschauungen. J.V. Stalin, fortan zuständiger Parteiexperte, hielt sich ängstlich an die überkommenen Positionen und verurteilte das Bauer-Rennersche Konzept als bürgerliche Verirrung. Nicht von seinen wenig originellen Ausführungen ging ein Wandel auch der bolschewistischen Haltung aus. Vielmehr gaben Lenins eigene, großenteils in der bekannten Polemik gegen Rosa Luxemburg vorgetragene Überlegungen den entscheidenden Anstoß. Zwar wies auch er die österreichischen Vorschläge zurück, weil sie von einem falschen, klassenneutralen Begriff der nationalen Kultur ausgingen. Lenin hielt daran fest, daß Staat und Nation Kategorien der bürgerlichen Gesellschaft seien. Aber er betonte auf neue Weise, daß ihnen eben deshalb im gegebenen historischen Entwicklungsstadium – zwischen vormodernem Regionalismus und sozialistischem Internationalismus – ein legitimer Platz gebühre. Seinem Naturell entsprechend zögerte er nicht, daraus die radikalste Handlungsanweisung abzuleiten: das im Parteiprogramm verankerte Selbstbestimmungrecht als Recht zur territorialen Sezession zu deuten.

Gewiß hat Lenin dabei vor allem den taktisch-politischen Gewinn im Auge gehabt. 1917 waren die Bolschewiki die einzige großrussische revolutionäre Partei, die den nationalen Emanzipationskampf bis zur letzten, von den meisten Unabhängigkeitsbewegungen angestrebten Konsequenz der staatlichen Unabhängigkeit unterstützte.

Auch die *Liberalen* nahmen sich der nationalen Frage an. Ihre Glaubwürdigkeit verlangte, den Grundsatz der Demokratie und Selbstbestimmung, den sie mit dicken Lettern auf ihre Fahnen schrieben, auf die zahlreichen Minderheiten im Zarenreich zu übertragen. Im Programm von 1906 forderten sie bürgerliche Freiheiten für alle Untertanen ohne Ansehen ihrer Nationalität. Ausdrücklich unterstützten sie das Konzept der kulturellen Autonomie und verpflichteten sich zum Schutz der minoritären Sprachen, Religionen und Literaturen. Polen und Finnland wurden eigene Parlamente mit Selbstverwaltungskompetenzen zugesagt. Bei alledem bewahrten die Kadetten von Anfang an eine ausgeprägte Skepsis gegenüber dem Föderalismus. Sie sprachen dem russischen Volk und Staat die Reife für ein funktionsfähiges Miteinander gleichberechtigter Regionalkörperschaften ab und vermochten keine historischen Grundlagen dafür zu erkennen. Freilich traten solche nachvollziehbaren Argumente mehr und mehr in den Schatten bloßer nationaler Ressentiments und Überlegenheitsgefühle. Im Revolutionsjahr bildete großrussisches Hegemonialdenken, verbunden mit dem Ideal der »Staatlichkeit«, längst das eigentliche Fundament eines ausgeprägten Zentralismus. Der Experte des Zentralkomitees hielt es auf dem achten Parteitag im Mai für richtig, die nationale Selbständigkeit im Rahmen des Gesamtstaates mit balkanischen Zuständen zu vergleichen und abzulehnen. Wie kulturelle Autonomie unter diesen Umständen Wirklichkeit werden konnte, blieb sein Geheimnis. Von den Kadetten konnten die nationalen Bewegungen am wenigsten erwarten.[57]

Die Dekomposition des Zarenreichs begann gegen Ende des zweiten Kriegsjahres. Als Polen und der größere Teil der baltischen Provinzen endgültig in deutsche und österreichische Hände gerieten, erkannten die national orientierten Kräfte ihre Chance, mit fremder Hilfe das langersehnte Ziel der Unabhängigkeit zu erreichen. Auch wenn der Weg nicht geradlinig verlief und sich die Vorzeichen infolge der Niederlage der Mittelmächte (für die deutsche Oberschicht im Baltikum drastisch) änderten, waren die

Weichen gestellt. Der Krieg, nicht die Revolution, löste hier die nationale Frage, wie unzulänglich auch immer.[58] Indes blieb auf dem Territorium, über das die Februarregierung formell gebot, noch genügend Konfliktstoff übrig. An der gesamten Peripherie gab der Umsturz den nationalen Bewegungen Gelegenheit, Regionalregierungen zu bilden. In der Regel waren sie bürgerlich orientiert und verstanden sich, ohne daß Wahlen stattfinden konnten, mit demselben Recht als demokratisch wie die Provisorische Regierung. Überwiegend galt zudem, daß sie sich als Teil der demokratischen Revolution fühlten und mit Hoffnung auf das neue Regime blickten. Sie erwarteten nicht nur die rechtliche Gleichstellung der nichtrussischen Staatsbürger, sondern auch sichtbare Signale für den Übergang zum Föderalismus. Die Liberalen gewährten ihnen das erste, verweigerten aber das letztere. Höchstens waren sie bereit, schon weil sie keine andere Wahl hatten, die nationalen Regierungen als neue (untergeordnete) Regionalverwaltungen anzuerkennen. Auch in dieser Frage übersahen sie, daß die Zeit gegen sie arbeitete. Als die nationalen Bewegungen die teils abwartende, teils feindselige Haltung des Revolutionsregimes erkannten, taten sie dasselbe wie Arbeiter und Bauern: Sie halfen sich selbst.

In der *Ukraine* wurde die Frage, wer nach dem Sturz der Autokratie die Macht ergreifen sollte, ähnlich gelöst wie in Petrograd. Sie fiel aus denselben Gründen der oppositionellen »Gesellschaft« zu: weil die »bürgerliche« Intelligenz zur politischen Führung berufen schien, weil sie über das größte Reservoir an fähigen Köpfen verfügte und weil ihr die Sozialisten die Hauptrolle überließen. Mit Zustimmung der letzteren übernahm am 4. März ein ukrainischer Zentralrat, die *Rada* (=Rat, ukr. für *sovet*), die Geschäfte einer Regionalregierung. Zum Vorsitzenden wählte sie die Symbolfigur der nationalen Erweckungsbewegung, den Historiker Mychailo Hruševskyj, der die ukrainische Geschichte und Kultur als Professor an der Universität Lemberg (Lwów, L'viv) in vieler Hinsicht erst entdeckt und zum Fundament eines von breiten Kreisen der Intelligenz getragenen neuen ukrainischen Selbstbewußtseins erhoben hatte. Die Rada war zunächst ein korporatives Gremium, gebildet aus Vertretern der wichtigsten gesellschaftlichen und kulturellen Institutionen des Landes, von gelehrten Gesellschaften über Kooperative bis zu Studentenbünden. Sie begriff sich weniger als Regierung denn als Koordinationszentrale, die verschiedenen Interessen gerecht zu werden und einen maßvollen Kurs der politischen Mitte zu steuern suchte. Von Anfang an gab es jedoch ein Ziel, das sie über breite politische und soziale Gräben hinweg verband: die Forderung nach Selbstbestimmung.

Wohl setzte der Untergang der alten Ordnung auch in der Ukraine soziale Protestenergien frei. In Kiev entstand gleichzeitig mit der Rada ein Arbeiter- und Soldatensowjet nach Petrograder Muster, in dem Parteien derselben Richtungen das Sagen hatten. Ukrainische Sozialrevolutionäre (UPSR) und ukrainische Sozialdemokraten (USDRP) hatten sich zur Zeit der ersten Revolution als Filialen der gesamtrussischen Organisationen formiert. Obwohl sie das Programm der Mutterparteien übernahmen, gingen sie bald eigene Wege. Beide gerieten in den Sog des nationalen Denkens. Gewiß neutralisierte diese neue Komponente die ursprünglichen Anliegen nicht. Aber sie bannte sie in den regionalen Rahmen und verflocht sie so eng mit der Forderung nach Unabhängigkeit, daß das eine nicht mehr ohne das andere voranzutreiben war. Die nationale Klammer hat die ukrainischen revolutionären Parteien nicht nur früher in die Regierung gezogen und sie fester mit den gemäßigten Kräften verbunden. Sie förderte vor allem eine Frontstellung, die dem Februarregime das Leben noch schwerer machte: Zum Hauptfeind der ukrainischen Revolutionäre wurde die demokratisch-sozialistische Zentralregierung samt der gesamtrussischen Schwesterparteien im Petrograder Sowjet, nicht der bürgerliche Klassenfeind im eigenen Lande. Der nationale Konflikt begann den sozialen zu überdecken.

Solches Engagement der UPSR und USDRP veränderte den Charakter der Rada. Aus einer fast altständischen Landesvertretung wurde eine nationalrevolutionäre Regierung, die im Juni die formelle Anerkennung der ukrainischen Selbständigkeit verlangte. Diese sollte nicht nur in der administrativen Zusammenfassung von zwölf Gouvernements unter einem besonderen Kommissar ihren Ausdruck finden, sondern auch in der Bildung einer separaten ukrainischen Armee. Die Petrograder Zentralgewalt konnte in der gegebenen Lage kaum anders als abwartend reagieren. Sie bezweifelte nicht ohne gute Gründe die Legitimität der ukrainischen Regierung und empfahl, die Entscheidung über ein so gravierendes Problem der Konstituierenden Versammlung zu überlassen. In der Ukraine löste dieser Beschluß einen Sturm der Entrüstung aus. Hruševskyj erklärte vor dem ukrainischen Bauernkongreß den »Festtag der Revolution« für beendet. Seine Warnung vor Aufruhr und Zerstörung, an deren Ende »eine freie und unabhängige Ukraine« stehen werde, warf den Schatten des Bürgerkriegs voraus. Am 10. Juni tat die Rada den entscheidenden Schritt: Sie verkündete der Bevölkerung im ersten »Universal« (mit plakativer Deutlichkeit nach den Dekreten der Kosakenhetmane des 17. Jahrhunderts benannt), daß die Ukraine ihr Schicksal fortan selbst in die Hand nehmen werde. Zweifellos wurde das neue Regime von dieser Proklamation im Mark getroffen. Die Ukrainer standen den Großrussen ethnisch, sprachlich und kulturell am nächsten. Sie bildeten die zweitstärkste Bevölkerungsgruppe[59] und bewohnten eine Region, die wirtschaftlich als Kornkammer und Rohstofflager gleich unentbehrlich war. Ihre Loslösung bedrohte die Existenz des ohnehin maroden Restreichs.

Schon deshalb hatte die Provisorische Regierung kaum eine andere Wahl, als einen Ausgleich zu suchen. Was ihre Abgesandten erreichten, war in keiner Hinsicht tragfähig. Die Vereinbarung vermochte weder, wie erwähnt, die Kadetten bei der Stange zu halten; noch löste sie den Konflikt mit der ukrainischen Nationalbewegung. Die Einrichtung eines gemeinsam zu besetzenden Generalsekretariats als oberstes Verwaltungsorgan der Ukraine bedeutete zwar faktisch die kaum verhüllte Anerkennung der Sezession. Aber sie stellte die Rada nicht zufrieden. Obwohl ein neuer Kompromiß, der im August nötig wurde, die alten Absprachen nur wiederholte, wurde er in einer Zeit wachsender Aufgeregtheit als Veränderung des Status quo auf Kosten der nationalukrainischen Forderungen empfunden. Die Rada förderte diese Deutung. Dabei dürfte der Popularitätsverlust, den sie ebenso hinzunehmen hatte wie die Provisorische Regierung, nicht ohne Einfluß geblieben sein. Die Entwicklung steuerte auf eine höchst paradoxe Konstellation zu: auf ein Bündnis der nationalukrainischen Rada und der inzwischen bolschewistischen Mehrheit im Arbeiter- und Soldatendeputiertenrat. Die Bolschewiki vermochten die nationalistische Mehrheit der Rada von ihrem künftigen Einsatz für die ukrainische Selbständigkeit zu überzeugen und wurden am Tage vor dem Coup in Petrograd, am 25. Oktober, kooptiert. So tief war in den Köpfen der nationalukrainischen Führer der Glaube verwurzelt, der Feind sitze in Petrograd, daß sie auch nach dem Umsturz noch einige Zeit an der Allianz festhielten und ihre baldigen Todfeinde sogar vor dem Untergang bewahrten. Als Garnisonstruppen der Provisorischen Regierung in Kiev alle stadtbekannten Führer der Bolschewiki verhaften ließen, erzwang die Rada ihre Freilassung. Schon wenige Monate später hatte sie Anlaß, diese Entscheidung zu bedauern.[60]

Die vom Islam geprägten ausgedehnten Gebiete des Südostens, von der kirgisischen und kasachischen Steppe bis nach *Mittelasien*, waren dem Zarenreich erst spät einverleibt worden. Zwar mußten Baschkiren und Kirgisen dem Vormarsch russischer Militärexpeditionen und Siedler in den Raum zwischen Ural und Kaspischem Meer schon unter den Nachfolgern Peters des Großen weichen. Aber es dauerte mehr als ein gutes Jahrhundert, bis die letzten moslemischen Zitadellen in den Oasenstädten zwischen Kokand und Fergana genommen und der scheinbar unaufhaltsame Drang nach Südosten im Kampf gegen die überlegene englische Weltmacht an der Grenze zu Afghanistan (Schlacht bei Merv 1881) ein Ende fand. Schon deshalb konnte die Zugehörigkeit dieser Gebiete zum Zarenreich kaum mehr bedeuten als die bloße Unterwerfung. Die kulturelle, sprachliche und religiöse Distanz tat ein übriges, um die tradierten Lebensformen der eroberten Völker und Staaten zu bewahren. Dennoch mehrten sich gegen Ende des Jahrhunderts die Zeichen für tiefergreifende Wirkungen der russischen Oberhoheit. In Zentralasien stieß der Aufschwung der Baumwollproduktion einen allmählichen sozioökonomischen und kulturellen Wandel an. Andernorts strahlte die überlegene russische Zivilisation aus, die nicht nur in materieller Hinsicht einen Entwicklungssprung verursachte, sondern auch die weltliche Bildung in wenigen Jahrzehnten entscheidend vorantrieb. Gerade in den rückständigen islamischen Regionen galt, daß die russische Herrschaft unentbehrliche Voraussetzungen für nationale Bewegungen schuf – und sei es nur als mobilisierendes und einheitsstiftendes Feindbild.

Symptomatisch war aber, daß die leitenden Ideen des politischen Islam nicht auf zarischem Territorium entstanden, sondern aus dem Osmanischen Reich eindrangen. Seitentriebe der jungtürkischen Bewegung schlugen in den achtziger Jahren unter den Krimtataren Wurzeln und verbreiteten sich von hier aus rasch über den ganzen Südosten. Im Kern lagen dem *Jadidismus* religiöse Motive zugrunde: Es ging ihm um eine Besinnung auf die Grundlagen der islamischen Kultur und die Abwehr der Zerstörung, die von der russischen Herrschaft und Kultur auszugehen schien.

Freilich besaß auch diese Bewegung viele Gesichter. Von der assimilierten Intelligenz getragen, propagierte sie zugleich gegenläufige Anschauungen einer säkularisierten westorientierten Gesellschaft. Daraus ist das Erscheinungsbild zu erklären, das sie in der ersten Revolution bot. In Gestalt dreier gesamtrussischer Kongresse hob sie das Potential der Nationalbewegung in den Jahren 1905/06 wohl am nachdrücklichsten ins Bewußtsein. Dabei beherrschten liberaldemokratische Anschauungen das Feld. Sie sorgten dafür, daß sich die 30 bis 35 Abgeordneten der ersten und zweiten Duma stark an die Kadetten anlehnten.

Diese Kräfte gaben auch den Ton an, als die moslemische Bewegung nach dem Februarumsturz die politische Szene wieder betrat. Ihr erster Gesamtkongreß widmete sich im Mai zunächst einer Frage von scheinbar zweitrangiger, aber symbolhafter Bedeutung, der Stellung der Frau. Sein Votum vollzog einen tiefen Bruch mit der Tradition – gegen heftigen Widerstand stimmte die Mehrheit für die Gleichberechtigung der Geschlechter. Dezidiert modern entschied er auch die zentrale politische Frage, ob man bloße Kulturautonomie im Rahmen des gesamtrussischen Staates oder einen echten Föderalismus, einen Staatenbund mit moslemischer Teilrepublik, anstreben solle. Zwei Drittel der Anwesenden sprachen sich für die volle Selbständigkeit aus. Im übrigen beließen sie es bei der Forderung nach nationaler Befreiung. Ihre Sympathie für die gemäßigte »revolutionäre Demokratie« fand lediglich in der Wahl eines moslemischen Menschewiken zum Vorsitzenden des Rates (*Šura*) ihren Ausdruck, der die Interessen der Bewegung nach dem Ende der Zusammenkunft wahrnehmen sollte. Als der zweite Kongreß am 21. Juli in Kazan' (dem historischen Zentrum der Wolgatataren) zusammentrat, hatten sich die Spannungen im Lande bereits dramatisch verschärft. Die neue Lage ging an der moslemischen Bewegung nicht spurlos vorbei. Beschlüsse über den Achtstundentag und die Forderung nach Nationalisierung des Grund und Bodens zeigten an, daß sie denselben Weg einschlug wie die übrigen politischen Kräfte im Lande. Auch der Autonomiefrage gab der Kongreß eine weitere Zuspitzung. Er bereitete eine »Nationalversammlung« vor, die Ende November zusammenkam und drei Ministerien (Religion, Erziehung und Finanzen) begründete. So hatte die moslemische Bewegung bereits Grundstrukturen einer eigenen Verwaltung geschaffen, als das Februarregime zu Ende ging.

Hinzu kamen besondere Konfliktlagen und –faktoren, die den Ereignissen einen je spezifischen Verlauf gaben. Eine gewisse Gemeinsamkeit bestand in der herausragenden Rolle des unmittelbaren Nationalitätenkampfes. Die *kirgisisch-kasachische Steppe* war Neuland, das mit staatlicher Hilfe gezielt unter russische Pflüge genommen wurde. Autonomie bedeutete hier zumindest die Androhung von Enteignung und Vertreibung der russischen Kolonisatoren, die den nomadischen Ureinwohnern die Lebensgrundlage weitgehend genommen hatten. Um so größer war der Autoritätsverfall des Februarregimes, als sichtbar wurde, daß es in dieser Frage ebenso auf Zeit spielte wie bei der Gewährung von Selbstbestimmungsrechten. Lachende Dritte waren die Bolschewiki, die im Spätsommer zur dominierenden Kraft aufstiegen, obwohl sie eigentlich über keinerlei zuverlässige Stützpunkte verfügten. In *Turkestan* zeigte die Kolonialherrschaft ihre Präsenz in Gestalt russischer Eisenbahnarbeiter, Garnisonssoldaten und einiger Beamten. Trotz ihrer geringen Zahl wurden sie politisch zum Zünglein an der Waage. Sie sorgten dafür, daß sich die Provisorische Regierung in den Verhandlungen mit den Moslemführern über die Wahlen zur Konstituierenden Versammlung nicht auf den Grundsatz der Repräsentation nach der Stimmenzahl einließ, der sie um jeden Einfluß gebracht hätte. Und sie machten ihrer gesamten Unzufriedenheit durch eine offene Rebellion Luft: Der von ihnen gewählte, linkssozialrevolutionär und bolschewistisch orientierte Arbeiter- und Soldatenrat von Taschkent erklärte die Provisorische Regierung bereits im September für abgesetzt. Das Strafbataillon aus Petrograd konnte seinen Auftrag nicht mehr erfüllen. Es wurde von der hauptstädtischen Kopie dieses Aktes, dem Oktobercoup, überrascht. Bemerkenswert bei alledem war, daß sich die linke Sowjetmehrheit in Taschkent offen für die Aufrechterhaltung der großrussischen Hegemonie einsetzte und nicht wie andernorts auf ein Bündnis mit der nationalen Befreiungsbewegung abstellte. Die Zukunft sollte zeigen, daß dies kein bloßes Versehen war.[61]

Der groben Geographie und früheren Verwaltungsstruktur nach zerfiel der *Kaukasus* in zwei große Regionen, das Vorland vor der Bergkette (*Nordkaukasus*) und den *hinteren Kaukasus* mit den alten Völkern Georgiens und Armeniens. Die Einteilung verbarg jedoch eine ethnische und kulturelle Vielfalt, die selbst im Zarenreich ihresgleichen suchte. Bis zu einem gewissen Grade spiegelte sie sich in den nationalen Bewegungen und dem undurchsichtigen Geflecht von Bündnissen und Feindschaften zwischen den beteiligten Gruppen und Nationalitäten. Hinzu kamen kriegsbedingte Faktoren: Der Kaukasus war militärisches Terrain und Frontgebiet im Kampf mit der Türkei. Im nördlichen Vorland stritten nach dem Februarumsturz drei Hauptgruppen der Bevölkerung um die Macht: die Terek-Kosaken (benannt nach dem gleichnamigen Fluß), Nachfahren der ersten Siedler und Eroberer des 18. Jahrhunderts, die sich als angestammte russische Bevölkerung sahen; die sogenannten »Fremden«, d.h. russische Neusiedler, die sich im Zuge der entstehenden Erdölindustrie in den aufstrebenden Städten niederließen; und die eigentlichen Ureinwohner, die kriegerischen, nach wie vor kaum assimilierten Bergvölker der Ingušen, Čečenen und Dagestaner. Die rasch in Schwung geratene Nationalbewegung wurde von der Intelligenz und der alten Oberschicht getragen. Sie stand im Zeichen eines konservativen Islam und orientierte sich an den theokratischen Zielen des Nationalhelden, des Imam Šamil, der den zarischen Truppen im zweiten Drittel des 19. Jahrhunderts zähen Widerstand geleistet hatte. Im Mai und September hielten die Nationalisten Kongresse in der Hauptstadt Vladikavkaz (heute Ordžonikidze) ab, die der Forderung nach Autonomie Nachdruck verliehen. Auch die Terek-Kosaken versuchten, ihre Ansprüche politisch zu untermauern. Dabei hielten sie es für geboten und möglich, mit den Bergvölkern gegen die Städte zu koalieren. Die gemeinsame »Terek-Dagestan-Regierung«, die beide im Oktober ausriefen, blieb jedoch eine flüchtige Erscheinung. Die jahrhundertealte Feindschaft zwischen beiden Gruppen brach erneut offen aus. Das Bündnis des Dorfes gegen die Stadt, der untergehenden Gesellschaften gegen die neue Fremdherrschaft der modernen Welt, scheiterte an der Übermacht überkommener nationaler Konflikte. Anfang 1918 wuchsen sich diese zu blutigen Kämpfen zwischen Russen (Kosaken und städtischen Neusiedlern) und moslemischen Ureinwohnern aus. Von Haß und Fanatismus profitierten schließlich die städtischen Sowjets, die auch hier unter wachsenden Einfluß der Bolschewiki gerieten. Letztere konnten dabei vor allem auf die große Zahl der Soldaten rechnen. Krieg und nationale Emotionen spielten ihnen Trümpfe zu, die stachen.

Nicht viel einfacher war die Lage in *Transkaukasien*. Zwar sicherten sich die Sowjets bald nach dem Februarumsturz unbestrittene Autorität. Aber innerhalb der Räte und zwischen den Räten der einzelnen Landesteile kam es zu Auseinandersetzungen. In Tiflis dominierten die Menschewiki. Da ihre mehrfach erwähnten Führer zu den einflußreichsten Figuren der Petrograder Regierung gehörten, richtete die traditionsreiche georgische Sozialdemokratie ihre Aufmerksamkeit stärker auf die gesamtrussischen Vorgänge. In Baku, dem zweiten Zentrum, teilten sich mehrere gleichstarke Parteien in die Macht: die Menschewiki, die Sozialrevolutionäre, die aserbeidschanische Nationalpartei *Mussavat* und die agrarsozialistischen, entschieden föderalistischen armenischen *Dašnakcutjun*. Die islamischen Gruppen veranstalteten schon im April 1917 einen gemeinsamen Kongreß in Baku, der die Entstehung einer starken autonomistischen Bewegung signalisierte.

In mancher Hinsicht hing das Schicksal Transkaukasiens stärker von den Vorgängen im Nachbarland als von denen in Petrograd ab. An der Grenze standen die osmanischen Truppen, die an der Seite der Mittelmächte fochten. Im Kriege war insbesondere Armenien zum Zankapfel zwischen Rußland und der Türkei geworden. Tief in der Geschichte verwurzelte religiös-kulturelle Feindschaft hatte dabei 1915 zu jener Vertreibung der christlichen Armenier aus türkischem Herrschaftsgebiet geführt, die sich in ein barbarisches Massaker von etwa einer Million Menschen verwandelte. Eingedenk dessen brach schieres Entsetzen in Transkaukasien aus, als sich die russische Armee Ende November 1917 aufzulösen begann und türkische Einheiten in den schutzlosen Raum vordrangen. Um das Schlimmste zu verhüten, schlossen die demokratischen und revolutionären Parteien noch im November einen Burgfrieden und gründeten einen gemeinsamen Staat, die *Transkaukasische Föderative Republik*, an deren Spitze der Menschewik A. Čchenkeli stand. Als nach der Auflösung der Konstituierenden Versammlung in Petrograd die kaukasischen Delegierten zurückkehrten, beschlossen die Parteien, ein eigenes Parlament zu gründen. Mit Parlament und Exekutive war die Föderation gleichsam komplett. Als sie sich Anfang April 1918 offiziell von Rußland lossagte, geschah das jedoch nicht auf eigene Initiative. Das Osmanische Reich forderte einen solchen Schritt als Voraussetzung für die Aufnahme von Friedensverhandlungen. Allerdings brachte er wenig Gewinn. Transkaukasien entging der Umklammerung nicht: der Türken, die Feinde blieben, auf der einen Seite und der

Bolschewiki, die vor allem in Tiflis und Baku erstarkten, auf der anderen.

Die Provisorische Regierung spürte den Druck all dieser Bewegungen. Ihr blieb nicht verborgen, daß der nationalen Frage keine geringere Bedeutung für ihr Überleben zukam als der sozialen. Aber sie zog es auch in dieser Hinsicht vor, keine Präjudizien zu schaffen und die Einheit des Reiches zum übergeordneten Gut zu erklären. Dazu bewog sie in gleichem Maße die Überlegung, daß die Auflösung des Imperiums die Fortsetzung des Krieges vollends unmöglich machen werde. Vor der Wahl zwischen zwei Übeln suchte sie in ähnlicher Weise in Vertröstungen Zuflucht wie in der Landfrage. Als ein großer »Kongreß der Völker« vom 6. bis 15. September in Kiev die Forderung nach föderalistischer Umgestaltung des Staates bekräftigte, konnte sie nicht länger ausweichen. Sie machte sich eine Resolution des Sowjets vom Juni zu eigen und sagte die Anerkennung des Rechts auf Selbstbestimmung vorbehaltlich der endgültigen Entscheidung der Konstituierenden Versammlung zu. Was von diesem Versprechen zu halten war, wurde bereits im folgenden Monat zu Beginn der Pariser Gespräche über die Wiederherstellung Polens und die Neuordnung Osteuropas nach dem Kriege deutlich: Tereščenko stimmte lediglich der Unabhängigkeit Polens, Litauens und Lettlands zu – auch dies freilich mit einem tiefen Stoßseufzer über den Verlust der großen Errungenschaft Peters I., des freien Zugangs zum baltischen Meer. Die sozialistischen Regierungspartner kamen den nationalen Ansprüchen verbal stärker entgegen, fügten aber ebenfalls zahlreiche Einschränkungen und Kautelen hinzu. Die Revolution sollte den Völkern zwar das Selbstbestimmungsrecht gewähren, jedoch mit der Verpflichtung, die bestehenden Bindungen zu wahren und Teil eines freien Rußland zu werden. In der grauen Theorie hatte diese bundesstaatliche Lösung manches für sich. In der politischen Wirklichkeit war sie ein allzu magerer Knochen für den nationalen Hunger, den Imperialismus und großrussische Arroganz erzeugt hatten.[62]

6. Gegenrevolution und Linkswende

Angesichts der wachsenden Konflikte in allen wichtigen Lebensbereichen von Staat und Gesellschaft weckte die Ende Juli mühsam reparierte Koalition wenig Optimismus. Niemand traute ihr einen

Aufbruch zu neuen Ufern zu. Augenzeugen verschiedenster Couleur waren sich darin einig, daß das Land mit hoher Geschwindigkeit auf die Unregierbarkeit zueilte. In gleichem Maße schwand der Mittelboden, auf dem die Regierung stand. Die drohende Anarchie war die Stunde extremer Rezepte von beiden Seiten. Dabei befand sich die Linke vorerst im Nachteil. Verbot und Verfolgung banden ihr die Hände, auch wenn sie nicht mit der beabsichtigten Härte durchgesetzt werden konnten. Im August erkannte die Rechte ihre Chance, das Vaterland aus den Fängen der Revolution zu befreien. Die Ironie wollte es, daß ihr »Rettungsversuch« das genaue Gegenteil bewirkte: den endgültigen Triumph der radikalen Linken.

Mit dem Gedanken eines Militärputsches trugen sich einschlägige Kreise seit April. In der Armee sorgten vor allem der Offiziersbund im Hauptquartier von Mogilev und die Militärliga in Petrograd für seine Verbreitung. Ihnen halfen einige zivile Interessenorganisationen, namentlich die von Gučkov und dem Schwerindustriellen A.I. Putilov gegründete *Gesellschaft für die wirtschaftliche Gesundung Rußlands* und das *Republikanische Zentrum*, das von sibirischen Bankkreisen zur propagandistischen Abwehr der Revolution ins Leben gerufen worden war. Nach der gescheiterten Offensive kam hinzu, was die Werbewirksamkeit des Planes bis dahin behindert hatte: ein neuer Oberkommandierender von passender Statur, soldatisch, nicht ohne Charisma, kein bloßer Militärstratege, sondern ein Mann mit politischem Verstand, kein unverbesserlicher Monarchist, sondern einer der Befehlshaber, die den Februarumsturz möglich gemacht hatten. *Kornilov* zeigte schon am Tage nach seiner Ernennung, daß er aus anderem Holz geschnitzt war als seine glücklosen Vorgänger Alekseev und Brusilov. Er übermittelte dem Ministerpräsidenten nachträglich Bedingungen seiner Amtsführung, ohne die Rußlands Untergang nicht abzuwenden sei: alleinige Entscheidungskompetenz in allen militärischen Fragen einschließlich der personellen, Ausdehnung der Todesstrafe auch auf die Etappe und Anerkennung seiner ausschließlichen Verantwortlichkeit gegenüber dem »Volk als Ganzem«.

Solch forscher Ton gab Kerenskij Anlaß, an der Klugheit seiner Wahl zu zweifeln. Als der Generalstabschef seinen Worten Taten folgen ließ und die Neuernennung des Oberkommandierenden der Südwestfront durch die Regierung verhinderte, war der

Grundstein für ein unheilbares Zerwürfnis gelegt. Ministerpräsident und Kabinett wagten dennoch nicht, den Generalstabschef wieder zu entlassen. Sie fürchteten nicht nur die öffentliche Blamage, sondern auch die Verärgerung der konservativen »Gesellschaft« einschließlich der Rechtsliberalen. Nicht auszuschließen war, daß die Koalition darüber erneut zerbrechen würde. Denn darin bestand die eigentliche Stütze Kornilovs und die Voraussetzung des kommenden Umsturzversuchs: Außer Monarchisten alten Schlages freundeten sich breite Kreise der Kadetten mit dem Gedanken einer vorübergehenden Militärdiktatur an. Der neunte Parteitag gab Ende Juli die wachsende Neigung zur gewaltsamen Durchtrennung des Knotens deutlich zu erkennen. Obwohl die Zusammenarbeit mit den Menschewiki und Sozialrevolutionären soeben bestätigt worden war, akklamierte die Mehrheit der Delegierten Miljukovs Kritik. Sie unterstützte seinen Aufruf zum Kampf gegen die Linke. Was ihrer Meinung nottat, war die Sammlung aller »Kräfte zur Rettung des Vaterlandes«, eine »nationale Regierung« im »nationalen Interesse« mit »nationalen Figuren«. Die Liberalen warfen die viel beschworene »Überparteilichkeit« endgültig über Bord und suchten den Schulterschluß nicht nur mit dem Landadel, sondern auch mit dem Militär. Sie arrangierten Treffen mit führenden Generälen und entsandten auf der Suche nach Verbündeten sogar Emissäre zu den Donkosaken. Was sie davon abhielt, Kornilov ungeschützt zu ermuntern, war außer dem Widerspruch ihrer Minister im wesentlichen die fortdauernde Selbstverpflichtung auf Legalität. Es gereichte ihnen zur Ehre, daß sie diese Barriere nicht überschritten. Dennoch lag offen zutage, daß sie es hinnehmen würden, wenn andere zu tun wagten, was sie nur dachten.[63]

Daß das Land einer Zerreißprobe entgegenging, machte eine Veranstaltung deutlich, die ihr vorbeugen sollte. Nach dem Zerfall der ersten Koalition war eine *Staatsberatung* aus Vertretern *aller* sozialen Gruppen (im Gegensatz zu den Sowjetkongressen) anberaumt worden, um Wege aus der Krise zu suchen. Solche Hoffnungen waren jedoch längst zerstoben, als sie am 12. August für drei Tage im Moskauer Bolschoj-Theater zusammentrat. Die mit Bedacht gewählte Ferne von der zerstrittenen Hauptstadt trug nicht dazu bei, die Gräben zwischen den Delegationen der Duma, der Gewerkschaften, von Handels- und Industrieverbänden, der Grundbesitzer, Städte, Räte, Nationalitäten, Armeeführung und anderen mehr zuzuschütten. Obwohl die Bolschewiki dem »Parlament der Konterrevolution« fernblieben, gingen die Wogen hoch. Der Genius loci wirkte anders als erwartet: Die Veranstaltung hatte viel von einem Schauspiel, wenn auch auf realistisch drapierter Bühne.

Wo die Wirklichkeit durchdrang, enthüllte sie die über allem schwebende Drohung des Militärputsches. Zwei Tage zuvor hatten sich Kerenskij und Kornilov in Petrograd vergeblich um einen Ausgleich bemüht. Für die Atmosphäre war bezeichnend, daß der Oberkommandierende (von Herkunft ein Kosak) seine Leibwache aus turkmenischen Elitekriegern mitbrachte und vor dem Amtssitz seines Dienstherrn mit schußbereiten Kanonen Stellung beziehen ließ. In Moskau wartete man mit nervöser Spannung auf den Fortgang der Kraftprobe. Zwar blieb der endgültige Bruch noch aus. Sehr zur Erleichterung des Ministerpräsidenten hielt Kornilov eine maßvolle Rede. Aber sein Auftritt beruhigte die Lage nicht. Im Gegenteil, die Umstände seines Aufenthaltes, der Blumenregen und die Fanfaren bei seiner Ankunft, seine Wallfahrt zur Iberischen Muttergottes im Kreml' (zu der die Zaren traditionell vor ihrer Krönung gebetet hatten), zahlreiche Reden während der Beratung – all das bezeugte, daß viele wollten, was der prominente Altliberale F.I. Rodičev zur Begrüßung offen aussprach: »Retten Sie Rußland, und ein dankbares Volk wird Sie krönen.«

Wenige Tage später führten weitere Ereignisse den Konservativen vor Augen, daß es höchste Zeit sei, die Notbremse zu ziehen. Am 20. August bescherten die Petrograder Kommunalwahlen den Bolschewiki einen ersten hohen Stimmenzuwachs. Und am folgenden Tag, weit schlimmer, fiel Riga, wichtigster Hafen nach der Hauptstadt, in deutsche Hände. Dieser Hintergrund machte jene kaum entwirrbare Mischung aus Putschvorbereitungen, politischen Verhandlungen und einer Kette von Mißverständnissen und Verdrehungen durch interessierte Mittelsmänner möglich, die schließlich in den stümperhaften Versuch eines Coup d'Etat mündete. Soweit ersichtlich, wurden Pläne im wesentlichen von den Stabsoffizieren in Mogilev geschmiedet. Sie nutzten den deutschen Vormarsch, um Truppen im baltischen Raum zusammenzuziehen, die auch gegen die Hauptstadt eingesetzt werden konnten. Als Tag X wurde das halbjährige Jubiläum des Februaraufstandes ausersehen, an dem man mit Kundgebungen rechnete. Seit dem

22. bemühte sich der stellvertretende Kriegsminister Savinkov nicht ohne Aussicht auf Erfolg, durch das Angebot verschärfter Maßnahmen gegen Disziplinverfall und Sabotage doch noch einen Kompromiß zu erreichen. Fast gleichzeitig begab sich der ehemalige Kirchenminister V.N. L'vov auf eigene Initiative nach Mogilev, um die Lage zu sondieren. Ihm gegenüber ließ der Oberkommandierende am 25., als die Truppenbewegungen Richtung Hauptstadt bereits begonnen hatten, die Maske fallen und nannte seine Bedingungen: Kriegsrecht über Petrograd, Vereinigung der gesamten militärischen und zivilen Gewalt beim Oberkommandierenden und Umbildung des Kabinetts. Von L'vov informiert, handelte der konsternierte Ministerpräsident anderntags unverzüglich und enthob Kornilov seines Amtes. Der Generalstabschef verweigerte den Gehorsam – sein einziger illegaler Akt, folgt man einer neueren sympathiegetragenen Darstellung[64] – und gab formelle Order zur Besetzung der Hauptstadt. Die Truppen kamen aber nicht weit. Da sie ebenfalls auf den Bahntransport angewiesen waren, geschah ihnen das gleiche wie dem Sonderzug des Zaren in den Februartagen. Sie blieben zumeist weit vor Petrograd auf Anweisung der Eisenbahnergewerkschaft liegen. Einzig die gefürchtete »Wilde Division« (aus Angehörigen der kaukasischen Bergstämme) konnte erst kurz vor der Stadt angehalten werden, wo sie sich durch meuternde Waffenbrüder von der Unrechtmäßigkeit ihrer Mission überzeugen ließ. Darüber hinaus wurden Befehle der Rebellen auf den Telegraphenämtern nicht weitergegeben, standen in der Stadt Garnisonen und Arbeitermilizen bereit und vor den Toren kampfentschlossene Matrosen. Die Gegenrevolution hatte keine Chance.

So mochte es scheinen, als hätte das Februarregime einen wertvollen Sieg errungen, der zu seiner langfristigen Festigung beitragen konnte. Die Wirklichkeit sah anders aus. Kornilovs Streich versetzte der Vertrauenswürdigkeit der Regierung einen weiteren Schlag. Die Minister begriffen, daß Konsequenzen nicht ausbleiben durften, und stellten ihre Ämter noch am Abend des 26. August zur Verfügung. Das Schauspiel vom Juli wiederholte sich: Wochenlang mußte das Reich ohne reguläre Regierung auskommen. Zwischenzeitig nahm ein *Direktorium* – Reminiszenzen an die Französische Revolution waren durchaus beabsichtigt – aus fünf Mitgliedern des letzten Kabinetts ihre Geschäfte wahr; den Vorsitz führte, mit Sondervollmachten ausgestattet, Kerenskij, der mangels eines akzeptablen Kandidaten auch den Oberbefehl über das Heer übernahm.

Die Regierungsbildung gestaltete sich noch schwieriger als zwei Monate zuvor. Umstritten war dieselbe alte Frage: die Beteiligung der Kadetten. Dabei hatten sich die Fronten nicht nur verhärtet, sondern auch verkehrt. Sicher nicht schuldlos in den Ruch der Kollaboration geraten, standen die Liberalen mit dem Rücken zur Wand. Anders als im Juli mußten sie aus der Defensive operieren, zumal ihnen der andauernde innere Zwist weitere Kraft raubte. Dagegen konnte ihr Hauptgegner Černov ohne die Fesseln der Regierungsverantwortung operieren. Er nutzte die neue Freiheit zu polemischen Breitseiten gegen die Kadetten und legte sich öffentlich gegen eine Neuauflage der Koalition fest. Als Lehre aus dem Putschversuch votierte das linke Zentrum der PSR nun für eine rein sozialistische Regierung, die den Kernproblemen der Revolution ohne Behinderung durch bürgerliche Interessen Rechnung tragen sollte. Vorübergehend gelang es Černov sogar, die Mehrheit des Zentralkomitees hinter sich zu bringen. Derselbe Streit entzweite die Menschewiki, deren linker Flügel ebenfalls Aufwind spürte, bis an den Rand einer Spaltung. Doch als es zum Schwur kam, hatten sich die Konservativen beider Parteien vom Angriff erholt. Gemeinsam trafen sie hinter dem Rücken der Parteiöffentlichkeit ein drittes Mal Absprachen mit den Kadetten.

Formell blieb die Entscheidung einer Veranstaltung besonderer Art vorbehalten, die Anfang September zur Krisenbewältigung anberaumt worden war. Im Unterschied zur Moskauer Staatsberatung sollte die *Demokratische Konferenz* (14. bis 23. September) kein Forum der ganzen Nation sein, sondern nur die Säulen der Februarordnung repräsentieren. Unternehmer und Großagrarier blieben ebenso ausgeschlossen wie die Kadetten, die kollektiv dem Verdikt verfielen, dem anderen Rußland anzugehören. Das Gros der über 1200 Delegierten stellten die Sowjets, Gewerkschaften, Kooperativen, Armeekomitees, nationalen Organisationen, Stadtdumen und *zemstva*. Fraglos zeigte die Demokratische Konferenz an, daß sich auch das Februarregime nach links bewegte. Sie kam einer Demonstration der »revolutionären Demokratie« recht nahe, wenn auch im wesentlichen ihres gemäßigten Flügels. Von den Teilnehmern, die über ihre parteiliche Orientierung Auskunft gaben, bekannten sich 532 zur PSR (davon 71 zur äußersten Linken), 530 zu den Menschewiki (davon 56 zu Martovs Internationalisten), 55 zu den Volkssozialisten und nur 134 zu den Bolschewiki.

Um so nachdenklicher mußte stimmen, daß es den Strategen des Regimes nur mit größter Mühe gelang, die Konferenz zum erwünschten Votum zu bewegen. Wohl sprach sie sich (mit knapper Mehrheit) im ersten ihr vorgelegten Referendum für den Grundsatz der Koalition mit bürgerlichen Parteien im allgemeinen aus. Das hinderte sie aber nicht, die Kadetten im folgenden Wahlgang aus dem Kreis der Regierungspartner auszuschließen und bei einem »offenkundig unsinnigen Ergebnis« zu enden. Es bedurfte der ganzen Raffinesse der Cereteli, Dan und Goc, um einen Ausweg aus dieser Sackgasse zu finden. Die Aufgabe der Demokratischen Konferenz wurde auf die Verabschiedung eines allgemeinen Aktionsprogramms für die nächste Zukunft zurückgestutzt, während die endgültige Entscheidung über die Form der Regierung einem neu zu wählenden, permanent tagenden *Demokratischen Rat* vorbehalten blieb. Am 25. September konnte Kerenskij die dritte (bzw. vierte) Koalition vorstellen. Sie erhielt ihr Gesicht durch die Riege der Moskauer Liberalen: Konovalov als Industrieminister, S.N. Tret'jakov (ebenfalls aus betuchter Industriellenfamilie) als Vorsitzendem des Wirtschaftsrates und N.M. Kiškin als Minister für Soziales. Tereščenko behielt das wichtige Außenressort. Kerenskij blieb Ministerpräsident und Oberbefehlshaber. Im übrigen enthielt die Kabinettsliste fast nur unbekannte Namen, die sich dem öffentlichen Gedächtnis auch im knappen Monat ihrer Amtszeit kaum einprägten. Unter den wenigen Sozialisten fand sich kein Politiker von Rang mehr. Das letzte Aufgebot des Februar rekrutierte sich aus dem zweiten und dritten Glied.

Schon darin trat zutage, daß es selbst in den eigenen Reihen auf wenig Rückendeckung rechnen konnte. Sein Halt in der PSR, längst die stärkste Stütze des Februarregimes, blieb prekär; die Geduld der Parteibasis ging sichtbar zur Neige. Und auch die Kadetten hielten Distanz, obgleich sie die eigentlichen Nutznießer des schwierigen Kompromisses waren. Ihr zehnter Parteitag schreckte Anfang Oktober nicht vor einer öffentlichen Desavouierung der Koalitionsbefürworter im Zentralkomitee zurück. Er entschied sich für den Kurs Miljukovs, der immer noch auf Konfrontation und die Sammlung des »bürgerlichen« Rußland setzte. Man muß dem Aufruf, »alle gesunden politischen Kräfte« im Lande zu einem »Zentrum staatsmännischen Denkens« zu vereinigen, nicht in jedem Falle antidemokratische Absichten unterstellen. Aber er zeugte in der gegebenen Situation von einem Mangel an Einsicht und Flexibilität, der sicher auch tiefsitzende Ängste der »Gesellschaft« vor dem »dunklen Volk«, vor der triebhaften Anarchie des Unkultivierten, verriet. Als es ums nackte Überleben ging, blieb die Vernunft endgültig auf der Strecke.[65]

Da half es wenig, daß der Demokratische Rat, bald bekannter unter dem Namen *Vorparlament*, personell eine überaus gelungene Schöpfung war. Im Gegensatz zur Konferenz selbst repräsentierte er wieder alle sozialen Schichten. Zu den 367 von der »revolutionären Demokratie« gewählten Delegierten stießen bis zu 150 Vertreter des »bürgerlichen« Rußland, darunter zahlreiche Kadetten. Die Parteien boten ebenso ihre besten Kräfte auf wie die administrativen, sozialen und berufsständischen Organe und Verbände. Beobachter aus höchst verschiedenen Lagern stimmten darin überein, daß diese Versammlung, die am 7. Oktober ihre Arbeit aufnahm, am ehesten den Anspruch erheben konnte, die »Blüte der Nation« zu sein.[66] Leider standen solche Qualitäten in Widerspruch zu ihren Kompetenzen. Aufgabe des »Provisorischen Rates der Russischen Republik« – so der offizielle Titel – war es lediglich, der Regierung bis zur Einberufung der Konstituierenden Versammlung zur Seite zu stehen, nicht selbst zu entscheiden. Vieles spricht jedoch dafür, daß ihr auch erweiterte Rechte nicht zu größerem Gewicht verholfen hätten. Denn abgesehen von der inneren Zerrissenheit litt sie am Boykott durch die Kraft, auf die bereits alle starrten: Trotzki, ein würdiger Vertreter Lenins, verursachte tumultartige Szenen, als er den Rat am Tage seiner Eröffnung mit polemischem Getöse als bürgerliches Blendwerk zur Kaschierung einer verbrecherischen Politik anprangerte und den Auszug der Vertreter seiner Partei begründete. Wer politischen Verstand hatte, begriff: die Bolschewiki rissen die Brücken ab. Die Moskauer Staatsberatung hatte im Bann Kornilovs und der Gegenrevolution gestanden. Zwei Monate später agierte das Vorparlament im überlebensgroßen Schatten Lenins. Das Gespenst eines Staatsstreichs von links ging um.

Diese dramatische Wende kam nicht aus heiterem Himmel. Sie kündigte sich in mehreren Ereignissen an. Das erste weithin sichtbare Signal gaben die erwähnten Wahlen zum Petrograder Stadtrat am 20. August. Zwar konnte sich die PSR als stärkste Partei behaupten (37,4%). Aber den eigentlichen Sieg, der ganz Rußland aufhorchen ließ, verbuchten mit einem Stimmengewinn von 13% im Vergleich zur Wahl der Stadtteilräte vom Juni die Bolschewiki (33,4%). Das bittere Nachsehen hatten, am Ort ihrer größten Chancen auf den dritten Rang verwiesen, die Kadetten (20,9%). In mancher Hinsicht beschleunigte der Putschversuch der Militärs nur, was sich in solchen Ergebnissen bereits abzeichnete. Aber er tat dies so nachhaltig, daß die fördernde Wirkung zur wichtigsten Ursache wurde. Der Angriff von rechts verhalf den Bolschewiki zum Durchbruch. Glaubwürdig vermochten sie sich als Retter der Revolution in Szene zu setzen: Es waren ihre Garden und die von ihnen beherrschten Garnisonstruppen, die binnen weniger Stunden die Verteidigungsposten besetzten. Wer noch eine Bestätigung für den politischen Erdrutsch brauchte, der sich vor aller Augen vollzog, konnte sie den Wahlen zu den Moskauer Stadtbezirksräten am 24. September entnehmen. Im Vergleich zu den Juni-Wahlen verloren die Sozialrevolutionäre über 40% der Stimmen (14,4% gegenüber 56,2%), die Menschewiki etwa 8% (4,1% gegenüber 12,6%). In Massen strömten die Wähler, insbesondere die Soldaten, den Bolschewiki zu: der Sprung von 11,5% auf 50,9% war ein Triumph, der weit über den kommunalen Rahmen hinauswirkte.

Der Stimmungsumschwung machte vor den Sowjets nicht halt. Vor allem die Bolschewiki profitierten vom Popularitätsgewinn der revolutionären Organe, den die konservative Mobilmachung auslöste. Sie schienen am wenigsten Verantwortung für die verfahrene Gesamtsituation zu tragen. Bereits am 31. August traten die Folgen in einer denkwürdigen Abstimmung zutage: Erstmals nahm der Petrograder Sowjet eine gegen die Regierung gerichtete bolschewistische Resolution an. Auch Auswirkungen auf die Zusammensetzung des Exekutivkomitees blieben nicht aus. Dies um so eher, als die Bolschewiki wieder weitgehend legal agieren konnten. Der Regierung blieb keine andere Wahl, als ihre Führer Anfang September in Anerkennung ihrer Verdienste bei der Verteidigung der Demokratie auf freien Fuß zu setzen. Es begann die große Zeit Trotzkis, der Lenin weder an Beredsamkeit und Ausstrahlung noch an Energie, Organisationstalent und Bedenkenlosigkeit nachstand. Trotzki war kein bloßer Platzhalter, er trat als zweite akzeptierte Führungsfigur neben Lenin. In entscheidenden Wesenszügen ergänzten sie einander: von hypnotischer Willenskraft der eine, ein begnadeter Volkstribun der andere. So fiel die

Wahl nicht schwer, als sich der Petrograder Sowjet auf ein neues Präsidium mit bolschewistischer Mehrheit (4:2:2) und einem bolschewistischen Vorsitzenden einigte: Am 25. September löste Trotzki den Menschewiken Čchejdze ab, ein wahrhaft programmatischer Wechsel und ein Vor-Zeichen für die Zukunft. In seiner Antrittsrede versprach Trotzki, »den Arm des Präsidiums« nie zur Unterdrückung einer Minderheit einzusetzen. Er sollte sich bald Lügen strafen.[67]

V. Die Geburt des Sowjetstaates (Oktober 1917–1921)

1. Machtergreifung im Namen der Räte

Wenige Ereignisse sind so umstritten wie der Oktoberaufstand. Angesichts der welthistorischen Bedeutung, die er gewann, ist er bis heute in besonderem Maße Gegenstand kontroverser Deutungen geblieben. Die Eigenschaften dessen, was er hervorbrachte, schienen in ihm bereits angelegt: totalitär, bedrohlich und verwerflich für die einen, befreiend und verheißend für die anderen. Der seriösen Forschung ist es schwergefallen, sich von weltanschaulichen Prämissen zu lösen. Die sowjetische Geschichtswissenschaft verfügt in dieser Frage nach wie vor über keinen Zentimeter Bewegungsfreiheit. Das Monumentalgemälde der »Großen Sozialistischen Oktoberrevolution« duldet keine Korrektur, erst recht keinen Makel. Ihr »Triumphzug« gehört zum innersten Kern der Legitimation des neuen Staates, der bis heute nicht das Selbstbewußtsein gefunden hat, das historische Urteil über seine Grundlagen freizugeben. Auf der anderen Seite haben die entgegengesetzten Darstellungen lange Zeit im Bann einer Sehweise gestanden, die den Umsturz zum alleinigen Werk machtbesessener Revolutionäre und doktrinärer Weltverbesserer erklärte. Der »rote Oktober« wurde zum Exempel einer Verschwörung, kaltblütig inszeniert von einer fanatischen *intelligencija*, die den Notstand der bedrängten Regierung ausnutzte und sich der Verzweiflung der hungernden Masse bediente, um dem irdischen Utopia näherzukommen. Ob man von Staatsstreich oder Militärputsch sprach, stets schwang die Selbstrechtfertigung der russischen Liberalen mit: Die Deutung geriet zum Klagelied auf die Verletzlichkeit der ungefestigten Demokratie gegenüber der Entschlossenheit selbstgewisser Ideologen. Ausgeblendet blieb die Frage, warum die Macht den Bolschewiki im bloßen Handstreich zufiel, warum nicht mehr Gewehre die Provisorische Regierung schützten als die Autokratie im Februar.

Erst in jüngerer Zeit hat sich ein Perspektivenwechsel vollzogen. Dabei ist nicht nur die Sozialgeschichte der einfachen Leute stärker in den Vordergrund getreten. Februar und Oktober rücken auch wieder enger zusammen. Unbeschadet des Neuen, das der Umsturz zweifellos brachte, erschließt er sich dem Verständnis nur als Teil des Gesamtprozesses der Revolution. Ohne die Versäumnisse und unüberwindbaren Barrieren des Februarregimes hätten die radikalen Revolutionäre, die Geschichte machten, ihr Ziel nicht erreicht. Politisches und soziales Geschehen erscheinen in dieser Sicht ebenso eng miteinander verklammert wie die Persönlichkeiten mit dem Wirkungsfeld, in dem sie sich erst entfalten konnten. Gegensätze der Wertung und Darstellung werden indes bleiben, solange es unterschiedliche Standpunkte und Temperamente der Betrachter gibt.[1]

Bei alledem muß man sich hüten, eine Zwangsläufigkeit in die Entwicklung hineinzulesen. Wohl war die Weisheit der Regierung sichtbar erschöpft. Wohl verbreitete sich das Gefühl, daß eine Wende überfällig sei. Aber nicht nur die Stützen des Regimes dachten dabei an die Konstituierende Versammlung. Auch die meisten bolschewistischen Führer gingen davon aus, daß der Knoten sich in regulärer Weise lösen würde, wenn auch zu ihren Gunsten. Nach dem Kornilov-Putsch sahen sie sich auf dem besten Wege, zur Mehrheitspartei zu werden. Man brauchte nur, wie bisher, »hartnäckig und ohne aufzuatmen ... jeden Tag, den Gott gab«, in die Fabriken und Kasernen auszuschwärmen und die weitere Untätigkeit der Regierung abzuwarten. Im Sinne dieser legal-parlamentarischen Strategie sprach sich das Zentralkomitee, Trotzki eingeschlossen, auch für die Teilnahme an der Demokratischen Konferenz aus. Es war erneut ein einzelner, der die Imperative der aktuellen Lage anders deutete und mit der ihm eigenen Wucht zur Geltung brachte: Lenin. Im Vorfeld des Oktober wiederholten sich die inneren Kämpfe vom April. Der Führer benötigte einen ganzen Monat, um die Partei auf seine Linie einzuschwören. Auch die Bolschewiki waren zutiefst gespalten, ohne daß eine formelle Sezession drohte.[2] Mit der »blanquistischen« Deutung der Oktoberereignisse verträgt sich dieser Befund schlecht. Aber er zwingt ein weiteres Mal dazu, über die kaum zu überschätzende Bedeutung der Persönlichkeit Lenins nachzudenken.

Der neuerliche Blitz des »Donnerschleuderers« (Suchanov) traf das Zentralkomitee am 15. September in Gestalt zweier Briefe aus dem Untergrund. Tonfall und Inhalt wirkten wie Faustschläge. Kompromißlos bis zum letzten und unbeirrbar hämmerte er den Genossen die Botschaft ein, daß der bewaffnete Aufstand auf die

Tagesordnung zu setzen sei. Die Regierung habe abgewirtschaftet. Es genüge, die »aktive Mehrheit der revolutionären Elemente« in den beiden Hauptstädten zu mobilisieren, um »die Macht zu erobern«. Man brauche nur »unverzüglich einen demokratischen Frieden« anzubieten, »den Bauern den Boden« zu geben und die demokratischen Einrichtungen wiederherzustellen, um eine »Regierung zu bilden, die *niemand* stürzen« könne. Mit den Petrograder und Moskauer Räten im Rücken dürfe man keinen Tag zögern. Darin bestehe die von Marx geforderte »Kunst des Aufstandes«, den rechten Zeitpunkt zu erkennen. Es sei »naiv, eine ›formelle‹ Mehrheit der Bolschewiki« abwarten zu wollen. Der Sieg sei gewiß, denn die Partei weise dem verzweifelten Volk »einen sicheren Ausweg«. Einen solchen Augenblick zu verpassen, sei »*vollendete Idiotie* oder *vollendeter Verrat*«.[3] Dies war, vom Zeitpunkt abgesehen, das Programm des Oktoberaufstandes in nuce. Aber nicht nur das: Wer so redete, wußte sich im Einklang mit dem Weltgeist und scherte sich wenig um meßbare Zustimmung und Proteste. Er bezog seine atemberaubende Selbstgewißheit aus der Kenntnis der objektiven Entwicklung. Um so stärker schlug zu Buche, daß die Grundannahmen seiner Argumentation in der gegebenen Situation zutrafen.

Die Empfänger der Briefe waren ähnlich verstört wie Lenins Zuhörer im April. Zwar deuteten sie die politische Lage nicht anders. Aber im gesamten Zentralkomitee fand sich kein einziger, der die rigorosen taktischen Folgerungen akzeptiert hätte. Im Gegenteil, man war darüber einig, daß sie den Aufschwung der Partei seit dem Kornilov-Putsch gefährdeten und nur Schaden anrichten könnten. Ob tatsächlich beschlossen wurde, die Briefe zu verbrennen, wie Bucharin später behauptete, ist unklar. In jedem Falle entschied das Zentralkomitee, ihre Verbreitung zu verhindern und weiter eine gewaltlose Machtergreifung anzustreben. Seine Hoffnung galt dabei dem zweiten, für den 20. Oktober anberaumten Allrussischen Kongreß der Arbeiter- und Soldatendeputiertenräte, dem nicht nur die sozialistischen Parteien mit Spannung entgegensahen.

Lenin wäre nicht der geborene Revolutionär gewesen, der er war, hätte er sich so leicht mundtot machen lassen. Er deckte die Parteiorgane mit einer Flut von Briefen und Artikeln ein, die seine Forderungen mit wachsender Ungeduld wiederholten. Dabei konnte er weitere Krisenerscheinungen ins Feld führen: die Eskalation der Gewalt auf den Dörfern, den Arbeitskampf der Eisenbahner und Post- und Telegraphenangestellten, die dem Regime eigentlich wohlgesonnen waren, sowie nicht zuletzt die Ergebnisse der Kommunalwahlen in Moskau. Mit gutem Grund sprach Lenin von einem »gigantischen Sieg« und einer »klaren Mehrheit«, über die ein Bündnis aus Bolschewiki und linken Sozialrevolutionären verfüge. Als sich das Zentralkomitee weiterhin schwerhörig stellte, scheute er auch vor massivem Druck nicht zurück: Er erklärte seinen Rücktritt aus der Parteiführung, wobei er sich die »Freiheit der Agitation« an der Basis vorbehielt. Wie es scheint, blieb diese demonstrative Geste jedoch ohne Wirkung. Nicht sie zwang die widerspenstigen Genossen zum Einlenken, sondern der unablässige Fluß seiner Schriften. Dazu trug bei, daß Lenin Ende September Finnland verlassen und am Rande der Hauptstadt selbst, im Arbeiterviertel Vyborg, Unterschlupf gefunden hatte. So nah am Orte des Geschehens fand er Mittel und Wege, die Obstruktion des Zentralkomitees zu unterlaufen. Anfang Oktober wurden seine Briefe im Petrograder Stadtkomitee bekannt. Obwohl ebenfalls gespalten, verlangte es eine eingehende Diskussion über den künftigen Kurs der Partei. Zugleich erlahmte die Abwehr der Parteispitze. Als erster wechselte Trotzki die Fronten. Auch nach innen markierte der Boykott des Vorparlaments vom 7. Oktober eine bedeutsame Wende.[4]

Die entscheidende Sitzung des Zentralkomitees fand drei Tage später statt. Zur geheimen Zusammenkunft erschien erstmals seit Monaten Lenin, mit Perücke und bartlos, um seine Thesen dem Dutzend führender Genossen vorzutragen, darunter Trotzki, Kamenev, Stalin, der spätere Parteichef von Petrograd und Vorsitzende der Dritten Internationalen G.E. Zinov'ev, F.E. Dzeržinskij, bald Chef der berüchtigten VČK (Tscheka), sein Gehilfe als Leiter der Petrograder VČK M.S. Urickij und die Vorkämpferin der Frauenemanzipation A.M. Kollontaj. Die entschiedensten Gegner eines Konfrontationskurses, Kamenev und Zinov'ev, konzedierten zwar, daß ein erheblicher Teil der Arbeiter und Soldaten hinter der Partei stehe. Aber sie warnten vor überzogenen Hoffnungen auf deren Einsatz im Konfliktfall. Die Soldaten würden in einem Bürgerkrieg nicht kämpfen, die Bauern verfolgten ihre eigenen Ziele, auf die internationale Revolution – die Lenin ebenfalls als Hilfstruppe angeführt hatte – könne man nicht zählen, und zwischen Aufständischen und herrschender Klasse gebe es eine breite Schicht kleinbürgerlicher Elemente, die im Zweifel für die Regierung Partei ergreifen werde. Kamenev und Zinov'ev hielten es nach wie vor für die einzig richtige Strategie, den Zerfall der Regierungskoalition zu beschleunigen und gemeinsam mit den Linken Sozialrevolutionären eine Mehrheit in der Konstituierenden Versammlung anzustreben. Unter den Anwesenden war die Stimmung jedoch bereits umgeschlagen. Zwei Sympathisanten der legalen Taktik fehlten. So verabschiedete die historische Zusammenkunft vom 10. Oktober eine von Lenin entworfene Resolution, die den »bewaffneten Aufstand« zur Aufgabe des Tages erklärte.[5]

Kamenev und Zinov'ev blieben aber bei ihrer Opposition. Sie konnten ihre Skepsis bestätigt sehen, als ein Sowjetkongreß der Nordregion trotz markiger Reden den letzten Mut vermissen ließ und selbst die Militärkommission zur Vertagung riet. Da die Mehrheit der greifbaren ZK-Mitglieder den Entschluß zum Gewaltstreich am 16. Oktober dennoch bestätigte, bot Kamenev seinen Rücktritt an. Zinov'ev verlangte, für eine so schwerwiegende Entscheidung eine Vollversammlung des Zentralkomitees einzuberufen. Um die Durchführbarkeit seines Planes fürchtend, zeigte Lenin erneut, daß Toleranz nicht zu seinen politischen Umgangsformen gehörte: Er beantragte den Ausschluß der Opponenten aus der Partei. Obwohl sich das Zentralkomitee mit einer Verwarnung begnügte, ist festzuhalten, daß die offene Rebellion in der bolschewistischen Führung bis zur letzten Minute umstritten blieb.

Unterdessen liefen die Vorbereitungen auf vollen Touren. Propagandistisch gab Trotzki ebenfalls schon am 7. Oktober das Signal zum Angriff. Beim Auszug aus dem Vorparlament klagte er die Regierung nicht nur allgemein an, den Zielen der Revolution untreu geworden zu sein. Er warf ihr auch vor, Verrat am Volk zu begehen und die Flucht vor den Deutschen nach Moskau zu planen. Unüberhörbar richteten sich seine Worte, die einen Entrüstungssturm hervorriefen, weniger an die direkt Angesprochenen als an die Masse auf der Straße. Bolschewistische Redner scheuten sich in den folgenden Wochen nicht, die Ängste der Bevölkerung zu schüren: vor einer Besetzung durch fremde Truppen, vor einem neuen Putsch von rechts, vor der Fortführung des Krieges, vor dem Hunger. Sie verstanden es geschickt, mit dem Kapital zu wuchern, das sie seit der *Kornilovščina* besaßen: dem Ruf, als einzige

Partei energisch und vorbehaltlos für die Revolution und ihre Ziele einzutreten. Sie versprachen einen sofortigen Waffenstillstand, die unverzügliche Verteilung des Bodens, die Lösung der Versorgungsprobleme und umgehende Wahlen zur Konstituierenden Versammlung. Im Lichte der späteren Geschehnisse verdient es besondere Beachtung, daß sich die Bolschewiki auch als Garanten der parlamentarischen Ordnung präsentierten – ein sicheres Indiz für das ungebrochene Ansehen der Duma vor allem unter den Bauern und Soldaten. Kaum jemand scheint darin einen Widerspruch zur Forderung gesehen zu haben, »alle Macht den Räten« zu übergeben. Und kaum jemand scheint die Vagheit insbesondere der Aussagen zur Behebung der Versorgungskrise bemerkt oder sich bei den wenigen Andeutungen Gedanken darüber gemacht zu haben, wie man sich die »Beschaffung von Brotgetreide *in natura* auf dem Dorfe« konkret vorzustellen hatte. Insbesondere den rhetorischen Künsten des allgegenwärtigen Trotzki (Lenin konnte nach wie vor nicht öffentlich auftreten) war es zu verdanken, daß der Nebel nicht sichtbar wurde, der das bolschewistische Programm in allen positiven Aussagen umgab. Es mag offen bleiben, ob die Herausforderer nichts als »hemmungslose und skrupellose Demagogie« anzubieten hatten – sie nutzten jedenfalls alle Chancen der Mobilisierung und Steuerung, die in der tiefen Existenznot und Verunsicherung der Masse lagen.[6]

Hinzu kam, daß die Provisorische Regierung in entscheidender Zeit wieder einmal half. Als die deutschen Truppen immer näher rückten, verfiel sie auf den unglücklichen Gedanken, die Petrograder Garnison für den Fronteinsatz vorzusehen. Militärisch waren durchaus Zweifel am Nutzen dieser Maßnahme angebracht. Der zuständige Kommandeur fürchtete nicht ohne Grund zusätzliche Unruhe, bestätigte aber am 9. Oktober den entsprechenden Befehl. Politisch lag die Versuchung nahe, die rebellischen Soldaten aus dem Brennpunkt des Geschehens zu entfernen und einem Putsch entscheidende Kräfte zu rauben. Dieser Schuß ging indes, sollte er tatsächlich beabsichtigt gewesen sein, nach hinten los. Die angedrohte Verlegung löste in der Garnison jenen entschlossenen Widerstand aus, den die Bolschewiki als zündenden Funken brauchten. Sie sorgte für den letzten Nachdruck, der durch bloße Propaganda kaum zu erzeugen war. Es ist fraglich, ob der Aufstand ohne das »Geschenk« von Aufregung und Empörung in der Garnison hätte stattfinden können.

Denn auch das Organ, mit dessen Hilfe der Umsturz vorbereitet und durchgeführt wurde, entstand nicht zufällig im Streit um Maßnahmen zur Verteidigung Petrograds. Ironischerweise gaben die gemäßigten sozialistischen Parteien noch am 9. Oktober unter dem Eindruck des Verlegungsdekrets den ersten Anstoß. Auch die Stützen der Regierung hielten es für angezeigt, im Sowjet ein Gremium zur Kontrolle der entsprechenden Schritte einzurichten – und sei es nur, um die Gemüter in der Garnison zu beruhigen. Die Bolschewiki griffen den Vorschlag bereitwillig auf, veränderten ihn aber in ihrem Sinne. Was als Vertrauensbildung für die Regierung gedacht war, verkehrte sich unter der spitzen Feder Trotzkis ins Gegenteil: zum Plan eines Komitees, das in eigener Regie des Sowjets Vorsorge für die »revolutionäre Verteidigung« der Hauptstadt treffen sollte. In dieser Form wurde die Resolution vom bolschewistisch beherrschten Plenum angenommen. Es dauerte eine weitere Woche, bis am 16. Oktober das neugeschaffene *Revolutionäre Militärkomitee* (*Voenno-revoljucionnyj komitet*, VRK) seine endgültige organisatorische Gestalt erhielt. Wie es scheint, erkannte die bolschewistische Führung erst in diesen Tagen die Chance, das VRK für die eigenen Ziele zu nutzen. Wohl warb Lenin weiterhin für eine sofortige Erhebung im Namen der Partei noch vor dem Zusammentritt des zweiten Allrussischen Sowjetkongresses. Wohl ließ er sich auch von der anhaltenden Skepsis der führenden bolschewistischen Militäragitatoren nicht beeindrukken. Aber seine Möglichkeiten, aus dem Souterrain des Vororts Einfluß zu nehmen, blieben beschränkt. Den Gang der Ereignisse bestimmten andere Revolutionäre: die Leiter der bolschewistischen Militärkommission, N.I. Podvojskij, V.A. Antonov-Ovseenko und V.I. Nevskij sowie insbesondere Trotzki. Sie alle wurden mit weiteren führenden Genossen (Stalin, Dzeržinskij) ins VRK delegiert, das trotz der Teilnahme linker Sozialrevolutionäre – und der Wahl eines ihrer Genossen zum Vorsitzenden – von Vertretern des Bauernsowjets, der Armee, Flotte, Fabrikräte und Gewerkschaften weitgehend unter bolschewistische Kontrolle geriet. Das Komitee war, wie unlängst gegen eine vorschnelle Vereinfachung betont wurde, anfangs nicht bloß zum Schein überparteilich. Andererseits schuf der massierte Einzug bolschewistischer Prominenz die Voraussetzung für seine Zweckentfremdung zum Sturz der Regierung *im Schutze der Legalität des Sowjets*. Treibende Kraft dieser Strategie war Trotzki.

Vieles spricht für die Behauptung, daß der Staatsstreich bereits *vor* dem bald historischen Datum stattfand und sich unter den Augen der Öffentlichkeit abspielte. Genau besehen fiel die Entscheidung im Kampf um die Kontrolle über die Petrograder Garnison. Schon in seiner ersten ordentlichen Sitzung am 20. Oktober beschloß das VRK, Kontakt zu den wichtigsten Einheiten aufzunehmen. Eine Rede Trotzkis vor der Garnisonsversammlung hinterließ am folgenden Tag eine solche Wirkung, daß die Bolschewiki die offene Herausforderung wagten. Am Abend desselben 21. Oktober verlangten Abgesandte des VRK vom Oberkommandierenden des Petrograder Militärbezirks das Recht zur Gegenzeichnung aller Befehle. Nach der selbstverständlichen Zurückweisung dieser Zumutung begann das Komitee unverzüglich, die Regimentskommandeure durch Offiziere eigener Wahl abzulösen. Es blieb der demonstrative Schlußakt am 23. Oktober: die Order an die neuen Befehlshaber, nur den Anweisungen des VRK Folge zu leisten. Als sowjettreue Einheiten binnen weniger Stunden auch noch die Kontrolle über das strategische Herz und älteste Bauwerk der Stadt, die Peter und Pauls-Festung, samt Waffenarsenal gewannen, war der Sieg errungen, bevor die Schlacht überhaupt begonnen hatte. All dies blieb nicht unbemerkt. Offene Aufforderungen an Trotzki, sich zu seinen finsteren Machenschaften zu bekennen, zeugen davon. Bis heute ist die Frage ohne zufriedenstellende Antwort geblieben, warum Kabinett und Militärbehörden dennoch keinen Widerstand leisteten. Der allgegenwärtige Suchanov wußte sich auch nur durch den Hinweis auf die »völlige Naivität und das kindliche Gemüt unserer Marionettenregierung« zu helfen. Darin steckte soviel Wahrheit: daß die meisten nicht glauben wollten, was sie sahen.[7]

Es wäre übertrieben zu sagen, daß Kerenskij auf verlorenem Posten stand, als er sich mit Verspätung zur Gegenwehr entschloß. In jedem Falle hatten sich seine Chancen verschlechtert. Daß in Petrograd außer den Offiziersschülern kaum jemand für die Regierung kämpfen würde, dürfte ihm bewußt gewesen sein. Wenn er dem Kabinett in den ersten Stunden des 24. Oktober dennoch seinen Entschluß mitteilte, das VRK zu verhaften, vertraute er auf Hilfe von der Front. Die Minister waren vorsichtiger und empfahlen, lediglich die bolschewistische Presse zu verbieten und die Rädelsführer des Juli wieder hinter Schloß und Riegel zu bringen – wohl in der Absicht, nicht alle Wege zu einer friedlichen Lösung zu versperren. Als das VRK wenig später von der Schließung der *Pravda* erfuhr, schlug es in der Garnison umgehend Alarm. Die Losung, unter der das geschah, war ebenso bezeichnend wie irreführend: »Der Petrograder Sowjet ist in unmittelbarer Gefahr.« Aus dem Angriff wurde die Verteidigung gegen »konterrevolutionäre Verschwörer«.[8] Auch die bolschewistischen Parteigremien traten unverzüglich zusammen. Das Petrograder Stadt- und einige Bezirkskomitees votierten für den sofortigen Aufstand. Dagegen legte sich das Zentralkomitee bei aller verbalen Militanz nicht fest. Immer noch plädierte die bolschewistische Führung lediglich für eine Sammlung der Kräfte und hielt sich die Möglichkeit offen, den zweiten Allrussischen Sowjetkongreß abzuwarten, der am nächsten Tag endgültig zusammentreten sollte. Allerdings machte sie ihre Rechnung ohne Lenin, den es nun in der erzwungenen Tatenlosigkeit seines Verstecks nicht länger hielt. Am Abend des 24. begab er sich, einer Anweisung des Zentralkomitees einmal mehr zuwiderhandelnd, zum Petrograder Sowjet. Wie er dies tat, ist oft als Beleg für die Ohnmacht der Regierung angeführt worden: mit der Straßenbahn zur Weltrevolution. Denn obgleich Trotzki und das VRK den Umsturz längst vorbereitet hatten – erst mit der Ankunft Lenins im Smolnyj-Institut, dem neuen Quartier des Sowjets seit August, fielen die Würfel.

Unterdessen bemühte sich Kerenskij um Rückhalt für seine Maßnahmen. Noch blieb Zeit für Reden und Verhandlungen. Den ganzen Tag über herrschte gespannte Ruhe in der Stadt, durchtränkt von der allgemeinen Erwartung eines Umsturzes. Adressat der Werbung des Ministerpräsidenten war nicht mehr der Sowjet, sondern das Vorparlament. Im Marien-Palais erntete Kerenskij zwar stehende Ovationen für seine heldenmütige Beteuerung, die Regierung ziehe es vor, »getötet und vernichtet zu werden«, bevor sie die »Ehre und die Unabhängigkeit des Staates« verrate. Aber er mußte sich in der anschließenden Debatte nicht nur Kritik von links (Kamkov) gefallen lassen, weil er die unzufriedenen Arbeiter und Soldaten pauschal als »Mob« tituliert hatte. Im Namen der menschewistischen und sozialrevolutionären Mehrheit beschwor auch Dan den Ministerpräsidenten, sichtbare Anstrengungen zu unternehmen, um die »Bedürfnisse des Volkes« zu befriedigen. Nur unter der Voraussetzung eines Sofortprogramms für Land und Frieden sah er Hoffnung, die Kraftprobe zu bestehen; und er knüpfte die Hilfe der Koalitionsstützen an die Schaffung eines

»Wohlfahrtskomitees« aus Vertretern der Städte und des Sowjets, um es in Zusammenarbeit mit der Regierung zu verwirklichen. Es war ein zwiespältiges Dokument, das Kerenskij am Abend vom Präsidenten des Vorparlaments Avksent'ev überbracht wurde. Zu Recht vermißte der Ministerpräsident eine klare Solidaritätsbekundung. Mündliche Versicherungen bewogen ihn dennoch, auf den angedrohten Rücktritt zu verzichten. Man überdeckte den offenkundigen Dissens. Die Einkehr der Dan und Goc kam zu spät und zur Unzeit. Kerenskij sah sich nicht genötigt, eine durchgreifende Reform zu verkünden. Er vertat die allerletzte Chance, den Bolschewiki den Wind aus den Segeln zu nehmen.[9]

Bei Licht besehen, bedurfte es der von Lenin zitierten »Kunst des Aufstandes« gar nicht, um dem wankenden Regime den »Todesstoß« zu versetzen. Was zu tun war, lag auf der Hand. Die Strategen des VRK kannten die wenigen zentralen Punkte, die im Handstreich genommen werden mußten. Wohl fehlte ihnen eine wirkliche militärische Streitmacht, die einen längeren Kampf hätte bestehen können. Aber angesichts des Mangels an Gegenwehr reichten die bolschewistischen Garnisonsregimenter und die Roten Garden, in Petrograd etwa 15 000 bis 20 000 Mann, aus, die seit dem Kornilov-Putsch eine Renaissance erlebten.[10] Am 25. Oktober um zwei Uhr morgens besetzten Soldaten den (Nikolaj-) Bahnhof der Strecke nach Moskau, wenig später Elektrizitätswerk, Post- und Telegraphenamt, Staatsbank und die wichtigen Brücken und Plätze. Auf der Neva richtete der Panzerkreuzer *Aurora* seine Kanonen auf den Winterpalast. Als um acht Uhr Soldaten des VRK auch im Warschauer Bahnhof patrouillierten, war der Machtwechsel in Petrograd faktisch bereits vollzogen – kampflos und ohne Blutvergießen, eher eine »Wachablösung« (Suchanov) als ein Umsturz. Drei Stunden später floh Kerenskij im Rücksitz des letzten Wagens, den er finden konnte, nach Pskov, um im Hauptquartier der Nordfront um Hilfe zu bitten.

Was folgte, waren Nachhutgefechte, allerdings solche von symbolischer Bedeutung. Gegen Mittag lösten Soldaten, ohne Verhaftungen, das Vorparlament auf – ein Vorgeschmack auf das Schicksal der Konstituierenden Versammlung. Um dieselbe Zeit umzingelten aufständische Regimenter den Winterpalast und forderten die Regierung zur Kapitulation auf. Vor allem Lenin drängte voller Ungeduld auf eine schnelle Beendigung dieses Schlußaktes. Nach wie vor hielt er es für lebenswichtig, die legale

Autorität *vor* dem Zusammentritt des Allrussischen Sowjets zu stürzen. Man darf vermuten, daß darin ein Rest von Unsicherheit über die Stimmung der Delegierten aus der Provinz zum Ausdruck kam. Die Minister, die den Tag in demonstrativer Normalität begonnen hatten, versagten ihm freilich einen weiteren raschen Erfolg. Sie bewiesen Mut und harrten trotz der drohenden Geschütze der Aurora aus. Ihr Widerstand ehrte sie, konnte aber nicht mehr sein als eine Geste. Nach gut zwölfstündiger Belagerung, in den ersten Morgenstunden des 26. Oktober, verschafften sich die Angreifer, ebenfalls ohne Blutvergießen, Zutritt zum Palast und verhafteten die im Malachitsaal versammelten Ressortchefs. Diesen blieb die Genugtuung über den Zorn, den die Entdeckung der Flucht Kerenskijs auslöste.

Die Sieger warteten mit ihrer Feier nicht so lange. Lenin war der psychologische Vorteil vollendeter Tatsachen so wichtig, daß er bereits am Vormittag eine Proklamation drucken ließ, die den Sturz der Provisorischen Regierung im ganzen Land verkündete. Am frühen Nachmittag gab Trotzki im Petrograder Arbeiter- und Soldatenrat das abermalige Ende eines alten Regimes in Rußland bekannt. Als Lenin den Saal betrat, sich zum ersten Mal seit der Julikrise in der Öffentlichkeit zeigend, erhoben sich die Delegierten von den Plätzen und empfingen ihn mit stürmischen Ovationen. In seiner kurzen Rede rief er nicht nur eine neue, allein von den Räten getragene Regierung »ohne Beteiligung irgendeines Bourgeois« aus. Er sprach auch von einer abermaligen, der »dritten russischen Revolution« im Namen des Sozialismus und des Proletariats.[11] Der Machtwechsel – und das war gerade den Gegnern klar – sollte kein bloßes Stühlerücken am Kabinettstisch sein.

Bei aller zur Schau getragenen Zuversicht suchte Lenin die Eröffnung des zweiten Allrussischen Sowjetkongresses solange wie möglich hinauszuzögern. Am späten Abend ließen sich die 670 Delegierten nicht mehr vertrösten. Der Bericht der Mandatsprüfungskommission ergab, daß 300 von ihnen Bolschewiki waren, 193 Sozialrevolutionäre (darunter mehr als die Häfte linke), 68 Menschewiki und 14 Menschewiki-Internationalisten; die übrigen rechneten sich zu den kleineren sozialistischen Parteien oder allgemein zum revolutionären Lager. Im Vergleich zum ersten Kongreß im Juni konnten die Bolschewiki einen beachtlichen Erfolg verbuchen. Gewiß bestätigte die Verdreifachung ihrer Mandatszahl den

Stimmungsumschwung im Lande ein weiteres Mal. Aber Lenins Befürchtungen hatten insofern eine Grundlage, als die Bolschewiki *keine* unanfechtbare Mehrheit besaßen. Sie brauchten die Hilfe der linken Sozialrevolutionäre. Eine neuerliche Erprobung dieser Allianz erwies sich allerdings als unnötig. Die Bolschewiki hatten leichtes Spiel. In der Kernfrage stand der Kongreß fester im radikalen Lager, als die erklärte Parteizugehörigkeit erwarten ließ. Auf einem Fragebogen gaben 505 seiner Mitglieder an, daß sie in der Absicht gekommen seien, »alle Macht den Räten« zu übergeben. Weitere 68 erklärten, sich für eine »demokratische Regierung« unter Einschluß von Gewerkschaften, Kooperativen, der Bauernsowjets und ähnlicher Organisationen einsetzen zu wollen. Für die Aufnahme von Vertretern der besitzenden Schichten, aber gegen die Kadetten votierten 21 Delegierte. Und nur 55 sprachen sich für die Fortsetzung der bestehenden Koalition aus. Es war ein anderer Typus von Volksvertretern als im Juni, der nun aus den Schützengräben und den »dunkelsten Winkeln« des Landes herausgekrochen war: »ungehobelte und finstere Gestalten; ihre Ergebenheit gegenüber der Revolution bestand aus Verbitterung und Verzweiflung, ihr ›Sozialismus‹ aus Hunger und einem unstillbaren Drang nach Ruhe.«[12] Hinzu kam, daß die sozialrevolutionäre und menschewistische Opposition von Beginn an dazu neigte, das Feld kampflos zu räumen. Als das Präsidium des Kongresses neu gewählt wurde, verzichteten die Menschewiki einschließlich des linken Flügels darauf, die vier Sitze einzunehmen, die ihnen zugewiesen wurden. So blieben die 14 Bolschewiki und sieben linken Sozialrevolutionäre unter sich.

Die Debatte begann mit dem überraschenden Vorschlag Martovs, zuallererst einen friedlichen Ausweg aus der Krise zu suchen. Eine Form der Staatsgewalt müsse gefunden werden, die sich auf die *gesamte* »Demokratie« stützen könne. Der Antrag traf offenbar die Grundstimmung der Delegierten. Die linken Sozialrevolutionäre schlossen sich an, und auch den Bolschewiki blieb nichts anderes übrig, als ihr Einverständnis zur Änderung der Tagesordnung zu erklären. Die Chance wurde jedoch schnell vertan. Vor dem Eintritt in die inhaltliche Erörterung machten Abgeordnete der rechten Menschewiki und Sozialrevolutionäre ihrem Unmut Luft. Sie warfen den Bolschewiki vor, den Kongreß verhöhnt und hinter seinem Rücken eine militärische Verschwörung angezettelt zu haben. Als einzig möglichen Ausweg schlugen sie sofortige

Verhandlungen mit der Regierung vor und kündigten andernfalls ihren Boykott der weiteren Arbeit des Sowjets an. In der Sache trafen solche Äußerungen unbestreitbar den Kern; politisch waren sie mehr als unklug. Sie lösten nicht nur Tumulte und Protestgeschrei aus, sondern provozierten auch einen Stimmungsumschwung. Schwankende Parteigänger scharten sich um Lenin und Trotzki und verteidigten einen Coup, dessen Bedenkenlosigkeit sie durchaus mit Skepsis sahen. Vieles spricht für das Urteil Suchanovs, daß die rechten Menschewiki und Sozialrevolutionäre den Bolschewiki keinen besseren Dienst erweisen konnten, als diese schicksalhafte Versammlung zu verlassen. Sie verschafften ihnen eine problemlose Mehrheit und befreiten sie von dem Zwang, den durchaus attraktiven Gedanken einer Regierung *aller* Sowjetparteien abwehren oder sich gar mit ihm arrangieren zu müssen. Ihr überhasteter Schritt ebnete den Weg für eine *neue* Deutung des Umsturzes: daß die gesamte Macht nicht den Räten, sondern den Bolschewiki und ihren Gehilfen zugefallen sei, daß mit der bürgerlichen Demokratie auch die sozialistische ein Ende gefunden habe.

Andererseits muß offen bleiben, ob Martovs Resolutionsentwurf eine Mehrheit hätte finden können. Er setzte eine Konsensbereitschaft und gegenseitige Achtung voraus, die in der Wirklichkeit längst keinen Platz mehr hatten. Es war Trotzki, der seinem einstigen Lehrer die Sachlage in berühmt gewordenen, schneidenden Worten klarmachte:

»Der Aufstand der Massen bedarf keiner Rechtfertigung. Was geschehen ist, war ein Aufstand und keine Verschwörung...Wir haben den Willen der Massen offen für einen Aufstand geschmiedet, nicht für eine Verschwörung. Die Volksmassen folgten unserem Banner, und unser Aufstand hat gesiegt. Und nun schlägt man uns vor: Verzichtet auf euren Sieg, erklärt euch zu Konzessionen bereit, schließt einen Kompromiß. Mit wem? Ich frage: Mit wem sollen wir einen Kompromiß schließen? Mit jenen kläglichen Gruppen, die hinausgegangen sind, oder die diesen Vorschlag machen? ... Hinter ihnen steht doch niemand mehr in Rußland... Nein, hier ist kein Kompromiß mehr möglich. Denen, die hinausgegangen sind und denen, die uns Vorschläge machen, müssen wir sagen: Ihr seid klägliche Bankrotteure, eure Rolle ist ausgespielt; geht dorthin, wohin ihr gehört: auf den Kehrichthaufen der Geschichte.«

Angesichts des lauten Beifalls zu dieser Brüskierung sah auch Martovs kleines Fähnlein aufrechter Revolutionäre keine andere Wahl mehr, als den Saal zu verlassen.

Es blieben die linken Sozialrevolutionäre. Kamkov übte zwar ebenfalls Kritik an Trotzkis unversöhnlicher Härte. Unter Hinweis auf die andauernde Reserve der Bauern gegenüber den Bolschewiki warnte er davor, die Brücken zur anderen Seite der revolutionären Demokratie ganz abzureißen. Aber er bekräftigte den Willen seiner Fraktion, die neue Räteregierung mitzutragen. Mit ihren Stimmen nahm der Rumpfkongress in den frühen Morgenstunden des 26. das historische Manifest an, das zum Gründungsakt des Sowjetregimes wurde und unter anderem verkündete:

»... Getragen von der überwältigenden Mehrheit der Arbeiter, Soldaten und Bauern und gestützt auf den siegreichen Aufstand der Arbeiter und der Garnison von Petrograd, beschließt der Kongreß hiermit, die Regierungsmacht in seine Hände zu nehmen. Die Provisorische Regierung ist abgesetzt und die Mehrheit ihrer Mitglieder verhaftet... Der Kongreß beschließt, daß alle lokale Befehlsgewalt auf die Räte der Arbeiter-, Soldaten- und Bauerndeputierten übertragen wird, die den Auftrag erhalten, die revolutionäre Ordnung durchzusetzen.«[13]

Was den Siegestaumel dämpfen konnte, war einzig die Flucht Kerenskijs. Binnen weniger Tage zeigte sich jedoch, daß kein Grund zu allzu großer Sorge bestand. Kerenskij stieß in Pskov beim Oberkommandierenden der Nordfront zwar auf offene Ohren. Aber die Einheiten waren so weit zerstreut, daß nur ein Trupp von knapp tausend Kosaken mit wenigen Geschützen und einem Panzerzug nach Petrograd in Bewegung gesetzt werden konnte, der am 27. Oktober im Vorort Gatčina Stellung bezog. Größere Gefahr ging für die neuen Machthaber von der Opposition der Eisenbahnergewerkschaft aus. Ihr sozialrevolutionär-menschewistisch beherrschtes Zentralbüro (*Vikžel*) setzte alles daran, die streitenden Parteien im Sinne der Martovschen Resolution an einen Tisch zu bringen. Angesichts der Streikandrohung konnten die Bolschewiki ihre Teilnahme nicht versagen. Man hat plausibel argumentiert, daß sie in diesen Tagen, zwischen dem 29. und 31. Oktober, in die Zange genommen von einer mächtigen Gewerkschaft und regierungstreuen Soldaten, zu substantiellen Konzessionen bereit waren. Nur fehlte die politische Kraft, die ihre

Zwangslage ausgenutzt hätte. Menschewiki und Mehrheits-PSR zogen es vor, in der selbstgewählten Defensive zu verharren. Das neue Regime suchte unterdessen die offene Schlacht. Sie fand, ein »Valmy der russischen Revolution«, am 30. Oktober auf den Höhen von Pulkovo statt. Die Truppen des VRK bestanden ihre eigentliche Feuerprobe. Kerenskij mußte sich zurückziehen und floh ins Ausland.[14]

Ganz anders verlief die bolschewistische Machtergreifung in *Moskau*. Hier leistete das Februarregime den zähesten Widerstand. Mehrere Ursachen wirkten dabei zusammen. Der Aufstand wurde in der alten Hauptstadt nicht von langer Hand vorbereitet. Der Vorsitzende des örtlichen Sowjets Nogin gehörte zu den Gegnern eines Alleingangs. Als er dem Exekutivkomitee am 26. Oktober von den Petrograder Ereignissen berichtete, beklagte er wohl aufrichtig die »Verweigerung« der anderen sozialistischen Parteien. Die Konfrontation war angesichts entschlossener Gegenwehr der Offiziere und Militärkadetten im Verein mit den Moskauer Zivilbehörden unter ihrem (rechts)sozialrevolutionären Bürgermeister V.V. Rudnev jedoch nicht aufzuhalten. Mehr als eine Woche lang lieferten sich beide Seiten heftige Straßenkämpfe, die mehrere Hundert Opfer kosteten und – zum Entsetzen des kulturbewußten neuen Bildungskommissars Lunačarskij – die Kunstschätze des Kreml' nicht verschonten. Am 3. November setzten sich Verbände des Sowjets und seines nach Petrograder Vorbild gegründeten VRK durch. Den Ausschlag gab auch in Moskau die Garnison: Kaum ein Soldat ergriff für die Provisorische Regierung Partei.[15]

Dieses Aufbegehren der rechtmäßigen Autoritäten blieb jedoch vereinzelt. Im restlichen ethnischen Rußland hatten die Bolschewiki ähnlich leichtes Spiel wie in der Hauptstadt. Dabei lassen sich im wesentlichen drei typische Konstellationen und Abläufe unterscheiden. Im zentralen Gewerbegebiet, der Großregion um Moskau, und im Ural, wo es eine nennenswerte Industrie und Arbeiterschaft gab, bildeten die Bolschewiki in aller Regel die stärkste Kraft im Sowjet. Hier erreichten sie, wie in der Textilstadt Ivanovo-Voznesensk, ihr Ziel meist ebenfalls, ohne einen einzigen Schuß abgeben zu müssen. Der Aufstand nahm die Form eines Mehrheitenwechsels im Rat an. Nicht selten beteiligten sich Sozialrevolutionäre und Menschewiki an den neu geschaffenen revolutionären Gremien, ohne daß sie sich Einfluß und dauerhafte

Mitgliedschaft zu sichern wußten.- In den großen Städten mit gemischter wirtschaftlicher Struktur und einem erheblichen Gewicht des Handels wie Nižnij Novgorod (Gor'kij), Samara (Kujbyšev), Saratov oder Kazan' blieb das Kräfteverhältnis in den Räten ausgewogener. Häufig konnte sich die menschewistisch-sozialrevolutionäre Mehrheit über den Oktober hinaus behaupten. Träger der Radikalisierung waren hier meist die Fabrikkomitees und Garnisonen. Sie verhalfen den Bolschewiki, allerdings deutlich später, zur beherrschenden Stellung.- In den zahlreichen, überwiegend vom Handel lebenden und stark agrarisch geprägten mittelgroßen Städten des Zentralen Landwirtschaftsgebiets (wie Kursk, Voronež, Orel oder Tambov) sammelten die Bolschewiki meist nicht genügend Anhänger, um den Aufstand durchführen zu können. Hoffnungsträger der Bevölkerung blieben hier die Sozialrevolutionäre, deren linker Flügel auch die Initiative übernahm. Wo sie sich anschickten, gegen die neue Ordnung vorzugehen, griffen die Garnisonen oder auswärtige Hilfstruppen der Bolschewiki ein. Der Aufstand wurde hier sozusagen importiert.- Besondere Verhältnisse herrschten in den frontnahen und den nichtrussischen Gebieten. Wo die Soldaten in der Überzahl waren, diktierten sie auch hier das Geschehen im bolschewistischen Sinne. Wo Nationalitätenkämpfe ausbrachen, bemühten sich die neuen Machthaber mit erheblichem Erfolg, die Unabhängigkeitsbewegungen auf ihre Seite zu bringen. Über die Durchsetzung der bolschewistischen Herrschaft entschied hier freilich erst der Bürgerkrieg.[16]

Der Transfer der Macht auf bolschewistisch beherrschte Räte offenbarte mithin in der Provinz ganz ähnliche Wesenszüge wie in der Hauptstadt. Auch dort, wo er nicht die Gestalt einer bloßen »Wachablösung« annahm, verlief er in der Regel friedlich und undramatisch. Obwohl die Zahl der aktiven Teilnehmer bemerkenswert gering war[17], vollzog er sich auf dem Fundament einer breiten Zustimmung der Soldaten und Arbeiter. Gewiß konnten die neuen Herren ihre frisch eroberten Machtmittel im weiten Hinterland bereits einsetzen, um dieselbe Wende wie in den Hauptstädten herbeizuführen. Dennoch gilt auch hier, daß die Provisorische Regierung ihnen leichtes Spiel bereitete. In der neueren Forschung wird kaum mehr bestritten, daß das Februarregime nicht zuletzt an sich selbst scheiterte: an seinem Unvermögen, der übergroßen Versorgungsprobleme Herr zu werden, an seiner Blindheit für die

Dynamik der Sozialrevolution und – davon nicht zu lösen – an seiner Unfähigkeit, das Machtvakuum zu füllen, das der Zerfall der alten Herrschaft und Verwaltung hinterließ.

2. Machtbehauptung – Die zweite Revolution

Pointiert, aber treffend hat man gesagt, das eigentlich Bemerkenswerte sei nicht der Oktoberumsturz selbst, sondern die Behauptung der Macht gewesen. Was folgte, war ohne Zweifel eine ungleich größere Herausforderung als der Handstreich selbst. Die staatliche Verwaltung brach vollends zusammen. Lebensmittel und Brennstoffe wurden noch knapper. In materieller Hinsicht hielt der Machtwechsel gewiß nicht, was er versprach. Das Land versank in Anarchie und Not. Im ungewöhnlich harten Winter 1917/18 begann ein Leidensweg für die Bevölkerung in Stadt und Land, der erst nach dem Bürgerkrieg und der Hungersnot von 1921/22 enden sollte. Um so erstaunlicher war, daß die bolschewistische Herrschaft den schweren Belastungen standhielt. Offensichtlich bewies sie größere Zähigkeit als das Februarregime. Ob solches Überleben nur um den Preis der dauerhaften Verankerung von Gewalt und Diktatur zu sichern war, gehört immer noch zu den zentralen Problemen der Diskussion.

Die ersten Schritte ergaben sich mit einiger Zwangsläufigkeit. Schon in den Morgenstunden des Umsturztages hielt das bolschewistische Zentralkomitee Rat über Form und Charakter der neuen Exekutive. Auf der Hand lag, daß die Distanz zu bürgerlichen Kabinetten deutlich werden mußte. Die Welt verdankt Trotzki die Erfindung des »Volkskommissars«, der den Minister ablösen sollte. Lenin ergänzte diesen Vorschlag durch die Neuschöpfung des *»Rates der Volkskommissare«* (*Sovet Narodnych Kommissarov,* SNK) als Ersatz der Ministerrunde. Die ad hoc aus der Taufe gehobene erste »Arbeiter- und Bauernregierung« teilte auf dem Papier mit ihrer Vorgängerin lediglich eines: Auch sie war als Provisorium gedacht, deren Mandat mit der Einberufung der Konstituierenden Versammlung erlöschen sollte.

Von Anfang an blieb der Ort des SNK in der Rätestruktur unklar. Als ihn der zweite Allrussische Sowjetkongreß am 26. Oktober begründete, fiel niemandem auf, daß er in die angestrebte Verfassung eigentlich nicht paßte. Unter dem Zwang zum schnellen Handeln schuf man eine Regierung, die mit der Vergangenheit brechen sollte, aber dies als Organisation nicht tat. Im »embryonalen proletarischen Rätestaat« (M. Ferro) gab es bereits ein oberstes ausführendes Gremium in Gestalt des Zentralen Exekutivkomitees. Funktional und systematisch gesehen, hätte ihm nach dem Umsturz die politische Führung zufallen sollen. Der SNK bildete eine Dopplung, die im Gegensatz zu den Sowjets nicht einmal über einen Instanzenzug zur lokalen Ebene verfügte. Als temporäre Lösung mochte seine Existenz unproblematisch sein. Der Rat verfestigte sich jedoch zu einer regulären Regierung mit entsprechendem Apparat und politischem Eigengewicht. Angesichts des Mangels an eigenen fähigen Kräften blieb den bolschewistischen Kommissaren dabei nichts anderes übrig, als das vorhandene, noch aus zarischer Zeit stammende Personal zu übernehmen. Wo Fachwissen in besonderem Maße unentbehrlich war, wie im Finanz- und Wirtschaftsressort, wechselten die Behörden beinahe komplett zum zweiten Mal Regime und Chef. Bolschewiki waren in ihnen noch einige Jahre lang kaum zu finden. Schon seit November siedelten die frisch ernannten Volkskommissare – auch dies gewiß nicht ohne Symbolgehalt – in die Gebäude der ehemaligen Ministerien über. Lediglich der SNK tagte weiterhin im Smol'nyj, der Zitadelle des Sowjets. Als die Hauptstadt des Reiches im März 1918, aus Sicherheitsgründen und als Zeichen des Neuanfangs, in das Herz des altrussischen Reiches zurückverlegt wurde, riß auch diese Nabelschnur. In Moskau konnten Kommissare und SNK ihre Behörden in größerer Distanz zu den Räten und weitgehend ohne Kontrolle ausbauen.

Die Folgen dieser Entwicklung sind leicht ersichtlich: Wichtige Weichen für die Verkrüpplung des Rätesystems wurden gestellt. Der SNK entzog ihm nicht nur die entscheidenden Befugnisse, sondern auch die besten personellen Ressourcen. Wer in der bolschewistischen Parteispitze über Qualifikation und Ehrgeiz verfügte, übernahm ein Amt im SNK, nicht im Exekutivkomitee des Sowjets. Lenin und Trotzki, die Säulen der neuen Regierung, stärkten durch ihre Energie und Autorität den SNK, nicht das VCIK. Die formale Unterordnung der Regierung änderte daran wenig. In Gestalt der Volkskommissariate lebten die alten Ministerien faktisch fort. Ihre Renaissance sorgte nicht nur für eine bemerkenswerte personelle und institutionelle Kontinuität der obersten Reichsverwaltung. Darüber hinaus gab sie der Rätedemokratie ein schweres Handicap mit auf den Weg, das sie nie zu überwinden vermochte.[18]

Hinzu kam eine Politik, die von Beginn an auf Zentralismus und Alleinherrschaft setzte. Schon im Charakter der Bolschewiki war manches angelegt, was solche Tendenzen förderte. Disziplin und Unterordnung hatten sich unter der straffen Führung Lenins stärker ausgebildet als in der übrigen antizaristischen Fronde. Andererseits sollte diese Disposition nicht überbewertet werden. In der freien Luft der Februardemokratie gewann die Partei mehr Normalität als je zuvor. Auch sie erlebte einen Ansturm neuer Mitglieder, der ihre Kader im Meer kurzfristig mobilisierter Sympathisanten untergehen ließ.[19] Auch in ihrer Führung wurde über Charakter und Kurs der Revolution heftig gestritten. Daß der Weg zum Einparteienstaat dennoch zielstrebig beschritten wurde, geht vor allem auf die bewußte Entscheidung des Zentralkomitees nach dem Umsturz zurück. Die Rolle Lenins ist dabei erneut kaum überzubewerten. Mit Unterstützung Trotzkis bot er seinen ganzen Einfluß auf, um eine sozialistische Allparteienregierung zu verhindern. Als Zinov'ev und Kamenev am 3. November das Exekutivkomitee des Sowjets zum formellen Beschluß bewegen konnten, sich im Sinne der Aufforderung der Eisenbahnergewerkschaft um eine solche Koalition zu bemühen, griff er erneut zur groben Waffe der Androhung des Parteiausschlusses. Sein Ultimatum gab fünf Mitgliedern des Zentralkomitees Anlaß zum Rücktritt, neben den unmittelbar Attackierten: A.I. Rykov, Nogin und V.P. Miljutin; die drei letztgenannten legten auch ihre Ämter als Volkskommissare für Inneres, Landwirtschaft und Industrie und Handel nieder. Lenin riskierte eine schwere Regierungskrise, um die Früchte des Umsturzes zu retten, so wie *er* sie sah: als Herrschaft der Bolschewiki. Daß er dabei auch den neu erwachten innerparteilichen Pluralismus schädigte, nahm er ähnlich bedenkenlos in Kauf: Der rüde Umgang mit der Opposition warf den Schatten des Fraktionsverbots von 1921 voraus.[20]

Ein Bündel rasch erlassener populärer Dekrete half den Bolschewiki, die Macht im Alleingang kampf-, wenngleich nicht gewaltlos zu behaupten. Auch dabei ergaben sich die ersten Schritte von selbst. Darüber hinaus blieb vieles der Improvisation überlassen. Die neue Sozialordnung entstand in geringerem Maße nach Plan als der neue Staat, dessen Keimform schon vorhanden war. Was zahllose grundstürzende Reformen auf fast allen Lebensgebieten schufen, war zunächst vor allem eines: Auflösung und Anarchie. Gewiß liegt viel Richtiges in der Hypothese, daß das neue Regime gerade aus der weiteren Zertrümmerung der überkommenen Strukturen wesentliche Stabilität bezog, weil sie auch die Entfaltung von Alternativen verhinderte.[21] Wenn die Oktoberwende in der Essenz eine plebiszitär gestützte Militäraktion war, summierten sich die folgenden Maßnahmen und spontanen Prozesse zur *zweiten Revolution*.

Auch die Sowjetmacht wurde in den Städten groß. Lenin hatte jedoch die Lektion der ersten Revolution nicht vergessen. Er sah so klar wie kein anderer bolschewistischer Führer, daß sie zumindest der passiven Unterstützung der Bauern bedurfte, um überleben zu können. Bereits am Tage nach dem Umsturz legte er dem Allrussischen Arbeiter- und Soldatendeputiertenrat einen Gesetzentwurf vor, der das Dorf im ethnischen Rußland für einige Jahre auf die Seite des neuen Regimes brachte. Das berühmte *Landdekret* vom 26. Oktober 1917 hob die privaten Besitztitel unverzüglich und ohne Entschädigung auf. Aller Grund und Boden der Gutsherren, Kirche, Klöster und der Zarenfamilie wurde »mit allem lebenden und toten Inventar, allen Baulichkeiten und allem Zubehör bis zur Einberufung der Konstituierenden Versammlung« in die Verfügung der Volost'-Komitees und Bauernsowjets übergeben. Diese sollten ihn gemeinsam mit dem Staatsbesitz wie die Obščina-Fluren nach den tradierten Normen verteilen. Als allgemeines Prinzip wurde verkündet, daß das Land fortan denjenigen gehörte, die es mit eigenen Händen bestellten. Lohnarbeit wurde ausdrücklich verboten. Auch alle Wälder, Gewässer und Bodenschätze wurden zum Gemeineigentum erklärt und den örtlichen Komitees anvertraut. Das ganze agrarische Rußland verwandelte sich gleichsam in eine große Föderation bäuerlicher Selbstverwaltungsgemeinden, deren althergebrachte Rechtsauffassung, Sozialorganisation und Mentalität nun endlich gesetzliche Anerkennung fanden.

Offen zutage lag, wes Geistes Kind dieses Gesetz war: Lenin trug, als er den Text in eigener Person verlas, bis in Einzelheiten der Formulierung hinein das Agrarprogramm der PSR aus dem Jahre 1905 vor. Der Plagiatsvorwurf der sozialrevolutionären Presse war so begründet, daß die Bolschewiki gar keine Anstalten machten, ihn zurückzuweisen. Lenins Eingeständnis traf den Gegner im Grunde härter als jeder Rechtfertigungsversuch – man sehe daran, daß man die Partei erst habe verjagen müssen, damit ihr richtiges Programm Wirklichkeit werden könne.[22] Dennoch wäre es einseitig, im Dekret nur einen Schachzug zu sehen, der dem Machterhalt selbst die Moral opferte. Auch schiere Nüchternheit mußte zu dieser Einsicht führen. Keine Regierung konnte im Oktober anderes tun, als die spontane Revolution auf dem Dorfe hinzunehmen. Das Agrardekret sanktionierte nur, was ohnehin geschah.

Ungeklärt bleibt, in welchem Maße der bolschewistische Umsturz dennoch auf die Ereignisse im Dorfe eingewirkt hat. Grundsätzlich handelten die Bauern weiterhin nach eigener Raison. In Zentralrußland gab es im längeren Durchschnitt nach dem Oktober ebenso viele dörfliche Revolten wie vorher. Dennoch blieb das Agrardekret nicht ohne Resonanz. In den Monaten nach seiner Verkündung trat vielerorts eine gewisse Beruhigung, zumindest ein Formwechsel des bäuerlichen Protests ein. Wie es scheint, ließen Plünderung und Brandschatzung ungefähr in dem Maße nach, wie die Zahl der gesetzlich gedeckten Enteignungen zunahm. Die legalisierte Agrarrevolution schwenkte in geregelte Bahnen ein. Freilich blieben Konflikte genug, die in vielem an die Prozeduren nach der Aufhebung der Leibeigenschaft 1861 erinnerten. Die alten Besitzer kämpften über ihre persönliche Habe hinaus um einen Grundstock an Vieh und Inventar. Der Staat sorgte sich um die Erhaltung von Spezialkulturen und technisch anspruchsvolleren Produktionseinheiten, die das Gesetz als einzige von der Verteilung ausgenommen hatte. Das Dorf beanspruchte soviel wie möglich für sich. Hinzu kamen tiefsitzende mentale Grenzlinien, die sich mit den materiellen Interessen durchaus nicht deckten: Die Bauern teilten mit ihren ehemaligen Herren die Aversion gegen die städtischen Machthaber, fühlten sich diesen aber in der Ablehnung sozialer Privilegien verbunden.

Vorerst entfaltete der soziale Konflikt prägende Kraft. In den Monaten nach dem Oktober kamen städtische und ländliche Revolution am nächsten zusammen. Zu den Ergebnissen des Agrardekretes gehörte nicht zuletzt der rasch wachsende Einfluß der Bolschewiki. Im Oktober noch völlig ohne Stützpunkte auf den Dörfern, verschafften sie sich in erstaunlich kurzer Zeit selbst auf Volost'-Ebene nennenswerten Anhang. Aber das bedeutete noch lange nicht, daß der neue Staat auch Kontrolle über die dörflichen Angelegenheiten gewann. Die Umteilung des sozialisierten Landes, gewiß der bedeutendste Vorgang nach dem Oktober, führten die Bauern in eigener Regie durch. Daß die Bolschewiki den »Klassenkampf auf dem Dorfe«, soweit er existierte, hätten nutzen können, läßt sich nicht belegen. Es war alles andere als ausgemacht, ob die Allianz zwischen Arbeitern (bzw. deren Fürsprechern) und Bauern, ob die bald vielbeschworene *smyčka* den Belastungen gewachsen sein würde, die vor allem vom Hunger der Städte ausgingen.[23]

Es ist keine übelwollende Unterstellung, wenn man die Teilung der Regierungsgewalt, zu der es Mitte November kam, mit diesen Unwägbarkeiten in Verbindung bringt. Den Anstoß gab der Zusammentritt eines außerordentlichen Allrussischen Bauernsowjets am 10. November. Er führte den Bolschewiki vor Augen, daß die Gefolgschaft der Bauern nach wie vor prekär blieb. Die entscheidende Kraft des Kongresses waren (mit 195 von 330 Delegierten gegenüber 37 Bolschewiki) die linken Sozialrevolutionäre. Hinzu kam das Problem der Konstituierenden Versammlung. Allen Beteiligten war klar, daß ihr Zusammentritt die letzte nichtmilitärische Entscheidung über den Oktobercoup bringen mußte. Nichts lag näher als ein Bündnis der beiden Parteien, die ein gemeinsames Interesse daran hatten, die Rückgabe der Macht an eine erneuerte Duma zu verhindern. Ein Verhandlungspaket wurde geschnürt, das den Weg zu einer formellen *Koalition* öffnete. Unter anderem vereinbarte man, den Allrussischen Bauerndeputiertenrat mit dem zentralen Arbeiter- und Soldatensowjet zu verschmelzen. Die linken Sozialrevolutionäre erhielten insgesamt sieben Kommissariate, darunter so zentrale wie das Landwirtschafts- (A.L. Kolegaev), Justiz- (I.Z. Steinberg [Štejnberg]) sowie das Post- und Telegraphenressort (P.P. Prošjan). Auch *Vikžel* arrangierte sich mit den Bolschewiki und übernahm das Kommissariat für Verkehrswesen. An der hohen Zahl ihrer Portefeuilles gemessen (etwa die Hälfte) sicherten sich die Sozialrevolutionäre eine starke Stellung. Auch wenn sie das Potential nicht voll auszuschöpfen wußten, spricht nichts dafür, ihren Regierungseintritt als dekoratives Alibi abzutun. Dennoch blieb die Koalition weit hinter den Hoffnungen vieler und den ursprünglichen Zielen von *Vikžel* zurück. Sie war eine Minimallösung und ein Zweckbündnis zur Verteidigung des gemeinsam getragenen Umsturzes, kein Schritt auf dem Wege zur sozialistischen Demokratie.

Durch einen Partner gestärkt, der das Dorf am ehesten hinter sich hatte, konnte das neue Regime der Auseinandersetzung mit den verbliebenen Bastionen der Februarordnung getrost entgegensehen. Die erste Kraftprobe fand auf dem zweiten *ordentlichen Allrussischen Kongreß der Bauerndeputierten* statt, der seine Arbeit am 26. November (- 10. Dezember) aufnahm. Von den 796 regulären Teilnehmern gehörten 305 dem Zentrum oder dem rechten Flügel der PSR, 350 der linken Fraktion, 91 den Bolschewiki und 44 keiner bestimmten Partei an. Obwohl die neuen Verhältnisse auch in dieser Versammlung bereits deutliche Spuren hinterließen, konnten sich die Anhänger der alten Regierung immer noch auf beinahe die Hälfte der Stimmen stützen. Beide Blöcke bekämpften einander aufs schärfste. Ein förmliches Schisma war vorprogrammiert. Nicht nur der Kongreß zerfiel in getrennt tagende Sektionen. Auch die PSR brach nun vollends auseinander: Die linken Sozialrevolutionäre erklärten sich zur eigenständigen Partei (*Partija levych socialistov-revoljucionerov*, PLSR). Daß die Versammlung ohne greifbare Ergebnisse auseinanderging, bedeutete freilich einen Punktsieg für die Koalition. Diese nutzte ihre Mehrheit im neu gewählten Exekutivkomitee, um bereits für den 13. Januar 1918 einen weiteren, den dritten und letzten Allrussischen Bauerndeputiertenkongreß einzuberufen, der die abgesprochene Fusion mit dem Allrussischen Arbeiter- und Soldatenrat förmlich beschließen sollte. Die Eile war verräterisch: Man mißtraute dem Ergebnis allzulanger Beratschlagung an der Basis. Als die Delegierten zusammenkamen, bestand jedoch kein Grund mehr zur Besorgnis. Sie votierten einstimmig für ihre eigene Liquidierung. Der Bauernsowjet wurde zur Sektion des Allrussischen Arbeiter-, Soldaten- und Bauernrates, leicht kontrollierbar und an die Kandare zu nehmen.[24]

In ähnlicher Weise versuchte das Sowjetregime, sich die ungeteilte Unterstützung der städtischen Basisbewegung zu sichern. Noch in der ersten Proklamation vom 26. Oktober ergänzte es das politische Versprechen, das im vollzogenen Machttransfer lag, durch die Selbstverpflichtung, »die Arbeiterkontrolle über die Industrie« zu errichten. Allerdings war es kein Zufall, daß es bei der knappen Absichtserklärung blieb. Ein dem Landdekret entsprechendes Gesetz ließ auf sich warten. Die Bolschewiki wollten trotz der Werbung um die Fabrikkomitees anarchosyndikalistischen Tendenzen keinen Freibrief ausstellen. Dabei konnten sie sich durch die Beschlüsse des ersten Allrussischen Kongresses der

Fabrikräte vom 17. bis 22. Oktober bestätigt fühlen. Die Zusammenkunft zeigte, daß die Arbeiterkontrolle im engeren Sinne in eine Sackgasse geraten war. Wirtschaftsmisere und Gegenwehr der Unternehmer raubten ihr jede Aussicht auf Erfolg. Die bolschewistischen Gewerkschaftsführer vom rechten Parteiflügel nutzten die Chance, um *ihre* Deutung der Arbeiterkontrolle in Resolutionen festzuschreiben: als Übertragung des demokratischen Prinzips in die Wirtschaft, aber unter Aufsicht und Koordination übergeordneter Organisationen, vor allem der Gewerkschaften.

Dieselben Politiker, namentlich Miljutin und A. Lozovskij, gehörten dem Ausschuß an, der das *Gesetz über die Arbeiterkontrolle* vom 14. November vorbereitete. In vieler Hinsicht markierte es in der Tat einen Triumph der Arbeiterkontrolle. In »allen industriellen, kommerziellen, landwirtschaftlichen und ähnlichen Unternehmen« sollten gewählte Komitees Produktion und Management überwachen. In jedem Gouvernement und jeder größeren Stadt sollten ihre Repräsentanten sich zu lokalen Räten der Komiteedeputierten vereinigen bis hinauf zum Allrussischen Sowjet und einem (ständigen) Allrussischen Rat der Arbeiterkontrolle. Freilich tat man gut daran, den Text genau zu lesen. Er traf durchaus Vorsorge gegen die befürchtete Eigenmächtigkeit auf Fabrikebene. Den zahlreichen übergeordneten Gremien wurde die Befugnis erteilt, Beschlüsse der unteren Organe zu kassieren. Das oberste Exekutivkomitee sollte überdies Teil eines zu gründenden Obersten Volkswirtschaftsrates (VSNCH) werden. Als dieser am 1. Dezember seine Arbeit aufnahm, verwandelte sich die Mitwirkung rasch in völlige Absorption. Der Allrussische Rat der Arbeiterkontrolle hatte gerade Gelegenheit, zweimal zusammenzutreten, bevor er sich faktisch wieder auflöste. Erst recht führten die zahlreichen intermediären Sowjets bestenfalls eine papierne Existenz.

Blieben die Fabrikkomitees selbst. Sie konnten sich im Aufwind fühlen. Zweifellos war man ihnen weiter entgegengekommen als je zuvor. Dennoch offenbarte das Dekret auch bei ihrer Definition eine bezeichnende Unbestimmtheit. Genau besehen, ließ es die entscheidende Frage im ungewissen: ob die Komitees die betrieblichen Funktionen bloß überwachen oder ob sie aktiv intervenieren sollten. Der Allrussische Rat der Arbeiterkontrolle beeilte sich, die Unklarheit zu seinen Gunsten aufzuheben. Er deutete ihre Aufgaben in einer erläuternden Instruktion Ende November

»im weiten Sinne als Einmischung« in das Management und »unmittelbare Teilnahme« an der Organisation des Herstellungsprozesses. Die Regierung unterstützte diese Auslegung nicht, widersprach ihr aber auch nicht. Um die Arbeiter werbend, aber ohne Konzept, hielt sie sich bedeckt und ließ den sozialen Kräften vorerst freien Lauf.[25]

In der Praxis bestimmten die Fabrikräte weitgehend selbst, was Arbeiterkontrolle bedeutete. Sie wurden dabei kaum noch von den Unternehmern behindert, denen der Wind hart ins Gesicht blies. Um so heftiger setzte ihnen nach wie vor der wirtschaftliche Ruin zu. Im Kampf ums Überleben werteten sie als Rettungsanker, was die bolschewistischen Gewerkschaftsführer ohnehin anstrebten: die Überführung der Betriebe in öffentlichen Besitz. Im November und Dezember, einige Zeit vor entsprechenden Schritten der Regierung, ging eine erste Welle von Enteignungen durchs Land. Die Arbeiter selbst lösten sie aus: 77% von 836 einschlägigen Anordnungen in diesen Monaten wurden von örtlichen Sowjets ausgestellt, während überregionale Organe kaum beteiligt waren. Wie sich zeigen sollte, lieferte sich die Rätebewegung der Basis damit selbst ans Messer. Ob die Betriebe unter »nationale« oder »munizipale« Regie gerieten – mit einer gewissen Zwangsläufigkeit wurde der Transfer zum Vehikel der Zentralisierung und Unterwerfung der Fabrikkomitees unter fremde, übergeordnete Zwecke. Insofern trifft die pointierte Formulierung ins Schwarze, mit dem ersten einschlägigen Dekret vom 14. Dezember – das zunächst nur die Festungen des Kapitals (und besonders widerspenstigen Gegner), die Banken, zum Staatsmonopol erklärte – habe »Marx an Bakunin Rache genommen«.[26]

Die *Gewerkschaften* mußten die Ausdehnung und wachsende Selbständigkeit der Arbeiterkontrolle zunächst hinnehmen. Sie hatten eigene Probleme, die ihre Handlungsfähigkeit einschränkten. Natürlich löste der Oktobercoup auch in ihren Reihen und erst recht in den Berufsverbänden der Angestellten heftige Kontroversen aus. Bei den Eisenbahnern ließen selbst die Koalitionsbildung und Überlassung eines Volkskommissariats die Kritik nicht verstummen. Die Bolschewiki sahen sich im Januar 1918 genötigt, eine Konkurrenzorganisation zum *Vikžel* ins Leben zu rufen. Sie nahmen in Kauf, damit den Vorwurf der Parteidiktatur zu bestätigen. Auch wenn sie den Bund nicht zu zuverlässiger Gefolgschaft bewegen konnten, erreichten sie doch seine Neutralisierung. Ähnlichen Widerstand leisteten der Bund der Post- und Telegraphenbediensteten, die Angestelltenvereinigung und unter den Gewerkschaften im engeren Sinne die alte menschewistische Hochburg der Drucker. Mit Pression, Lenkung und unleugbarem politischem Geschick gelang es den Bolschewiki jedoch, auch diese Gegner wenigstens ruhigzustellen. Sie konnten dabei nach wie vor auf die Metallarbeiterverbände rechnen, die nicht nur ideologische Standfestigkeit mitbrachten, sondern auch die Macht der Überzahl.

Vor allem ihnen war es zu verdanken, daß die Bolschewiki auf dem ersten Allrussischen Gewerkschaftskongreß vom 7. bis 15. Januar 1918 ihre Vormacht endgültig zu sichern vermochten. Ihre Resolution (mit 182 gegen 84 überwiegend menschewistische Stimmen angenommen) formulierte, was sich zu leitenden Grundsätzen der sowjetischen Gewerkschaften verfestigen sollte. Unter entschiedener Zurückweisung jeglicher Neutralität wurde den Berufsverbänden als oberste Pflicht aufgetragen, »die Produktion zu organisieren und die zerstörten Produktivkräfte des Landes« zu erneuern. Sie sollten dem VSNCH bei der zentralen Planung helfen, den Übergang von der Kriegs- zur Friedenswirtschaft vorbereiten, Sabotage bekämpfen und vor allem für Einsatz an den Werkbänken sorgen. Hier wurde der Grundstein gelegt für die Perversion unabhängiger Interessenvertretungsorgane in gefügige Instrumente des Staates. Die Gewerkschaften übernahmen die Rolle des vielzitierten »Transmissionsriemens« (Lenin) zwischen Staat und Arbeiterschaft, nicht ohne dabei die Unfreiheit und Bevormundung zu übertragen, die vom entstehenden Einparteiensystem erzeugt wurden.

Kaum der Erwähnung bedarf, daß die Fabrikräte in dieser Konzeption keinen Platz hatten. Dieselbe Konferenz besiegelte auch ihr Schicksal. Wohl wurde Arbeiterkontrolle im Prinzip begrüßt und als Palliativ gegen eine neue Industriebürokratie weiterhin verankert. Aber sie büßte ihre Unabhängigkeit ein. Was als autonome Bewegung revolutionärer Selbsthilfe begonnen hatte, endete als nachgeordnetes Exekutionsorgan einer verstaatlichten Gewerkschaft. Gewiß nahm diese Metamorphose einige Zeit in Anspruch. Auch hier wirkte die Anarchie schützend. Überdies konkurrierte die Nationalisierung noch mit anderen Vorstellungen der künftigen Wirtschaftsorganisation. Erst seit dem Frühjahr wurde sie mit ungebremster Kraft betrieben. Die Fabrikräte vermochten jedoch auch ihre Gnadenfrist nicht zu nutzen. Nicht nur die Wirtschaftskrise hinderte sie daran. Hinzu kamen die ersten Folgen der Entvölkerung der Städte. Die Arbeiter flohen scharenweise aufs Land, um dem Hunger zu entgehen. Bezogen auf den Stand vom Januar 1917, verlor Petrograd bis zum April 1918 60% der Beschäftigten. In der Metallindustrie sank ihre Zahl allein zwischen Januar und April 1918 von knapp 200 000 auf knapp 60 000. Das Proletariat, Bollwerk der Bolschewiki und der Sowjetmacht, verstreute sich über die russischen Dörfer – mit schwerwiegenden Folgen nicht nur für die Fabrikrätebewegung, sondern für das neue Regime insgesamt.[27]

Bei alledem ging das machtpolitische Kalkül der Bolschewiki auf. Nicht nur aus Mangel an einer akzeptablen Alternative bewahrten die engagierten Arbeiter der Sowjetmacht ihre Loyalität. Erfolge trösteten sie über die wachsende Not und politische Unterwerfung hinweg. Kernforderungen der Gewerkschaftsbewegung wurden endlich erfüllt. Schon wenige Tage nach dem Umsturz erhob die Regierung den Achtstundentag und die Achtundvierzigstundenwoche zur Norm. Kinderarbeit wurde verboten, die Diskriminierung der weiblichen Arbeitskräfte formal beseitigt, Kranken- und Arbeitslosenversicherung verbindlich vorgeschrieben und die Handlungsfreiheit des Managements zweifellos drastisch eingeschränkt. Anfang Dezember wurden alle Mietshäuser in Petrograd enteignet und den Bewohnern zur Selbstverwaltung übergeben. Gegen Ende desselben Monats hob ein Dekret – nach der Nationalisierung der Banken – alle Dividenden und Wertpapiereinkünfte auf. So gesehen bedeutete Sowjetmacht vorerst in der Tat Arbeitermacht und Herrschaft der Knechte.[28]

Unentbehrlich für die Sicherung des Militärcoups war schließlich die Unterstützung der Armee. Die Soldaten brauchten nicht gewonnen zu werden wie die Bauern oder Teile der organisierten Arbeiterschaft. Dennoch lag auf der Hand, daß sie einen Lohn für die geleistete und weitere Hilfe erwarteten: *Frieden*. Nicht von ungefähr legte Lenin dem Rätekongreß am Abend des 26. Oktober noch vor dem Bodengesetz eine entsprechende Resolution als erstes Dekret der Sowjetmacht überhaupt zur Abstimmung vor. Die Formel vom Verständigungsfrieden der »gepeinigten und gemarterten« Völker wiederholte dabei nur, was auch die Provisorische Regierung seit Mai im Munde geführt hatte. Unerhört aber war das Ausmaß der angebotenen Vorleistungen. Die Versammlung bekannte sich ohne Einschränkung zum Selbstbestimmungsrecht auch der kleinsten Nation und entließ damit im Prinzip alle nichtrussischen Völker aus dem Reichsverband. Darüber hinaus bekundete sie ihre Bereitschaft, »alle anderen Friedensbedingungen zu erwägen«. Der tosende Applaus mochte die Bolschewiki noch darin bestärkt haben, den radikalen Worten unverzüglich durch Taten Glaubwürdigkeit zu verleihen. Mitte November sondierte man die Gesprächsbereitschaft des Gegners. Die deutsche Führung ergriff die Gelegenheit, um sich dringend benötigte Entlastung für die Westfront zu verschaffen. Der Weg zu formellen Friedensverhandlungen im polnisch-russischen Grenzort Brest-Litovsk wurde frei, als bolschewistische Einheiten am 20. November, ohne auf nennenswerten Widerstand zu stoßen, das Hauptquartier der Armee in Mogilev eroberten. Daß wütende Matrosen den letzten Generalstabschef dabei zu Tode prügelten, brachte die innerste Triebkraft der Revolution gleichsam gebündelt zum Vorschein. Bereits zwei Tage später trug ein erster Waffenstillstand ihren sehnlichsten Wünschen Rechnung. Das erleichterte es der Regierung, auch andere Erwartungen der Soldaten zu erfüllen. Die von Kerenskij wiedereingeführte Todesstrafe wurde zum zweiten Mal aufgehoben und der »Befehl Nr. 1« erneuert: Ein Dekret vom 16. Dezember verkündete die Wahl aller Kommandeure durch die jeweiligen Einheiten und übertrug alle Gewalt den Soldatenkomitees und Räten. Die neuen Regenten bewiesen in dieser sensiblen Materie dieselbe Konsequenz wie in der Agrarfrage. Sie verfügten die vorbehaltlose Demokratisierung der Armee, mit allen Folgen für deren Kampffähigkeit. Aber sie mochten der Meinung sein, daß diese ohnehin nicht mehr zu retten war. Vollends seit der Verkündung des Landdekrets strömten die Soldaten in Legionen nach Hause, um bei der Aufteilung des Bodens nicht zu kurz zu kommen.[29]

Um so eher war die deutsche Seite versucht, ihre Überlegenheit über einen Gegner auszureizen, der offensichtlich am Boden lag. Sie stellte Forderungen an die sowjetische Delegation, die dem Ziel eines Verständigungsfriedens hohn sprachen: nicht nur auf Polen, Finnland und die baltischen Provinzen zu verzichten, sondern auch auf die Ukraine mit ihren unentbehrlichen Getreidefeldern und Rohstoffen. Es war ein wirtschaftlich verkrüppelter, dem Hunger und der Kälte hilflos ausgesetzter Rumpfstaat, den die deutschen Generäle übriglassen wollten. Die sowjetische Delegation, seit Jahresbeginn unter Leitung des Außenkommissars Trotzki selbst, wandte sich mit dem Mut der Verzweiflung an die Weltöffentlichkeit. Sie lehnte es am 28. Januar 1918 ab, durch ihre Unterschrift die »Bedingungen zu sanktionieren, die der deutsch-österreichische Imperialismus mit dem Schwert in die lebenden Körper der beteiligten Völker einzuschreiben bereit« war. Zugleich verfügte sie den völligen Abzug der russischen Truppen von der Front, um einen Zustand herbeizuführen, der »weder Krieg noch Frieden« (Trotzki) war. Die deutsche Militärführung honorierte diese Verweigerung nicht. Sie deutete die spektakuläre Geste als Abbruch der Gespräche und begann eine neue Offensive. Der Sowjetführung blieb nichts anderes übrig, als sich unter Protest der Gewalt zu beugen. Am 3. März wurde der Separatfrieden von Brest-Litovsk formell unterzeichnet.[30]

Nicht nur territorial und wirtschaftlich, auch innenpolitisch erkaufte das Revolutionsregime die Handlungsfreiheit teuer. Zwar gaben sowohl der siebte Parteitag vom 6. bis 8. als auch der vierte Sowjetkongreß vom 14. bis 16. März in außerordentlichen Sitzungen ihr Plazet. Aber der Widerstand gegen einen solchen Diktatfrieden war heftig. Lenin hatte selbst in den eigenen Reihen Mühe, eine Mehrheit zu finden. In der entscheidenden Sitzung des Zentralkomitees enthielten sich Trotzki und seine Anhänger der Stimme. Vier Mitglieder, angeführt von Bucharin, votierten gegen die Annahme des deutschen Ultimatums. Sie bildeten den Kern einer Fraktion, die bald als sogenannte Linke Opposition gegen den gesamten Kurs eines nach ihrer Meinung prinzipienlosen Pragmatismus Front machte. Größeren und dauerhaften Schaden nahm das Regime jedoch durch den Protest der Linken Sozialrevolutionäre. Auch sie werteten die Annahme des Friedens als »Verrat« an der Revolution und hielten der Bedrohung Petrograds durch das deutsche Heer einen trotzig-irrealen Glauben an die Hilfe des internationalen Proletariats entgegen. Als der SNK anders entschied, kündigten sie die Koalition auf. Selbst das eingeschränkte und notgeborene Experiment eines Sowjetpluralismus war gescheitert.[31]

Im Rückblick liegt allerdings die Vermutung nahe, daß die Koalition auch deshalb so leicht zerbrach, weil sie ihren tieferen Zweck erfüllt hatte: die Bedrohung durch die *Konstituierende Versammlung* abzuwehren. Alle Parteien richteten ihren Blick nach dem Oktoberumsturz auf dieses Ereignis. Nicht nur das Sowjetregime stand auf dem Spiel, sondern auch der innere Friede: Im Falle eines Scheiterns der parlamentarischen Lösung war der Bürgerkrieg kaum mehr zu vermeiden. Die Bolschewiki befanden sich dabei in einem selbstverschuldeten Dilemma. Unzählige Male hatten sie der Provisorischen Regierung vorgeworfen, den Zusammentritt der Konstituierenden Versammlung zu verzögern, um die soziale Revolution zu sabotieren. Nun standen sie im Wort. Zu den wenigen konkreten Absichtserklärungen, die bereits in der historischen Proklamation vom frühen Morgen des 26. Oktober enthalten waren, gehörte nicht zufällig das Versprechen, die Wahlen umgehend anzuberaumen. Im Grunde lag aber auf der Hand, daß Unvereinbares miteinander verbunden wurde – »Alle Macht den Räten« konnte nicht zugleich heißen: »Alle Macht der Konstituierenden Versammlung«. Die bolschewistischen Führer wußten und ihre Gegner befürchteten, daß die Machtergreifung vom Oktober politisch auch schon das Schicksal des Herzstücks der Februarrevolution besiegelt hatte.

Gemäß der Sowjetresolution beeilte sich der SNK, die Wahl auf einen frühen Termin, den 12. bis 14. November, festzusetzen. Die gespannte Lage im Lande und die harte Gangart der neuen Revolution ließen den Wahlkampf nicht unberührt. Vor allem die Kadetten, deren konfiszierte Zeitungen in der Oktobernacht gebrannt hatten, mußten sich gegen überschäumenden revolutionären Eifer behaupten. Dennoch konnten sie besonders in den kommerziell geprägten Städten der russischen Provinz wie Samara und Novgorod ein beträchtliches Publikum um sich sammeln. Alles spricht dafür, daß die Wahl im ganzen regulär durchgeführt wurde. Sie war nicht nur die letzte, sondern auch die einzige im strengen Sinne demokratische Wahl mit gleichgewichteten Stimmen, die es in Rußland je gegeben hat. Auch die Kadetten haben dies »trotz pessimistischer Voraussagen« nicht anders gesehen.[32]

Die Wahl bescherte den Sozialrevolutionären einen triumphalen Erfolg. Von knapp 41,7 Millionen Stimmen vereinigten sie mit 22 Millionen mehr als die Hälfte auf sich. Die Bolschewiki erreichten ein knappes Viertel (9,84 Millionen), die Kadetten keine 5% (1,97 Millionen), die Menschewiki gut 3% (1,36 Millionen) und die übrigen Parteien noch weniger. Die Mandatsverteilung war dementsprechend eindeutig: Von 703 Sitzen entfielen 380 auf die PSR, 168 auf die Bolschewiki, 39 auf PLSR, 17 auf die Kadetten. Freilich sind die Zahlen mit Vorsicht zu deuten. Zum Block der sozialrevolutionären Abgeordneten gehörten 81 ukrainische, die nicht nur in der nationalen Frage entschieden andere Anschauungen vertraten als die Mutterpartei. Dies in Rechnung gestellt, verfügte die PSR zwar nach wie vor über die größte Fraktion, aber nicht mehr über die absolute Mehrheit. Auch eine Erneuerung der Februarkoalition hätte das Dilemma nicht behoben. Rein arithmetisch ließ das Wahlergebnis stabile Verhältnisse nur in Gestalt einer Verbindung zwischen der PSR und einer der ethnisch orientierten Parteien zu – fraglos ein Beleg für die Brisanz der nationalen Frage und ein Indiz für erhebliche Schwierigkeiten, vor denen der Parlamentarismus in Rußland gestanden hätte. Zu warnen ist auch davor, die hohe Stimmenzahl der Sozialrevolutionäre als Votum für die politische Mäßigung der Wähler zu deuten. Listenwahl, zentrale Kandidatenauslese und die noch mühsam bewahrte organisatorische Einheit der Partei brachten es mit sich, daß viele Stimmen den »rechten« Sozialrevolutionären zugute kamen, die eigentlich für die linken abgegeben wurden. Beachtung verdienen schließlich auch die völlig anderen Ergebnisse in den beiden Metropolen. In Moskau und Petrograd erlitt die PSR eine ebenso empfindliche Niederlage wie in den vorangegangenen Kommunalwahlen (8,2% bzw. 16,2%). Gewinner waren die Bolschewiki (47,9% bzw. 45%) und die Kadetten (34,5% bzw. 26,2%). Deutlich spiegelte sich darin die offene Konfrontation seit Oktober. Für die urbanen Wähler, die dem politischen Geschehen näher standen, gab es nur noch pro oder contra.[33]

Wie immer man rechnete, die Feindseligkeit der Konstituierenden Versammlung gegenüber dem Oktoberregime konnte als sicher gelten. Bereits im Vorfeld machte die »Diktatur des Proletariats und der armen Bauernschaft« deutlich, wie sie darauf zu reagieren gedachte. Mitte November begannen die ersten Verhaftungen kadettischer Politiker, zunächst der zweiten Garnitur. Wenig später, am 28. November, stempelte sie ein Gesetz pauschal zu »Volksfeinden«. Was diese Ächtung zu bedeuten hatte, erfuhr das Zentralkomitee umgehend: Fünf seiner Mitglieder, darunter zwei ehemalige Minister, wurden von Roten Garden verhaftet. Auf den Straßen herrschte ohnehin eine besondere Art von Vogelfreiheit. Marodierende Soldaten und Matrosen dokumentierten hier mit Plünderungen und Überfällen ungehindert ihr eigenes Verständnis von Klassenkampf – zum besonderen Leidwesen der arrivierten liberalen Klientel.

Die Sozialrevolutionäre konnten sich dagegen noch weitgehend frei bewegen. Aber auch sie gaben sich keiner Täuschung über den Frieden hin. Der rechte Flügel entdeckte sogar die alte kämpferische Tradition neu und plädierte für die Wiederbelebung des Terrors. Die Mehrheit des Zentralkomitees wollte so weit nicht gehen; sie hielt es für »absurd und sogar kriminell«, gegen die Bolschewiki und ihre einstigen Parteigenossen dieselben Mittel einzusetzen wie gegen die Autokratie. Aber sie willigte immerhin in die Vorbereitung der »bewaffneten Verteidigung« der Konstituierenden Versammlung ein. Was darunter im einzelnen zu verstehen war, blieb bis zum Tage des Zusammentritts offen. Bei den Menschewiki stärkten die Oktoberereignisse den linken Flügel. Auf einem Sonderparteitag Ende November ließ es sich Martov nicht entgehen, den ehemaligen Ministern unter seinen Genossen die Mitschuld am Gewaltstreich der Bolschewiki zu geben. In den Losungen des Tages rückten die Fraktionen jedoch wieder enger zusammen: Die Konstituierende Versammlung und eine demokratisch legitimierte sozialistische Allparteienregierung blieben oberstes Ziel. Verhandlungen mit den Putschisten wurden abgelehnt. Für die schwierige Frage der weiteren Mitarbeit in den Räten fand man eine Kompromißlösung. Nur in den Plenarversammlungen, nicht in den Exekutivkomitees sollte sie erlaubt sein. Dahinter verbarg sich die Erwartung, wieder stärkeren Einfluß auf die Arbeiterschaft gewinnen zu können. Gläubige und idealistische Marxisten, die sie waren, gaben die Menschewiki die Hoffnung nicht auf, das Proletariat werde doch noch aus seiner Verblendung erwachen und die bedrohte Freiheit verteidigen. Trotz markiger Beschlüsse taten die Sozialrevolutionäre, die Bauern dabei einbeziehend, letztlich nicht mehr. Massenstreik und Volksaufstand sollten der Konstituierenden Versammlung jenen Schutz geben, der sie unangreifbar machen würde.

Die Delegierten traten schließlich am 5. Januar 1918 zusammen. Schon die Eröffnung verursachte Streit zwischen Bolschewiki und Sozialrevolutionären. Lenins Beauftragter für die Konstituierende Versammlung Ja.M. Sverdlov, hauptamtlich Leiter des Parteiapparates, ergriff eigenmächtig das Wort. Was er verkündete: daß Rußland unabänderlich eine Räterepublik sei, kam faktisch einer Auflösungsorder gleich. Die folgenden Reden und Debatten verrieten neben der Courage, die Drohung zu ignorieren, auch Einsicht. Sozialrevolutionäre und Menschewiki plädierten nunmehr für einen baldigen Waffenstillstand, wenn auch gegen einen Separatfrieden. Sie befürworteten die entschädigungslose Übergabe allen Landes an die Bauern, auch wenn sie die Festlegung der genauen Modalitäten abermals an Kommissionen verwiesen. Indes hatte der Oktober solche Zusagen überholt. Außerhalb der Konstituierenden Versammlung hörte sie niemand mehr. Die Entscheidung fiel, als die Linken Sozialrevolutionäre während der Sitzung ihre letzten Skrupel aufgaben und sich ebenfalls definitiv von der parlamentarischen Lösung abwandten. Der SNK verständigte sich darauf, den Kongreß nicht auseinanderzujagen, sondern ihn auszusperren. Als der frisch gewählte Versammlungspräsident Černov den ersten Verhandlungstag beendete, schloß er das einzige demokratische Parlament der russischen Geschichte für immer. Denn das erhoffte Wunder blieb aus. Das Volk erhob sich nicht zu seiner Rettung. Die wenigen Tausend, die bei Sitzungsbeginn zum Taurischen Palais zogen, konnten den neuen Regenten keine Furcht einflößen. Lediglich die wachhabenden Matrosen reagierten nervös und schossen, nicht ohne Opfer, in die Menge. Wie es scheint, sprachen die Aufrufe überdies nicht die Schichten an, die sich Sozialrevolutionäre und Menschewiki wünschten. Es waren ganz überwiegend Bürger und »Intelligenzler«, die für die Konstituante auf die Straße gingen. Von einer verschwindenden Minderheit abgesehen, rührten sich die Arbeiter ebensowenig wie die Bauern in der Provinz. Entscheidend aber war erneut, daß die Parteien des Februar keine bewaffneten Kräfte zu mobilisieren vermochten. Auch die drei Regimenter, ohnehin zu wenig, mit denen die PSR gerechnet hatte, blieben in den Kasernen. Das Fazit konnte bitterer nicht sein: Die Konstituierende Versammlung fand keine Verteidiger.[34]

Der Weg war nun frei für die formelle Proklamation und endgültige Ausgestaltung der *Räteverfassung*. Die Regierung nutzte den dritten Allrussischen Kongreß der Arbeiter- und Soldatendeputierten, sicher auch zu diesem Zweck bereits auf den 10. bis 18. Januar anberaumt, um der Auflösungsorder den plebiszitären Segen zu verschaffen und die Vorbehalte aufheben zu lassen, unter denen die Ordnung des Oktober bis dahin stand. Die Versammlung beschloß, dem neuen Staat die Form einer föderativen Räterepublik zu geben. Zum obersten Organ erklärte sie das Plenum der Arbeiter-, Soldaten-, Bauern- und Kosakenvertreter, dessen Vollmachten zwischen den Sitzungen an das Zentrale Exekutivkomitee übergingen. Der SNK wurde, auch in seiner Verantwortlichkeit gegenüber letzterem, bestätigt. Alle regionalen Angelegenheiten übertrug man den örtlichen Sowjets, allerdings unter Wahrung der Aufsicht und Steuerung durch die Zentralgewalt. Der Kongreß verband diese Beschlüsse mit einer pathetischen, nicht zuletzt an die Völker der Welt gerichteten Geste. In bewußter Analogie zur Menschenrechtserklärung der Französischen Revolution verkündete er »die Rechte des arbeitenden und ausgebeuteten Volkes«. Er machte sich darin zur »Hauptaufgabe ..., jede Ausbeutung des Menschen durch den Menschen zu beseitigen, jede Teilung der Gesellschaft in Klassen abzuschaffen, allen Widerstand der Ausbeuter schonungslos zu unterdrücken, die sozialistische Organisation der Gesellschaft und den Sieg des Sozialismus in allen Ländern durchzusetzen«. Was die Konstituierende Versammlung, der die Erklärung zuerst vorlag, abgelehnt hatte, wurde nun geltendes Recht. Der Akt war symbolisch: Der Sowjetkongreß okkupierte ihren Platz und legte die Grundstrukturen des ersten sozialistischen Staates der Erde unwiderruflich fest.[35]

Die Umwandlung der Revolutions- in Staatsorgane fand mit der *Verfassung der Russischen Sozialistischen Föderativen Sowjetrepublik* (RSFSR) ihren Abschluß. Im wesentlichen beschränkte sie sich darauf, die bestehenden Verhältnisse zu kodifizieren. Extreme dezentralistische Vorstellungen des linkssozialrevolutionären Justizkommissars konnten sich nicht durchsetzen. Als Grundprinzipien der staatlichen Organisation wurden die pyramidenförmige Hierarchie der Räte mit der Wahl der jeweils übergeordneten durch die untergeordneten (mithin keiner direkten auf den oberen Ebenen) ebenso verankert wie die Zusammenführung von Exekutive und Legislative, die schon Marx in seiner Schrift über die Pariser Kommune zum Muster des proletarischen Staatsaufbaus erklärt hatte. Nur auf höchster Ebene setzte der SNK die »bürgerliche« Trennung beider fort. Festgeschrieben wurde auch die Parteilichkeit des neuen Staates für das arbeitende und ausgebeutete Volk. Nicht nur fand die Deklaration des dritten Sowjetkongresses Aufnahme in die Verfassung. Darüber hinaus ließen die Wahlrechtsbestimmungen keinen Zweifel daran, auf wessen Seite die Staatsgewalt stand. Wählen durften – bei bleibender starker Bevorzugung der städtischen Unterschichten – nur diejenigen, »die ihren Lebensunterhalt aus produktiver und gesellschaftlich nützlicher Arbeit« bestritten. Wer Lohnarbeiter beschäftigte oder von Renten und Wertpapieren lebte, war ausgeschlossen; Kaufleute und Priester entmündigte man per definitionem. Die »Diktatur des Proletariats und der armen Bauernschaft«, die Lenin ausgerufen hatte, entzog den »schmarotzenden Gesellschaftsschichten« ohne Federlesen das grundlegende Bürgerrecht. Das Prinzip der Gleichheit vor dem Gesetz, die große Errungenschaft des 18. Jahrhunderts, wurde (bald auch im Bereich des Zivil- und Strafrechts) suspendiert. Daß diese Maßnahmen nur vorübergehend, bis zur endgültigen Unterwerfung der Bourgeoisie, gelten sollten, rettete die Demokratie nicht mehr. Als Stalins Verfassung von 1936 das allgemeine Wahlrecht wiederherstellte, war jede gesetzliche Bestimmung Makulatur.[36]

Schon die Grundlegung einer neuartigen Staats- und Verfassungsstruktur zeigte an, daß sich die Politik des Oktoberregimes nicht im bloßen Machterhalt erschöpfte. Ihr Elan verriet echten revolutionären Gestaltungswillen und die Ungeduld derjenigen, die endlich Gelegenheit erhielten, ihre tausendfach repetierten Theorien zu verwirklichen. Fast alle Bereiche von Wirtschaft, Gesellschaft und Kultur sahen in den ersten Monaten der Sowjetmacht einen Sturm auf Tradition und Herkommen. Die Ränge und Standesbezeichnungen wurden abgeschafft und durch das nivellierende »Bürger« ersetzt. Staat und Kirche wurden getrennt, Religion und Glauben zur Privatsache erklärt. Die Kirche sank zur privatrechtlichen Institution herab, die sogar ihre Eigentumsrechte einbüßte. An die Stelle der sakramentalen Ehe trat Ende Dezember 1917 als einzig rechtsverbindliche Form die zivile. Scheidungen wurden erleichtert und ausgesprochen, wenn beide Partner es wünschten. Die Emanzipation der Frau wurde dekretiert und durch eine Reihe von Maßnahmen im Sozial- und Wirtschaftsleben unterstützt. Das gesamte System der Rechtsprechung mit seinen modernen Einrichtungen der Advokatur, des Untersuchungsrichters und der Staatsanwaltschaft wurde aufgehoben und bis zur Neugründung der proletarischen Justiz durch ein Provisorium ersetzt. Schulen und Universitäten wurden den Unterschichten weit geöffnet und mit Kunst und Wissenschaft in den Dienst der Ausbildung des »neuen Menschen« gestellt.

Die Liste ließe sich mit Blick auf die kommenden Jahre erweitern. Sie wirft ein Schlaglicht auf die breit gefächerten kulturell-sozialen Nebenströmungen der revolutionären Bewegung, denen der Februarumsturz zaghaft, die Oktoberwende a fortiori und mit sozialistischen Zielen zu praktischer Erprobung verhalf. Zugleich macht sie die eigentümliche Konvergenz zeitversetzter Emanzipationsprozesse auch in diesem Bereich der nachholenden russischen Entwicklung deutlich: Errungenschaften und Leitideen der Säkularisierung des 18. Jahrhunderts, des Liberalismus des 19. und des zeitgenössischen Sozialismus – all dies kam zusammen und trug an vorderster Stelle zur Radikalität des Umbruches bei.[37]

3. Bürgerkrieg und Kriegskommunismus

Auch wenn keine Entwicklung ohne Alternative ist: Form und Absicht der bolschewistischen Machtergreifung zielten auf militanten Klassenkonflikt und schlossen die hohe Wahrscheinlichkeit eines Bürgerkrieges ein. Ein nüchterner Blick lehrte, daß für die Kräfte des Februar kein Platz mehr in der Zukunft des Landes vorgesehen war. Wer noch zweifelte, fand in der Auflösung der Konstituierenden Versammlung letzte Gewißheit. Die Betroffenen reagierten unterschiedlich. Nur vorübergehend führte die gemeinsame Empörung derer, die über Nacht zu »Leuten von gestern« degradiert worden waren, zu größerer Geschlossenheit des Denkens und Handelns.

Den tiefsten Schock erlebten im Januar die *Kadetten*. Die Verhaftungen des Vormonats hatten sie zwar gewarnt. Dennoch überraschte sie die kaltschnäuzige Gewalt der neuen Machthaber ebenso wie das Ausmaß der eigenen Wehrlosigkeit. Der Konstituante kam in ihrem Ideal der interesselosen »Staatlichkeit« ein besonderer Stellenwert zu. Als Partei ohne annähernd feste soziale Basis konnte sie sich nicht einmal mit der Hoffnung trösten, auf anderem Wege wieder Stärke zu finden. Ein übriges tat eine zufällige, aber symbolische Koinzidenz: Zwei Tage nach der Aussperrung der Volksvertreter wurden zwei der verschleppten Parteiführer in einem Akt der Lynchjustiz von Rotgardisten ermordet. Es war verständlich, daß beide Ereignisse dem konservativen Parteiflügel weiteren Auftrieb gaben. Grundsätzlich standen die Kadetten vor der alten Wahl, mit den gemäßigten Sozialisten zusammenzugehen oder auf gegenrevolutionäre Kräfte zu setzen. Liberale wie der prominente jüdische Rechtsanwalt M.M. Vinaver oder

N.I. Astrov, führender Repräsentant des Städtebundes und der Moskauer Kommunalpolitik, traten auch unter den veränderten Bedingungen für das erprobte, wenngleich glücklose Bündnis ein. Die Mehrheit des verbliebenen Zentralkomitees um den Moskauer Professor P.I. Novgorodcev wollte jedoch mit jenen nichts mehr zu tun haben, die sie als Hehler der bolschewistischen Machtergreifung und obendrein als schwache Partner betrachtete. Sie votierte offen für klare Verhältnisse – für eine Notstandsdiktatur der Militärs. Miljukov wartete die Entscheidung gar nicht erst ab. Er verhandelte bereits mit den Donkosaken, die sich als Basis des Widerstands am ehesten zu eignen schienen. Zur selben Zeit sondierte die unterlegene Fraktion mit den einstigen Partnern aus der PSR die Chancen einer gemeinsamen antibolschewistischen Fronde. Ihre Gespräche erhielten eine tragfähige Grundlage, als sich im April die Intervention der Alliierten ankündigte. Hoffnung keimte auf, Rußland im Verein mit den ehemaligen Bündnispartnern von der Sowjetherrschaft befreien zu können. Zugleich wurde eine Formel gefunden, die eine Verständigung, wenn auch keinen förmlichen Pakt mit den rechten Sozialrevolutionären ermöglichte. Bald darauf mußten die bekannten Kadetten die Hauptstädte und Zentralrußland endgültig verlassen. Im Frühsommer 1918 begann der Exodus nach Süden und Südosten, nolens volens in den Schutz nicht eben demokratiefreundlicher Generäle. Es blieb abzuwarten, ob diese neuerliche Koalition der Not dem erklärten Ziel eines freien Rußland dienen konnte.[38]

Die *Sozialrevolutionäre* waren in vieler Hinsicht die großen Verlierer des Jahres 1917. Sie hatten es nicht vermocht, ihre überwältigende Popularität in aktuelle politische Stärke umzumünzen. Ihr größter Triumph, die Mehrheit in der Konstituierenden Versammlung, verwandelte sich in ihre schlimmste Niederlage – offensichtlich lag sie Anfang 1918 am Boden. Dennoch blieb die PSR der natürliche Träger des demokratischen Widerstandes. Die Kadetten suchten bei potentiellen Militärdiktatoren Zuflucht, und die übrigen Parteien waren zu schwach. Auch die Sozialrevolutionäre waren jedoch unsicher, wohin sie sich wenden sollten. In der Kiever Rada besaßen sie wohl Freunde. Aber der ukrainische Föderalismus wurde unter deutschem Protektorat endgültig zum Separatismus, den sie nicht billigen konnten. Es blieb der Südosten des alten Reiches, die Landwirtschaftszone am Unterlauf der Wolga. Im Ursprungsland ihrer Bewegung, in den Gouvernements Saratov und

Samara (heute Kujbyšev), wo sie immer noch über die größte Popularität verfügten, wollten sie die Konstituierende Versammlung neu formieren und ihre Rückkehr nach Petrograd vorbereiten. Sie vertrauten dabei auf den wachsenden Widerstand der Bevölkerung, der unter den relativ wohlhabenden Bauern dieser Region einen günstigen Nährboden zu finden versprach. Auf keinen Fall wollten sie sich mit den Kosaken oder anderen militärischen Verbänden einlassen, deren Hilfe schon Kerenskij nichts genützt hatte. Die Sozialrevolutionäre klammerten sich an die Hoffnung, zwischen roter und weißer Diktatur eine »dritte Kraft« bilden und ihr zum Siege verhelfen zu können.[39]

Auch die *Menschewiki* sahen am 5. Januar ihre schlimmsten Befürchtungen bestätigt. Aber sie schlossen daraus nicht, daß gegen Gewalt nur Gewalt helfe. Vielmehr hielten sie an der taktischen Linie fest, über die Sowjets auf das Regime einzuwirken. Dabei konnten sie sich durch deutliche Anzeichen einer Ernüchterung über die wirtschaftlichen und politischen Resultate des Oktober ermuntert fühlen. Vor allem die Kampagnen im Vorfeld der Neuwahlen zum Petrograder Arbeiter- und Soldatenrat im Mai 1918 zeigten an, daß die Menschewiki eine eindrucksvolle Renaissance erlebten. Freilich gab ihnen solche Resonanz selbst dort, wo sie eine formelle Mehrheit errungen hatten, keine wirkliche Macht. In die Verfassung war von Anfang an eine ausgeprägte Abhängigkeit der unteren Räte eingebaut. Überdies machte der bald ausbrechende Bürgerkrieg alle Hoffnungen auf größeren Handlungsspielraum und Einfluß zunichte. Gemeinsam mit den Sozialrevolutionären wurden auch die Menschewiki aus dem zentralen und den meisten regionalen Sowjets ausgeschlossen. Auch sie mußten sich vor den Häschern des Regimes in Sicherheit bringen. In Jaroslavl' gehörten sie sogar zu den entscheidenden Stützen eines Aufstandes, den der Altterrorist Savinkov im Namen des *Bundes zur Verteidigung der Heimat und Freiheit* im Juli inszenierte. Solche Militanz blieb aber eine Ausnahme. Bezeichnend war die Rüge, die das Zentralkomitee den Genossen in Jaroslavl' erteilte. Auch während des Bürgerkrieges hielt sich die menschewistische Führung von Aufständen, Verschwörungen und den meisten Gegenregierungen fern. Sie gab ihre längst irrational gewordene Anhänglichkeit gegenüber den Arbeiterräten, *ihrer* Schöpfung vom Oktober 1905 und Februar 1917, nicht auf. Bis zuletzt hielt sie an der grundsätzlichen Richtigkeit und Korrigierbarkeit der Sowjetordnung fest. Unter dem Eindruck der Entwicklung akzeptierte sie im Sommer 1919 sogar förmlich die Räteverfassung. Als Hauptforderung erhob sie nicht mehr den Ruf nach der Wiedereinberufung der Konstituierenden Versammlung, sondern nach uneingeschränkter Verwirklichung der geltenden Gesetze. Erst am Vorabend der erzwungenen Emigration, im Frühjahr 1921, begriff sie, daß sie Wunschträumen nachgehangen hatte: Die Rätedemokratie wurde weder von der Masse oder den Sowjetorganen erzwungen, noch gar von den Bolschewiki hergestellt. Nicht nur ihre numerische Schwäche, auch ihre Passivität verurteilte die Menschewiki im Bürgerkrieg zu noch größerer Bedeutungslosigkeit als die Sozialrevolutionäre und Kadetten.[40]

Der Konflikt zwischen dem Sowjetregime und seinen Feinden weitete sich seit Dezember 1917, vollends im Frühjahr 1918 zur offenen, militärischen Schlacht aus. Dabei verbanden sich verschiedene Fronten miteinander, die bis zum Ende bei wechselnden Konstellationen nicht zu trennen waren: der innere Krieg gegen die bolschewistische Räteherrschaft; der äußere Krieg in Gestalt des weiteren Vormarsches der deutschen Truppen trotz des Friedens von Brest-Litovsk sowie der Intervention der Alliierten seit Juni; und der Unabhängigkeitskampf der größeren nationalen Minderheiten, die den Bruderzwist der Großrussen für ihre Zwecke zu nutzen suchten. Die Auseinandersetzung, die in Moskau und Petrograd entschieden worden war, verlagerte sich an die Peripherie des Landes. Der Revolutionskrieg wurde zum Kampf um die Staatsgrenzen und den Fortbestand des großrussischen Imperiums. Zugleich verliehen ihm die ausländische Einmischung ebenso wie der ideologische Anspruch des Sowjetregimes eine internationale, weltpolitische Dimension.

Im blutigen Drama, dem ersten Krieg im Herzen Rußlands seit Napoleons fatalem Feldzug von 1812, lassen sich grob drei Abschnitte und Schauplätze unterscheiden. Eine *erste Etappe* dauerte bis etwa November 1918. Sie fand im wesentlichen im Dongebiet und an der mittleren Wolga statt. Hauptakteure waren zum einen die deutschen Truppen und die Kosaken, zum anderen die verjagten führenden Mitglieder der Konstituante und die Tschechoslowakische Legion. Der Krieg begann in der Ukraine. Hier überdauerte die unnatürliche Allianz zwischen gemäßigt sozialistischer Rada und Bolschewiki die Oktoberwende nicht lange. Zum wachsenden Unwillen der neuen Herren in Petrograd duldete die ukrainische Regionalregierung die Sammlung gegenrevolutionärer Kräfte an ihrer Südostgrenze. Darüber hinaus begann sie mit der angekündigten Zusammenstellung separater Kompanien an der Front – ein Vorhaben, das die Bolschewiki in bezeichnendem Kontrast zu ihrer vorherigen Propaganda nun ebenso strikt ablehnten wie die Provisorische Regierung. Lenin selbst suchte die Entscheidung mit Waffengewalt, als er Anfang Dezember seinen fähigsten Strategen Antonov-Ovseenko in die Ukraine schickte. Einmal auf dem Wege, sollten die Truppen auch den Widerstand am Don im Keime ersticken. Beides gelang trotz äußerst begrenzter Kräfte. Am 26. Januar 1918 hielt die Sowjetmacht zum ersten Mal Einzug in Kiev. Einen Monat später nahmen bolschewistische Milizen, nunmehr Teil der frisch aus der Taufe gehobenen Roten Armee (durch ein Dekret vom 19.1.), die Hafenstadt Rostov am Don, das Zentrum des Kosakenterritoriums.

Freilich, die Eroberungen waren kurzlebig. Am selben Tage, an dem die Rada fiel, schlossen ihre Abgesandten ein Separatabkommen mit den Mittelmächten. Für Schutz und Truppen stellten sie Getreide in Aussicht, das vor allem in Deutschland dringend gebraucht wurde. In den ersten Märztagen (n.St.) wechselte Kiev einmal mehr die Besatzer. Die neu installierte Rada ließ sich für deutschen Geschmack allerdings zu viel Zeit mit der Zahlung des Preises. Ende April verloren die eigentlichen Machthaber die Geduld und installierten eine gehorsame Marionettenregierung unter dem Hetman P.P. Skoropadskyj. Diese sorgte zwar mit entsprechenden Zwangsmitteln für schnellere Getreidelieferungen, brachte aber die Bauern gegen sich auf und bereitete einen günstigen Nährboden sowohl für die bolschewistische Agitation als auch für die anarchistisch-nationalistische Bewegung des Nestor Machno. Die Ukraine versank im halben Jahr des Skoropadskyj-Regimes in Partisanenkrieg und inneren Wirren. Auch der bolschewistische Sieg am Don hatte keinen Bestand. Die deutschen Generäle fühlten sich durch kein Abkommen, erst recht durch keine Militärmacht am weiteren Vormarsch im Süden, entlang der Schwarzmeerküste in Richtung Kaukasus, gehindert. Anfang Mai fiel Rostov. Die weiße Freiwilligen- und Kosakenarmee konnte aus dem kaukasischen Vorland (Kubangebiet), wohin sie ausgewichen war, zurückkehren. Nicht ohne drakonische Vergeltung zu üben, ordnete sie ihre Reihen für das Hauptziel, den Vorstoß nach Norden.[41]

Die eigentliche Bedrohung für das Sowjetregime ging im Jahre 1918 jedoch von der *Tschechoslowakischen Legion* und der von ihr gestützten Gegenregierung in Samara aus. Daß den Tschechen, wenn auch nur vorübergehend, eine solche Bedeutung im russischen Bürgerkrieg zukam, gehört zu den Zufällen der Geschichte. Zu einem eigenen militärischen Verband hatten die Führer der tschechischen Nationalbewegung Landsleute, die unter zarischer Herrschaft lebten, bereits 1914 zusammengefaßt. Nach der Februarrevolution erlaubte man ihnen, die Legion durch Kriegsgefangene zu verstärken. Als Rußland aus dem Krieg ausschied, verfielen sie auf die Idee, die ansehnliche Streitmacht von etwa 30000 Mann auf französischer Seite an den letzten Kämpfen teilnehmen zu lassen. Da der direkte Weg nach Westen versperrt war, sollte sie die lange Reise über Vladivostok rund um den Globus antreten. Die Sowjetregierung stimmte diesem Plan zu. Sie stand in der Schuld der Tschechen, die der Roten Armee in der Ukraine gegen die deutschen Invasoren wertvolle Hilfe geleistet hatten. Bald häuften sich jedoch die Zwischenfälle, hervorgerufen durch Transportprobleme ebenso wie durch Abwerbung zur Roten Armee. Mitte Mai gab ein Handgemenge auf einer entlegenen Bahnstation im Ural dem Verteidigungskommissar Trotzki Anlaß, die Entwaffnung der Legion zu befehlen. Die Tschechen antworteten mit gleicher Entschiedenheit und besetzten kurzerhand die Städte, in denen sie sich gerade befanden. Bemerkenswert war die Leichtigkeit, mit der das geschah. Etwa 20000 Mann genügten, um in wenigen Wochen die mittlere Wolgaregion um Penza, den südlichen Ural (Ufa), Westsibirien mit den Zentren Tomsk und Omsk und die gesamte transsibirische Bahntrasse bis nach Vladivostok mit der einzigen Ausnahme von Irkutsk in ihre Hand zu bringen.

Die Sozialrevolutionäre an der Wolga hatten auf solche Hilfe gewartet. Sie luden die Tschechen ein, Samara nicht auszusparen. Am Tage des Einmarsches (8. Juni) trat hier das *Komitee der Mitglieder der Konstituierenden Versammlung (Komuč)* an die Öffentlichkeit, das die bolschewistische Regierung für abgesetzt erklärte und sich selber provisorisch die rechtmäßige Macht zuerkannte. Die anschließende Eroberung von Simbirsk, Lenins Geburtsstadt (heute Ul'janovsk), und Kazan' verschaffte ihm ein Herrschaftsgebiet, das die Rede von einem Gegenstaat rechtfertigte. Überdies konnte das Komitee seinen Anspruch auch politisch abstützen. Bis August fanden immerhin 101 gewählte Deputierte der Konstituante den Weg nach Samara. Angesichts dessen mochte das erdrückende Übergewicht der Sozialrevolutionäre in dieser Versammlung und der von ihr ernannten Regierung als unvermeidbarer Tribut an die Ungunst der Gesamtlage gelten.

Die Kadetten mißtrauten dennoch dem ganzen Unternehmen. Sie waren weniger denn je geneigt, mit den beargwöhnten Sozialisten eine neuerliche Kooperation zu wagen. Statt dessen setzten sie auf den Satrapen Skoropadskyj, in dessen Kabinett ukrainische Liberale mitwirkten, sowie vor allem auf die Kosakengeneräle am Don, denen Miljukov, Struve und andere prominente Parteimitglieder beratend zur Seite standen. Auch das menschewistische Zentralkomitee in Moskau bewahrte Distanz zum Komuč. Es erklärte sich lediglich bereit, die Lage vor Ort durch einen Emissär inspizieren zu lassen. Als dieser in Samara den Posten eines Arbeitsministers annahm, machte es seine Mißbilliung durch den Ausschluß aus seinen Reihen deutlich. Hinzu kam kleinlicher Zank mit anderen Gegenregierungen, die sich unter tschechischem Schutz in Omsk und Tomsk gebildet hatten. Hier gaben Generäle und regionale politische Gruppierungen den Ton an, eher den Kadetten verbunden, in jedem Falle überwiegend konservativ orientiert. Unabhängig von der Dauerhaftigkeit des tschechoslowakischen Engagements stand das Komuč auf brüchigem Sockel: Früh wurde sichtbar, daß es den Gegnern des Sowjetregimes nach wie vor an Einigkeit fehlte.

Nicht genug damit, fiel es der Samara-Regierung schwer, die aktive Unterstützung der Bevölkerung zu gewinnen. Wohl sprang sie über ihren Schatten und bestätigte die unwiderrufliche Überführung allen Landes in Gemeineigentum, obwohl sie ihre übrigen Dekrete unter den Vorbehalt der Zustimmung durch die zu erneuernde Konstituierende Versammlung stellte. Aber sie fand damit wenig Gehör, weil aus der abermaligen Bestätigung dessen, was längst geschehen war, kein zweites Mal politisches Kapital zu schlagen war. Noch schwerer tat sie sich in den Städten. Hier war sie nicht bereit, die populärste Maßnahme der Bolschewiki anzuerkennen. Statt den Fabrikräten freie Hand zu geben, hob sie die Nationalisierungsdekrete auf und stellte die alten Eigentumsverhältnisse wieder her – um die Wirtschaft zu neuem Leben zu erwecken, aber auch (schon aus finanziellen Gründen) um die Hilfe der Unternehmer und Kaufleute zu sichern. Kommunalwahlen im August präsentierten ihnen die Quittung: Sie stärkten die Bolschewiki.

Da auch die Tschechoslowakische Legion nach dreimonatigen Kämpfen den Wunsch erkennen ließ, sich aus den innerrussischen Angelegenheiten zurückzuziehen, schien eine Einigung der Opposition dringend geboten. Es bedurfte freilich des Nachdrucks der Alliierten, um vom 8. bis 23. September eine Allrussische Staatskonferenz aus etwa 170 Vertretern der verschiedensten Parteien und Organisationen in Ufa zusammenzubringen. Im Mittelpunkt der Debatte stand der Streit über die Form der höchsten Autorität des prospektiven Gegenstaates. Anhänger der Konstituierenden Versammlung und Befürworter einer Militärdiktatur einigten sich schließlich auf die Bildung eines *Direktoriums*, dem außer ihren Vertretern (u.a. Avksent'ev und Zenzinov) auch ein General und der Premierminister der Regierung von Omsk angehörten. Die Konferenz feierte ihren Erfolg jedoch zu früh. Noch während sie tagte, vollbrachte Trotzki eine erste Großtat in seinem neuen Amt des Verteidigungskommissars, als er dem geschlagenen Häuflein von Rotarmisten in einem Städtchen an der Mittelwolga neuen Mut und neue Kraft einflößte (»Wunder von *Svijažsk*«). Mitte September wurden Kazan' und Simbirsk zurückerobert, am 7. Oktober Samara. Unterdessen zerfiel auch die Einheitsfront von Ufa. Das Direktorium blieb ohne Apparat machtlos. Kritik und Einmischung von rechts wuchsen. Als die Tschechen ihre Hilfe versagten, war das Schicksal der letzten zivilen Gegenregierung entschieden. Am 18. November wurde sie verhaftet und Admiral A.V. Kolčak, Befehlshaber von Kosaken- und Freiwilligenverbänden, in Omsk zum »obersten Herrscher« ausgerufen. Als einzige der etablierten Parteien bejubelten die Kadetten unverhohlen das Ende der »illegalen« Konstituierenden Versammlung und unzuverlässiger demokratischer Versprechen: Sie sahen keine Belastung der russischen Zukunft darin, daß die antisowjetische Opposition fortan ausschließlich in den Händen höchst konservativer Generäle lag und auch die Errungenschaften des Februar zur Disposition standen.

Die *zweite* Phase des Krieges, das Jahr 1919, war die entscheidende. An drei Fronten unternahmen die weißen Truppen eine Offensive. Sie taten das mit Unterstützung der Alliierten, die nun offen intervenierten. Im August 1918 gingen britische und amerikanische Soldaten in Murmansk und Vladivostok an Land. Obwohl sie selber kaum in die Kämpfe eingriffen und nie dem Wolgabecken nahe kamen, wo sie gemäß ihrem ursprünglichen Auftrag die Tschechen hätten in Empfang nehmen sollen, waren Geld und Kriegsgerät, die sie verteilten, unentbehrlich. Alle drei Angriffe blieben jedoch vor ihrem Ziel stecken. Als das deutlich wurde, war der Fortbestand des Sowjetregimes im Kern gesichert.

Im Osten verfügte Kolčak über zwei Kosakenarmeen, Reste der Verbände des Komuč, die Kosakengarnisonen der sibirischen Städte und andere Freiwilligenkorps, insgesamt über mehr als 130000 Mann. Er mußte jedoch schnell einsehen, daß er das riesige Territorium ohne die besser ausgerüstete und ausgebildete tschechoslowakische Legion nicht beherrschen konnte. Alle Bemühungen, sie bei der Stange zu halten, schlugen fehl. Dennoch begannen im Dezember die Vorbereitungen für die große Frühjahrsoffensive, die den Marsch auf Moskau einleiten sollte. Daß im Dezember die größte Stadt des Ural, Perm', in weiße Hände fiel, konnte trotz der hohen Verluste als gutes Omen gedeutet werden. Auch die an drei Fronten eröffnete Attacke vom März 1919 begann vielversprechend. Bald wurde jedoch klar, daß die Rote Armee nach Plan aus dem Wolgabecken zurückwich. Als sie im Juni zur Gegenoffensive antrat, brach Kolčaks Streitmacht, zumal wichtige Einheiten zum Gegner desertierten, binnen kurzem zusammen. Was folgte, war die intrigenreiche Geschichte des langsamen Rückzugs nach Fernost. Im Oktober mußte Omsk geräumt werden. Als der Diktator in Irkutsk ankam, standen tschechische Legionäre und Vertreter der von ihnen gestützten sozialrevolutionären Regierung bereit, um seinen Waggon zu umstellen. Am selben Tag, an dem der tschechische Oberkommandierende einen Waffenstillstand mit der Roten Armee in der Absicht schloß, seine Truppen noch in letzter Minute unversehrt aus Sibirien zu evakuieren, wurde Kolčak hingerichtet.[42]

Im Süden Rußlands veränderte die deutsche Novemberrevolution die Lage grundlegend. Sie raubte sowohl der Regierung Skoropadskyj als auch den weißen Militärregimen am Don, auf der Krim und im Kubangebiet die entscheidende Rückendeckung. In der Ukraine begann ein Jahr der Anarchie und noch heftigerer Kämpfe, nunmehr zwischen den nationalrevolutionären Kräften, angeführt vor allem von S.V. Petljura, und dem Sowjetregime; dieses konnte sich dabei auf die Hilfe der ukrainischen Kommunisten und die Räte einiger größerer Städte stützen. Der Einmarsch der Roten Armee in Kiev Mitte Dezember 1919 brachte das größte Opfer, das der Friede von Brest-Litovsk verlangt hatte, endgültig unter großrussisch-bolschewistische Oberhoheit zurück.

Während die Ukraine an der Nahtstelle zu Kernrußland um seine Selbständigkeit rang, bildeten die Siedlungsgebiete der Don- und Kubankosaken weiterhin den günstigsten Raum für die Sammlung der gegenrevolutionären Streitmacht. Dies um so eher, als sich die Spitzen des Generalstabs nach der bolschewistischen Eroberung des Hauptquartiers von Mogilev hierher geflüchtet hatten. Zu Beginn des Bürgerkrieges konkurrierten dabei zwei Armeen und Lager miteinander: die Donkosaken und die Freiwilligenverbände, deren Führung zunächst Alekseev und Kornilov, nach deren frühem Tod A.I. Denikin übernahm. Als britische und französische Kontingente die deutschen Protektoren gemäß einer gemeinsamen Bitte der antisowjetischen Opposition (Konferenz im rumänischen Jassy) Ende November 1918 ersetzten, gewann die Freiwilligenarmee Oberhand, die größere Distanz zum preußisch-deutschen Heer gehalten hatte. Auf alliierten Druck unterstellten sich die Kosaken dem Oberbefehl Denikins, ohne ihren besonderen Korpsgeist aufzugeben und ohne sich vom Ruch der Kollaboration befreit zu haben. Im Mai 1919 standen etwa 64 000 Mann zur Offensive bereit. Auch wenn eine solche Kopfzahl nicht überwältigend war, konnte Denikin den Feldzug im Vollgefühl der Stärke planen. Die Briten leisteten großzügige materielle Hilfe; außer Panzern stellten sie sogar Flugzeuge.

Der Vorstoß nach Norden sollte an drei Fronten gleichzeitig erfolgen, von Odessa im Westen bis zum Nordkaukasus im Osten. Die kaukasische Armee unter General P.N. v. Wrangel konnte zwar Ende Juni einen eindrucksvollen Sieg feiern, als Caricyn (später Stalingrad, heute Wolgograd) anders als in einer bald berühmten Schlacht des Vorjahrs nach hartem Kampf fiel. Aber die beabsichtigte Vereinigung mit den Truppen Kolčaks an der mittleren Wolga gelang dennoch nicht. Um so größere Erfolge verbuchte die Freiwilligenarmee, die auf direktem Wege durch die Ukraine nach Zentralrußland marschieren sollte. Anfang Oktober fiel Voronež, bald darauf Orel. Denikin widerstand in dieser Lage der Versuchung nicht, nach der schnellen Eroberung Moskaus zu greifen. Ende des Monats näherte sich die weiße Freiwilligenarmee Tula, wenige hundert Kilometer von der Hauptstadt entfernt. Der

Gewaltstreich erwies sich jedoch als fatal. Da auch die westliche Armee nicht mithalten konnte, blieb Denikin ohne Flankenschutz. Ende Oktober vollzog sich die entscheidende Wende: Der Vormarsch kam zum Stehen, es begann ein überstürzter Rückzug. Zugleich brachen die Spannungen mit den Donkosaken auf und wurde Kritik am Oberbefehlshaber laut, dessen Autorität dauerhaften Schaden nahm. Im Frühjahr 1920 legte Denikin sein Amt nieder. Mit englischer Hilfe unternahm sein Nachfolger v. Wrangel im Sommer von der Krim aus einen letzten hoffnungslosen Versuch, Terrain zu gewinnen. Als alliierte Schiffe die Reste der Freiwilligenarmee Mitte November evakuierten, war der Bürgerkrieg nicht nur im Süden zu Ende.

Denn auch die antibolschewistischen Truppen im baltischen Raum unter General N.N. Judenič verfehlten ihr Ziel. Mit Unterstützung von estnischen, lettischen und litauischen Freiheitskämpfern unternahmen sie ebenfalls im Oktober 1919 einen Vorstoß nach Petrograd. Obwohl sie bis in den Vorort Gatčina gelangten, mußten sie unverrichteter Dinge zurückkehren. Auch hierbei griffen innerer Zwist, strategische Fehler und entschlossene, wenn auch sehr späte Abwehr ineinander. Im übrigen war die Bedrohung des Revolutionsregimes aus dieser Richtung schon wegen der geringen Truppenstärke (gut 14000 Mann) weit weniger gefährlich, als die Nähe der Hauptstadt suggerierte.[43]

Die Frage drängt sich auf, warum die weißen Armeen und Gegenregierungen trotz massiver alliierter Hilfe nicht zu bestehen vermochten. Eine zentrale Ursache lag sicher in der militärischen Stärke des Gegners. Der schnelle Aufbau der *Roten Arbeiter- und Bauernarmee* gehört zu den größten Leistungen, die das neue Regime in der entscheidenden, bald ins Heldenhafte stilisierten Phase der Selbstbehauptung vollbrachte. Die Namensänderung bedeutete dabei mehr als einen Wechsel des Etiketts. Was im Laufe des Jahres 1918 Gestalt annahm, war etwas bewußt anderes als die Garden und Milizen der Revolutionszeit. Die Sowjetmacht zeigte in dieser Frage von Leben und Tod besonders früh ihre außerordentliche Lernfähigkeit, aber auch ihre bedenkenlose Bereitschaft, Grundsätze und Versprechen von gestern den aktuellen Zwängen zu opfern. Nach der Erfahrung der Wehrlosigkeit gegen das deutsche Heer schob sie die Idee der Französischen Revolution beiseite, eine neue, auf Gleichheit und Überzeugung statt auf Unterordnung und erpreßtem Gehorsam beruhende Organisation der Staatsverteidigung zu schaffen. Vom Gedanken der Volksbewaffnung kehrte sie zur Armee alten Typs zurück. Disziplin, Hierarchie und Zwang hielten als Garanten maximaler Kampfkraft wieder Einzug. Gegen den Widerstand der Soldaten wurde bereits Ende März die Wahl der Offiziere, gewiß *das* Symbol der Revolution in der Armee, abgeschafft. Im April ersetzte eine neuerliche allgemeine Wehrpflicht die Freiwilligkeit des Beitritts zur Miliz. Feldgerichte gaben den Befehlen wieder den gehörigen Nachdruck. Trotzki schreckte dabei vor äußerster Grausamkeit nicht zurück. Als im kritischen Spätsommer an der mittleren Wolga selbst eine Einheit aus Petrograder Arbeitern meuterte, ließ er die befehlshabenden Offiziere und jeden zehnten Mann ohne Pardon erschießen.

Die Schöpfer der neuen Armee waren indes klug genug zu sehen, daß mit Zwang allein keine Loyalität zu sichern war. Zu den Säulen der neuen Struktur gehörte, von Trotzki vielfach theoretisch begründet, in gleichem Maße die »politische Arbeit« und Werbung im Hinterland. Mit der Pflege der Motivation der Soldaten, der wirkungsvollen Vermittlung der Regierungsmaßnahmen und militärischen Befehle, wurden die politischen Kommissare betraut. Institutionell ein Produkt des Februar, wuchs ihnen eine neue Aufgabe von unschätzbarer Bedeutung zu. Naturgemäß bestand das Hauptproblem auch der Roten Armee in der Desertion. Wie sehr die Bevölkerung der sozialen Revolution auch immer zujubeln mochte, sie wollte alles andere als einen neuen Krieg. Wenn das Sowjetregime dieser Bedrohung im Gegensatz zur Provisorischen Regierung trotz hoher Fluchtquoten Herr wurde, so war das nicht zuletzt der effektiven Verknüpfung von drastischen Strafen, politischer Agitation und Kontrolle zu verdanken. Schon das schiere Wachstum sprach für sich: Von 100 000 Mann im April 1918 wuchs die Rote Armee auf eine Million im Oktober, 1,5 Millionen im Mai 1919 und fünf Millionen 1920.

Freilich hätte solche Macht der Zahl ohne qualifizierte Führung wenig genutzt. Gerade in dieser Hinsicht strafte das Regime alle früheren Beteuerungen Lügen. Es griff, wie in den Ministerien, auf die einzigen ausgebildeten Offiziere zurück, die zur Verfügung standen: die der alten zarischen Armee. Werbung, patriotische Appelle und materielle Anreize in Zeiten bitterster Not bewogen zwischen Juni 1918 und August 1920 etwa 48 000 ehemalige Offiziere und 215 000 Unteroffiziere zum Wiedereintritt in ihre einstigen Funktionen. Lenin selbst räumte später ein, daß die Rote Armee ohne sie nicht hätte entstehen und ohne die Expertise eines I.I. Vacetis oder S.S. Kamenev, beide für einige Zeit Oberbefehlshaber, nicht hätte siegen können. Dabei blieben viele Spitzenpositionen allerdings Generälen aus den eigenen Reihen vorbehalten. Nicht die geringste Voraussetzung für die Selbstbehauptung der Bolschewiki bestand in der unerwarteten Tatsache, daß sich einige Strategen von Rang in ihren Reihen fanden. M.V. Frunze, der den Südosten bis Turkestan eroberte, der junge M.N. Tuchačevskij, der Kolčak zurückwarf, der bald legendäre Kavalleriegeneral S.M. Budennyj, der den Kosaken in ihrer ureigensten Kampfart den Schneid abkaufte – sie bewiesen militärische Qualitäten, die denen der erfahrenen Generalstabsoffiziere auf gegnerischer Seite nicht nachstanden. Über allen schwebte schließlich der rastlose Trotzki, allgegenwärtig, kraftvoll, ein begnadeter Inspirator und fähiger Organisator, dabei unnachgiebig und hart über die Grenzen des Menschlichen hinaus. Auch wenn man sich nicht vom Glorienschein blenden läßt, der sich um die Person des Verteidigungskommissars bildete, bleibt seine Leistung außerordentlich. Der berühmte rot beflaggte Panzerzug, autark bis zur Druckerpresse, der ihn quer durch das Riesenreich von Brennpunkt zu Brennpunkt trug, wurde bald zum mitreißenden Symbol des Sieges.[44]

Bei alledem entschied nicht die Leistung der Roten Armee allein über den Sieg. Mit überzeugenden Argumenten hat man auf geographische und strukturelle Faktoren verwiesen, die ihren schnellen Aufbau in vieler Hinsicht erst ermöglichten und ihr kaum wettzumachende Vorteile verschafften. Sie ergaben sich im Kern aus dem grundlegenden Tatbestand, daß die Bolschewiki über Zentralrußland herrschten und sich seiner überlegenen Ressourcen bedienen konnten. Der Großraum um Moskau und Petrograd war, von der Ukraine abgesehen, am dichtesten besiedelt. Hier konzentrierten sich, wie erschöpft sie immer sein mochten, Industrie (einschließlich der Rüstungsproduktion), Handel und Gewerbe, hier liefen die Transportwege zusammen, hier breitete sich das größte Netz schiffbarer Wasserwege (Wolgabecken) aus, und hier befanden sich die alten Apparate der administrativ-politischen und militärischen Macht. Dagegen mußten sich die weißen Armeen und Regimes spätestens nach dem Fall Samaras an die Peripherie des Reiches zurückziehen – in die dünnbesiedelten

Steppen am Don, Kuban, im Ural und nach Sibirien. Besonders im Süden operierten sie auf dem Territorium nichtrussischer Völker, auf deren Hilfe sie kaum rechnen konnten. Was sie an Industrieanlagen, im Donecbecken und in Ekaterinburg (heute Sverdlovsk) vorfanden, war weitgehend zerstört. Die Weite des Raumes bot sicher auch strategische Vorteile, aber eher für einen langen Rückzug, nicht für den Vormarsch ins Zentrum.

Für den Rest sorgten die politischen Fehler der weißen Regierungen. Die Kadetten im Kabinett Kolčaks taten nichts, um das »wilde Tier, das Volk genannt wird«, so die neue Erkenntnis des rechten Parteiflügels, zu gewinnen. Sie annullierten, was nach bolschewistischer Maßnahme aussah, und errichteten ein inneres Regiment, das jeder Ordnung und Effizienz spottete. Nicht zuletzt an notorischer Korruption und Unvermögen ging die Konterrevolution in Sibirien zugrunde. Im Süden brachte es das Renommee der Generäle mit sich, daß sich viele der führenden nichtsozialistischen Oppositionspolitiker in ihrem Umkreis niederließen. Vor allem konservative Kadetten waren für das politische Programm dieser Gegenregierung verantwortlich. Man wird nicht behaupten wollen, daß sie dabei klüger zu Werke gingen als ihre sibirischen Parteigenossen. Sie arbeiteten eine Verfassung aus, die den Oberbefehlshaber zugleich zum Regierungschef ernannte, und stellten ihm ein Kabinett zur Seite, das auf konsultative Aufgaben beschränkt wurde. Von liberalen Grundsätzen fand sich keine Spur mehr. Vollends fatal mußte sich auswirken, daß sie die Wiederherstellung des Reiches in den Grenzen von 1914 auf ihre Fahnen schrieben – und damit sämtliche nationalen Befreiungsbewegungen gegen sich aufbrachten. Im Laufe des Bürgerkrieges wurde immer deutlicher, daß die Gegenrevolution für die Monarchie und die soziale Ordnung der Vorkriegszeit stand. Die Stützen des Februarregimes, die eine »dritte Kraft« hatten bilden wollen, waren längst zwischen den Fronten zerrieben worden. Zum Rußland des Adels und der schikanösen Bürokratie, zur Herrschaft der Privilegierten von Besitz und Bildung, ins zarische »Völkergefängnis« aber wollte, gerade an der Peripherie, kaum jemand zurück.[45]

Keiner Erläuterung bedarf, daß die Selbstbehauptung des Sowjetregimes nicht nur eine Frage militärischer Fähigkeit und Überlegenheit war. Der Bürgerkrieg verlangte keine geringere Anspannung aller wirtschaftlichen, sozialen und administrativen Kräfte des Landes als der vorangegangene äußere Konflikt. Gegen jede

Wahrscheinlichkeit bestanden die Bolschewiki bei allen Mängeln und Opfern letztlich auch diese Herausforderung. Der Sieg war jedoch teuer erkauft. Im Kampf auf Leben und Tod gingen die sozialen und politischen Freiräume verloren, die der Sturz der Autokratie und die zweite Revolution nach dem Oktober geschaffen hatten. Die Einsicht gewann Oberhand, daß basisdemokratische Experimente kein geeignetes Rezept seien, um das Regime vor dem Zusammenbruch zu bewahren. »Die nächsten Aufgaben der Sowjetmacht« hießen Organisation und Disziplin, »Rechnungsführung und Kontrolle«, »Steigerung der Arbeitsproduktivität« und Effizienz. Lenin und Trotzki, die für solche Losungen seit März 1918 warben, gingen davon aus, daß sie nur durch »Einmannleitung«, Heranziehung bürgerlicher Spezialisten, Lohndifferenzierung und allgemein die Nutzung der neuesten kapitalistischen Errungenschaften zu verwirklichen seien. Der Weg zum Sozialismus führte in ihrer Perspektive unter den gegebenen Bedingungen unausweichlich über zentrale Steuerung und Aufsicht, über Autorität und Unterordnung. Auch dieser schroffe Kurswechsel blieb in der Partei nicht unbestritten. Die sogenannten »linken Kommunisten« verwahrten sich gegen die Gleichsetzung von Mitbestimmung und Anarchie. Sie leugneten die unterstellte Alternative zwischen Zentralismus und Untergang und warnten vor der Gefahr einer dauerhaften Deformation der angestrebten sozialistischen Gesellschaft. Das Dilemma der Revolution bestand darin, daß beide Seiten gute Argumente für sich hatten – aber der harte Zwang der Not, den Lenin und Trotzki ins Feld führen konnten, überzeugender war als Befürchtungen für die Zukunft.[46]

Was im Sommer 1918 Gestalt annahm und bis zum Frühjahr 1920 andauerte, war indes nicht die anvisierte Verbindung aus Sowjetmacht und »letztem Wort« der kapitalistischen Technik. Mit dem Beginn des Kampfes gegen die weißen Armeen entstand eine neuerliche kriegsorientierte Mangelwirtschaft. Deren spätere theoretische Überhöhung zur »Ökonomik der Transformationsperiode« (Bucharin) hat die bis heute andauernde Debatte begründet, ob der sogenannte *Kriegskommunismus* bereits der Versuch war, eine Wirtschaftsordnung neuen Typs zu schaffen, oder nur das Ergebnis erzwungener Improvisation in einer Zeit allgegenwärtiger Not. Mittlerweile ist die Einsicht gewachsen, daß die Alternative daneben trifft. Ohne Zweifel bildete sich eine ökonomische Organisation heraus, die vom ideologischen Anspruch der bolschewistischen Revolution geprägt war. Wesentliche Prinzipien ergaben sich aus dem Programm, Kapitalismus und bürgerliche Klassengesellschaft hinter sich zu lassen. Auf der anderen Seite erbte das neue Regime die alten Probleme. Die Versorgungslage wurde von Tag zu Tag prekärer, die Inflation grassierte unvermindert, die industrielle Produktion fiel weiterhin ins Bodenlose, die Kluft zwischen Stadt und Land vertiefte sich, weil das Dorf mit der Verteilung des Revolutionsgewinns beschäftigt war, das Wandergewerbe zusammenbrach und der Mangel an Industriewaren zu verstärkter Autarkie nötigte. Über allem stand wie zuvor der Krieg, wenn auch die Schauplätze und Fronten gewechselt hatten. Das Regime fand für diese Probleme teils neue, teils ähnliche Lösungen wie Autokratie und Provisorische Regierung. Kriegswirtschaft blieb Kriegswirtschaft mit den ihr eigenen Zwängen, aber im Rahmen anderer Vorgaben sowohl des sozioökonomischen als auch des politischen Grundgefüges.[47]

Den Boden für die neue Wirtschaftsorganisation bereitete die weiter vorangetriebene *Nationalisierung*. Was nach dem Oktober als spontane Übernahme durch Fabrikkomitees und örtliche Sowjets begann, wandelte sich im Frühjahr zum Instrument zentraler Wirtschaftslenkung. Schon hier fanden Absicht und Notwendigkeit zusammen. Den Realisten in der Parteiführung war klar, daß die unkoordinierte Selbsthilfe der Belegschaften beendet werden mußte. Zugleich kamen die Überlegungen über die »richtige«, den Zielen des Regimes angemessene Wirtschaftsstruktur zu einer Entscheidung. Lenins »staatskapitalistische« Gedankenspiele, die Idee einer vertraglich fixierten Kooperation zwischen großer Privatindustrie und sozialistischem Staat, stießen auf Widerstand. Die Vorbehalte gegenüber dem »Kapital« waren zu tief verwurzelt, als daß sie von heute auf morgen hätten überwunden werden können. Statt dessen votierten vor allem die örtlichen Volkswirtschaftsräte – seit Dezember nach dem Vorbild des VSNCH aus Vertretern der Sowjets, der Fabrikkomitees, der Gewerkschaften und anderer interessierter Institutionen gebildet – für die Fortsetzung der Offensive gegen den Privatbesitz an gewerblichen Produktionsmitteln. Ihr erster Allrussischer Kongreß vom 26. Mai bis 4. Juni hatte maßgeblichen Anteil daran, daß die Nationalisierung endgültig beschlossen und schneller vorangetrieben wurde als geplant. Mit der Verstaatlichung der gesamten Großindustrie durch ein Dekret vom 28. Juni 1918 siegte der revolutionäre Impuls über pragmatische Mäßigung. Die Praxis ging im folgenden Jahr über die gesetzlichen Vorgaben noch hinaus. Auch mittlere Betriebe wurden in die Regie der Zentral- und Hauptverwaltungen (*centry, glavki*) übernommen, die das Gerüst einer Planwirtschaft errichteten und die Marktkräfte zu ersetzen begannen.

Der erste Schritt zog angesichts von ungelösten Problemen der Finanzierung und Rohstoffzuteilung weitere nach sich. Anfang November 1920 meldete der VSNCH 4547 (65,7% aller berücksichtigten) Unternehmen mit einer Million Beschäftigten als nationalisiert. Dennoch blieben erhebliche Lücken in der Zuständigkeit der staatlichen Stellen. Die Enteignung hatte die große Zahl der Handwerks- und Kleinbetriebe ausgespart. Eine Mischwirtschaft war entstanden, die der neuen Wirtschaftsbürokratie wachsende Probleme bereitete. Offensichtlich versorgte die traditionsreiche und flexible bäuerliche Hausindustrie (Kustargewerbe) Stadt und Land im Tausch gegen Wertgegenstände und Getreide mit den elementaren Waren, die die Großunternehmen nicht mehr herzustellen vermochten. Um dem florierenden Schwarzmarkt den Boden zu entziehen und zugleich die staatliche Kontrolle über Rohstoffe und Konsumgüter zu erweitern, wurde am 29. November 1920 die Enteignung aller Betriebe verfügt, in denen mehr als zehn Lohnarbeiter tätig waren. Ökonomisch bewirkte die Maßnahme wenig. Zwei Drittel aller registrierten Betriebe (185 000 von 278 000 nach einer Erhebung von 1920) beschäftigten überhaupt keine Lohnarbeiter und blieben zusammen mit den übrigen Kleinbetrieben in privater Hand; der illegale Tauschhandel blühte weiter. Politisch aber war eine Grundentscheidung getroffen, die auch die Neue Ökonomische Politik nicht aufhob.[48]

Als unverwechselbares Kennzeichen des Kriegskommunismus hat sich dem zeitgenössischen und dem späteren Bewußtsein jedoch eine andere Maßnahme eingeprägt: die Zwangseintreibung des Getreides auf den Dörfern. An sich war die Zuflucht zur *Versorgungsdiktatur* nicht neu. Die Bolschewiki wiederholten (durch ein Dekret vom 13. Mai 1918), was bereits die Provisorische Regierung getan hatte: Sie erklärten Getreide zum Staatsmonopol und riefen Beschaffungskomitees ins Leben, die alle überschüssigen Vorräte zu festgesetzten Preisen aufkaufen sollten. Dennoch wurde schnell deutlich, daß ein anderer politischer Wille am Werk war. Die Sowjetregierung begnügte sich nicht mit Appellen an die Ehrlichkeit und Kooperation der Bauern. Sie drohte an, gegen

Spekulation mit Gewalt vorzugehen, und schuf im Juni 1918 Institutionen, die helfen sollten, das letzte entbehrliche Korn auf den Tennen ausfindig zu machen. Zutritt zu diesen *Komitees der Dorfarmut* hatten alle Gemeindemitglieder, die nicht zu den Wohlhabenderen zählten oder landlose Tagelöhner und Knechte waren. Als Aufgabe wurde ihnen übertragen, die im Dorf benötigten Industriewaren im Tausch gegen Getreide zu verteilen. Um das nötige Engagement sicherzustellen, überließ ihnen der Staat einen bestimmten Anteil am aufgebrachten Getreide. Der Zweck heiligte die Denunziation: Soziale Spannungen, Neid, Gier und nicht zuletzt schiere Not wurden zu Instrumenten der Nahrungsmittelbeschaffung erhoben. Es war ein weiterer Beleg für die Festigkeit der Dorfgemeinschaft, daß die Rechnung nicht aufging. Der Klassenkampf erwies sich als untaugliches Mittel zur Analyse der dörflichen Sozialbeziehungen. Bereits am Jahresende wurden die Komitees in den meisten Gouvernements wieder aufgelöst.

Um so stärker wuchs die Versuchung, die Versorgung der hungernden Städte mit Gewalt zu verbessern. Dabei sind drei Stufen zu unterscheiden. Bereits das Maidekret verlieh dem zuständigen Kommissariat außerordentliche Vollmachten. Im Kampf gegen »gierige Kulaken« gewährte man ihm nicht nur eine erweiterte Anordnungskompetenz, sondern auch das Recht zum Einsatz »bewaffneter Verbände im Falle des Widerstandes« gegen die Beschlagnahme von Getreide. Noch im Laufe des Sommers wurden zuverlässige Parteigänger, vorwiegend Arbeiter aus Petrograd, zu eigenen Detachements zusammengestellt. Unter Mitwirkung der Militärbehörden bildete sich eine separate »Versorgungsarmee«, die mit erheblichem Personaleinsatz (November 1918 ca. 29 000, Oktober 1919 über 45 000 Mann) eine weitere Front des inneren Krieges eröffnete: die zwischen Stadt und Land, zwischen Konsumenten und Produzenten nicht nur von Getreide. An die Stelle attraktiver Abnahmepreise traten Bajonette, Requisition ersetzte den Markt. Der trotz allem enttäuschende Ertrag gab Anlaß zu weiterer Verschärfung. Im Januar 1919 ging das Sowjetregime dazu über, Ablieferungsquoten pro Gouvernement auf der Grundlage grober Schätzungen festzusetzen (*prodrazverstka*) und einzutreiben. Formal hielt man zwar an der Fiktion des Kaufs fest; nur fehlten die Waren, die das Dorf für die Billets hätte erwerben können. Die Rede vom »nichtäquivalenten Tausch« kleidete in verharmlosende Worte, was für die Bauern schlichter Raub war.

Der gewaltsame Zugriff auf die Nahrungsmittel bei den Produzenten fand seine Ergänzung in ihrer kostenlosen Verteilung an die städtischen Verbraucher. Das zuständige Kommissariat (für Versorgung) und der Oberste Volkswirtschaftsrat begannen, den gesamten Warenverkehr zwischen Stadt und Land zu regulieren. Auch hier griffen Notlagen, Anpassungszwänge an bereits getroffene Maßnahmen und bewußtes Hinsteuern auf eine andere Wirtschaftsordnung ineinander. Die Nationalisierung der Großunternehmen verlieh den staatlichen Koordinierungszentren die Verfügungsgewalt über die Industrieproduktion, welche Hindernisse in der Praxis auch immer entstehen mochten. Dem etablierten Handel, von Krieg und allgemeinem wirtschaftlichem Niedergang schwer gezeichnet, hatten »rotgardistische« Maßnahmen der Sowjets nach dem Oktoberumsturz weiter zugesetzt. Als die Bolschewiki über die Organisation der Versorgung nachzudenken begannen, verfügten sie über keinen vorgefaßten Plan zur Beseitigung des Marktes. Aus ihrem marxistischen Credo folgte jedoch die Absicht, die Marktkräfte mit Hilfe der verstaatlichten Industrie einzuschränken. Als Mittel bot sich an, durch fixierte Industrie- und Getreidepreise den Austausch zwischen Stadt und Land zentral zu steuern. Dabei ergab sich bald die Notwendigkeit, die staatliche Kontrolle über die Warenverteilung zu erweitern. Dekrete vom November 1918 und August 1919 erklärten fast alle Verbrauchsgüter und Rohstoffe zum Staatsmonopol. Die damit vollzogene *Nationalisierung des Handels* markierte einen weiteren Schritt des Kriegskommunismus, der nur vorübergehend wieder rückgängig gemacht wurde.[49]

Von hier aus war der Weg nicht weit zu einer Wirtschaftsform, die auf das Symbol des Kapitalismus und der Herrschaft willkürlicher Marktkräfte über die tatsächlichen Bedürfnisse der Menschen selbst, auf das Geld, verzichtete. Wenn Nahrungsmittel und sonstige Verbrauchsgüter von staatlichen Agenturen eingezogen und verteilt wurden, wenn die Rohstoffe auf gleichem Wege zu den Produktionsstätten gelangten, bedurfte es keines Wertzeichens mehr, das diesen Tausch regulierte. Konsumenten und Produzenten erhielten, was vorhanden war. Kauf und Verkauf entfielen. Dies um so eher, als das vorhandene Geld seine Aufgabe längst nicht mehr erfüllte. Die Rubelscheine waren das Papier nicht mehr wert, auf dem sie gedruckt wurden. Angesichts der zerrütteten Wirtschaft und Verwaltung, ohne zureichende Steuereinnahmen, wußten die neuen Regenten keinen anderen Rat, als die Staatsausgaben, d.h. seit 1918 vor allem die Kriegskosten, durch die Beschleunigung der Notenpresse zu decken. Sie vergrößerten die Menge des umlaufenden Geldes von 10,99 Milliarden Rubel 1917 auf 1 168,6 Milliarden 1921, mithin auf mehr als das Hundertfache. Da Industrie und Landwirtschaft, durch die Revolution ebenso geschwächt wie durch die Zerstörungen und territorialen Verluste infolge von Frieden und Krieg, noch weniger Waren und Güter zur Verfügung stellen konnten als in den Vorjahren, verfiel die Kaufkraft dieses Geldes ohne Halt. Die Inflation kletterte weiter in schwindelnde Höhen: in Moskau bei Nahrungsmitteln 1918/19 um 1564%, 1919/20 um 1312%, 1920/21 um 668,7%, bei Verbrauchsgütern nicht langsamer. In vieler Hinsicht ergab sich der Verzicht auf das wert- und funktionslos gewordene Geld von selbst. Im Bereich der Löhne übten die Gewerkschaften Druck in dieser Richtung aus. Sie setzten sich seit 1919 mehr und mehr durch, obwohl die Planungsinstanzen skeptisch blieben, weil sich die Bezahlung in natura zentraler Regelung und Umsetzung in gesamtwirtschaftliche Rechengrößen weitgehend entzog. Bei kommunalen Dienstleistungen deckten die Einnahmen nur noch einen Bruchteil der Kosten, so daß der Entschluß nahelag, Gas, Wasser, Strom sowie sämtliche Konsumgüter kostenlos abzugeben (seit Januar 1921). Die freie Benutzung von Post, Telegraph, Radio und aller kulturellen Angebote sowie der Wegfall von Mietzahlungen durch die weitere Enteignung privater Wohnungen verbreiterten den Übergang zur *proletarischen Naturalwirtschaft*. Bei alledem ist überzeugend gezeigt worden, daß auch diese Entwicklung nicht von Anfang an geplant war. Die bolschewistischen Experten ließen dem Geldwertverfall keinen freien Lauf. Vielmehr ergab er sich als Resultat der tiefen Risse im allgemeinen Finanzwesen, des staatlichen Budgetdefizits und der vergeblichen Versuche, den Warenaustausch zwischen Stadt und Land durch ein fixiertes Preisgefälle unter behördliche Regie zu bringen. Nicht die geringste Rolle spielte die überstürzte Nationalisierung der Banken im Dezember 1917, die mehr Probleme schuf, als sie löste. Erst als *prodrazverstka* und Inflation ohnehin die Rückkehr zur Naturalwirtschaft eingeleitet hatten, wurde die Not zur Tugend des antizipierten Kommunismus idealisiert.

Es bleibt die Frage nach den Ergebnissen. Soweit es Gewinner gab, waren sie unter den Schwarzhändlern zu suchen. Zwar führte die gewaltsame Requisition allem Anschein nach in den Jahren 1919 und 1920 zur Erhöhung des Getreideaufkommens. Aber es war weniger das staatliche Verteilungssystem, das die Versorgung der verbliebenen Stadtbewohner bei aller Not leidlich aufrechterhielt. Als lebensrettend erwies sich vielmehr der emsige Fleiß unzähliger »Sackmänner«, die alles, was an Eßbarem entbehrlich schien, in die Ballungszentren trugen und gegen Industriewaren oder Wertgegenstände tauschten. Manch bürgerliches Silber verteilte sich in diesen Jahren über das Land. Man hat geschätzt, daß dieser illegale Markt 65 bis 70% der Nahrungsmittel lieferte. Mit gutem Grund hat die Staatsmacht nie ernsthaft versucht, ihn zu unterbinden – sie brauchte ihn und die Mittelbauern, die ihn im wesentlichen speisten. Um so grelleres Licht fällt auf die Leiden der armen Bauern, die nichts abzugeben hatten. Sie mußten wieder einmal die größten Opfer bringen. Dabei stand ihnen, da die städtischen Detachements auch das Saatgut raubten, das Schlimmste noch bevor: die wohl verheerendste Hungersnot, die das Reich seit Menschengedenken erlebt hatte, im Winter und Frühjahr 1921/22.

Dieser Umgang mit dem Dorf blieb nicht ohne politische Folgen. Zwar standen die Bauern im Krieg überwiegend auf seiten des Revolutionsregimes. Aber die Unruhe wuchs in dem Maße, wie sich der Kampflärm legte. Im Gouvernement Tambov brach sie sich im August 1920 Bahn, als der Staat seinen Anteil an der Ernte verlangte. Bis zu 20000 Bauern leisteten bewaffneten Widerstand. Ihre Forderungen nach Einberufung der Konstituierenden Versammlung, nach Rückkehr zur alten Wirtschaftsform, aber auch nach Sozialisierung des Landes trugen unzweideutig die sozialrevolutionäre Handschrift. Ähnliche Aufstände bedrohten die Sowjetmacht im Frühjahr 1921 an der Wolga, in Sibirien und im Nordkaukasus. Die staatliche Plünderung der Dörfer brachte den Triumph des Oktober und den Sieg über die Weißen in ernste Gefahr. Es sprach abermals für Lenins Gespür und Entschlußkraft, daß er die Weichen für den Übergang zur *Neuen Ökonomischen Politik* (NEP) unverzüglich, im Frühjahr 1921, stellte.[50]

Nicht weniger tief waren die Spuren, die der Existenzkampf ins staatliche und politische Leben eingrub. Die von Lenin und Trotzki verfochtenen Prinzipien ließen die verfassungsmäßige Grobstruktur von Herrschaft und Verwaltung zwar bestehen; aber sie veränderten die tatsächliche Machtverteilung grundlegend. Der Bürgerkrieg war die Zeit der *außerordentlichen Organe*, der Sondervollmachten und des Terrors. Zentrale Leitungsgremien der Schlüsselbereiche setzten die regulären Zuständigkeiten außer Kraft, schufen eigene Instanzenzüge und gaben der Verselbständigung der Apparate entscheidende Impulse. Ein Netz von Kommissionen überzog das Land, die nur nach oben verantwortlich waren, soweit sie überhaupt praktischer Kontrolle unterlagen.

Der erste Pfeiler dieser Notstandsverwaltung wurde im Transportwesen errichtet. Bereits im Frühjahr 1918 übertrug man dem Volkskommissar großzügige Vollmachten, um den lebenswichtigen Schienenverkehr vor dem völligen Zusammenbruch zu bewahren. Im Mai konnte das Volkskommissariat für Versorgung mit dem Aufbau der »Ernährungsdiktatur« beginnen. Im Sommer ging das Volkskommissariat für Militärwesen in einem neu geschaffenen *Revolutionären Militärrat* auf, der ebenfalls diktatorische Befehlsgewalt in Anspruch nehmen konnte. Ende November trat ihm ein zentrales Gremium zur Koordination der Rüstungsindustrie und der gesamten Armeeversorgung in Gestalt des *Rates für die Arbeiter- und Bauernverteidigung* (seit dem Herbst 1920: Rat für Arbeit und Verteidigung) zur Seite, der dank eigener Gesetzgebungskompetenz zu einem inneren Kabinett wurde.

Das umstrittenste, in vieler Hinsicht auch mächtigste dieser Sonderorgane war indes die *Allrussische Außerordentliche Kommission für den Kampf gegen Konterrevolution und Sabotage*, bekannt als *Tscheka* (korrekte Abkürzung: VČK). Bereits am 7. Dezember 1917 gegründet, spiegelt ihr ursprünglicher Zweck noch die Sorgen der ersten Wochen des neuen Regimes. Vor dem Hintergrund eines bedrohlichen Ausstandes der Staats- und Bankangestellten trug ihr der SNK »die Verfolgung und Bestrafung« aller gegen die Sowjetmacht gerichteten Handlungen, die »Überstellung« der Verhafteten an die Revolutionstribunale sowie vorbereitende Maßnahmen zur Verhinderung weiterer staatsfeindlicher Aktionen auf. Trotz der bedenkenlosen Vereinfachung solcher Formulierungen spricht wenig dafür, daß der Beschluß bereits die Entstehung einer unkontrollierten Geheimpolizei zum Einsatz gegen innere Feinde gleich welcher Art im Visier hatte. Lenins vielzitierte Worte über die Notwendigkeit »außerordentlicher Maßnahmen« gegen Saboteure sollten nicht aus dem Kontext des Streiks herausgelöst werden. Im ganzen übte die VČK im ersten halben Jahr ihrer Existenz noch keine eigenmächtige Sammeljustiz, auch wenn sie ihre Beschränkung auf bloße Ermittlung (Urteilsfindung und -vollstreckung blieben formal den Gerichten überlassen) früh mißachtete. Opfer ihres Zugriffs waren vor allem Kriminelle, Schwarzhändler und all jene Elemente, die unter den weitgefaßten Begriff des »Rowdytums« fielen. Todesurteile wurden vorerst ausschließlich an solchen Personen vollstreckt. Dazu trug der Umstand wesentlich bei, daß der VČK im linkssozialrevolutionären Volkskommissar für Justiz ein Rivale erwuchs, der am Leitbild der Gesetz-, wenn auch nicht unbedingt der Rechtmäßigkeit festhielt. Freilich ließ die VČK ihr Potential an Willkür und Macht früh erkennen. Mitte Januar 1918 billigte der SNK den Plan ihres Schöpfers F.E. Dzeržinskij zur Aufstellung eigener bewaffneter Verbände. Wenig später begann sie, Dependancen in der Provinz einzurichten. Entsprechend schnell wuchs ihr Personal – von zwei Dutzend Mitarbeitern Ende Dezember auf 600 im März 1918 und etwa 1000 im Juni, als sie das Innenkommissariat an Größe bereits übertraf.[51]

Die eigentliche Wende brachte indes der unbeholfene Aufstand der Linken Sozialrevolutionäre, wenn die Ereignisse diesen Namen überhaupt verdienen. Dem Unmut der einstigen Partner über den Brester Frieden gab der beginnende Getreidekrieg im Frühsommer weitere Nahrung. Als bolschewistische Redner auf dem fünften Allrussischen Sowjetkongreß Anfang Juli 1918 in beiden Fragen jede Kurskorrektur ablehnten, suchte die PLSR beim alten Rezept des »individuellen Terrors« Zuflucht. Der Schuß, der den deutschen Botschafter Graf Mirbach am 6. Juli tötete, sollte den schändlichen Pakt mit dem Reich annullieren. Die Ironie wollte es, daß die Rebellen ihre unvermindert starke Stellung in der VČK nutzten (sie hielten sieben von 20 Sitzen im Führungskollektiv), um den Coup durchzuführen. Nicht nur der Attentäter Ja.G. Bljumkin, auch das Bataillon, das den Beteiligten Unterschlupf gewährte, gehörte ihr an. Im übrigen aber blieb jegliche Hilfe aus. Der Anschlag hat der bolschewistischen Herrschaft bei weitem weniger zu schaffen gemacht als die anschließenden Unruhen in Jaroslavl' und anderen mittelrussischen Städten, die zum Teil über zwei Wochen anhielten. Die sofort einsetzenden Verhaftungen haben die linken Sozialrevolutionäre nicht an zwei weiteren Akten des gewaltsamen Widerstands hindern können. Am 30. August fiel in Petrograd der Chef der örtlichen VČK Urickij ihrem Anschlag zum Opfer, und in Moskau wurde Lenin selbst durch die Schüsse der Dora Kaplan schwer verwundet.

Beide Ereignisse müssen im Zusammenhang mit dem Gegenregime in Samara gesehen werden. Was sie gemeinsam vor diesem Hintergrund auslösten, war der erbarmungslose Feldzug gegen die inneren Feinde und alle, die als solche galten. Der Juliputsch gab Anlaß zu einer gründlichen Reorganisation und Erweiterung der VČK. Im August unterstanden der Moskauer Zentrale an der Lubljanka Abteilungen in 38 Gouvernements und 75 Kreisen. Bereits zu dieser Zeit dehnte sie ihre Kompetenzen willkürlich und großzügig zum Erschießungsrecht aus. Die Carte blanche zur ungehemmten Selbstjustiz aber stellte ihr der SNK erst nach den Attentaten des August aus. Das Dekret »über den roten Terror« vom 5. September kündigte dem Klassenfeind und allen weißgardistischen Umtrieben gnadenlose Vergeltung an. Fortan interessierte nicht mehr der Einzelfall, der politische Mord wurde pauschaliert. Alles spricht dafür, daß die Wirklichkeit der berüchtigten Formulierung des hohen »Tschekisten« M.Ja. Lacis an Brutalität nicht nachstand: seine Organisation führe »keinen Krieg gegen Individuen«, sie lösche die »Bourgeoisie als Klasse« aus.

Im Dienste dieser Repressionsmaschinerie standen im Januar 1919 etwa 37 000, im Spätsommer 1921 gut 137 000 Mann, verteilt auf verschiedene Aufgabenbereiche, von der Schienenbewachung über die allgemeine innere Sicherung und die Aufsicht in Gefängnissen und Lagern bis zum Fronteinsatz, der in der genannten Zahl noch nicht berücksichtigt ist. Die VČK wurde zum Staat im Staate, den die Nachbarressorts mit wachsendem Argwohn betrachteten. Auf Initiative des Innen- und Justizkommissariats mußte sie auch gewisse Einschränkungen ihrer Vollmachten zugunsten der regulären Gerichte hinnehmen. Das Innenressort erhielt sogar Sitz und Stimme in ihrem Führungskollektiv. Aber wirksame Barrieren gegen willkürliche Gewalt wurden nicht errichtet, zumal die Revolutionstribunale allem anderen als rechtsstaatlichen Prinzipien verpflichtet waren. Die Bilanz des Schrekkens suchte in der jüngeren russischen Geschichte ihresgleichen. Lacis selbst räumte Anfang 1920 in einem apologetischen Beitrag ein, daß 13 900 Personen in Konzentrationslagern, 4 100 in Arbeitslagern, 36 500 in Gefängnissen inhaftiert, 9 600 als Geiseln genommen und 54 200 nach Abbüßung von Strafen wieder freigelassen worden seien. Die Angaben sind mit Sicherheit ebenso untertrieben wie die 9641 konzedierten Hinrichtungen. Zuverlässige Zahlen haben sich bis heute nicht ermitteln lassen. Für den gesamten Zeitraum vom Dezember 1917 bis zum Februar 1922 hält die sachkundigste Schätzung 280 000 Opfer für wahrscheinlich, etwa je zur Hälfte durch Exekutionen und Maßnahmen zur Unterdrükkung von Aufständen verursacht. Andere Schätzungen schwanken zwischen 50 000 und 300 000. In jedem Falle erreichte der rote Terror schon im Herbst 1918 ein Ausmaß, das auch in der Regierung Proteste hervorrief. Gegen Kamenev und Bucharin behielt die von Lenin und Trotzki geführte Mehrheit jedoch die Oberhand. Sie ordnete Menschlichkeit, Recht und Moral ohne Bedenken dem Machterhalt unter. Mit Lenin tat sie die Kritik an der VČK als »Spießergerede« ab. Was solchen Zynismus aufwog, war höchstens eines: daß die weißen Armeen ähnlich grausame Vergeltung übten, wo sie Kollaborateure witterten. Insofern kann der Terror dieser Jahre nicht vom Kriegsgeschehen gelöst werden – »à la guerre, comme à la guerre«.[52]

Solcher Aufbau der Staatsverwaltung stärkte nicht nur den Rat der Volkskommissare, bei dem die Fäden vermöge personeller Verklammerung mit den wichtigsten Kommissionen nach wie vor zusammenliefen. Mit ihm einher ging der Aufstieg der bolschewistischen Partei. Auch wenn Regierungsbehörden und neue Wirtschaftsorgane im Bemühen um Effizienz zahlreiche »bürgerliche Spezialisten« einstellten, eröffnete die Zugehörigkeit zu ihr attraktive Karrierechancen. Der Ausbruch des Bürgerkrieges gab dieser Entwicklung einen weiteren Schub. Als das Exekutivkomitee des Allrussischen Sowjets am 14. Juni 1918 die rechten Sozialrevolutionäre und Menschewiki, auf die Vorgänge in Samara reagierend, aus seinen Reihen ausschloß, avancierte die (im März so umbenannte) *Kommunistische Partei Rußlands* (*Bolschewiki*) endgültig zur *Monopolpartei*. Sie wurde zum Reservoir der Führungskräfte auch auf den unteren Rängen und wuchs mit einer gewissen Zwangsläufigkeit in staatliche Funktionen hinein. Die neue Rolle hatte ihre Kehrseiten. Die besten Kräfte der Partei verausgabten sich in den staatlichen, besonders den außerordentlichen Organen und der Roten Armee. Ein so riesiges Land im Griff zu halten und seine letzten Reserven zu mobilisieren drohte ihre Kräfte auszuzehren. Sie schien im Staate aufzugehen und ihren Führungsanspruch nicht mehr einlösen zu können, wie Kritiker aus den eigenen Reihen monierten. Auf Dauer überwogen jedoch die Vorteile der »Verstaatlichung«. Nach dem Tode Sverdlovs im März 1919, der die Partei noch hausbacken wie einen politischen Verein geführt hatte, paßte sie sich auch organisatorisch an. Neben das größer gewordene Zentralkomitee traten ein eigenes Sekretariat sowie ein Organisations- und ein Politbüro. Bezeichnend war der personelle Ausbau des Sekretariats. Sverdlov hatte noch eine Kanzlei mit 15 Mitarbeitern (Stand vom Januar 1919) genügt. Sein Nachfolger befehligte im Februar 1920 schon eine Behörde von der Größe eines Ministeriums (602 Mitarbeiter), die innerhalb eines Jahres (bis Februar 1921) gut 42 000 Parteigenossen über das rasch wachsende Sowjetterritorium verteilte. Ohne die Mitwirkung der Partei wurde kein wichtiges Amt im Lande mehr besetzt.

Auswirkungen auf die Mitgliederschaft konnten nicht ausbleiben. Die Partei erlebte einen nie dagewesenen Andrang von Beitrittswilligen, nicht kontinuierlich zwar, aber seit Beginn des Bürgerkriegs mit zunehmender Konstanz. Im Endergebnis belief sich die Zahl der eingeschriebenen Kommunisten zur Zeit des zehnten Parteitages im März 1921 auf 730 000, d.h. auf knapp das Dreieinhalbfache des Standes vom Herbst 1917. Der Zuwachs wurde begleitet von sozialen Veränderungen. Es verdient Beachtung, daß der Rückhalt der Bolschewiki unter den Arbeitern in den Kriegsjahren schwand. Die umworbenen Proletarier machten aus ihrer Enttäuschung kein Hehl. Hinzu kam, daß die erwähnte Flucht der städtischen Unterschicht aufs Land im Bürgerkrieg anhielt. Beide Vorgänge summierten sich zu einem deutlichen Effekt: Der Anteil der Arbeiter an der gesamten Mitgliederschaft sank von 1917 bis 1921 von etwa 60% auf 40%, vermutlich sogar noch tiefer, da viele der als Arbeiter Registrierten tatsächlich andere Aufgaben in den verschiedensten Organisationen wahrnahmen. Davon profitierten Schichten, die stärker als zuvor in die Partei drängten: Bauern in den Uniformen der Roten Armee und Personen, die bald unter den Sammelbegriff der Funktionäre fielen. Vor allem letztere gaben der Partei ein neues Gesicht. Schon im Laufe des Jahres 1917 wurde ein Typus von Revolutionär sichtbar, der hauptberuflich in den Räten und verwandten Organisationen tätig war und dessen Existenz sich mit ihnen verband. Die Revolution brauchte Verwalter und einen eigenen Apparat. Die neuen Amtsträger sicherten das Überleben des Regimes im Innern und erwarben Macht, in den staatlichen Organisationen ebenso wie in der Partei. Vor allem sie halfen, die neuen Leitprinzipien von Zentralismus, Hierarchie und Autorität im administrativen Alltag zu verankern. Ohne ihren Aufstieg und die parallele Auflösung der Arbeiterschaft ist der bedeutendste Wandel in der bolschewistischen Partei nicht zu verstehen: der Schwund demokratischer Prozeduren und die endgültige Verfestigung der politischen Willensbildung aus der Machtfülle der jeweils übergeordneten Gremien. Die Partei nahm nicht nur einen staatlichen, sondern auch einen bürokratischen Charakter an.[53]

Die Leidtragenden dieser Entwicklung waren die Räte. Idee und Institutionen der direkten, proletarischen Demokratie blieben im Bürgerkrieg auf der Strecke. Sie wurden Opfer nicht allein des Notstands und der Auflösung ihres sozialen Fundaments. Wohl noch stärker fiel die Überzeugung Lenins, Trotzkis und der Mehrheit der Entscheidungsträger ins Gewicht, daß sie den außergewöhnlichen Aufgaben nicht gewachsen seien. Die Leichtigkeit, mit der die Regenten auf die Mitwirkung der gepriesenen, neugeschaffenen Organe verzichteten, ist ebenso bemerkenswert wie deren Mangel an Widerstand. Nichts brachte die Entmachtung der Räte klarer zum Vorschein als die Tatsache, daß das Zentrale Exekutivkomitee zwischen dem 14. Juli 1918 und dem 2. Februar 1920 kein einziges Mal zusammentrat. Regierung und Gesetzgebung konzentrierten sich ausschließlich beim SNK (genauer sogar bei dessen innerstem Kern, dem sogenannten Kleinen SNK) und beim (personell weitgehend identischen) Rat für Arbeiter- und Bauernverteidigung. Vollends kraft- und wirkungslos blieben die regionalen und lokalen Räte. Die Macht im Lande lag bei der VČK, den Organen der Versorgungsdiktatur und der Armee.

Gegen solche Mißachtung der Verfassung staute sich jedoch rasch Unmut an. Kritik äußerte sich erstmals unüberhörbar auf dem achten Parteitag im März 1919. Sie wurde in dem Maße lauter, wie die militärischen Erfolge die baldige Normalisierung in Aussicht stellten. Das Ende des Bürgerkrieges bot die Chance zur Korrektur von Fehlern und zum Neuanfang. Auch die Rückkehr zur innersozialistischen Meinungsfreiheit, wie eng die Grenzen auch immer gezogen sein mochten, schien nicht ausgeschlossen. An den Sowjetkongressen dieser Zeit nahmen nicht nur die internationalistischen Menschewiki, sondern auch einige Sozialrevolutionäre teil. Worum es gehen mußte, machte unter anderem Martov auf dem siebten Sowjetkongreß im Dezember 1919 deutlich: das VCIK wirklich zu dem zu erheben, was es laut Gesetz war – die oberste Exekutive und eigentliche Regierung des Landes. In der Tat erlebten die Räte eine Renaissance. Das VCIK suchte seine Chance. Seine erste Sitzung nach anderthalbjähriger Pause Anfang Februar 1920 war an sich schon ein symbolisches Ereignis. Zudem setzte sie inhaltliche Zeichen: Die Abschaffung der (wieder eingeführten) Todesstrafe richtete sich gegen die Allmacht der VČK; die Einrichtung der *Arbeiter- und Bauernkontrolle* sagte dem zweiten Hauptfeind, der Diktatur von Kommissionen und Behörden, den Kampf an.[54]

Angesichts der engen Verflechtung von Räteführung und Partei versteht es sich von selbst, daß dem Vorstoß des Zentralen Exekutivkomitees ein neuerlicher Streit in den Reihen der Bolschewiki zugrunde lag. Die Kritik entzündete sich an verschiedenen Problemen und wurde von verschiedenen Gruppen vorgetragen. Die sogenannte *Arbeiteropposition* um Šljapnikov und Kollontaj sorgte sich um die soziale Identität der Partei. Sie forderte die Mehrheitsfraktion auf, den Bedürfnissen der Arbeiter wieder stärker Rechnung zu tragen, die städtischen Massen in die Organisation zurückzuführen und sie am Entscheidungsprozeß zu beteiligen. Die *Demokratischen Zentralisten* um N. Osinskij konzentrierten ihre Angriffe auf die Herrschaft der Kommissare und das schrankenlose Walten der Parteizentrale, das den eigentlichen Anspruch der Sowjetmacht in sein Gegenteil verkehrt habe. Vor allem in einem Punkte stimmten beide Gruppen und manche der nachfolgenden oppositionellen Strömungen überein: daß die politische Freiheit in Gefahr sei, ohne die der Sozialismus nicht leben könne.

Dies äußerten mit ihren Mitteln auch die Matrosen von *Kronstadt*. Kein anderer Akt ist so sehr zum Symbol der Deformation des Sowjetregimes geworden wie der Aufstand derjenigen, die wenige Jahre zuvor die Speerspitze der radikalen Revolution gebildet hatten. Seit langem von linkssozialrevolutionären und anarchistischen Ideen ebenso geprägt wie von bolschewistischen, hingen die Kronstädter Matrosen am Ideal autonomer und egalitärer Kommunen. Sie waren allzu bewußte und unabhängige Vorkämpfer für Gleichheit und Selbstbestimmung, als daß sie sich widerstandslos von Organen hätten entmündigen lassen, die dem Willen der Obrigkeit folgten, auch wenn sie sich Räte nannten. Was sie im Februar 1921 forderten, konnten auch die Arbeiter unterschreiben, die zur selben Zeit erstmals seit Beginn des Bürgerkrieges in Petrograd und Moskau wieder auf die Straße gingen: unverzügliche Neuwahlen der Sowjets auf der Grundlage geheimer und gleicher Stimmabgabe, Rede- und Pressefreiheit für alle anarchistischen und linkssozialistischen Parteien, Freiheit der Gewerkschaften, Versammlungsfreiheit, gleiche Brotrationen für alle mit Ausnahme von Arbeitern in gesundheitsschädlichen Berufen und anderes mehr.[55]

So stand das Sowjetregime im Frühjahr 1921 am Scheideweg. Es durchlebte die schwerste innere Krise seit seinem Bestehen. Revolution und Bürgerkrieg hatten neun bis zehn Millionen Tote gefordert, viermal soviel wie der gesamte Weltkrieg. Etwa zwei Millionen Menschen, darunter ein erheblicher Teil der Elite von Besitz und Bildung, waren ins Ausland geflüchtet. Dem Dorf stand die schlimmste Hungerkatastrophe seit Jahrzehnten bevor. Die Industrieproduktion war auf 12 bis 16% des Standes von 1912 geschrumpft.[56] Die bewaffnete Empörung der Bauern in Tambov und andernorts zwang zum Verzicht auf die Versorgungsdiktatur und setzte dem Experiment einer marktfreien Plan- und Verteilungswirtschaft vorerst ein Ende. In Partei und Staat wuchs der Widerstand gegen das autoritäre und terroristische Notstandsregime des Bürgerkriegs. Verschiedene Oppositionsgruppen forderten, was die Kronstädter Matrosen zum offenen Ungehorsam trieb: die Rückkehr zur Rätedemokratie. Zentralkomitee und Regierung versäumten nicht zu reagieren. Sie brachten das Dorf durch die begrenzte Zulassung des freien Handels unter Kontrolle. Sie liquidierten die umstrittensten außerordentlichen Organe und hoben die Sondervollmachten anderer Behörden auf.

Mehr aber geschah nicht. Mit Ausnahme der neuen Wirtschaftspolitik gingen die Reformen über kosmetische Korrekturen nicht hinaus. Das Aufbäumen der Sowjets war von kurzer Dauer. Dem VCIK fehlte das personelle und institutionelle Fundament, um die Macht tatsächlich ergreifen zu können. Überdies mußten die letzten prominenten Menschewiki und Sozialrevolutionäre das Land mit den Weißen verlassen. Auch das Plenum des Sowjets wurde endgültig zur Einparteienveranstaltung, ohne Kraft zu effektiver Kontrolle. Der sozialistische Pluralismus erlebte keine Wiedergeburt. Lenin und Trotzki dachten nicht daran, alte Versprechen des Oktober einzulösen und Demokratie zu wagen. Statt dessen verbohrten sie sich in die Vorstellung, die Zugeständnisse an »kleinbürgerliche« Bauern und kapitalistische Marktkräfte durch besondere Wachsamkeit der proletarischen Avantgarde kompensieren zu müssen. Es war kein Zufall, daß derselbe (der zehnte) Parteitag, der im März 1921 die NEP auf den Weg brachte, jede Fraktionsbildung – de facto die freie Meinungsäußerung – für alle Zukunft in Acht und Bann tat. Zu dieser Doppelstrategie paßte, daß die VČK ungeachtet ihrer formellen Auflösung unter neuem Namen (GPU) weiterexistierte (seit 1922) und die wichtigsten außerordentlichen Vollmachten, Deportation und Todesstrafe, zurückerhielt. Und auch die Art und Weise, wie die Regierung mit den Kronstädter Matrosen umsprang, gehört in diesen Zusammenhang: Man erklärte sie zu Konterrevolutionären und brach den Widerstand nach zehntägiger Beschießung in einem blutigen Drama mit militärischer Gewalt. Nichts zeigte brutaler, daß das Regime nicht wirklich umkehrte. Die grundlegenden Deformationen als Erbe des Oktobercoups und des Bürgerkrieges hatten Bestand. Erst diese Lernunfähigkeit machte die Kronstädter Matrosen zu Märtyrern eines freiheitlichen Sozialismus und zog den Schlußstrich unter die zweite Revolution des Jahres 1917.

VI. Revolution und Rückständigkeit

Über die Fronten des andauernden Meinungsstreits hinweg scheint klar zu sein, daß vor allem zwei Voraussetzungen den Boden für die säkulare Umwälzung des Jahres 1917 bereiteten: die Krise des alten Regimes und der Weltkrieg. Die mannigfachen Modernisierungsprobleme schufen in verschiedenen Bereichen der alten Ordnung ein hohes Maß an Instabilität, Spannungen und Konflikten. Wohl legte die Aufhebung der Leibeigenschaft 1861 den Grundstein für Rußlands Sprung in ein neues Zeitalter. Aber sie versetzte die Agrargesellschaft nicht auf breiter Front in die Lage, den Herausforderungen des Wandels mit Erfolg zu begegnen. Auch wenn man den Bauern regional mehr ökonomische Beweglichkeit attestiert als bisher (und das Problem insofern differenzierter sieht), bleibt der Tatbestand verbreiteter Armut und allgemein empfundener Rückständigkeit. Nach wie vor fehlte es ihnen an Land, Inventar und technischem Wissen, um im Wettlauf mit der Bevölkerungsvermehrung prosperierende Wirtschaften in ausreichender Zahl zu schaffen. Die Bewahrung der *obščina* trug maßgeblich dazu bei. Sie sorgte weniger, wie beabsichtigt, für Ruhe und Botmäßigkeit auf dem Dorfe. Eher konservierte sie Lebensformen und Perzeptionsmuster, die das Herkommen und die Distanz zwischen bäuerlicher und städtischer Welt festigten. Auf der anderen Seite rüttelte die große Reform an den ohnehin erschütterten Grundfesten der Adelsmacht. Der wohlgeborene Stand blieb zwar als Träger des Heeres, der Verwaltung und als herrschende Schicht in der weiten Provinz die entscheidende Stütze der Autokratie. Aber es war unverkennbar, daß er mit den neuen Verhältnissen nur schwer zurechtkam und die Tage seiner unbestrittenen Führung zu Ende gingen. Nicht wenige seiner Angehörigen wandten sich überdies aus Unzufriedenheit oder Einsicht in die Zeichen der Zeit von der bestehenden Ordnung ab.

In den Städten erwuchs dem alten Regime kein Ersatz. Alle neuen Schichten, die der industrielle Aufschwung hervorbrachte, wahrten zumindest Distanz, wenn sie nicht offene Feindschaft zeigten. Was im Zarenreich Bourgeoisie heißen konnte, war sozial wie politisch schmächtig. Soweit sie an öffentlichen Dingen teilnahm, stand sie zumindest im gemäßigt oppositionellen Lager und trat für die Beschränkung der Autokratie ein. Die Arbeiterschaft blieb der ungeliebte Bastard der wirtschaftlichen Modernisierung. Zwar suchte der alte Staat um der internationalen Selbstbehauptung willen Anschluß an die industrielle Entwicklung des Westens. Aber er nahm nur widerwillig in Kauf, daß er dazu ein Heer von Fabrikbeschäftigten brauchte. Allzu klar standen ihm am Beispiel der fortgeschrittenen Länder die Gefahren vor Augen, welche die neue Klasse heraufbeschwor. Andererseits reichte die Furcht nicht aus, um ihn zu ernsthafter Vorbeugung in Gestalt von Fürsorge- und Schutzmaßnahmen zu bewegen. Was fraglos recht früh auf den Weg gebracht wurde, vermochte die Ansammlung massiver Unzufriedenheit nicht zu verhindern. Die wenigen durchgreifenden Reformen kamen zu spät. Während das Bürgertum nach der Jahrhundertwende Anstalten machte, den Adel als soziale Elite abzulösen, und die Normen von Gesellschaft und Kultur zu definieren begann, fand die Arbeiterschaft in der inflexiblen Matrix der alten Ordnung nie einen gesicherten Platz. Gleiches galt schließlich in ähnlicher Weise für große Teile der Intelligenz. Zwar rechnete sie zu den privilegierten Untertanen des Zaren, aber ihr blieb verwehrt, was sie vor allem anstrebte: Teilnahme am öffentlich-politischen Leben und freie Entfaltung ihrer Talente nicht nur im Bereich von Ökonomie und Technik. Fraglos traf in Rußland zu, was eine klassische Studie zu einer wesentlichen Voraussetzung der großen Revolutionen erklärt hat: die Desertion der Intellektuellen, die Abwendung der Interpreten und Vermittler, ohne die sich moderne Herrschaft nicht behaupten kann.[1] Daran änderte auch die Selbstkritik derer nichts, die in einem berühmten Sammelband stellvertretend für manch andere Radikalliberale und Sozialisten der frühen Jahre »Wegweiser« für eine Umkehr setzen wollten.[2]

Ein erstes Resultat der wachsenden sozialen Struktur- und politischen Legitimationsprobleme war die Revolution von 1905/07. In wesentlicher Hinsicht nahm sie, die eigentlich »nur« den Namen einer schweren Erschütterung der staatlichen Autorität und Herrschaft verdient, die Ereignisse des Jahres 1917 vorweg. Schon 1905 trafen die Unzufriedenheit und Ansprüche verschiedener Schichten zusammen: der Arbeiterschaft, der liberalen Intelligenz, der Zemstvo-Bewegung, von Teilen des industriellen Bürgertums und nicht zuletzt der Bauernschaft. Die Krise der alten und die Geburtswehen einer neuen Gesellschaft summierten sich zur schwersten inneren Bedrohung des Staates seit dem 18. Jahrhundert. Dabei ging ihr Effekt über die Instabilität hinaus, die jeder vergleichbare (und im Grunde stets gegebene) Wandel mit sich bringt, weil die tradierten Strukturen eine lederne Zählebigkeit bewiesen und zwei Ordnungen von großem sozioökonomischem und politischem Gewicht nebeneinander bestanden. Nicht in der Transformation selbst, sondern in ihrer sektoralen und temporalen Ungleichmäßigkeit lag die Ursache für die *Doppelkrise*, die das Ancien régime ins Wanken und schließlich zum Einsturz brachte. Vom Blutsonntag 1905 führte gewiß keine Einbahnstraße zum Februar 1917; insofern trifft die in der marxistischen Literatur beliebte Metapher der Generalprobe daneben. Aber wesentliche Voraussetzungen des Umsturzes, die auch seinen Charakter prägten, blieben dieselben. Der Zusammenhang zwischen Rückständigkeit und Protest verband beide Vorgänge.

Es fällt nicht schwer, ein besonderes *Kennzeichen* des Aufbegehrens *von 1905* auszumachen. Auch wenn die Arbeiter das Signal gaben und die Bauern den Abzug der Garnisonsregimenter zum Sturm auf die Herrenhöfe nutzten, erhielt es sein Gepräge vor allem durch die liberale Bewegung. Der Ruf nach Beschränkung der autokratischen Macht und Sicherung der bürgerlichen Freiheitsrechte bildete den gemeinsamen Nenner aller oppositionellen Strömungen. Auch die sozialistischen Parteien ordneten ihr Fernziel der aktuellen Aufgabe unter, Rechtsstaatsgarantien und eine Verfassung zu sichern. Oktobristen und Sozialrevolutionäre, um die extremen Temperamente zu nennen, trennte sicher viel – der Kampf für ein parlamentarisches Regiment brachte sie bei bleibenden Differenzen über dessen Art und Ausmaß vorübergehend in eine gemeinsame Front. Nicht zuletzt dieser Vorrang demokratisch-liberaler Ziele hatte viel mit der Andersartigkeit der russischen Entwicklung zu tun. Immer breiteren Kreisen der Gesellschaft von Besitz und Bildung erschien der Fortbestand einer unkontrollierten Monarchie als untragbarer Anachronismus. In der Regel orientierten sie sich dabei am Muster der westeuropäischen Errungenschaften. Sozialisten wie Liberale (von den slavophil geprägten abgesehen) legten mit guten Gründen den Finger darauf, daß die staatlichen Reformer der sechziger Jahre vor einer politischen Modernisierung zurückgeschreckt waren. Wirtschaftlicher Fortschritt sollte, wenn schon der soziale Wandel nicht ausbleiben konnte, am wenigsten mit einer Änderung der Herrschaftsform bezahlt werden. Im Krisenjahr 1905 trat erstmals mit aller Klarheit zutage, daß unausgewogener Wandel dieser Art nicht zu haben war. Das Zarenreich verband sich durch die Industrialisierung noch enger mit Europa als zuvor. Es mußte sich gefallen lassen, daß auch die politische Verfassung europäischen Maßstäben unterworfen wurde. Bereits die »liberale Revolution« des Jahres 1905 war, an ihren Vorbildern und Ideen gemessen, ebenso eine »Revolution von außen« wie die Umwälzungen des Jahres 1917 und der gesamte Transformationsprozeß, dessen Teil sie bildeten.

Die bleibenden Resultate des gemeinsamen Angriffs auf die Autokratie spiegelten seine Hauptmotive. Sicher war die Herrschaftsordnung nach der Verkündung der Verfassung nicht mehr dieselbe. Auch wenn die legislativen Rechte und Kontrollbefugnisse des Parlaments begrenzt blieben, auch wenn die oppositionellen Parteien und Gewerkschaften zumal nach dem Juni 1907 massiver staatlicher Repression ausgesetzt waren, entstand im Zarenreich eine neue politische Gewalt. Sie gewann nicht nur in der Duma und in politischen Organisationen verschiedener Art Gestalt. Manches spricht dafür, der damit einhergehenden Entfaltung einer politischen und publizistischen Öffentlichkeit noch größeres Gewicht beizumessen. Intensiver als je zuvor beteiligte sich (nicht nur) die »Gesellschaft« an der Erörterung politischer Probleme. Zugleich erholte sich die Arbeiterschaft von der Erschöpfung durch Streiks und Wirtschaftskrise. Es zeigte sich, daß die hektische Organisationstätigkeit vom Herbst 1905 keine von der Intelligenz künstlich verursachte Erscheinung war, sondern einem tatsächlichen und konstanten Bedürfnis nach geregelter Interessenvertretung entsprang. Ob in Lesezirkeln, Verbrauchergenossenschaften, Hilfskassen, Gewerkschaften oder Parteien – auch die Arbeiterschaft der größeren Städte entfaltete unter den veränderten politischen Rahmenbedingungen eine neuartige Eigeninitiative, verbunden mit einem höheren Maß an Selbstbewußtsein und Erfahrung.

Auf beiden Ebenen barg dieser Vorgang eine Chance zum integrativen Ausgleich, zur Konfliktregulierung durch akzeptierte Vertretungskörperschaften. Auf beiden Ebenen blieb die Chance ungenutzt, weil der alte Staat den gesellschaftlichen Organen tatsächliche Anerkennung und Mitsprache verweigerte. Unbeweglich und überängstlich setzte er alles daran, die Geschöpfe des Aufstandes ins Abseits zu drängen. Auch wenn er sich vorübergehend zur Notwendigkeit von Reformen bekannte, suchte er die Rolle der Duma auf Konsultation und Akklamation zu beschränken. Erst recht gestand er den Gewerkschaften keine Handlungsfreiheit im Rahmen gesetzlich fixierter Grenzen zu. Vieles stützt den Gedanken, daß der fehlende Mut und Zwang, den Organen der Gesellschaft auf verschiedenen Ebenen tatsächliche Mitsprache bis hin zum Mitregiment einzuräumen, jene Unversöhnlichkeit hervorbrachte, die der Monarchie schließlich zum Verhängnis wurde. Dies um so eher, als der Mangel an Reformwille und -fähigkeit auch die doppelte Konfliktlinie zu erklären hilft, die das städtische Rußland zwischen den Revolutionen in der Tat zerteilte. Gerade die Halbherzigkeit des Konstitutionalismus brachte fatale Wirkungen hervor. Sie enthielt den Liberalen tatsächliche Partizipation vor, integrierte sie aber dennoch zunehmend in den neuartigen Prozeß der politischen Diskussion und Entscheidungsvorbereitung. Darin zumindest war das Experiment erfolgreich, daß es die gemeinsame radikaldemokratische Front von »Gesellschaft« und Arbeiterbewegung zerstörte. Wie es scheint, war der gezähmte Liberalismus, der sich mit dem Staatsstreich vom 3. Juni abgefunden hatte, nicht mehr geeignet, die wachsende Ungeduld der städtischen Masse zu absorbieren.

Der *Krieg* hat diese Konfliktlagen eigentlich nicht verändert. Aber er gab den Spannungen durch das Übermaß an Lasten und Beanspruchung eine neue Qualität. Von wachsendem Realitätsverlust gezeichnet, weigerte sich der Monarch bis zuletzt, einer »Regierung des gesellschaftlichen Vertrauens« zuzustimmen. Sein Mangel an politischer Einsicht und seine Zuflucht zum vermeintlich festen Halt der verbliebenen autokratischen Vorrechte versperrten den letzten Ausweg zu einer evolutionären Demokratisierung. Unterdessen zogen die Parteien der Mitte und Kräfte der »Gesellschaft« aus der Überforderung von Regierung und staatlicher Verwaltung eine nie dagewesene faktische Macht. In vieler Hinsicht übernahmen sie den Staat gleichsam von innen. Dabei bewahrten sie – womöglich, weil sie aus der Opposition längst herausgewachsen waren – eine unüberbrückbare Distanz zur Arbeiterbewegung. Das Aufbegehren der Masse nährte in ihnen das Trauma der Anarchie und die Angst, selbst Opfer unkontrollierbarer Gewalt zu werden. Auf der Hand liegt, daß hier mehrere Dimensionen zusammenkamen: außer sozialen Interessengegensätzen und politisch-weltanschaulichen Unterschieden nicht zuletzt eine kulturelle Distanz und tief verwurzelte Phobie vor der »dunklen Masse«. In dieser Kluft warfen die nachrevolutionären Probleme am deutlichsten ihre Schatten voraus: Das Februarregime scheiterte auch an ihr als einem weiterem Symptom der mangelnden Durchbildung und Integration der Gesellschaft.

Die Notstandsdemokratie des *Februar* hat stets die besondere Aufmerksamkeit der westlichen Forschung gefunden. Im Rückblick wurde sie zum Prüffeld für die Möglichkeit einer alternativen Entwicklung. Sie schien am ehesten Auskunft darüber geben zu können, ob der Weg zum Oktober jene Zwangsläufigkeit oder gar Gesetzmäßigkeit aufwies, die ihm die Sieger zuschrieben. Solche Befrachtung mit Erwartungen und Beweislasten hat ein nüchternes Urteil nicht eben erleichert. Dazu trug bei, daß die Schwächen des Regimes auf der Hand lagen. Die Gefahr wurde nicht immer vermieden, sie dem Gegner zur Last zu legen, um die Fiktion der Demokratiefähigkeit aufrechtzuerhalten. Mittlerweile ist die Auseinandersetzung sachlicher geworden und weitgehend entschieden. Sozialgeschichtliche Untersuchungen haben die Beschränkung auf die politischen Geschehnisse und Parteienkämpfe durchbrochen. Sie lassen keinen Zweifel daran, daß die Bolschewiki von einer breiten Welle wachsender Protestbereitschaft in Stadt und Land getragen wurden. Erwiesen scheint jedoch auch, daß die Gegner des Februar dabei von einer Enttäuschung profitierten, die sich ohne ihre ursächliche Mitwirkung Bahn brach. Sie schwammen mit dem Strom und gossen nach Kräften Wasser in die Fluten, aber sie brachten diese nicht hervor. Daß der Jubel der Arbeiter und Bauern bald der Enttäuschung wich, hatte tiefere Ursachen als die bloße Verführung durch eine fanatische Intelligenz. Ohne der Gefahr voreingenommener Stilisierung zu erliegen, wird man das Argument für plausibel halten können, die Radikalisierung der hauptstädtischen Arbeiterschaft sei einer eigenen Rationalität gefolgt: angesichts der Wirtschaftskatastrophe im Interessenkonflikt mit den Unternehmern Lohn und Arbeit zu sichern.

Um so eher richten sich die Fragen an die Politik und ihre Voraussetzungen zurück. Wer die Skrupellosigkeit der Ideologen und die anarchistische Neigung der Massen als tragfähige Argumente ausklammert, wird einen zweiten Blick auf das Februarregime werfen müssen. Die Tendenz ist zweifellos gewachsen, ihm – mit manchen zeitgenössischen Kritikern – einen größeren Teil der Verantwortung für die Möglichkeit des Oktober zuzuweisen als bisher. Dabei ist es müßig, über die Gewichtung der verschiedenen Probleme im einzelnen zu streiten: Die Fortsetzung des Krieges, die dramatische Zuspitzung der Versorgungs- und allgemeinen Wirtschaftskrise, die bleibende Polarisierung der Gesellschaft, die damit einhergehende Verschleppung drängender sozialer Reformen – übergroße äußere Lasten und gravierende eigene Versäumnisse gemeinsam haben das einzige echte Experiment des Parlamentarismus in Rußland zu Fall gebracht. Indes spricht vieles dafür, die Perspektive nicht auf die Defizite der Regierung und Querelen der hohen Politik einzuengen. Der Untergang des Zarismus war mehr als ein Machtwechsel an der Staatsspitze. Mit der Monarchie brachen so gut wie alle staatlichen und sozialen Autoritäten der alten Ordnung zusammen. Das neue Regime fand keinen effektiven Ersatz für die Gouverneure und Beamten, die Anfang März hatten gehen müssen. *Zemstva* und Stadträte vermochten höchstens ihre Amtsräume, nicht ihre Funktionen auszufüllen. Die verhaßte Polizei zog sich mit ihren Dienstherren zurück, ohne daß die Miliz ihre unverzichtbaren Aufgaben übernommen hätte. Die Justiz stellte ihre Tätigkeit weitgehend ein. Soweit Gutsbesitzer Reste an Einfluß und Macht bewahrt hatten, taten sie gut daran, sie zu kaschieren. Kirche und Klerus (wenigstens der höhere) verdammten den Umsturz offen und beraubten sich ihres Ansehens unter den Bauern. So verdient der Gedanke besondere Aufmerksamkeit, daß die demokratische Revolution des Februar auch das Fundament für die eigene Konsolidierung zerstörte, als sie das innerste Gerüst des alten Staates und seiner Gesellschaft zum Einsturz brachte.[3]

Schon diese Perspektive rückt das Geschehen der letzten Oktoberwoche in ein anderes Licht. Gewiß bleibt der Putsch ein denkwürdiges Ereignis mit weltgeschichtlichen Folgen. Aber er bildete weder das Bravourstück, das man oft in ihm gesehen hat, noch die wirkliche Keimzelle des neuen Regimes. Die Macht lag auf der Straße, und die Februarregierung sah gebannt zu, wie die Bolschewiki sie vor aller Augen auflasen. Die eigentliche Revolution vollzog sich im Jahr der schwersten Krise 1918. Vor dem Hintergrund des Schicksals der Autokratie und der Doppelherrschaft gibt die Selbstbehauptung der Sowjetmacht im *Bürgerkrieg* die entscheidenden Rätsel auf. Zur Kernfrage wird, warum und um welchen Preis die Bolschewiki unter noch widrigeren Bedingungen ihre Herrschaft verteidigen konnten.

Die einfachste Antwort wurde genannt. Trotz des »Abgrundes an Enttäuschung« (W.H. Chamberlain), in den sie seit dem Frühjahr 1918 stürzten, hatten Arbeiter und Bauern keinen Anlaß, die Fronten zu wechseln. Die weißen Gegenregime trafen keine Maßnahmen, von denen sie Gutes erwarten konnten. Ihnen blieb nur die Hoffnung auf das Ende des Krieges. Die Bauern mochten sich überdies mit dem Landbesitz trösten, den ihnen glaubwürdig immer noch nur die Bolschewiki garantierten. Hinzu kam, daß die Sowjetmacht nicht nur die Vorteile der Verfügung über Zentralrußland und seine überlegenen natürlichen Ressourcen effektiv für sich in Anschlag brachte. Ihr gelang es auch, die meisten Unabhängigkeitsbewegungen in der entscheidenden Phase 1919/20 zu gewinnen oder auszuschalten. Im Kaukasus und in Zentralasien nutzte sie Rivalitäten zwischen und innerhalb der nationalen Lager, um sich als zuverlässiger Anwalt der Selbständigkeit zu profilieren. Die Mittel und Wege zum Ziel waren überall dieselben: Mit dem nötigen Nachdruck der Roten Armee, aber nicht allein darauf gestützt, entstanden eigene Sowjetrepubliken, die sich der RSFSR in Freundschaft verbanden. Nicht immer war die vertraglich verbürgte Autonomie von Beginn an ein toter Buchstabe. Was nach dem Zweiten Weltkrieg zum Instrument der Bildung von Satellitenstaaten wurde, war mitten im Bürgerkrieg nicht von vornherein durchschaubar. Erst der Sieg verlieh der Zentralmacht jene erdrückende Stärke, die verbriefte Rechte wertlos und die peripheren Regionen wieder zu russischen Provinzen machte. Trotz mancherorts aufflammender Widerstände lag das Ergebnis solcher Machtpolitik ebenfalls bereits 1921 zutage: Unter der falschen Flagge der Selbständigkeit und sozialistischen Brüderschaft war territorial das zarische Imperium restauriert worden.[4]

Von selbst versteht sich dabei, daß die gesamte außerordentliche politische, organisatorische und militärische Leistung der jungen Sowjetmacht ohne herausragende Persönlichkeiten nicht denkbar war. Kaum eine Frage ist häufiger aufgeworfen worden als die nach der Bedeutung vor allem Lenins und Trotzkis für die Möglichkeit des Oktober und seiner Folgen. Ohne die äußeren Belastungen, die Strukturprobleme und die schlimmen Fehler der Provisorischen Regierung zu unterschätzen, kann die Antwort nur lauten: Zweifellos haben hier »Männer Geschichte gemacht«. Weder die politische und technische Vorbereitung des Aufstandes noch die schnelle

Liquidierung der zweiten plebiszitären Revolution und deren Ersetzung durch Versorgungsdiktatur und Kommissarenherrschaft sind ohne ihre Direktiven und Durchsetzungsfähigkeit vorstellbar. Niemand anders als Lenin konnte in einer Partei, die so sehr sein Geschöpf war, die Aprilthesen verkünden und gegen heftigen Widerstand zur verbindlichen Taktik erheben. Kein anderer war sichtbar, der ihn in der Zeit des erzwungenen Rückzugs aus der Öffentlichkeit so vollwertig hätte ersetzen und nach dem Oktoberaufstand so kraftvoll und eigenständig hätte ergänzen können wie Trotzki. Dennoch stellt die Frage falsch, wer daraus ein Argument für die bloß subjektive Verursachung von Putsch und Rätemacht beziehen möchte. Der Oktober war gewiß nicht unvermeidbar, aber auch kein Produkt des Zufalls und der Machinationen ebenso herkulischer wie irregeleiteter Ideologen. Er war *beides*: Ergebnis gezielter Strategie einer Minderheit und die Verwirklichung einer von mehreren Optionen, um das schlingernde Staatsschiff wieder auf Kurs zu bringen – auf welchen auch immer.[5]

Der bloße Tatbestand, daß die kleine Partei der Bolschewiki ihre Herrschaft gegen den Widerstand aller übrigen politischen Kräfte im Lande behaupten konnte, gibt jedoch Anstoß zu weiterem Nachdenken. Ein zweiter Blick wird die Ergebnisse der gesamten Umwälzung einzubeziehen haben: Die Vermutung drängt sich auf, daß die Sowjetmacht nicht nur soziale Risse der alten Ordnung für ihre Zwecke ausnutzen konnte, sondern auch Eigenarten und Mängel der *politischen* Verfassung und Kultur. Strukturmerkmale sind zu bedenken, die womöglich die Radikalisierung der Revolution – »le dérapage« möchte man mit einem Begriff aus der Diskussion über die Französische Revolution (F. Furet) sagen[6] – begünstigt haben. Nur auf dieser Ebene der langfristigen diachronen Sicht spricht manches für die Annahme einer Prädisposition des Reiches zur fundamentalen Erneuerung. Es ist zugleich die Ebene, auf der die Kontinuitätsfrage ihren Sinn hat: Die Revolution erhält ihren Stellenwert als Teil eines über sie hinausgreifenden Wandels.

Dabei geht es nicht darum, die Umwälzung als solche in Frage zu stellen. Auf der Hand liegt, daß sich die Vorgänge des Jahres 1917 zu einer Revolution im genaueren Sinne des Begriffs summierten. Schon der Februarumsturz beseitigte nicht nur die Monarchie, sondern griff auch tief in das soziale Machtgefüge ein. Erst recht brach die Oktoberrevolution mit der Vergangenheit. Die

Absage an Parlamentarismus und Parteienpluralität, die Aufhebung der *zemstva* und der städtischen Selbstverwaltung zerrissen die letzte Verbindung mit den politischen Institutionen des alten Reiches. Und die Enteignung der großen Besitzer in Stadt und Land sanktionierte wohl die rascheste und radikalste Sozialrevolution, die in der neueren Geschichte bis dahin zu verzeichnen war. Auch der Wechsel an den Schalthebeln der Macht besaß eine eigene Qualität. In keiner der vorangegangenen neuzeitlichen Revolutionen dürfte sich ein so kompletter Austausch der politischen Elite vollzogen haben, nirgends der »homo novus« (bei aller Übernahme zarischer Beamter und Offiziere des zweiten Gliedes) so sehr zur beherrschenden und typischen Figur des neuen Regimes geworden sein.[7]

Dennoch trat auch diese Umwälzung in geringerem Maße aus der historischen *Kontinuität* heraus, als es den Anschein haben mochte. Ein Blick auf ihre sozialen Resultate fördert Überraschendes zutage. Auf mittlere Sicht erreichte die Revolution das Gegenteil ihrer erklärten Ziele: Sie zerstreute den vorgeblichen Hegemon des neuen Staates, das Proletariat, in alle Winde und stärkte die alte Ordnung auf dem Lande. Trotz Versorgungsdiktatur und Hungersnot gingen vorerst die Bauern als hauptsächliche Gewinner aus der Asche des Krieges hervor. Gewiß kamen die Arbeiter nicht nur verbal zu hohen Ehren. Auch in der Wirklichkeit erklommen sie eine höhere Sprosse in der sozialen Stufenleiter. Aber in Heller und Pfennig, in ihren konkreten Arbeits- und Lebensbedingungen zahlte sich die ideologische Verklärung kaum aus. Obwohl die Arbeitspflicht mit dem Ende der proletarischen Naturalwirtschaft aufgehoben wurde, wechselten die Arbeiter im wesentlichen ihre Herren. Den neuen Forderungen waren sie ohne gewerkschaftliche Interessenvertretung alter Art überdies in mancher Hinsicht schutzloser ausgeliefert als zuvor. Die Bauern dagegen retteten die wichtigste Trophäe ihres Aufstandes, das hinzugewonnene Land, durch alle Wirren. Um seine Macht zu sichern, nahm das Sowjetregime die Aufteilung allen Großgrundbesitzes und die Festigung der *obščina* in Kauf. Schon bald trat zutage, daß sich die solchermaßen gestärkte Dorfgesellschaft auch politischer Kontrolle entzog. Der Gegensatz zwischen Stadt und Land blieb erhalten. Hier lag die tiefste Ursache für die Probleme, die Stalin 1929/30 mit dem Gewaltstreich der Kollektivierung zu lösen suchte.[8]

Spätestens als sich abzeichnete, daß Einparteienherrschaft und autoritäres Regiment das Ende des Bürgerkrieges überdauern würden, kam das Problem der Kontinuität auch der *politischen Kultur* in den Blick. Die pessimistische Sicht Miljukovs und anderer Liberaler schien sich zu bestätigen, daß die Voraussetzungen für demokratische Entscheidungsprozesse jenseits überschaubarer Kleingemeinden in Rußland noch nicht gegeben waren. Gewiß hatten die *zemstva* als Schule und Keimzelle des Parlamentarismus tiefe Spuren hinterlassen. Aber sie waren im wesentlichen eine Veranstaltung des Adels geblieben. Ähnlich hatten die Stadträte den Charakter von Versammlungen betuchter Honoratioren nie verloren. Und die kurze Zeit des »konstitutionalistischen Experiments« reichte nicht aus, um nachzuholen, was in Jahrhunderten versäumt worden war. Im Zarenreich hatten sich gesellschaftliche Eigeninitiative und autogene soziale Verbände kaum entfalten können. Weder Adelskorporationen noch Bürgergemeinden oder Zunftgenossenschaften waren entstanden, die ein unabhängiges Leben geführt und dem Untertanenverband zu Selbstbewußtsein verholfen hätten. »Gesellschaft« bildete sich in Rußland selbst im Sinne der institutionalisierten Versammlung von Angehörigen gleichen Standes auf dem Wege autokratischer Anordnung. Nur langsam warf sie in der zweiten Hälfte des 19. Jahrhunderts diese Gestalt und die Funktion als halbstaatliche Verwaltungsinstanz ab, die damit verknüpft war. Einer partizipatorischen Kultur konnte sie aber schon deshalb keinen Weg bahnen, weil jenseits einer dünnen Oberschicht auch die kommunikativen und bildungsmäßigen Voraussetzungen fehlten.[9]

So hatte die Meinung manches für sich, daß der Sprung von der Selbstherrschaft zu einer Extremform der Demokratie in einem guten Jahrzehnt (1906 bis 1917) zu groß war, als daß er stabile Verhältnisse hätte herstellen können. Zumindest blieben die Keime einer freiheitlichen Verfassung zu schwach, um der Bedrohung durch außerordentliche Belastungen und kriegsbedingte Notstandsmaßnahmen standzuhalten. Vieles legt den Gedanken nahe, daß Oktoberumsturz und Bürgerkrieg die Errungenschaften an parlamentarischer Kultur und pluralistischer öffentlicher Meinungsbildung in ähnlicher Weise annullierten wie die Bauernunruhen das Ergebnis der Stolypinschen Reform. Zwei Millionen Emigranten rissen vor allem ein tiefes Loch in die Reihen derer, die den Konstitutionalismus nach 1906 getragen hatten. Nicht nur der allergrößte Teil der gemäßigt-sozialistischen und liberalen Intelligenz floh, die »Gesellschaft« von Besitz und Bildung als solche, die soziale Stütze der politischen und ökonomischen Modernisierung, löste sich auf.[10] Angesichts dessen hätte es gezielter Anstrengungen bedurft, um mit der Gegenrevolution und »Bourgeoisie« nicht auch die bürgerliche Freiheit zu zertreten, die im angestrebten Sozialismus aufgehoben sein sollte. Die Bolschewiki waren für diese Aufgabe denkbar ungeeignet. Ihre Organisation trug am ehesten den Stempel der zentralistisch-autoritären Ordnung, gegen die sie ankämpfte. Im Bemühen um »Waffengleichheit« übernahmen sie Eigenschaften, die ihnen halfen, in der Auseinandersetzung zu bestehen, demokratische Willensbildung und föderalistischen Pluralismus aber nicht eben förderten. Die Rede von den »roten Zaren« ist gewiß polemisch und vereinfachend. Aber es bleibt der Tatbestand, daß sich weder bürgerlicher Parlamentarismus noch proletarische Rätedemokratie entfalten konnten. Obrigkeitliche Machtfülle und kaum beschränkte administrative Verfügungsgewalt, Erbschaften der alten Ordnung, behielten die Oberhand. Auch wenn der neuen Gestalt, die sie annahmen, über die Partei und sonstigen Massenorganisationen vermittelt, ein plebiszitäres, in Grenzen sogar partizipatorisches Element zuwuchs, entstand daraus kein Regiment der Mehrheit, sondern nur eine andere Form der Minderheitenherrschaft.

Der Beginn des Wiederaufbaus gab schließlich auch die Sicht frei auf *Kontinuitäten der praktischen Politik*. Daß die Union der Sowjetrepubliken, von Polen und Finnland abgesehen, fast dieselben Territorien umfaßte wie das Zarenreich, verlangte geradezu nach symbolischer Deutung. Spätestens in den dreißiger Jahren sahen sich die betroffenen Völker mit einem großrussischen Herrschaftsanspruch konfrontiert, der den zarischen an Rücksichtslosigkeit noch übertraf. Die Renaissance nationaler Werte unter Stalin machte die Revolution der kleinen Völker vollends rückgängig.[11] Am deutlichsten aber trat das Erbe zarischer Politik auf wirtschaftlichem Gebiet zutage. Lenins vielzitierte Formel, Kommunismus bedeute Sowjetmacht plus Elektrifizierung, verkündete 1920 in alle Welt, was der neue Staat als seine Hauptaufgabe betrachtete: dasselbe wie der alte – schnellen industriellen Fortschritt. Gleich dem Zarenreich setzte sich das Revolutionsregime zum Ziel, die führenden Wirtschaftsnationen einzuholen. Es dauerte bis 1927, um den Entwicklungsstand von 1914 wiederzugewinnen. Danach begann, nach Maßgabe der ersten Fünfjahrespläne, ein vom Staat getragener industrieller Schub, dessen Tempo in der jüngeren Geschichte ebensowenig einen Vergleich fand wie seine Gewaltsamkeit und das Ausmaß an Leid und Repression, das ihn begleitete.

Die Fortsetzung der Politik rascher Industrialisierung und ihre weit über die wirtschaftlichen Vorgänge hinausgreifende Bedeutung haben Anlaß gegeben, in ihr den geeigneten Rahmen für eine komparative Gesamtdeutung der Russischen Revolution zu sehen. Die Wende von 1917 erscheint als Teil des umfassenden Modernisierungsprozesses, der nach dem Krimkrieg begann. Dieser Vorgang entfaltete seine größte Dynamik im sozialen und wirtschaftlichen Bereich. Zugleich setzte er politische Ansprüche gegen die überkommene Ordnung frei, die selbst kaum einen Zoll Boden abtrat. Alle wesentlichen Ziele und Motive wurden aus Westeuropa erborgt. Das galt für die technisch-industriellen Errungenschaften ebenso wie für das demokratische Verfassungsideal und die liberalen, marxistischen und sozialistischen Anschauungen, denen sich die verschiedenen Strömungen der Opposition verschrieben. Insofern kam die Revolution, die den Kulminationspunkt des Wandels bildete, unbeschadet ihrer autochthonen Kraftquellen in der Tat »von außen«.[12] Sie entsprang dem spezifischen Spannungsverhältnis zwischen Rußland und Europa, das Staat und Gesellschaft im Zarenreich seit seiner Öffnung nach Westen entscheidend prägte.

Freilich vermochte sie diese Spannung nicht zu lösen. Es gehörte zum Zwittercharakter des Produkts aus verschiedenen Traditionen und Kulturen, daß es keiner von beiden folgte. In Gestalt der sozialistischen Entwicklungsdiktatur brachte die Modernisierung etwas Drittes hervor: eine Gesellschaft, die eigentlich die westeuropäische Zivilisation zur Vollendung hätte führen sollen, beherrscht von einer Minderheit als selbsternanntem Substitut der Mehrheit, zweckentfremdet zur Fortsetzung des Kampfes gegen die Rückständigkeit mit anderen, rigoroseren Mitteln. In dieser Perspektive markierte die Umwälzung von 1917 Bruch und Kontinuität zugleich: einen Bruch in den Mitteln, Kontinuität im Zweck. Sie speiste sich aus westlichen und russischen Quellen mit dem Ergebnis einer politischen und sozialen Verfassung, in der die russische Wirklichkeit die westeuropäische Utopie bis zur Unkenntlichkeit verdrängte. Darin trat zutage, daß die Revolution, am sozialistischen Anspruch gemessen, gewiß zu früh kam.[13] Andererseits hatte sie ihren historischen Ort eben da, wo sie ihn fand, weil allein die Anomie der Unreife sie ermöglichte. Nicht zuletzt darin lag ihre welthistorische Bedeutung: Daß sie nicht dort ausbrach, wo sie ausbrechen sollte, verlieh ihr die Kraft, zum Modell des Aufstandes der unterentwickelten Länder gegen die fortgeschrittenen, der Peripherie gegen das Zentrum, zu werden. Aus ihrem Zusammenhang mit der Rückständigkeit, ihrem Charakter als national orientiertem Modernisierungs- und Industrialisierungsregime bezog sie seither ihre hauptsächliche Wirkung. So gesehen, verdankte sie sich in der Tat »einer Art Irrtum des Kolumbus«.[14]

Abkürzungen

AHR	American Historical Review
BK	Browder und Kerensky, Provisional Government
CEHE	The Cambridge Economic History of Europe
FzoG	Forschungen zur osteuropäischen Geschichte
GPU	*Gosudarstvennoe Političeskoe Upravlenie* (Staatliche Politische Verwaltung)
HGR	Handbuch der Geschichte Rußlands
JGO	Jahrbücher für Geschichte Osteuropas
KD	Konstitutionelle Demokraten
LW	Lenin, Werke
NEP	*Novaja Ekonomičeskaja Politika* (Neue Ökonomische Politik)
PLSR	*Partija levych socialistov-revoljucionerov* (Partei der Linken Sozialrevolutionäre)
PSR	*Partija socialistov-revoljucionerov* (Sozialrevolutionäre Partei)
RR	Russian Review
RSDRP	*Rossijskaja social-demokratičeskaja rabočaja partija* (Russische sozialdemokratische Arbeiterpartei)
SEER	Slavonic and East European Review
SNK	*Sovet narodnych kommissarov* (Rat der Volkskommissare)
SR	Slavic Review
UPSR	*Ukrainskaja partija socialistov-revoljucionerov* (Ukrainische Sozialrevolutionäre Partei)
USDRP	*Ukrainskaja social-demokratičeskaja rabočaja partija* (Ukrainische sozialdemokratische Arbeiterpartei)
VČK	*Vserossijskaja Črezvyjčajnaja Komissija po bor'be s kontrrevoljuciej i sabotažem* (Allrussische außerordentliche Kommission für den Kampf gegen Konterrevolution und Sabotage)
VCIK	*Vserossijskij central'nyj ispolnitel'nyj komitet* (Allrussisches zentrales Exekutivkomitee)
VIKŽEL	*Vserossijskij ispolnitel'nyj komitet železno-dorožnogo profsojuza* (Allrussisches Exekutivkomitee der Eisenbahnergewerkschaft)
VRK	*Voenno-revoljucionnyj komitet* (Revolutionäres Militärkomitee)
VSNCH	*Vysšij sovet narodnogo chozjajstva* (Oberster Volkswirtschaftsrat)
ZK	Zentralkomitee

Glossar

Altgläubige: Anhänger des alten russischen Glaubens, die die liturgischen Reformen des Patriarchen Nikon Mitte des 17. Jahrhunderts ablehnten. Nach einhundertjähriger heftiger Verfolgung konnten sie sich seit 1771 wieder legal in Zentralrußland ansiedeln, wurden aber noch vielfach diskriminiert und an der Ausübung ihrer Religion gehindert.

Artel': bäuerliche Arbeitskollektive in der Landwirtschaft und im Nebengewerbe; die handwerklichen *arteli* übernahmen gemeinschaftlich Aufträge an fremden Orten (Saison- bzw. Wanderarbeit) und wohnten und wirtschafteten oft auch gemeinsam.

Autokratie: »Selbstherrschaft« (*samoderžavie*), Bezeichnung für die Herrschaftsverfassung im Moskauer Staat seit etwa dem 15./16. Jahrhundert, vom westeuropäischen Absolutismus vor allem durch seine byzantinischen Wurzeln, die stärkere theokratische Komponente und das Fehlen regionaler, ständisch-korporativer Gegengewalten unterschieden; im strengeren Sinne ging die Autokratie spätestens mit der Verkündung der Verfassung 1906 zu Ende.

Duma: »Rat«, im Moskauer Reich ein Adelsrat an der Seite des Zaren, seit 1906 Bezeichnung des Parlaments.

Hetman: ursprünglich gewählter »Ältester« der Kosaken, später allgemein Oberhaupt der Kosaken(armeen).

Kosaken: »freie Krieger«, kriegerische Siedler in der südwestlichen, später auch der südöstlichen Grenzzone des Zarenreiches, deren Freiheiten im 18. Jahrhundert beseitigt wurden; danach spezielle, aus den Kosakenterritorien rekrutierte Armee-Einheiten.

Kustargewerbe: bäuerliches Heimgewerbe, das seit dem ausgehenden 18. Jahrhundert vor allem im Bereich der Textil- und Metallverarbeitung große volkswirtschaftliche Bedeutung gewann.

Mežrajoncy: 1913 im Exil gegründete Gruppe von Sozialdemokraten, die zwischen Menschewiki und Bolschewiki vermitteln und die Einheitspartei wiederherstellen wollte.

Narodničestvo, narodniki: von *narod* = Volk, revolutionäre Bewegung vor allem der siebziger Jahren des 19. Jahrhunderts bzw. Anhänger derselben, die den Sturz der Zaren- und Adelsherrschaft primär durch die Bauern mit dem Ziel anstrebte(n), eine agrarisch fundierte, an den Idealen des europäischen Frühsozialismus orientierte Gesellschaftsordnung zu schaffen.

Neue Ökonomische Politik (NEP): im Frühjahr 1921 als Abkehr vom Kriegskommunismus eingeleitete Wirtschaftspolitik, die vor allem auf der partiellen Zulassung des freien Agrarmarktes, des privaten Kleingewerbes und prinzipiell freien Warenaustauschs zwischen Stadt und Land beruhte; die NEP wurde durch die Zwangskollektivierung 1929/30 beendet.

obščina: Dorfgemeinde, seit dem 18. Jahrhundert zugleich Landumteilungs- und steuerliche Solidarhaftungsgemeinde.

Ochrana: eigentlich *Ochrannoe otdelenie obščestvennoj bezopastnosti i porjadka* (Schutzabteilung für die öffentliche Sicherheit und Ordnung), Sonderabteilung der Polizei zur Überwachung der oppositionellen und besonders der revolutionären Bewegung.

Rada: ukr. für »Rat«, 1917 Bezeichnung sowohl für die national orientierte, gemäßigt sozialistische Regierung als auch für die Arbeiter- und Soldatenräte.

Smyčka: »Zusammenschluß«, propagandistischer Begriff für das Bündnis von Arbeiter und Bauern in den frühen zwanziger Jahren.

Trudoviki: Mitglieder bzw. Anhänger einer Parlamentsfraktion, die sich den Interessen der »arbeitenden« (*trud* = Arbeit) Bauern verpflichtet fühlte und vor allem für eine radikale, aber auf dem Gesetzeswege zu vollziehende Agrarreform eintrat.

volost': Verwaltungseinheit zwischen Dorf und Kreis (*uezd*).

zemskij sobor: Landesversammlung, im 17. Jahrhundert beratende Versammlung des Adels, in der slavophilen Theorie des 19. Jahrhunderts dem demokratischen Parlament westlicher Prägung entgegengesetzt.

zemstvo: 1864 begründete, vom Adel beherrschte Selbstverwaltungsorgane in den Gouvernements.

Anmerkungen

Einleitung

1 Vgl. dieses ältere, noch vom ungebrochenen Selbstbewußtsein der westlichen Demokratien getragene Modell bei: R.R. Palmer, Das Zeitalter der demokratischen Revolution. Eine vergleichende Geschichte Europas u. Amerikas von 1760 bis zur Französischen Revolution, Frankfurt 1970 (engl. 2 Bde, 1959–1964). Einen knappen Abriß der jüngeren Revolutionstheorien gibt (mit weiterer Literatur): H. Wassmund, Revolutionstheorien, München 1978.

2 Vgl. T. Skocpol, States and Social Revolutions. A Comparative Analysis of France, Russia, and China, Cambridge/Mass. 1979, 24ff. Vorsichtiger, die Rolle der Staatsgewalt im Rahmen seines Mobilisierungs- und Konfliktmodells aber ebenfalls stärker betonend: C. Tilly, From Mobilization to Revolution, Reading/Mass. 1978, 200ff.

3 Zu den Definitionen von Revolution, die immer auch Deutungen sind, vgl. Wassmund, 27ff.; E. Zimmermann, Krisen, Staatsstreiche u. Revolutionen. Theorien, Daten u. neuere Forschungsansätze, Opladen 1981, 138ff.; Skocpol, 3ff.

I. Voraussetzungen

1 Vgl. D. Beyrau, Militär u. Gesellschaft im vorrevolutionären Rußland, Köln 1984, 208ff. Zur Reform grundlegend: D.T. Field, The End of Serfdom. Nobility and Bureaucracy in Russia 1855–1861, Cambridge/Mass. 1976, hier 51ff.; knapper Abriß (mit ausführlichem Literaturnachweis): HGR III, 14ff. Anregend in der Gesamtperspektive: G.L. Yaney, The Urge to Mobilize. Agrarian Reform in Russia 1861–1930, Urbana 1982.

2 Vgl. die einflußreiche, erst in jüngster Zeit angezweifelte Deutung Alexander Gerschenkrons, zusammengefaßt in: Ders., Agrarian Policies and Industrialization: Russia 1861–1917, in: CEHE 6. 1966, 706–800. Zur Kritik s. Anm. 6.

3 Vgl. A.M. Anfimov, Krest'janskoe chozjajstvo Evropejskoj Rossii 1881–1904 [Die bäuerliche Wirtschaft im europäischen Rußland], Moskau 1980, 41f.

4 Vgl. G.B. Robbins, The Famine in Russia 1891–1892: The Imperial Government Responds to a Crisis, New York 1975.

5 Vgl. neben dem älteren Werk von G.T. Robinson, Rural Russia under

the Old Regime, New York 1932 (ND: Berkeley 1973) vor allem: J. Nötzold, Wirtschaftspolitische Alternativen der Entwicklung Rußlands in der Ära Witte u. Stolypin, Berlin 1966. Für den Zeitraum bis 1906 ähnlich: Gerschenkron, Agrarian Policies; Daten nach HGR III, 1013; zur Urbanisierungsrate s. Anm. 16.

6 Vgl. P.R. Gregory, Russian National Income, 1855–1913, Cambridge 1982, 134ff., 193; P. Gatrell, The Tsarist Economy 1850–1917, London 1986, 119, sowie en détail (mit weit. Lit.) vor allem: H.-D. Löwe, Die Lage der Bauern in Rußland, 1880–1905. Wirtschaftliche u. soziale Veränderungen in der ländlichen Gesellschaft des Zarenreiches, St. Katharinen 1987, hier bes. 31ff., 57ff., 98; auch: ders. in: HGR III, 233ff. Zur zeitgenössischen theoretischen Debatte: T. Shanin, The Awkward Class. Political Sociology of Peasantry in a Developing Society: Russia 1910–1925, Oxford 1972.

7 Daten nach T. Shanin, The Roots of Otherness: Russia's Turn of Century, Bd. 1: Russia as a »Developing Society«, London 1985, 137. Leicht abweichende Daten, obwohl aus derselben statistischen Erhebung extrapoliert, bei Gatrell, 113ff.; Löwe, 95,99.

8 Ohne Abstriche hält an der überkommenen Deutung fest: A. Moritsch, Landwirtschaft u. Agrarpolitik in Rußland vor der Revolution, Wien 1986, bes. S. 187ff.

9 Daten nach: P.A. Zaionchkovsky, The Abolition of Serfdom in Russia, Gulf Breeze 1978, 157; Gatrell, 111; Anfimov, 55f., 66. Vgl. auch: M.N. Družinin, Die Agrarreformen der sechziger Jahre des 19. Jahrhunderts u. ihr Einfluß auf das russische Dorf, in: Studien zu den Agrarreformen des 19. Jahrhunderts in Preußen u. Rußland, Berlin 1978 (Sobd. Jb. f. Wirtschaftsgeschichte), 117–228.

10 Vgl. D. Atkinson, The End of the Russian Land Commune 1905–1930, Stanford 1983, 30ff.; Gatrell, 53ff.; Nötzold, 39f.

11 Zur bäuerlichen Lebensweise vgl. die entsprechenden Beiträge in: W.S. Vucinich Hg., The Peasant in Nineteenth-Century Russia, Stanford 1968, bes. 1ff., 133ff. mit Nachweisen der umfangreichen zeitgenössischen Literatur, sowie für die Revolutionszeit selbst vor allem: H. Altrichter, Die Bauern von Tver'. Vom Leben auf dem russischen Dorfe zwischen Revolution u. Kollektivierung, München 1984. Zur gesamten bäuerlichen Ökonomie u. Gesellschaft, mit ähnlich moderat »orthodoxer« Deutung, Shanin, Roots I, 66ff. u. passim.

12 Vgl. das etwas kurzschlüssige Fazit in dem sonst informativen Werk von: S. Bensidoun, L'agitation paysanne en Russie de 1881 à 1902, Paris 1975, bes. 450ff., hier 451. Zum Zarenmythos: M. Cherniavsky, The Tsar and the People. Studies in Russian Myth, New Haven 1961.

13 Vgl. immer noch erhellend: B. Moore, Soziale Ursprünge von Diktatur

u. Demokratie. Die Rolle der Grundbesitzer u. Bauern bei der Entstehung der modernen Welt, Frankfurt 1969 u.ö., bes. 520ff. Neuere Literatur bei: Skocpol, States, 112ff. Zu den früheren Bauernaufständen in Rußland knapp: P. Avrich, Russian Rebels 1600–1800, New York 1972. S. auch unten S. 81ff., 193ff.

14 Vgl. die eindrucksvolle Arbeit von R. T. Manning, The Crisis of the Old Order in Russia. Gentry and Government, Princeton 1982, 1ff., bes. 20f.; S. Becker, Nobility and Privilege in Late Imperial Russia, DeKalb/Ill. 1985, 7ff. (im übrigen sehr kritisch zu Manning); Löwe, 82; A. de Tocqueville, Der alte Staat u. die Revolution, München 1978, 169ff.

15 Vgl. diese neuen Akzente in kritischer Prüfung der weithin akzeptierten Deutung von A. Gerschenkron (Economic Backwardness in Historical Perspective, Cambridge/Mass. 1962, bes. 119ff.; ders., The Early Phases of Industrialization in Russia. Afterthoughts and Counterthoughts, in: W.W. Rostow Hg., The Economics of Take-off into Sustained Growth, London 1963, 151–69) bei: Gatrell, 143ff., 186f., und Gregory, 130ff. An den bekannten Positionen festhaltend: Shanin, Roots, I, 103ff., 124.

16 Daten laut Gatrell, 67, nach neueren sowjetischen Berechnungen. Bislang ging man in Anlehnung an A.G Rašin von einem erheblich niedrigeren Anteil der Stadtbevölkerung aus (1914: 14,4%). Vgl. im einzelnen: B.A. Anderson, Internal Migration During Modernization in Late Nineteenth-Century Russia, Princeton 1980, 69ff. Zum Gesamtproblem ferner: J.H. Bater, St.Petersburg: Industrialization and Change, Montreal 1976; M.F. Hamm Hg., The City in Late Imperial Russia, Bloomington 1986.

17 Daten nach O. Crisp, Labour and Industrialization in Russia, in: CEHE VII/2. 1978, 347, 349. Gerschenkrons These, die *obščina* habe die Versorgung der Industrie mit Arbeitskräften behindert, läßt sich nicht aufrechterhalten. Vgl. Crisp, ebd. 323f.; Gregory, 135.

18 Vgl. R. Zelnik, Labor and Society in Tsarist Russia, Stanford 1971, bes. 340ff.; R.E. Johnson, Peasant and Proletarian. The Working Class of Moscow in the Late Nineteenth Century, Leicester 1979, 120ff.; R. Pipes, Social Democracy and the St.Petersburg Labor Movement 1886–1897, Cambridge/Mass. 1963.

19 Daten nach Crisp, 366, 370f.

20 Vgl. Johnson, 55 (Daten), 67ff., sowie die parallele Arbeit von J. Bradley, Muzhik and Muscovite. Urbanization in Late Imperial Russia, Berkeley 1985, 103ff.

21 Ähnliche Wertung bei Crisp, 362f.; V. E. Bonnell, Roots of Rebellion. Workers' Politics and Organizations in St.Petersburg and Moscow

1900–1914, Berkeley 1983, 52ff. Suggestive Formulierung der älteren Sicht bei: T. H. v. Laue, Russian Labor Between Field and Factory 1892–1903, in: California Slavic Studies 3. 1964, 33–65.

22 Vgl. Bonnell, 35; H. Rogger, Russia in the Age of Modernisation and Revolution 1881–1917, London 1983, 113f.; A.G. Rašin, Formirovanie rabočego klassa v Rossii. Istoriko-ekonomičeskie očerki [Die Entstehung der Arbeiterklasse in Rußland. Historisch-ökonomische Skizzen], Moskau 1958, 98, 104.

23 Daten nach Rašin, 579ff.; ähnliche Angaben bei Crisp, 387. Pionierstudie zur Verbreitung von Elementarbildung und populärer Literatur: J. Brooks, When Russia Learned to Read. Literacy and Popular Literature 1861–1917, Princeton 1985.

24 Vgl. Crisp, 404ff., hier 408.

25 Zu den Lebens- und Arbeitsverhältnissen eingehend: Johnson, 50ff., 80ff.; Bradley, 299ff.

26 Zur Arbeiterschutzgesetzgebung vgl. aus einer Reihe von Aufsätzen des Autors: F.C. Giffin, The »First Russian Labor Code«: The Law of June 3, 1886, in: Russian History 2. 1975, 83–100. Zusammenfassend immer noch am besten: M. Tugan-Baranowsky, Geschichte der russischen Fabrik, Berlin 1900, 438ff.

27 Vgl. u.a: M. Malia, Alexander Herzen and the Birth of Russian Socialism, Cambridge/Mass. 1961; A. Gleason, Young Russia. The Genesis of Russian Radicalism in the 1860s, New York 1980. Die politische Ideengeschichte insgesamt referiert: A. Walicki, A History of Russian Thought From the Enlightenment to Marxism, Oxford 1980, hier 162ff. Dringend ersatzbedürftig: S.V. Utechin, Geschichte der politischen Ideen in Rußland, Stuttgart 1966.

28 Zum *narodničestvo* unübertroffen: F. Venturi, Roots of Revolution. A History of the Populist and Socialist Movements in Nineteenth Century Russia, New York 1966[2]. Eine Übersicht bietet ferner: A. v. Borcke, Die Ursprünge des Bolschewismus. Die jakobinische Tradition in Rußland u. die Theorie der revolutionären Diktatur, München 1977, 361ff. Weitere Lit.: HGR III, 145ff.

29 Vgl. N. M. Naimark, Terrorists and Social Democrats. The Russian Revolutionary Movement Under Alexander III, Cambridge/Mass. 1983.

30 Zur sozialrevolutionären Theorie vgl. M. Hildermeier, Die Sozialrevolutionäre Partei Rußlands. Agrarsozialismus u. Modernisierung im Zarenreich (1900–1914), Köln 1978, 58ff., u. M. Perrie, The Agrarian Policy of the Russian Socialist-Revolutionary Party From Its Origins Through the Revolution 1905–1907, Cambridge 1976, 143ff. u. pass. Zu den beiden führenden Theoretikern des frühen Populismus: P.

Pomper, Peter Lavrov and the Russian Revolutionary Movement, Chicago 1972; J. H. Billington, Mikhailovsky and Russian Populism, Oxford 1958. Zu ihrer wissenschaftlichen Bedeutung: A. Vucinich, Social Thought in Tsarist Russia. The Quest for a General Science of Society 1861–1917, Chicago 1976.

31 Zum Vorstehenden aus einer umfangreichen Literatur: S.H. Baron, Plekhanov: The Father of Russian Marxism, Stanford 1963; Pipes, Social Democracy; A.K. Wildman, The Making of a Workers' Revolution. Russian Social Democracy 1891–1903, Chicago 1967; L. Haimson, The Russian Marxists and the Origins of Bolshevism, Cambridge/Mass. 1955; D.Geyer, Lenin in der russischen Sozialdemokratie. Die Arbeiterbewegung im Zarenreich als Organisationsproblem der revolutionären Intelligenz 1890–1903, Köln 1962; H.J. Tobias, The Jewish Bund in Russia. From its Origins to 1905, Stanford 1972. Jüngste Leninbiographien: N. Harding, Lenin's Political Thought, 2 Bde., London 1977–1981, hier: I, 79ff., 109ff.; R. Service, Lenin: A Political Life, Bd. 1, London 1985, bes. 65ff., 85ff. – Die Resolutionen der Parteitage sind in Übersetzung abgedruckt bei: R.H. McNeal Hg., Resolutions and Decisions of the Communist Party of the Soviet Union, Bd. 1: The Russian Social Democratic Labour Party 1898–October 1917, Hg. R.C. Elwood, Toronto 1974, hier 38ff.

32 Eingehende Darstellung bei: A.J. Rieber, Merchants and Entrepreneurs in Imperial Russia, Chapel Hill 1982. Als Fallstudie vgl. auch T. C. Owen, Capitalism and Politics in Russia: A Social History of the Moscow Merchants 1855–1905, Cambridge 1981.

33 Vgl. zum vorrevolutionären Liberalismus: S. Galai, The Liberation Movement in Russia 1900–1905, Cambridge 1973; K. Fröhlich, The Emergence of Russian Constitutionalism, 1900–1914: The Relationship Between Social Mobilization and Political Group Formation in Pre-revolutionary Russia, Den Haag 1981; R. Pipes, Struve: Liberal on the Left 1870–1905, Cambridge/Mass. 1970.

34 Daten nach L.K. Erman, Intelligencija v pervoj russkoj revoljucii [Die Intelligenz in der ersten russischen Revolution], Moskau 1966, 9ff. Zur Rolle der Intelligenz im Liberalismus bes.: Froehlich, 123ff., 237ff. Zur Sozialstruktur der übrigen Oppositionsparteien vgl. Kap. II.1, Anm. 11.

35 Vgl. Einleitung, Anm. 2.

36 Vgl. T. Emmons u. W.S. Vucinich Hg., The Zemstvo in Russia. An Experiment in Local Self-government, Cambridge 1982. Ausgezeichnete Zusammenfassung des Forschungsstandes bei: Rogger, Russia, 44ff. (zu Wittes Memorandum von 1899, 62f.).

37 Vgl. W.M. Pintner u. D.K. Rowney Hg., Russian Officialdom. The

Bureaucratization of Russian Society From the Seventeenth to the Twentieth Century, London 1980; W.B. Lincoln, In the Vanguard of Reform. Russia's Enlightened Bureaucrats 1825–1861, DeKalb/Ill. 1982; zusammenfassend: HGR III, 1305 ff. Daten nach: P.A. Zajončkovskij, Pravitel'stvennyj apparat samoderžavnoj Rossii v XIX v. [Der Regierungsapparat im autokratischen Rußland des 19. Jahrhunderts], Moskau 1978, 52.

38 So pointiert unlängst: R. Pipes, Rußland vor der Revolution. Staat u. Gesellschaft im Zarenreich, München 1977, 287ff. Vgl. dagegen die abgewogenen Bemerkungen von R. S. Wortman, The Development of a Russian Legal Consciousness, Chicago 1977, 268ff. Zur Justizreform: F.B. Kaiser, Die russische Justizreform von 1864. Zur Geschichte der russischen Justiz von Katharina II. bis 1917, Leiden 1972.

39 Vgl. dieses Fazit bei: N.B. Weissman, Reform in Tsarist Russia. The State Bureaucracy and Local Government 1900–1914, New Brunswick/ N.J. 1981, 227. Ähnlich: D.T. Orlovsky, The Limits of Reform: The Ministry of Internal Affairs in Imperial Russia 1802–1881, Cambridge/Mass. 1981, 197ff. Zum Gesamtproblem ferner neben Pintner, Rowney: H.W. Whelan, Alexander III. and the State Council. Bureaucracy and Counter-Reform in Late Imperial Russia, New Brunswick/ N.J. 1982; E.H. Judge, Plehve. Repression and Reform in Imperial Russia 1902–1904, Syracuse 1983.

II. Die Autokratie in der Krise (1905–1907)

1 Vgl. W. Sablinsky, The Road to Bloody Sunday. Father Gapon and the St. Petersburg Massacre of 1905, Princeton 1976, bes. 229ff. (Daten 266f.), Text der Petition ebd., 344f.; S. Harcave, First Blood. The Russian Revolution of 1905, New York 1964, 70ff. Zum vorangegangenen Experiment obrigkeitlich kontrollierter Gewerkschaften: J. Schneiderman, Sergej Zubatov and Revolutionary Marxism. The Struggle for the Working Class in Tsarist Russia, Ithaca 1976; D. Pospielovsky, Russian Police Trade Unionism: Experiment or Provocation? London 1971.

2 Vgl. Harcave, 98ff., 106f.; L. Engelstein, Moscow, 1905. Working-Class Organization and Political Conflict, Stanford 1982, 64ff.; O. Anweiler, Die Rätebewegung in Rußland 1905–1921, Leiden 1958, 39ff.; T. Shanin, The Roots of Otherness: Russia's Turn of Century, Bd. 2: Russia, 1905–07. Revolution as a Moment of Truth, Basingstoke 1986, 34ff. Wichtige Beiträge auch im Sammelband von F.-X. Coquin u. C. Gervais-Francelle Hg., 1905. La Première Révolution Russe,

Paris 1986. Maßgebliches sowjetisches Werk, auch zum Folgenden: Die Revolution 1905–1907 in Rußland, Berlin 1980. Die jüngste Gesamtdarstellung konnte nicht mehr berücksichtigt werden: A. Ascher, The Revolution of 1905. Russia in Disarray, Stanford 1988.

3 Vgl. S.M. Schwarz, The Russian Revolution of 1905. The Workers' Movement and the Formation of Bolshevism and Menshevism, Chicago 1967, 75 ff.; Harcave, 117 ff. (Zitat 130, gesperrt von mir, M.H.); T. Riha, A Russian European. Paul Miliukov in Russian Politics, Notre Dame 1969, 71 f.; M. Szeftel, The Legislative Reform of August 6, 1905 (The »Bulygin Duma«), in: Mélanges A. Marongiu, Palermo 1967, 137–183. Zur Wirkung des Japankrieges: D. Geyer, Der russische Imperialismus. Studien über den Zusammenhang von innerer u. auswärtiger Politik 1860–1914, Göttingen 1977, 169 ff.

4 Vgl. Anweiler, Rätebewegung, 49 ff.

5 Zur Meuterei im Gesamtkontext: J. Bushnell, Mutiny amid Repression. Russian Soldiers in the Revolution of 1905–1906, Bloomington 1985, 58 ff.

6 Vgl. als Ersatz für die überfällige zusammenfassende Darstellung der nationalen Frage in der ersten Revolution: R. Pipes, The Formation of the Soviet Union. Communism and Nationalism 1917–1923, Cambridge/Mass. 1964², 7 ff. Im übrigen u.a.: T.U. Raun, The Revolution of 1905 in the Baltic Provinces and Finland, in: SR 43. 1984, 453–467; E. L. Keenan, Remarques sur l'histoire du mouvement révolutionnaire à Bakou (1904–1905), in: R. Girault u.a., Sur 1905, Paris 1974, 49–98, sowie die Beiträge von A. Żarnowska, J. Żarnowski, H. Kiepurska, C. Gervais-Francelle, H. Carrèrre d'Encausse u. A. Ter Minassian in: Coquin u. Gervais-Francelle Hg., 229–337.

7 Zum Vorstehenden die herausragende Arbeit von V.E. Bonnell, Roots of Rebellion, Workers' Politics and Organization in St.Petersburg and Moscow, 1900–1914, Berkeley 1983, 106–151, Daten 123, 457 ff. Auch: Schwarz, Russian Revolution, 147 ff.

8 Einzelheiten bei: T. Emmons, Russia's Banquet Campaign, in: California Slavic Studies 10. 1977, 45–86.

9 Vgl. die maßgebliche Arbeit von S. Galai, The Liberation Movement in Russia 1900–1905, Cambridge 1973, 235 ff.

10 Vgl. Galai, ebd. 251 ff., sowie die detaillierte neue Untersuchung von T. Emmons, The Formation of Political Parties and the First National Elections in Russia, Cambridge/Mass. 1983, 21 ff. Die Programme der wichtigsten Parteien sind abgedruckt bei: P. Scheibert Hg., Die russischen politischen Parteien von 1905–1907, Darmstadt 1972, hier 60 ff.

11 Zur Sozialdemokratie in diesem Zeitraum immer noch grundlegend:

J.L.H.Keep, The Rise of Social Democracy in Russia, Oxford 1963, hier 149 ff.; Daten zur Mitgliederstruktur bei: D. S. Lane, The Roots of Russian Communism. A Social and Historical Study of Russian Social-Democracy 1898–1907, Assen 1968. – Zur Frühgeschichte der PSR: Perrie, Agrarian Policy; Hildermeier, 109 ff. (Daten 267 f.). Zur Rolle der Arbeiter: C. Rice, Russian Workers and the Socialist-Revolutionary Party Through the Revolution of 1905–07, London 1988.

12 Zum Vorstehenden: Bonnell, 152 ff. (Daten 160 f.); Keep, Rise, 175 ff. Noch nützlich auch die Darstellung des wichtigsten menschewistischen Organisators: W. Grinewitsch, Die Gewerkschaftsbewegung in Rußland, Bd. 1: 1905–1914, Berlin 1927.

13 Vgl. LW, Bd. 9, 92 ff.

14 Vgl. L. Trotzki, Ergebnisse u. Perspektiven. Die treibenden Kräfte der Revolution, Frankfurt 1967. Die klassische Biographie bleibt: I. Deutscher, Trotzki, Bde 1–3, Stuttgart 1962–1963, hier I, 104 ff. Grundlegend zur Theorie: B. Knei-Paz, The Social and Political Thought of Leon Trotsky, Oxford 1978, hier 129 ff.; s. auch: H. Tetsch, Die permanente Revolution. Ein Beitrag zur Soziologie der Revolution und zur Ideologiekritik, Opladen 1973.

15 Vgl. Harding I, 213 ff.; Service, Lenin, 128 ff.; E. Kingston-Mann, Lenin and the Problem of Marxist Peasant Revolution, New York 1985; Lenins Schrift »Zwei Taktiken der russischen Sozialdemokratie in der demokratischen Revolution« in: LW, Bd.9, 1–130.

16 Vgl. Keep, 199 ff.; Dokumente bei: A. Ascher Hg., The Mensheviks in the Russian Revolution, Ithaca 1976, bes. 57 f. S. auch: ders., Pavel Axelrod and the Development of Menshevism, Cambridge/Mass. 1972, 215 ff.; Baron, Plekhanov, 254 ff.; I. Getzler, Martov. A Political Biography of a Russian Social Democrat, Cambridge 1967, 96 ff. Immer noch lesenswerte Selbstdarstellung: J. Martow, Geschichte der russischen Sozialdemokratie, Berlin 1926, ND: Erlangen 1973, hier bes. 113 ff.

17 Vgl. Keep, Rise, 216 ff.; S. Spieler, Autonomie oder Reglementierung. Die russische Universität am Vorabend des Ersten Weltkriegs, Köln 1981, 87 ff.; P.L. Alston, Education and the State in Tsarist Russia, Stanford 1969, 140 ff.

18 Vgl. dieses Fazit in der minutiösen Chronik von Engelstein, Moscow, 73 ff., bes. 95 f.

19 Vgl. ebd., 98 ff.

20 Vgl. ebd., 97 ff. Auch: Harcave, 173 ff.; Daten nach: Revolution 1905–07, 145 f.

21 Zum Vorstehenden im einzelnen: H.D. Mehlinger u. J.M. Thompson, Count Witte and the Tsarist Government in the 1905 Revolution,

Bloomington 1972, 29ff., Text des Manifests und des Witteschen Schlußmemorandums: ebd., 331ff.; auch: Harcave, 191ff.

22 Zu Antisemitismus, Pogromen und »Schwarzhundertern« vgl.: H. Rogger, Jewish Policies and Right-Wing Politics in Imperial Russia, London 1986, bes. 186ff.; H.-D. Löwe, Antisemitismus u. reaktionäre Utopie. Russischer Konservatismus im Kampf gegen den Wandel von Staat u. Gesellschaft 1890–1917, Hamburg 1978, hier 81ff.

23 Vgl. Mehlinger u. Thompson, 51ff.; Riha, 94ff. Zu den Oktobristen: E. Birth, Die Oktobristen, Stuttgart 1974; B.-C. Pinchuk, The Octobrists in the Third Duma 1907–1912, Seattle 1974.

24 Vgl. immer noch grundlegend: Anweiler, Rätebewegung, hier bes. 57ff. Zu Moskau, abweichend von Anweiler, Engelstein, 162ff.

25 Vgl. Mehlinger u. Thompson, 132ff.; Keep, Rise, 236ff.; Anweiler, Rätebewegung, 69ff.

26 Vgl. die eindrucksvolle Schilderung bei Engelstein, 181ff., Zitate 193, 221, Daten 220f. Ferner: A. Fischer, Russische Sozialdemokratie u. bewaffneter Aufstand im Jahre 1905, Wiesbaden 1967, 157ff.; Thompson u. Mehlinger, 144ff.

27 Fast alle statistischen Daten beruhen auf den Forschungen von S.M. Dubrovskij. Auf deutsch liegt vor: S. Dubrowski, Die Bauernbewegung in der Russischen Revolution, Berlin 1929, hier 41. Dieselben Daten s. bei Manning, 141ff. (Zitat 144), sowie ausführlich und mit kritischem Kommentar bei Shanin, Roots II, 174ff.

28 Zum Vorstehenden neben Manning, 146f., vor allem: M. Perrie, The Russian Peasant Movement of 1905 – 1907: Its Social Composition and Revolutionary Significance, in: Past & Present 57. 1972, 134ff.

29 Vgl. im einzelnen: Shanin, Roots II, 138ff., bes. 172ff. In vergleichender Perspektive: E. R. Wolf, Peasant Wars of the Twentieth Century, New York 1969, 289ff. (Begriff hier); Skocpol, 128ff.; Moore, 545f.

30 Vgl. Manning, 144f., 162ff., 167f.; Shanin, Roots II, 86ff., 169ff. Die Daten sind allerdings mit Vorsicht zu deuten, da sie die Bevölkerungsdichte außer Betracht lassen.

31 Vgl. Manning, 151ff. (Daten 155); Shanin, Roots II, 120ff.; Perrie, Peasant Movement, 127ff.

32 Zum Bauernbund knapp – eine westsprachige Monographie fehlt – Shanin, Roots II, 114ff.; Harcave, 171ff., 219f.

33 Vgl. Manning, 169ff. (Zitat u. Daten 173); Daten mit anderer Deutung auch bei Shanin, Roots II, 174ff. Zur Auflösung der Duma unten S. 96f.

34 Vgl. Mehlinger u. Thompson, 241ff., 302ff.; Riha, 103; Daten nach Rogger, Russia, 218.

35 Vgl. Mehlinger u. Thompson, 289ff. Bester Kommentar zur Verfas-

sung: M. Szeftel, The Russian Constitution of April 23, 1906. Political Institutions of the Duma Monarchy, Brüssel 1976; engl. Übers. d. Textes ebd., 74ff., dt. Übers. in der älteren Untersuchung von A. Palme, Die russische Verfassung, Berlin 1910, 91ff.

36 Zu den Wahlen grundlegend: Emmons, Formation, Daten 355f., Zitate 360.

37 Eine westsprachige Monographie zur ersten Duma steht noch aus. Als Behelf vgl. Riha, 118ff.; G.A. Hosking, The Russian Constitutional Experiment: Government and Duma 1907–1914, Cambridge 1973, 18ff.; J.E. Zimmerman, The Kadets and the Duma 1905 – 1907, in: Ch.E. Timberlake Hg., Essays in Russian Liberalism, Columbia/Mo. 1972, 119–138.

38 Vgl. Riha, 134.

39 Vgl. ausführlich, die Chancen der Julitage überschätzend: Bushnell, 198ff. Zur Reaktion der PSR auch: Hildermeier, 158ff.

40 Zu den Details der Agrarreform: Moritsch, 89ff.; Yaney, 257f., sowie jüngst: D.A. Macey, Government and Peasant in Russia 1861–1906. The Prehistory of the Stolypin Reforms, DeKalb 1987, bes. 150ff. Zum Übrigen: Mehlinger u. Thompson, 178ff.

41 Zum Wahlkampf und zur Sozialdemokratie die maßgebliche Darstellung der zweiten Duma von: A. Levin, The Second Duma. A Study of the Social-Democratic Party and the Russian Constitutional Experiment, Hamden/Conn. 1966[2], 23ff., 51ff.; Keep, Rise, 286f.; Dokumente: McNeal I, 89ff. Zur Lage und Haltung der PSR: Hildermeier, 177ff., 215ff.; Daten zum Terror: ebd., 387.

42 Zum Vorstehenden Levin, passim, bes. 156ff., 306ff.; Rogger, Russia, 224ff.; Riha, 139ff. – Manning, 325ff., A. Levin, The Third Duma. Election and Profile, Hamden/Conn. 1973, bes. 73ff., sowie verschiedene Beiträge in: L.H. Haimson Hg., The Politics of Rural Russia 1905–1914, Bloomington 1979.

III. Konstitutionelle Autokratie (1907–1917)

1 Vgl. Hosking, Experiment, 150ff.; M. S. Conroy, Peter Arkad'evich Stolypin. Practical Politics in Late Tsarist Russia, Boulder/Colo. 1976, 43ff., 151ff.; G. Tokmakoff, Stolypin and the Third Duma. An Appraisal of the Three Major Issues, Washington 1981. Zur Sammlung des konservativen Adels: Manning, 229ff., 325ff.; R. Rexheuser, Dumawahlen u. lokale Gesellschaft. Studien zur Sozialgeschichte der russischen Rechten vor 1917, Köln 1980, 66ff., 135ff.

2 Vgl. Hosking, Experiment, 74ff., 106ff.; Conroy, 165ff.; A.S. Korros,

Hosking u. Manning sowie R.D. MacNaughton u. Manning in: Haimson, Rural Politics, 123 ff., 142 ff. u. 184 ff. Zur Entstehung der Rechtsparteien: R. S. Edelman, ebd., 94 ff., sowie ders., Gentry Politics on the Eve of the Russian Revolution. The Nationalist Party 1907–1914, New Brunswick/N.J. 1980, bes. 65 ff.

3 Vgl. M. Weber, Ges. politische Schriften, Tübingen 1971³, 33–68 (Auszug), der im Grunde nicht »Schein-Konstitutionalismus«, sondern »Schein-Parlamentarimus« meinte. Einwände bei Szeftel, Constitution, 256 ff.; auch: M. Hagen, Die Entfaltung politischer Öffentlichkeit in Rußland 1906–1914, Wiesbaden 1982, 374 u. pass.

4 Vgl. Hosking, Experiment, 185. Fallstudie zum Scheitern der Kooperation in der Außenpolitik: C. Ferenczi, Außenpolitik u. Öffentlichkeit in Rußland 1906–1912, Husum 1982.

5 Vgl. R.B. McKean, The Russian Constitutional Monarchy 1907–17, London 1977, 24; Rabočij klass Rossii 1907–fevral' 1917 g. [Die Arbeiterklasse Rußlands 1907 – Februar 1917], Moskau 1982, 232.

6 Vgl. L.H. Haimson u. E. Brian, Changements démographiques et grèves ouvrières à Saint-Pétersbourg, 1905–1914, in: Annales 40. 1985, 789 ff. Zu den sozialen Problemen der Urbanisierung vgl. oben Kap. I.2 Anm. 16 u. 20. Daten nach Rabočij klass, 36.

7 Dies ist die Hauptthese von Bonnell, 319 ff.

8 Zum Vorstehenden im einzelnen: ebd., 390 ff. sowie den vielbeachteten Aufsatz von L. H. Haimson, Das Problem der sozialen Stabilität im städtischen Rußland 1905–1917, in: D. Geyer Hg., Wirtschaft u. Gesellschaft im vorrevolutionären Rußland, Köln 1975, 304–32.

9 Im wesentlichen von der ausgefeiltesten Formulierung bei Haimson, Problem.

10 Vgl. die überzeugende Argumentation von Bonnell, 431 ff., 439 ff., die analoge, aus der westeuropäischen Entwicklung abgeleitete Thesen von C. Tilly (vgl. Einleitung, Anm. 2) auch für Rußland nachweist. Beachtung verdient als alternative Erklärung der neuen Protestbereitschaft auch der Hinweis auf bislang kaum erforschte Veränderungen der Arbeitsorganisation und Unternehmensführung in den fortgeschrittenen Industriezweigen der Hauptstadt bei: H. Hogan, Industrial Rationalization and the Roots of Labor Militance in the St. Petersburg Metalworking Industry 1901–1914, in: RR 42. 1983, 163–90.

11 Alle Daten nach: Atkinson, 71 ff. Zu ähnlichen Ergebnissen (23,2% Austritte aus der *obščina* bis zum 1. Januar 1916) kommt Moritsch, 161 ff.

12 Vgl. Atkinson, 79 ff. (Zitat 81); Moritsch 173 ff., der die Leistung der Bauernbank beim Besitztransfer betont.

13 Vgl. Haimson, Problem, 325.

14 Vgl. Geyer, Imperialismus, 220ff. Zur Außenpolitik im Ersten Weltkrieg: H.-G. Linke, Das zarische Rußland u. der Erste Weltkrieg. Russische Diplomatie u. Kriegsziele 1914–1917, München 1982.
15 Daten nach: H. Haumann, Kapitalismus im zaristischen Staat 1906–1917. Organisationsformen, Machtverhältnisse u. Leistungsbilanz im Industrialisierungsprozeß, Königstein 1980, 73.
16 Daten nach: Rabočij klass, 245f.
17 Der Name der Hauptstadt wurde 1915 russifiziert.
18 Daten nach Rabočij klass, 245–47; S.A. Smith, Red Petrograd. Revolution in the Factories 1917–18, Cambridge 1983, 11; T. Hasegawa, The February Revolution: Petrograd 1917, Seattle 1981, 74f.
19 Vgl. die neuen Untersuchungen von: Smith, 24; D. Koenker, Moscow Workers and the 1917 Revolution, Princeton 1981, 80; Hasegawa, 79. Zur Vorkriegszeit: R.L. Glickman, Russian Factory Women: Workplace and Society 1880–1914, Berkeley 1984.
20 Vgl. Hasegawa, 80f.; Koenker, Moscow, 28f., 78f.; Smith 17, 34f.; Rabočij klass, 248f.
21 Daten nach: Smith, 45; Hasegawa, 84; Koenker, Moscow, 85.
22 Koenker, Moscow, 86; Smith, 46. Die sowjetische Forschung zeichnet diese Entwicklung in entschieden schwärzeren Farben (vgl. Rabočij klass, 261ff.).
23 Vgl. Smith, 43f.; Hasegawa, 85; Rabočij klass, 269ff.
24 Vgl. M. Perrins, The Politics of Russian Grain Procurement during the First World War, in: SEER 61. 1983, 388–410; T. Fallows, Politics and the War Effort in Russia: The Union of Zemstvos and the Organization of the Food Supply, 1914–1916, in: SR 37. 1978, 70–90. Daten nach: Istorija rabočich Leningrada. Bd. 1: 1703 – fevral' 1917 [Geschichte der Arbeiter Leningrads, Bd. 1: 1703 – Februar 1917], Leningrad 1972, 474; Koenker, Moscow, 87f.; Rabočij klass, 272f.
25 Vgl. oben S. 64.
26 Zum Vorstehenden unübertroffen: O.H. Radkey, The Agrarian Foes of Bolshevism. Promise and Default of the Russian Socialist Revolutionaries February to October 1917, New York 1958, 88ff. (Zitat 102). Zum russischen Exil und der Kriegsfrage insgesamt: A.E. Senn, The Russian Revolution in Switzerland 1914–1917, Madison 1971.
27 Vgl. als Ersatz für die immer noch fehlende Parteigeschichte der Menschewiki: Hasegawa, 121ff.; Baron, Plechanov, 317ff.; Getzler, Martov, 138ff.; Ascher, Akselrod, 302ff.; Deutscher I, 206ff.; W.H. Roobol, Tsereteli – A Democrat in the Russian Revolution, Den Haag 1976, 66ff. Zu den Kriegsindustriekomitees: L.H. Siegelbaum, The Politics of Industrial Mobilization in Russia 1914–17. A Study of the War-Industries Committees, Oxford 1983, hier 159ff.

28 Vgl. neben Hasegawa und Senn die ersatzbedürftige Übersicht von: L. Schapiro, Die Geschichte der Kommunistischen Partei der Sowjetunion, Frankfurt 1961, 159 ff., sowie aus der neuen Literatur zu Lenin: Harding II, 41 ff. Zum Umfeld auch: S.F. Cohen, Bukharin and the Bolshevik Revolution. A Political Biography 1888–1938, New York 1974, 16 ff. Weiterhin unentbehrliche Quellensammlung zur russischen Sozialdemokratie im internationalen Kontext: O.H. Gankin u. H.H. Fisher Hg., The Bolsheviks and the World War. The Origin of the Third International, Stanford 1940.

29 Vgl. C. Ferenczi, Nationalismus u. Neoslawismus in Rußland vor dem Ersten Weltkrieg, in: FzoG 34. 1984, 17 ff.; Geyer, Imperialismus, 222 f.

30 Vgl. M.F. Hamm, Liberal Politics in Wartime Russia: An Analysis of the Progressive Bloc, in: SR 33. 1974, 468. Grundlegend: R. Pearson, The Russian Moderates and the Crisis of Tsarism 1914–1917, London 1977, 10 ff., bes. 50 ff.; Programm des Blocks bei Scheibert Hg., Parteien, 78 ff. Ferner: Riha, 208 ff., 237 ff.; Hasegawa, 24 ff.; G. Katkov, Russia 1917. The February Revolution, London 1967, 133 ff. Zum Zemstvo- und Städtebund: H. Gross, Selbstverwaltung u. Staatskrise in Rußland 1914–1917. Macht u. Ohnmacht von Adel u. Bourgeoisie am Vorabend der Februarrevolution, in: FzoG 28. 1981, 205–381.

31 Vgl. Hasegawa, 40 f. Zum Vorstehenden: ders., 41 ff.; Pearson, 65 ff.

32 Vgl. Riha, 264 ff.; Pearson, 114 ff., 124 ff.

33 Vgl. zusammenfassend: Hasegawa, 185 ff.

34 Vgl. Pearson, 133.

IV. Demokratische Revolution (Februar–Oktober 1917)

1 Zit. bei Hasegawa, 201; auch: M. Ferro, The Russian Revolution of February 1917, London 1972, 32. Weitere Dokumente bei: M. Hellmann, Die russische Revolution 1917. Von der Abdankung des Zaren bis zum Staatsstreich der Bolschewiki. München 1964 u.ö., 107 ff.; R.P. Browder u. A.F. Kerensky Hg., The Russian Provisional Government 1917. Documents, [= BK] Bd. 1, Stanford 1961, 21 ff.

2 Zum Vorstehenden und Folgenden die minutiöse Chronik bei Hasegawa, 215 ff. Auch: Ferro, February, 35 ff.; Katkov, Russia, 247 ff. Aus der Memoirenliteratur unübertroffen: N.N. Suchanow, 1917. Tagebuch der russischen Revolution, Hg. N. Ehlert, München 1967; L. Trotzki, Geschichte der russischen Revolution, Berlin 1931, ND Frankfurt 1967. Knapp, aber für die liberale Perspektive unentbehrlich: P.N. Milukow [Miljukov], Geschichte der zweiten russischen Revolution. Gegensätze der Revolution, Wien 1922, hier 24 ff.

3 Vgl. Hasegawa, 247ff.; BK I, 40f.
4 Vgl. neben Hasegawa, 278ff., die grundlegende Untersuchung zur Armee: A.K. Wildman, The End of the Russian Imperial Army. The Old Army and the Soldiers' Revolt (March-April 1917), Princeton 1980, 121ff., bes. 124, 159; ebenfalls immer noch nützlich: G. Wettig, Die Rolle der russischen Armee im revolutionären Machtkampf 1917, in: FzoG 12. 1967, 46–389, hier 84ff.
5 Vgl. Hasegawa, 348ff.; Katkov, Russia, 289ff. (mit monarchistischen Sympathien); BK I, 42ff., hier 50.
6 Vgl. den Text bei Hellmann, 133; R. Lorenz Hg., Die russische Revolution 1917. Der Aufstand der Arbeiter, Bauern und Soldaten, München 1981, 249f. Zur Entstehung: Suchanow, 122; Wildman, End, 182ff.; BK II, 846ff. Zum Übrigen: Hasegawa, 313ff.; Ferro, February, 54ff.; BK I, 70ff.
7 Vgl. BK I, 117ff.; Miljukov, Geschichte, 54ff.; Suchanow, 148f. u. pass. Darauf gestützt die meisten späteren Darstellungen, u.a Ferro, February, 58ff.; W.H. Rosenberg, Liberals in the Russian Revolution. The Constitutional Democratic Party 1917–1921, Princeton 1974, 49ff.; am informativsten: Hasegawa, 519ff.
8 Vgl. Hasegawa, 427; Zitat: Trotzki, Geschichte, 139.
9 Vgl. Hasegawa, 459ff., hier 473.
10 Zum Vorstehenden: Hasegawa, 487ff., 546ff.; Ferro, February, 71ff.; Wildman, End, 202ff.
11 So überzeugend: Hasegawa, 582, 586; Daten ebd., 567, ähnlich Trotzki, 129.
12 Zur Revolution außerhalb Petrograds vgl. als erste westliche Lokalstudien: Koenker, Moscow, 94ff.; D.J. Raleigh, Revolution on the Volga. 1917 in Saratov, Ithaca 1986. Knapp auch: R. Pethybridge, The Spread of the Russian Revolution. Essays on 1917, Edinburgh 1972.
13 Vgl. Miljukov, Geschichte, 73ff.; BK I, 157ff., 195ff., 199ff., 210ff. u.pass.
14 Vgl. BK I, 254f. u.ö.; Miljukov, Geschichte, 80f.
15 Vgl. BK I, 264, 293.
16 Vgl. Suchanow, 184ff., 324; Ferro, February, 181ff.; Koenker, Moscow, 129ff., sowie die Dokumente bei BK I, 614–665. Zitate ebd. I, 637.
17 Vgl. Wildman, End, 374f.; Beyrau, 128ff.
18 Zum Vorstehenden erschöpfend und mit neuen Einsichten: Wildman, End, 215ff., 232f., 246ff. Auch: Wettig, 186ff., 199ff.; Ferro, February 183ff. Dekrete bei: BK II, 851ff., 880ff.; Hellmann, 166ff. Zur Revolution in der Flotte, die großenteils eine radikalere Grundströmung verriet: E. Mawdsley, The Russian Revolution and the Baltic

Fleet. War and Politics, February 1917–April 1918, London 1978, hier 36ff.; N.E. Saul, Sailors in Revolt. The Russian Baltic Fleet in 1917, Lawrence/Kansas 1978, hier 59ff.

19 Vgl. Wildman, End, 291ff., 332ff., Daten 105, 363f.; Suchanow, 375.

20 Vgl. Rosenberg, Liberals, 74ff.; Ferro, February, 187ff. Zur außenpolitischen Gesamtlage neben Linke: J. Stillig, Die russische Februarrevolution 1917 u. die sozialistische Friedenspolitik, Köln 1977, 17ff.; R.A. Wade, The Russian Search for Peace, February – October 1917, Stanford 1969, 26ff.

21 Vgl. Suchanow, 204ff., 263; Miljukov, Geschichte, 93ff.; BK II, 1042ff.; Hellmann, 181f.

22 Vgl. Suchanow, 277ff. (Zitate 277, 298); LW 24, 3–8; »Briefe aus der Ferne«: LW 23, 309–357.

23 Vgl. Suchanow, 328ff. (Zitate 331, 338); Ferro, February 210ff.; Rosenberg, Liberals, 94ff.; BK II, 1096ff.; III, 1236ff.

24 Vgl. Rosenberg, Liberals, 111ff.; Ferro, February, 223ff.; Miljukov, Geschichte, 122ff.; Radkey, Agrarian, 240ff.; R. Wittram, Studien zum Selbstverständnis des 1. u. 2. Kabinetts der russischen Provisorischen Regierung (März bis Juli 1917), Göttingen 1971, 45ff. Dokumente: BK III, 1249ff.

25 Vgl. Suchanow, 358ff.; J.D. Basil, The Mensheviks in the Revolution 1917, Columbus 1984, 68f., 83ff.; L.H. Haimson Hg., The Mensheviks from the Revolution of 1917 to the Second World War, Chicago 1974, 15ff.

26 Daten nach Radkey, Agrarian, 236f.; W.G. Rosenberg, The Russian Municipal Duma Elections of 1917: A Preliminary Computation of Returns, in: Soviet Studies 21. 1969, 132ff., 142f.; ders., Liberals, 162ff. Auch: Koenker, Moscow, 196ff.; Radkey, Agrarian, 240ff.

27 Vgl. unübertroffen: Radkey, Agrarian, 187ff., 454ff.

28 Vgl. Rosenberg, Liberals, 134ff., 157ff.

29 Vgl. zu den Details: Stillig, 148ff.; Wade, Search, 51ff.; knapp: Ferro, February, 234ff.; Dokumente: BK II, 1102ff.

30 Vgl. Wettig, 314ff.; A.F. Kerenski, Erinnerungen. Vom Sturz des Zarentums bis zu Lenins Staatsstreich, Dresden 1928, 227ff., 255ff., Zitat 247; Anweiler, Rätebewegung, 150–153, Zitat 152.

31 Beste Zusammenfassung bei Wettig, 333ff., Zitat 338.

32 Vgl. M. Ferro, The Bolshevik Revolution. A Social History of the Russian Revolution, London 1980, 80ff.; zum Problem der Desertionsstatistik, 84f.

33 Vgl. unten S. 200ff.

34 Vgl. Suchanow, 380ff. (Zitat, 384); Anweiler, Rätebewegung, 151ff.

35 Zum Vorstehenden im Detail: Rabinowitch, Prelude, 54ff.; knapp:

Ferro, February, 310ff.; Zitat: Suchanow, 408. – Zu den Anarchisten: P. Avrich, The Russian Anarchists, Princeton 1967, hier 130ff.

36 Zum Juliputsch in allen Einzelheiten: A. Rabinowitch, Prelude to Revolution: The Petrograd Bolsheviks and the July 1917 Uprising, Bloomington 1968, 135ff. Auch: Wettig, 347ff.; Ferro, Bolshevik, 19ff.; D. Mandel, The Petrograd Workers and the Fall of the Old Regime. From the February Revolution to the July Days, 1917, London 1983 [zit. Mandel I], 158ff. Quellen: BK III, 1335ff.; Hellmann, 255ff. Zitate: Suchanow, 425; Rabinowitch, 188; P.N. Miljukov, Istorija russkoj revoljucii [Geschichte der russischen Revolution], Bd. 1, Teil 1, Sofia 1921, 244.

37 Vgl. ausführlicher unten Kap. IV.5.

38 Vgl. Rosenberg, Liberals, 170ff.; Radkey, Agrarian, 279ff.; Suchanow, 482ff.; Basil, 97ff. Dokumente bei BK III, 1400ff.

39 Vgl. zum Folgenden: Koenker, Moscow; Smith; Mandel I; Ferro, Bolshevik, 140ff., die Zweifel auf manche Urteile von J.L.H. Keep (The Russian Revolution. A Study in Mass Mobilization, London 1976) werfen (dazu: R.G. Suny, Toward a Social History of the October Revolution, in: AHR 88. 1983, 31–52). Dokumente bei: Lorenz, Revolution, 49ff.; BK II, 709ff.

40 Vgl. Smith, 65ff. (Lohndaten 70f.); Keep, Revolution, 67ff. (Lohndaten 73); Mandel I, 86ff.; Koenker, Moscow, 107ff.; Zitat Suchanov, 216. Texte der Abkommen bei: Lorenz, Revolution, 55f.; BK II, 718ff.

41 Vgl. überzeugend Smith, 139ff.; Koenker, Moscow, 144ff.; Ferro, Bolshevik, 177; Mandel I, 149ff. gegen Keep, Revolution, 79ff. und Anweiler, Rätebewegung, 154ff.

42 Vgl. zusammenfassend Smith, 145ff.; Ferro, Bolshevik, 149ff. (Daten 153); D. Mandel, The Petrograd Workers and the Soviet Seizure of Power. From the July Days 1917 to July 1918, London 1984 (= Mandel II), 264ff.

43 Vgl. Keep, Revolution, 82f.

44 Vgl. Keep, Revolution, 96ff.; Smith, 103ff., 185ff.; Koenker, Moscow, 143ff. Zu Eisenbahnern und Postangestellten ausführlich: Pethybridge, 1ff., 57ff.

45 Daten nach: G.J. Gill, Peasants and Government in the Russian Revolution, London 1979, 174ff.; Ferro, Bolshevik, 159ff.; Smith, 116ff.; Keep, Revolution, 172ff.; Koenker, Moscow, 129ff.; Zitat Suchanow, 541. Auch: R. Lorenz, Zur Industriepolitik der Provisorischen Regierung, in: JGO 14. 1966, 367–87.

46 Vgl. Smith, 116f., 170f.; Koenker, Moscow, 293ff.; Ferro, February, 271; ders., Bolshevik, 144ff. (Daten S. 147); W.G. Rosenberg u. D.P.

Koenker, The Limits of Formal Protest: Worker Activism and Social Polarization in Petrograd and Moscow, March to October, 1917, in: AHR 92. 1987, 296–326, bes. 315ff.; BK II, 721f.

47 Vgl. Smith, 163f., 190ff.; Koenker, Moscow, 228ff.; Mandel I, 177ff., II, 287ff., 414ff. u. pass. Alle drei Untersuchungen neigen dazu, die Radikalisierung ausschließlich als Lernprozeß und »geschehendes« Klassenbewußtsein im Sinne E.P. Thompsons (Die Entstehung der englischen Arbeiterklasse, Frankfurt 1987) zu deuten und ihr ein Übermaß an Rationalität zuzuschreiben.

48 Vgl. oben S. 149f.

49 Zum Vorstehenden Gill, 18ff., bes. 30. Grundlegend ferner: Keep, Revolution, 155ff. Zahlreiche Dokumente bei: BK II, 523ff.; auch: Lorenz, Revolution, 133ff.

50 Vgl. Gill, 64ff.; Keep, Revolution, 163ff.

51 Vgl. Rosenberg, Liberals, 127ff.; Radkey, Agrarian, 322ff.; 445ff.; Gill, 89ff.

52 Anweiler, Rätebewegung, 147ff.; Keep, Revolution, 229ff. Zur bleibenden Schwäche der Bauernräte als Hauptleiden des frühen Sowjetstaats vgl. Kap. VI, Anm. 8.

53 Vgl. die abweichenden Daten bei Anweiler, Rätebewegung, 150 und Keep, Revolution, 233.

54 Zum Vorstehenden die detaillierten Analysen bei Gill, 141ff.; Keep, Revolution, 186ff.

55 Vgl. Atkinson, 170ff.; Shanin, Awkward Class, 145ff.; Keep, Revolution, 394ff. Daten nach: H. Altrichter u. H. Haumann Hg., Die Sowjetunion. Von der Oktoberrevolution bis zu Stalins Tod, Bd. 2: Wirtschaft u. Gesellschaft, München 1987, 510 (ähnliche Angaben bei Keep, Revolution, 413 u. Shanin, Awkward Class, 153ff.).

56 Vgl. R. Schweitzer, Autonomie u. Autokratie. Die Stellung des Großfürstentums Finnland im russischen Reich in der zweiten Hälfte des 19. Jahrhunderts (1863–1899), Gießen 1978; N. Davies, God's Playground. A History of Poland, Bd. 2, Oxford 1981, 81ff., 306ff.

57 Zur nationalen Frage immer noch grundlegend: Pipes, Formation, hier 7ff. Knapp auch: Ferro, February, 286ff.; ders., Bolshevik, 91ff. Zu den Debatten der sozialistischen Parteien: K. Heller, Revolutionärer Sozialismus u. nationale Frage. Das Problem des Nationalismus bei russischen u. jüdischen Sozialdemokraten u. Sozialrevolutionären im Russischen Reich bis zur Revolution 1905–1907, Frankfurt 1977; Tobias, 160ff.; Harding I, 296ff.; R.C. Tucker, Stalin as Revolutionary 1879–1929, New York 1973, 150ff. Zu den Kadetten: Rosenberg, Liberals, 87ff., 126f.

58 Vgl. J.v. Hehn u.a. Hg., Von den baltischen Provinzen zu den balti-

schen Staaten. Beiträge zur Entstehungsgeschichte der Republiken Estland u. Lettland 1917–1918, Marburg 1971; A. Ezergailis, The 1917 Revolution in Latvia, Boulder/Col. 1974; G. v. Rauch, Geschichte der baltischen Staaten, Stuttgart 1970, 31 ff. – W. Conze, Polnische Nation u. deutsche Politik im Ersten Weltkrieg, Köln 1958; H. Roos, Geschichte der Polnischen Nation 1918–1985. Von der Staatsgründung im Ersten Weltkrieg bis zur Gegenwart, Stuttgart 1986^4, 29 ff.

59 Bei der ersten gesamtrussischen Volkszählung 1897 wurde folgende nationale Zusammensetzung der 122, 67 Millionen zarischen Untertanen ermittelt (in %): Großrussen – 44,3; Ukrainer – 17,8; Polen – 6,3; Weißrussen – 10,8; Turkvölker – 10,8; Juden 4,0; Finnvölker – 2,8; Litauer u. Letten 2,5; Deutsche – 1,4; Bergvölker des Kaukasus – 1,3; Georgier – 1,1; Armenier – 0,9; iranische Völker – 0,6; Mongolen – 0,4; übrige – 1,0 (nach Pipes, Formation, 2).

60 Vgl. außer Pipes, Formation, 53 ff., u. T. Hunczak Hg., The Ukraine 1917–1921: A Study in Revolution, Cambridge/Mass. 1977 jetzt: J.E. Mace, Communism and the Dilemmas of National Liberation. National Communism in Soviet Ukraine 1918–1933, Cambridge/Mass. 1983, 17 ff. (ältere Lit. ebd.). Dokumente zur nationalen Frage insgesamt bei BK I, 317 ff., hier 370 ff.

61 Vgl. Pipes, Formation, 12 ff., 75 ff.; E. Allworth Hg., Central Asia. A Century of Russian Rule, New York 1967, 131 ff. (beste Darstellung); A. Bennigsen u. S. Wimbusch, Muslim National Communism in the Soviet Union. A Revolutionary Strategy for the Colonial World, Chicago 1979, 3 ff., 19 ff.; R. A. Pierce, Russian Central Asia 1867–1917. A Study in Colonial Rule, Berkeley 1960; S. Becker, Russia's Protectorates in Central Asia: Bukhara and Khiva 1865–1924, Cambridge/Mass. 1968; W.S. Vucinich Hg., Russia and Asia. Essays on the Influence of Russia on the Asian Peoples, Stanford 1972. Dokumente: BK I, 408 ff.

62 Vgl. Pipes, Formation, 15 ff., 93 ff.; F. Kazemzadeh, The Struggle for Transcaucasia 1917–1921, New York 1951, 32 ff., 54 ff.; R.G. Suny, The Baku Commune 1917–1921. Class and Nationality in the Russian Revolution, Princeton 1971, 69 ff.; ders. Hg., Transcaucasia, Nationalism, and Social Change. Essays in the History of Armenia, Azerbaijan, and Georgia, Ann Arbor 1983 (mit neuester Literatur); T. Swietochowski, Russian Azerbaijan 1905–1920. The Shaping of National Identity in a Muslim Community, Cambridge 1985, 165 ff.; R.G. Hovannisian, Armenia on the Road to Independence 1918, Berkeley 1967; ders., The Republic of Armenia, Bde 1–2, Berkeley 1971–1982.

63 Vgl. Rabinowitch, Bolsheviks, 94 ff.; Rosenberg, Liberals, 196 ff. (Zitate 202).

64 Vgl. G. Katkov, The Kornilov Affair. Kerensky and the Break-Up of the Russian Army, London 1980, 158. Zum Vorstehenden ansonsten vor allem: Rabinowitch, Bolsheviks, 110ff., Zitat 114; Rosenberg, Liberals, 229ff. Quellen bei BK III, 1527ff.; Hellmann, 270ff.

65 Vgl. Radkey, Agrarian, 393ff.; Rabinowitch, Bolsheviks, 151ff. (Daten 176); Rosenberg, Liberals, 234ff.; Zitate ebd., 254 und Suchanow, 249. Quellen bei BK III, 1714ff.

66 Suchanow, 567.

67 Daten nach Rosenberg, Duma Elections, 160f.; ders., Liberals, 274f. Sonst: Rabinowitch, Bolsheviks, 168ff. (Zitat 189); Mandel II, 244ff.; Suchanow, 530ff., 560ff. Zur Rolle seines Helden in diesen Tagen: Deutscher I, 270ff.

V. Die Geburt des Sowjetstaates (Oktober 1917–1921)

1 Als Übersicht über die wichtigsten Forschungspositionen unübertroffen: D. Geyer, Oktoberrevolution, in: Sowjetsystem u. Demokratische Gesellschaft, Bd. 4, Freiburg 1971, Sp. 917–58; ders., Die Russische Revolution. Historische Probleme und Perspektiven, Göttingen 1985[4], 93ff. Zur neuesten Entwicklung: Suny, Social History. Für die ältere Sicht stellvertretend: S.P. Melgunov, The Bolshevik Seizure of Power, Santa Barbara 1972; R.V. Daniels, Red October. The Bolshevik Revolution of 1917, Boston 1984[2]. Mit anderer Perspektive: Ferro, Bolshevik, 91ff., 224ff. In der Wertung ähnlich, obwohl parteigeschichtlich orientiert: Rabinowitch, Bolsheviks, 191ff. Kaum zufällig hat sich der Perspektivenwechsel am wenigsten in Untersuchungen über den Aufstand selbst niedergeschlagen.

2 Die »Normalität« der bolschewistischen Partei betont überzeugend: R. Service, The Bolshevik Party in Revolution. A Study in Organisational Change 1917–1913, London 1979, 49 u.passim. – Zitat: Suchanow, 562.

3 Zitate in: LW 26, 1–3 (Die Bolschewiki müssen die Macht ergreifen), 5f. (Marxismus und Aufstand), 65 (Die Krise ist herangereift).

4 Vgl. LW 26, 125. Lenins Rücktrittserklärung: ebd., 67 (Die Krise ist herangereift). Zur Bewertung und weiteren Kampagne im Detail: Rabinowitch, Bolsheviks, 194ff.; Daniels, Red October, 45ff.; auch: Melgunov, 5ff.

5 Vgl. LW 26, 178.

6 Zitate bei Suchanow, 583.

7 Vgl. Suchanow, 597. Im übrigen: Rabinowitch, Bolsheviks, 224ff. (zum VRK 238); Daniels, Red October, 81ff., 107ff. Interessant auch

Trotzkis Darstellung: Revolution, 568 ff. Quellen: BK III, 1761 ff.; J. Bunyan u. H.H. Fisher Hg., The Bolshevik Revolution 1917–1918. Documents and Materials, Stanford 1961², 52 ff.; McNeal I, 277 ff.

8 Vgl. Suchanow, 633; Hellmann, 302 f.; Rabinowitch, Bolsheviks, 248. Zum folgenden insgesamt: ebd., 248 ff.; Daniels, Red October, 132 ff.

9 Vgl. BK III, 1775, 1779; Rabinowitch, Bolsheviks, 257.

10 Ihre Bedeutung sollte aber nicht überschätzt werden. Entscheidend blieb die Garnison. Vgl. R.A. Wade, Red Guards and Workers' Militias in the Russian Revolution, Stanford 1984, 196 ff.; Keep, Revolution, 90 ff. (Daten, 95).

11 Vgl. Lenins Rede in: BK III, 1793. Zum übrigen: ebd. III, 1797 ff.; Daniels, Red October, 165 ff.; Rabinowitch, Bolsheviks, 273 ff.; Suchanow, 652 ff.; Trotzki, Revolution, 646 ff., 677 ff.

12 Vgl. Suchanow, 666; Daten nach Rabinowitch, Bolsheviks, 291 f.

13 Vgl. BK III, 1793 ff.; Hellmann, 310 f.; Rabinowitch, Bolsheviks, 291 ff. (Zitate 296, 303 sowie BK III, 1797 f.); Suchanow, 664 ff. (Zitate 669, 675).

14 Vgl. Daniels, Red October, 200 ff., Zitat 206; Rabinowitch, Bolsheviks, 305 ff.; Mandel II, 323 ff.

15 Vgl. Koenker, Moscow, 329 ff.; O.H. Radkey, The Sickle Under the Hammer. The Russian Socialist Revolutionaries in the Early Months of Soviet Rule, New York 1963, 47 ff.

16 Vgl. J.L.H. Keep, October in the Provinces, in: R. Pipes Hg., Revolutionary Russia, New York 1969, 246 ff.; ders., Revolution, 339 ff.; Ferro, Bolshevik, 266 f.

17 Vgl. die Analyse der Teilnehmer bei Ferro, Bolshevik, 258 ff.

18 Vgl. T.H. Rigby, Lenin's Government: Sovnarkom 1917–1922, Cambridge 1979, bes. 160 ff. Weiterhin anregend: W. Pietsch, Revolution u. Staat. Institutionen als Träger der Macht in Sowjetrußland 1917–1922, Köln 1969. Informativ die Übersicht von H. Altrichter, Staat u. Revolution in Sowjetrußland 1917–1922/23, Darmstadt 1981, hier 9 ff., 29 ff. – Zu den grundsätzlichen Weichenstellungen der folgenden Monate: The Debate on Soviet Power. Minutes of the All-Russian Central Executive Committee of Soviets, Second Convocation, October 1917 – January 1918, hg. v. J.L.H. Keep, Oxford 1979.

19 Konkrete Angaben, die einen Anstieg von 23 000 bis 45 000 im Februar 1917 auf 400 000 im Oktober postulieren, bleiben aber pure Spekulation. Vgl. Service, Bolshevik, 43; T.H. Rigby, Communist Party Membership in the U.S.S.R. 1917–1967, Princeton 1968, 57 ff.

20 Vgl. immer noch grundlegend: R.V. Daniels, Das Gewissen der Revolution. Kommunistische Opposition in der Sowjetunion, Köln 1962,

hier 85 ff.; L. Schapiro, The Origin of the Communist Autocracy. Political Opposition in the Soviet State, First Phase: 1917–1922, London 1955, 69 ff.

21 Vgl. Geyer, Revolution, 121.

22 Vgl. Suchanow, 686; Text des Dekrets bei Hellmann, 315 ff.

23 Vgl. Ferro, Bolshevik, 132 ff., bes. 137; Keep, Revolution, 385 ff., bes. 397; Dokumente bei Bunyan u. Fisher, 668 ff.

24 Zum Vorstehenden: Rabinowitch, Bolsheviks, 309 f.; Deutscher I, 310 ff.; Rigby, Lenin's Government, 27 f.; Keep, Revolution, 438 ff.; Radkey, Sickle, 95 ff., 226 ff.

25 Text des Dekrets bei Hellmann, 327 f.; Altrichter u. Haumann, 36 ff. sowie mit weiteren Quellen bei Bunyan u. Fisher, 303 ff. Zum Umfeld: U. Brügmann, Die russischen Gewerkschaften in Revolution u. Bürgerkrieg 1917–1919, Frankfurt 1972, 128 ff. (Zitat 131); Smith, 209 ff.; Mandel II, 364 ff. Zur Wende der Wirtschaftspolitik im Frühjahr 1918 s. u. S. 278 ff.

26 Vgl. Smith, 239; andere Daten, dieselbe Erscheinung belegend bei: S. Malle, The Economic Organization of War Communism 1918–1921, Cambridge 1985, 51 ff. Ferner: Ferro, Bolshevik, 171 ff. (Zitat 176); Keep, Revolution, 263 ff.; R. Lorenz, Anfänge der bolschewistischen Industriepolitik, Köln 1965, 90 ff., 132 ff.; Altrichter, Staat, 85 ff.

27 Allerdings bedarf der Zusammenhang weiterer Klärung. Die »Entstädterung« ließ den Kern der Arbeiterschaft offenbar bestehen. Vgl. D. Koenker, Urbanization and Deurbanization in the Russian Revolution and Civil War, in: Journal of Modern History 57. 1985, 424–50. Zum Übrigen: Keep, Revolution, 288 ff.; Smith, 217 ff. (Daten 243); Mandel II, 379 ff.; Brügmann, 158 ff.; Dokumente: Bunyan u. Fisher, 639 ff. Zur weiteren Entwicklung der Gewerkschaften: J.B. Sorenson, The Life and Death of Soviet Trade Unionism 1917–1928, New York 1969.

28 Quellen bei Bunyan u. Fisher, 304 ff.; Ferro, Bolshevik, 174 f.

29 Texte bei Hellmann, 312 ff., 335 ff. Eine eingehende Darstellung der Agonie der Armee fehlt noch.

30 Zitat nach Bunyan u. Fisher, 510; in schiefer Übersetzung auch bei: W. Hahlweg Hg., Der Friede von Brest-Litowsk, Düsseldorf 1971, 539. Zu den Friedensverhandlungen ferner: R.K. Debo, Revolution and Survival: The Foreign Policy of Soviet Russia 1917–18, Liverpool 1979, 91 ff.; M. Kettle, The Allies and the Russian Collapse, March 1917 – March 1918, Worcester 1981, 176 ff.; Deutscher I, 329 ff.; P. Baumgart, Deutsche Ostpolitik 1918. Von Brest-Litowsk bis zum Ende des Ersten Weltkrieges, München 1966, 13 ff.; F. Fischer, Griff nach der Weltmacht. Die Kriegszielpolitik des kaiserlichen Deutschland 1914–18, Düsseldorf 1964^3, 627 ff.

31 Vgl. Auszüge aus Kamkovs Stellungnahme bei Bunyan u. Fisher, 531f. Zum innerbolschewistischen Streit: Daniels, Gewissen, 93ff.; Schapiro, Origin, 89ff.; Cohen, 60ff.

32 So Rosenberg, Liberals, 273f.,im Gegensatz zu früheren Darstellungen, etwa Chamberlains.

33 Vgl. Radkey, Sickle, 280ff., sowie (mit leicht abweichenden Berechnungen) ders., The Election to the Russian Constituent Assembly of 1917, Cambridge 1950, 16f., 21, und Rosenberg, Liberals 274f.

34 Vgl. en détail: Radkey, Sickle, 280ff. (Zitat 333), 386ff. u.pass.; Mandel II, 351ff. Zu den Menschewiki: L.H. Haimson, The Mensheviks After the October Revolution, in: RR 38. 1979, 456–73, 39. 1980, 181–207, 462–83, hier bes. Teil III; auch: ders., Les Mencheviks face à la révolution d'Octobre. Le Congrès extraordinaire du RSDRP (novembre-décembre 1917), in: Cahiers du monde russe et soviétique 14. 1973, 5–32. Quellen: Bunyan u. Fisher, 338ff.; Hellmann, 339ff.

35 Vgl. die Dokumentensammlung von: H. Altrichter Hg., Die Sowjetunion. Von der Oktoberrevolution bis zu Stalins Tod, Bd. 1: Staat u. Partei, München 1986, 32f.; Hellmann, 340ff. (Zitat 341); Bunyan u. Fisher, 389ff.

36 Vgl. Anweiler, 279ff. (Zitat 282); Altrichter, Staat, 54f.; Text der Verfassung bei Altrichter Hg., Sowjetunion, 143ff.; A.L. Unger, Constitutional Developments in the USSR. A Guide to the Soviet Constitutions, London 1981, 24ff.

37 Vgl. einige Dekrete bei: Hellmann, 331f., 350f.; Altrichter u. Haumann, 35f., 38, 44ff. Zur Frauenbewegung: Ferro, Bolshevik, 214ff.; L.H. Edmondson, Feminism in Russia 1900–1917, London 1984; B. Farnsworth, Aleksandra Kollontai. Socialism, Feminism, and the Bolshevik Revolution, Stanford 1980; R. Stites, The Women's Liberation Movement in Russia. Feminism, Nihilism, and Bolshevism 1860–1930, Princeton 1978; D. Atkinson u.a. Hg., Women in Russia, Hassocks 1976. Eine überzeugende Darstellung der Kulturrevolution außerhalb von Kunst und Bildungswesen fehlt noch. Pionierarbeit leisten: A. Gleason u.a. Hg., Bolshevik Culture: Experiment and Order in the Russian Revolution, Bloomington 1985. Zum weiteren Kontext: R. Lorenz Hg., Proletarische Kulturrevolution 1917–1921. Dokumente des »Proletkult«, München 1969; P.Gerson u. E. Knödler-Bunte, Proletkult, 2 Bde., Stuttgart 1975; O. Anweiler, Geschichte der Schule u. Pädagogik in Rußland vom Ende des Zarenreiches bis zum Beginn der Stalin-Ära, Berlin 1964; O. Anweiler u. K.-H. Ruffmann Hg., Kulturpolitik der Sowjetunion, Stuttgart 1973; O. Anweiler u. K. Meyer Hg., Die sowjetische Bildungspolitik seit 1917, Heidelberg 1961.

38 Vgl. Rosenberg, Liberals, 283 ff.
39 Eine westsprachige Untersuchung zur Geschichte der PSR im Bürgerkrieg fehlt noch. Für die ersten Monate vgl. den Ausblick bei Radkey, Sickle, 436 ff.
40 Vgl. Haimson, Mensheviks, 107 ff., 156 ff., 191 ff. Zur Lage der Menschewiki im Frühsommer 1918 ferner: W.G. Rosenberg, Russian Labor and Bolshevik Power After October, in: SR 44. 1985, 213–38 (mit anschließender Diskussion), sowie V.N. Brovkin, The Mensheviks' Political Comeback: The Elections to the Provincial City Soviets in Spring 1918, in: RR 42. 1983, 1–50, u. ders., The Mensheviks Under Attack. The Transformation of Soviet Politics, June-September 1918, in: JGO 32. 1984, 378–91.
41 Zum Bürgerkrieg jetzt die ausgewogene Übersicht von E. Mawdsley, The Russian Civil War, London 1987, hier 24 ff., 34 f. Ferner: J.F.N. Bradley, Civil War in Russia 1917–1920, London 1975, hier 37 ff.; P. Kenez, Civil War in South Russia, 1918. The First Year of the Volunteer Army, Berkeley 1971, hier 45 ff. (ausführlichste Darstellung); D. Footman, Civil War in Russia, New York 1961; R. Karmann, Der Freiheitskampf der Kosaken. Die weiße Armee in der Russischen Revolution 1917–1920, Puchheim 1985. Immer noch nützlich: W.H. Chamberlain, Die Russische Revolution 1917–1921, bes. Bd. 2, Frankfurt 1958. – Zu den ukrainischen Wirren: Hunczak; J.S. Reshetar, The Ukrainian Revolution 1917–1920: A Study in Nationalism, New York 1972; Pipes, Formation, 114 ff.; O.S. Fedyshyn, Germany's Drive to the East and the Ukrainian Revolution 1917–18, New Brunswick 1971; Ju. Borys, The Sovietization of Ukraine 1917–1923: The Communist Doctrine and Practice of National Self-Determination, Edmonton 1980; P. Borowsky, Deutsche Ukrainepolitik 1918 unter besonderer Berücksichtigung der Wirtschaftsfragen, Lübeck 1970. – Zur Machno-Bewegung: M. Malet, Nestor Makhno in the Russian Civil War, London 1982; M. Palij, The Anarchism of Nestor Makhno 1918–1921: An Aspect of the Ukrainian Revolution, Seattle 1976; D. Dahlmann, Land u. Freiheit, Machnovščina u. Zapatismo als Beispiele agrarrevolutionärer Bewegungen, Wiesbaden 1986. – Quellen bei: J. Bunyan Hg., Intervention, Civil War, and Communism in Russia April–December 1918, Baltimore 1936, 1 ff.
42 Vgl. Mawdsley, Civil War, 46 ff., 56 ff., 99 ff., 132 ff.; J.F.N. Bradley, Allied Intervention in Russia, London 1968, 65 ff., 106 ff.; ders., Civil War, 55 ff., 105 ff.; Rosenberg, Liberals, 383 ff.; G. Thunig-Nittner, Die Tschechoslowakische Legion in Rußland. Ihre Geschichte u. Bedeutung bei der Entstehung der 1. Tschechoslowakischen Republik, Wiesbaden 1970; Bunyan, Intervention, 75 ff., 27 ff.

43 Vgl. Pipes, 137ff.; Mawdsley, Civil War, 161ff., 194ff.; P. Kenez, Civil War in South Russia 1919–1920, Berkeley 1977; Karmann, 149ff. (beide sehr ausführlich); Bradley, Civil War, 117ff., 143ff.; ders., Allied Intervention, 132ff. Zu den außenpolitischen Hintergründen der Intervention: R.H. Ullman, Anglo-Soviet Relations 1917–1921, 2 Bde., Princeton 1961–1968; G.F. Kennan, Soviet-American Relations, 1917–1920, 2 Bde., Princeton 1956–1958 (Bd. 2 in dt. Übers. Stuttgart 1961).

44 Vgl. Mawdsley, Civil War, 59ff., 277f. u. pass.; J. Erickson, The Origins of the Red Army, in: Pipes Hg., Revolutionary Russia, 286–328; Footman, Civil War, 135ff.; Altrichter, Staat, 165ff. (beste Zusammenfassung); G. Ritter, Das Kommunemodell u. die Begründung der Roten Armee im Jahre 1918, Berlin 1965. Quellen in: Altrichter Hg., Sowjetunion, 104ff.; Bunyan, Intervention, 266ff.; J.M. Meijer Hg., The Trotzki Papers 1917–1922, 2 Bde., Den Haag 1964–1971. Eine zufriedenstellende Monographie zum Aufbau der Roten Armee fehlt noch.

45 Vgl. Mawdsley, Civil War, 272ff.; Bradley, Civil War, 118ff., 162ff.; Rosenberg, Liberals, 396ff. (Zitat 426).

46 Vgl. LW 27, 225–268 (Zitate 244, 247). Scharfsinnigste Formulierung der Gegenposition bei: N. Osinskij, Über den Aufbau der Sowjetmacht, in: F. Kool u. E. Oberländer Hg., Arbeiterdemokratie oder Parteidiktatur, Olten 1967, 92–126. Dazu: Daniels, Gewissen, 105ff.

47 Vgl. jetzt grundlegend: Malle, 3ff., 495ff. Dokumente: Bunyan, Intervention, 374ff.; Altrichter u. Haumann, 62ff.; knapp auch: G. Hosking, A History of the Soviet Union, London 1985 (beste Gesamtdarstellung), hier 57ff. Selbstdeutungen: N. Bucharin, Ökonomik der Transformationsperiode, Reinbek 1970 (dazu Cohen, Bukharin, 87ff.); L.N. Kritzman, Die heroische Periode der großen russischen Revolution, Frankfurt 1971. – Zur Lebenswirklichkeit in Bürgerkrieg und Notstandskommunismus mit einer Fülle farbiger, aber wenig sortierter Details: P. Scheibert, Lenin an der Macht. Das russische Volk in der Revolution 1918–1922, Weinheim 1984.

48 Daten nach Malle, 62ff. Beste Übersicht sonst bei: Altrichter, Staat, 85ff. Ebenso anschaulich wie bissig: Scheibert, Lenin, 194ff. Auch: F. Döring, Organisationsprobleme der russischen Wirtschaft in Revolution und Bürgerkrieg 1918–1920. Dargestellt am Volkswirtschaftsrat für den Nordrayon (SNChSR), Hannover 1970, 135ff.; W. Süß, Der Betrieb in der UdSSR. Stellung, Organisation u. Management 1917–1932, Frankfurt 1981, 57ff.

49 Vgl. Malle, 322ff., 396ff. (Daten 364); Altrichter, Staat, 102ff.; Scheibert, Lenin, 122ff. u.pass.

50 Vgl. Malle, 153 ff., 495 ff. (Daten 166, 179, 504); Scheibert, Lenin, 236 ff.

51 Vgl. die eindrucksvolle Untersuchung von G. Leggett, The Cheka: Lenin's Political Police. The All-Russian Extraordinary Commission for Combating Counter-Revolution and Sabotage (December 1917 to February 1922), Oxford 1986², 15 ff., 28 ff., bes. 34, 58, 67. Auch: L.D. Gerson, The Secret Police in Lenin's Russia, Philadelphia 1976, 15 ff., 25 ff. Anders: Scheibert, Lenin, 79 ff. Zu den außerordentlichen Organen insgesamt: Pietsch, 88 ff.; Altrichter, Staat 20 ff.

52 Zum Vorstehenden Leggett, 70 ff. (Zitate 114, 119 = LW 28, 164); Daten 181, 467, hier auch Conquests wohl überzogene Schätzung von 500 000 Opfern, davon 200 000 Exekutionen.

53 Vgl. Pietsch, 140 ff., 153; Service, Bolshevik, 85 ff. Die Daten zur Parteimitgliedschaft sind bei Altrichter Hg., Sowjetunion, 342, zusammengestellt; leicht abweichende Angaben bei Schapiro, Geschichte, 254 f. Zur Bürokratisierung: Ferro, Bolshevik, 196 ff.; U.D. Nienhaus, Revolution u. Bürokratie: Staatsverwaltung u. Staatskontrolle in Sowjetrußland 1917–1924, Frankfurt 1980; Scheibert, Lenin, 44 ff.

54 Vgl. Pietsch, 118 ff.; Rigby, Lenin's Government, 160 ff.

55 Vgl. Daniels, Gewissen, 14 ff.; Schapiro, Origin, 273 ff. Dokumente bei: Kool u. Oberländer, 128 ff., 240 ff. – P. Avrich, Kronstadt 1921, New York 1974, bes. 157 ff.; I. Getzler, Kronstadt 1917–1921. The Fate of a Soviet Democracy, Cambridge 1983, 205 ff. Das berühmte Selbstzeugnis »Wahrheit über Kronstadt« bei: Kool u. Oberländer, 297 ff.; die Forderungen in knapper Form bei Altrichter u. Haumann, 126 f. – Zur Unruhe in der Arbeiterschaft vgl.: J.B. Hatch, Working-Class Politics in Moscow During the Early NEP: Menscheviks and Workers' Organizations 1921–1922, in: Soviet Studies 39. 1987, 556–574; W.J. Chase, Workers, Society, and the Soviet State. Labor and Life in Moscow 1918–1929, Urbana/Ill. 1987, 48 ff.

56 Daten nach Mawdsley, Civil War, 286 f.

VI. Revolution und Rückständigkeit

1 Vgl. C. Brinton, The Anatomy of Revolution, New York 1965², 39 ff.

2 Vgl. zur »Vechi«-Gruppe: C. Read, Religion, Revolution, and the Russian Intelligentsia 1900–1912, London 1979.

3 Vgl. Ferro, Bolshevik 59 ff.

4 Vgl. zusammenfassend noch unübertroffen: Pipes, Formation, 155 ff.; knapp: Mawdsley, Civil War, 219 ff., 230 ff., sowie die in Kap. IV, Anm. 61 u. 62 zitierte Literatur.

5 Vgl. die umsichtige Erörterung der wichtigsten Streitfragen über den Oktober bei R.A. Medwedjew, Oktober 1917, Hamburg 1917. Die ideologische Komponente betont stark: M. Malia, Comprendre la Révolution russe, Paris 1980.

6 Vgl. F. Furet, D. Richet, Die Französische Revolution, München 1981, 160ff.

7 Zur entschieden ausgeprägteren Kontinuität selbst in der Französischen Revolution vgl. zusammenfassend: R. Reichardt u. E. Schmitt, Die Französische Revolution – Umbruch oder Kontinuität?, in: Zeitschrift für Historische Forschung 7. 1980, 257–400.

8 Vgl. die scharfsinnige Analyse bei Shanin, Awkward Class, 145 ff.; Atkinson, 295 ff.; D.J. Male, Russian Peasant Organisation Before Collectivisation. A Study of Commune and Gathering 1925–1930, Cambridge 1971, 87ff.; anschauliche Regionalstudie: Altrichter, Tver'; mit ähnlich ethnographischem Ansatz: N. Werth, La vie quotidienne des paysans russes de la révolution à la collectivisation (1917–1939), Paris 1984, hier 277ff. Vorerst abschließend zum Streit um die Motive der Kollektivierung: S. Merl, Die Anfänge der Kollektivierung in der Sowjetunion. Der Übergang zur staatlichen Reglementierung der Produktions- und Marktbeziehungen im Dorf 1928–1930, Wiesbaden 1985.

9 Neben Rosenberg, Liberals, pass.: J. Burbank, Intelligentsia and Revolution. Russian Views of Bolshevism 1917–1922, New York 1986, 113 ff. – Zum schwierigen Gesamtproblem: D. Geyer, »Gesellschaft« als staatliche Veranstaltung. Sozialgeschichtliche Aspekte des russischen Behördenstaates im 18. Jahrhundert, in: ders. Hg., Wirtschaft, 20–52; S. White, Political Culture and Soviet Politics, London 1979, 22ff., sowie den anregenden Versuch von: E.L. Keenan, Muscovite Political Folkways, in: RR 45. 1986, 115–181, und die Diskussion in: ebd. 46. 1987, 157–210.

10 Angabe nach Mawdsley, Civil War, 286. Die »Gesellschaft« läßt sich bisher zahlenmäßig kaum erfassen. In den Städten umfaßte sie höchstens ein Drittel der Bevölkerung (vgl. D. Brower, Urban Russia on the Eve of World War One: A Social Profile, in: Journal of Social History 13. 1979, 425–36), im europäischen Rußland 1914 mithin etwa sechs Millionen Menschen. Ein erheblicher Teil der Emigranten dürfte aus dieser Schicht stammen, wobei zu bedenken ist, daß die städtische Bevölkerung in den Kriegsjahren schon stark dezimiert worden war.

11 Vgl. die jüngste Übersicht von G. Simon, Nationalismus u. Nationalitätenpolitik in der Sowjetunion. Von der totalitären Diktatur zur nachstalinschen Gesellschaft, Baden-Baden 1986. Informativste ältere Zusammenfassung: R. Conquest, Soviet Nationalities Policy in Practice, London 1967.

12 Vgl. den einflußreichen Aufsatz von T. v. Laue, Die Revolution von außen als erste Phase der russischen Revolution 1917, in: JGO 4. 1956, 138–58, sowie die Erprobung der Hypothesen in: ders., Why Lenin? Why Stalin? A Reappraisal of the Russian Revolution, Philadelphia 1964.

13 Das Gegenteil versucht wenig überzeugend Medwedjew, Oktober, 80ff., zu belegen.

14 Vgl. Malia, Comprendre, 213.

Auswahlbibliographie

1. Quellensammlungen, -editionen und Memoiren

Altrichter, H. Hg., Die Sowjetunion. Von der Oktoberrevolution bis zu Stalins Tod, Bd. 1: Staat u. Partei, München 1986.

Ders. u. H. Haumann Hg., Die Sowjetunion. Von der Oktoberrevolution bis zu Stalins Tod, Bd. 2: Wirtschaft u. Gesellschaft, München 1987.

Anweiler, O. u. K. Meyer Hg., Die sowjetische Bildungspolitik seit 1917, Heidelberg 1961.

Ders. u. K.-H. Ruffmann Hg., Kulturpolitik der Sowjetunion, Stuttgart 1973.

Ascher, A. Hg., The Mensheviks in the Russian Revolution, Ithaca 1976.

Avrich, P. Hg., The Anarchists in the Russian Revolution, London 1973.

Browder, R.P. u. A.F. Kerensky Hg., The Russian Provisional Government 1917. Documents, Bde. 1–3, Stanford 1961.

Bunyan, J. Hg., Intervention, Civil War, and Communism in Russia April-December 1918, Baltimore 1936.

Ders. u. H.H. Fisher Hg., The Bolshevik Revolution 1917–1918. Stanford 1961².

Gankin, O.H. u. H.H. Fisher Hg., The Bolsheviks and the World War. The Origin of the Third International, Stanford 1940.

Hahlweg, W. Hg., Der Friede von Brest-Litowsk, Düsseldorf 1971.

Hellmann, M. Hg., Die russische Revolution 1917. Von der Abdankung des Zaren bis zum Staatsstreich der Bolschewiki, München 1964.

Keep, J.L.H. Hg., The Debate on Soviet Power. Minutes of the All-Russian Central Executive Committee of Soviets, Second Convocation, October 1917-January 1918, Oxford 1979.

Lenin, W.I., Werke; dt. nach der 4. russ. Ausgabe, Berlin 1955–1964 (Bde. 1–40, Reg. Bde. 1,2); Erg.bde. 1 u.2, 1969,1971.

Lorenz, R. Hg., Die russische Revolution 1917. Der Aufstand der Arbeiter, Bauern u. Soldaten, München 1981.

Ders. Hg., Proletarische Kulturrevolution 1917–1921. Dokumente des »Proletkult«, München 1969.

Martov, Ju.O., Geschichte der russischen Sozialdemokratie, Berlin 1926, ND Erlangen 1973.

McCauley, M. Hg., The Russian Revolution and the Soviet State 1917–1921, London 1980².

McNeal, R.H. Hg., Resolutions and Decisions of the Communist Party of the Soviet Union, Bde. 1–5, Toronto 1974–1982.

(Miljukov) Miliukov, P.N., Political Memoirs 1905–17, Ann Arbor 1967.

(Ders.) Milukow, P.N., Geschichte der zweiten russischen Revolution. Gegensätze der Revolution, Wien 1922.

Scheibert, P. Hg., Die russischen politischen Parteien von 1905–1917, Darmstadt 1972.
(Suchanov) Suchanow, N.N., 1917. Tagebuch der russischen Revolution, Hg. N. Ehlert, München 1967.
Trotzki, L., Geschichte der russischen Revolution, Frankfurt 1967 (ND von Berlin 1931).
Ders., The Trotzki Papers 1917–1922, Hg. J.M. Meijer, Bde. 1–2, Den Haag 1964–1971.

2. Darstellungen

Allworth, E. Hg., Central Asia. A Century of Russian Rule, New York 1967.
Alston, P.L., Education and the State in Tsarist Russia, Stanford 1969.
Altrichter, H., Die Bauern von Tver'. Vom Leben auf dem russischen Dorfe zwischen Revolution u. Kollektivierung, München 1984.
Anderson, B.A., Internal Migration During Modernization in Late Nineteenth-Century Russia, Princeton 1980.
Anweiler, O., Die Rätebewegung in Rußland 1905–1921, Leiden 1958.
Ders., Geschichte der Schule u. Pädagogik in Rußland vom Ende des Zarenreiches bis zum Beginn der Stalin-Ära, Berlin 1964.
Ascher, A., Pavel Axelrod and the Development of Menshevism, Cambridge/Mass. 1972.
Ders., The Revolution of 1905. Russia in Disarray, Stanford 1988.
Atkinson, D., The End of the Russian Land Commune 1905–1930, Stanford 1983.
Dies. u.a. Hg., Women in Russia, Hassocks 1976.
Avrich, P., Kronstadt 1921, New York 1974.
Ders., Russian Rebels 1600–1800, New York 1972.
Ders., The Russian Anarchists, Princeton 1967.
Baron, S.H., Plekhanov: The Father of Russian Marxism, Stanford 1963.
Basil, J.D., The Mensheviks in the Revolution 1917, Columbus/Ohio 1984.
Bater, J.H., St.Petersburg: Industrialization and Change, Montreal 1976.
Becker, S., Nobility and Privilege in Late Imperial Russia, DeKalb/Ill. 1985.
Ders., Russia's Protectorates in Central Asia: Bukhara and Khiva 1865–1924, Cambridge/Mass. 1968.
Bennigsen, A. u. S. Wimbusch, Muslim National Communism in the Soviet Union. A Revolutionary Strategy for the Colonial World, Chicago 1979.
Bensidoun, S., L'agitation paysanne en Russie de 1881 à 1902, Paris 1975.

Beyrau, D., Militär u. Gesellschaft im vorrevolutionären Rußland, Köln 1984.
Billington, J.H., Mikhailovsky and Russian Populism, Oxford 1958.
Birth, E., Die Oktobristen, Stuttgart 1974.
Bonnell, V. E., Roots of Rebellion. Workers' Politics and Organizations in St.Petersburg and Moscow 1900–1914, Berkeley 1983.
v. Borcke, A., Die Ursprünge des Bolschewismus. Die jakobinische Tradition in Rußland u. die Theorie der revolutionären Diktatur, München 1977.
Bradley, J., Muzhik and Muscovite. Urbanization in Late Imperial Russia, Berkeley 1985.
Bradley, J.F.N., Allied Intervention in Russia, London 1968.
Ders., Civil War in Russia 1917–1920, London 1975.
Brinton, C., The Anatomy of Revolution, New York 1965^2.
Brooks,J., When Russia Learned to Read. Literacy and Popular Literature 1861–1917, Princeton 1985.
Brovkin, V.N., The Mensheviks' Political Comeback: The Elections of the Provincial City Soviets in Spring 1918, in: RR 42. 1983, 1–50.
Ders., The Mensheviks Under Attack. The Transformation of Soviet Politics, June -September 1918, in: JGO 32. 1984, 378–91
Brügmann, U., Die russischen Gewerkschaften in Revolution u. Bürgerkrieg 1917–1919, Frankfurt 1972.
Burbank, J., Intelligentsia and Revolution. Russian Views of Bolshevism 1917–1922, New York 1986.
Bushnell, J., Mutiny amid Repression. Russian Soldiers in the Revolution of 1905–1906, Bloomington 1985.
Carr, E.H., The Bolshevik Revolution 1917–1923, Bde. 1–3, London 1950–1953.
Carrère d'Encausse, H., Réforme et révolution chez les musulmans de l'Empire russe, Bukhara 1867–1924, Paris 1966.
Chamberlain, W.H., Die Russische Revolution 1917–1921, Bde. 1–2, Frankfurt 1958.
Chase, W.J., Workers, Society, and the Soviet State. Labor and Life in Moscow 1918–1929, Urbana 1987.
Cohen, S.F., Bukharin and the Bolshevik Revolution. A Political Biography 1888–1938, New York 1974.
Conroy, M.S., Peter Arkad'evich Stolypin. Practical Politics in Late Tsarist Russia, Boulder/Col. 1976.
Coquin, F.-X. u. C. Gervais-Francelle Hg., 1905. La Première Révolution Russe, Paris 1986.
Crisp, O., Labour and Industrialization in Russia, in: CEHE VII/2. 1978, 308–415.
Dahlmann, D., Land u. Freiheit. Machnovščina u. Zapatismo als Beispiele agrarrevolutionärer Bewegungen, Wiesbaden 1986.

Daniels, R.V., Das Gewissen der Revolution. Kommunistische Opposition in der Sowjetunion, Köln 1962.

Ders., Red October. The Bolshevik Revolution of 1917, Boston 1984².

Debo, R.K., Revolution and Survival: The Foreign Policy of Soviet Russia 1917–18, Liverpool 1979.

Deutscher, I., Trotzki, Bde. 1–3, Stuttgart 1962–1963.

Döring, F., Organisationsprobleme der russischen Wirtschaft in Revolution u. Bürgerkrieg (1918–1920). Dargestellt am Volkswirtschafsrat für den Nordrayon (SNChSR), Hannover 1970.

Družinin, M.N., Die Agrarreformen der sechziger Jahre des 19. Jahrhunderts u. ihr Einfluß auf das russische Dorf, in: Studien zu den Agrarreformen des 19. Jahrhunderts in Preußen u. Rußland, Berlin 1978, 117–228 (Sobd. Jb. f. Wirtschaftsgeschichte).

Dubrowski, S., Die Bauernbewegung in der Russischen Revolution, Berlin 1929.

Edelman, R.S., Gentry Politics on the Eve of the Russian Revolution. The Nationalist Party 1907–1914, New Brunswick/N.J. 1980.

Edmondson, L.H., Feminism in Russia 1907–1917, London 1984.

Emmons, T. u. W.S. Vucinich Hg., The Zemstvo in Russia. An Experiment in Local Self-government, Cambridge 1982.

Ders., The Formation of Political Parties and the First National Elections in Russia, Cambridge/Mass. 1983.

Engelstein, L., Moscow 1905. Working-Class Organization and Political Conflict, Stanford 1982.

Erickson, J., The Origins of the Red Army, in: Pipes Hg., Revolutionary Russia, 286–328.

Ezergailis, A., The 1917 Revolution in Latvia, Boulder/Col. 1974.

Farnsworth, B., Aleksandra Kollontai. Socialism, Feminism, and the Bolshevik Revolution, Stanford 1980.

Fedyshyn, O.S., Germany's Drive to the East and the Ukrainian Revolution 1917–18, New Brunswick 1971.

(Fedjukin) Fedyukin, S.A., The Great October Revolution and the Intelligentsia, Moscow 1975.

Ferenczi, C., Außenpolitik u. Öffentlichkeit in Rußland 1906–1912, Husum 1982.

Ders., Nationalismus u. Neoslawismus in Rußland vor dem Ersten Weltkrieg, in: FzoG 34. 1984, 7–128.

Ferro, M., The Bolshevik Revolution. A Social History of the Russian Revolution, London 1980 (1. Aufl. der Übers. aus dem Franz. u.d.T.: Red October).

Ders., The Russian Revolution of February 1917, London 1972.

Field, D.T., The End of Serfdom. Nobility and Bureaucracy in Russia 1855–1861, Cambridge/Mass. 1976.

Fischer, A., Russische Sozialdemokratie u. bewaffneter Aufstand im Jahre 1905, Wiesbaden 1967
Footman, D., Civil War in Russia, New York 1961.
Fröhlich, K., The Emergence of Russian Constitutionalism 1900–1914. The Relationship Between Social Mobilization and Political Group Formation in Pre-revolutionary Russia, Den Haag 1981.
Galai, S., The Liberation Movement in Russia 1900–1905, Cambridge 1973.
Gatrell, P., The Tsarist Economy 1850–1917, London 1986.
Gerschenkron , A., Economic Backwardness in Historical Perspective, Cambridge/Mass. 1962.
Ders., Agrarian Policies and Industrialization, Russia 1861–1917, in: Cehe 6. 1966, 706–800.
Ders., The Early Phases of Industrialization in Russia. Afterthoughts and Counterthoughts, in: W.W. Rostow Hg., The Economics of Take-off into Sustained Growth, London 1963, 151–169.
Gerson, L.D., The Secret Police in Lenin's Russia, Philadelphia 1976.
Getzler, I., Kronstadt 1917–1921. The Fate of a Soviet Democracy, Cambridge 1983.
Ders., Martov. A Political Biography of a Russian Social Democrat, Cambridge 1967.
Geyer, D. Hg., Wirtschaft u. Gesellschaft im vorrevolutionären Rußland, Köln 1975.
Ders., Die Russische Revolution. Historische Probleme u. Perspektiven, Göttingen 1985[4].
Ders., Lenin in der russischen Sozialdemokratie. Die Arbeiterbewegung im Zarenreich als Organisationsproblem der revolutionären Intelligenz 1890–1903, Köln 1962.
Ders., Oktoberrevolution, in: Sowjetsystem u. Demokratische Gesellschaft Bd. 4, Freiburg 1971, Sp. 917–58.
Gill, G.J., Peasants and Government in the Russian Revolution, London 1979.
Girault, R. u.a., Sur 1905, Paris 1986.
Gleason, A. u.a. Hg., Bolshevik Culture: Experiment and Order in the Russian Revolution, Bloomington/In. 1985.
Ders., Young Russia. The Genesis of Russian Radicalism in the 1860s, New York 1980.
Glickman, R.L., Russian Factory Women: Workplace and Society 1880–1914, Berkeley 1984.
(Golinkov) Golinkow, D., Fiasko einer Konterrevolution. Das Scheitern antisowjetischer Verschwörungen in der UdSSR 1917–1925, Berlin 1982.
Gregory, P.R., Russian National Income 1855–1913, Cambridge 1982.
Gross, H., Selbstverwaltung u. Staatskrise in Rußland 1914–1917. Macht

u. Ohnmacht von Adel u. Bourgeoisie am Vorabend der Februarrevolution, in: FzoG 28. 1981, 205–381.
Hagen, M., Die Entfaltung politischer Öffentlichkeit in Rußland 1906–1914, Wiesbaden 1982.
Haimson, L.H., Das Problem der sozialen Stabilität im städtischen Rußland 1905–1917, in: Geyer Hg., Wirtschaft, 304–332.
Ders., The Russian Marxists and the Origins of Bolshevism, Cambridge/Mass. 1955.
Ders., Les Mencheviks face à la révolution d'Octobre. Le Congrès extraordinaire du RSDRP (novembre-décembre 1917), in: Cahiers du monde russe et soviétique 14. 1973, 5–32.
Ders. Hg., The Mensheviks from the Revolution of 1917 to the Second World War, Chicago 1974.
Ders. u. E. Brian, Changements démographiques et grèves ouvrières à Saint-Pétersbourg, 1905–1914, in: Annales 40. 1985, 781–803.
Ders., The Mensheviks After the October Revolution, in: RR 38. 1979, 456–73, 39. 1980, 181–207, 462–83.
Ders. Hg., The Politics of Rural Russia 1905–1914, Bloomington 1979.
Hamm, M.F. Hg., The City in Late Imperial Russia, Bloomington 1986.
Handbuch der Geschichte Rußlands. Bd. 3: 1856–1945. Von den autokratischen Reformen zum Sowjetstaat, Hg. G. Schramm, Stuttgart 1983 ff (letzte Lieferung 16/17/18, 1988, mit ausführlichen Literaturangaben).
Harcave, S., First Blood. The Russian Revolution of 1905, New York 1964.
Harding, N., Lenin's Political Thought, Bde. 1–2, London 1977–1981.
Hasegawa, T., The February Revolution: Petrograd 1917, Seattle 1981.
Haumann, H., Kapitalismus im zaristischen Staat 1906–1917. Organisationsformen, Machtverhältnisse u. Leistungsbilanz im Industrialisierungsprozeß, Königstein 1980.
Ders., Beginn der Planwirtschaft. Elektrifizierung, Wirtschaftsplanung u. gesellschaftliche Entwicklung Sowjetrußlands 1917–1921, Düsseldorf 1974.
Haupt, G. u. J.-J. Marie, Makers of the Russian Revolution, London 1974.
Heller, K., Revolutionärer Sozialismus u. nationale Frage. Das Problem des Nationalismus bei russischen u. jüdischen Sozialdemokraten u. Sozialrevolutionären im Russischen Reich bis zur Revolution 1905–1907, Frankfurt 1977.
Heller, M. u. A. Nekrich, Geschichte der Sowjetunion, Bde. 1–2, Frankfurt 1985.
Hildermeier, M., Die Sozialrevolutionäre Partei Rußlands. Agrarsozialismus u. Modernisierung im Zarenreich (1900–1914), Köln 1978.
Hogan, H., Industrial Rationalization and the Roots of Labor Militance in

the St.Petersburg Metalworking Industry 1901–1914, in: RR 42. 1983, 163–90.
Hosking, G.A., The Russian Constitutional Experiment: Government and Duma 1907–1914, Cambridge 1973.
Ders., A History of the Soviet Union, London 1985.
Hovannisian, R.G., The Republic of Armenia (1918–1920), Bde. 1–2, Berkeley 1971–1982.
Hunczak, T. Hg., The Ukraine 1917–1921. A Study in Revolution, Cambridge/Mass. 1977.
Johnson, R.E., Peasant and Proletarian. The Working Class of Moscow in the Late Nineteenth Century, Leicester 1979.
Judge, E.H., Plehve. Repression and Reform in Imperial Russia 1902–1904, Syracuse 1983.
Kaiser, F.B., Die russische Justizreform von 1864. Zur Geschichte der russischen Justiz von Katharina II. bis 1917, Leiden 1972.
Karmann, R., Der Freiheitskampf der Kosaken. Die weiße Armee in der Russischen Revolution 1917–1920, Puchheim 1985.
Katkov, G., Russia 1917. The February Revolution, London 1967.
Ders., The Kornilov Affair. Kerensky and the Break-up of the Russian Army, London 1980.
Kazemzadeh, F., The Struggle for Transcaucasia 1917–1921, New York 1951.
Keep, J.L.H., October in the Provinces. In: Pipes Hg., Revolutionary Russia, 229–275.
Ders., The Rise of Social Democracy in Russia, Oxford 1963.
Ders., The Russian Revolution. A Study in Mass Mobilization, London 1976.
Kenez, P., Civil War in South Russia 1918. The First Year of the Volunteer Army, Berkeley 1971.
Ders., Civil War in South Russia 1919–1920, Berkeley 1977.
Kennan, G.F., Soviet-American Relations 1917–1920, Bde. 1–2, Princeton 1956–1958 (Bd. 2 in dt. Übers. Stuttgart 1961).
Kettle, M., The Allies and the Russian Collapse, March 1917–March 1918, Worcester 1981.
Kingston-Mann, E., Lenin and the Problem of Marxist Peasant Revolution, New York 1985.
Knei-Paz, B., The Social and Political Thought of Leon Trotsky, Oxford 1978.
Koenker, D., Moscow Workers and the 1917 Revolution. Princeton 1981.
Ders., Urbanization and Deurbanization in the Russian Revolution and Civil War, in: Journal of Modern History 57. 1985, 424–50.
Kritzman, L.N., Die heroische Periode der großen russischen Revolution, Frankfurt 1971.

Lane, D. S., The Roots of Russian Communism. A Social and Historical Study of Russian Social-Democracy 1898–1907, Assen 1968.

v. Laue, T.H., Why Lenin? Why Stalin? A Reappraisal of the Russian Revolution, Philadelphia 1964.

Ders., Russian Labor Between Field and Factory 1892–1903, in: California Slavic Studies 3. 1964, 33–65.

Ders., Die Revolution von außen als erste Phase der russischen Revolution 1917, in: JGO 4. 1956, 138–58.

Leggett, G., The Cheka: Lenin's Political Police. The All-Russian Extraordinary Commission for Combating Counter-Revolution and Sabotage (December 1917 to February 1922), Oxford 1986².

Levin, A., The Second Duma. A Study of the Social-Democratic Party and the Russian Constitutional Experiment, Hamden/Conn. 1966².

Ders., The Third Duma. Election and Profile, Hamden/Conn. 1973 (auch u.d.T.: The Third Russian State Duma 1907–1912, Hamden/Conn. 1973).

Lincoln, W.B., In the Vanguard of Reform. Russia's Enlightened Bureaucrats 1825–1861, DeKalb/Ill. 1982.

Linke, H.-G., Das zarische Rußland u. der Erste Weltkrieg. Russische Diplomatie u. Kriegsziele 1914–1917, München 1982.

Lorenz, R., Sozialgeschichte der Sowjetunion, I: 1917–1945, Frankfurt 1976.

Ders., Anfänge der bolschewistischen Industriepolitik, Köln 1965.

Ders., Zur Industriepolitik der Provisorischen Regierung, in: JGO 14. 1966, 367–87.

Löwe, H.-D., Antisemitismus u. reaktionäre Utopie. Russischer Konservatismus im Kampf gegen den Wandel von Staat u. Gesellschaft 1890–1917, Hamburg 1978.

Ders., Die Lage der Bauern in Rußland 1880–1905. Wirtschaftliche u. soziale Veränderungen in der ländlichen Gesellschaft des Zarenreiches, St.Katharinen 1987.

Mace, J.E., Communism and the Dilemmas of National Liberation. National Communism in Soviet Ukraine 1918–1933, Cambridge/Mass. 1983.

Macey, D.A.J., Government and Peasant in Russia 1861–1906. The Prehistory of the Stolypin Reforms, DeKalb/Ill. 1987.

Male, D.J., Russian Peasant Organisation Before Collectivisation. A Study of Commune and Gathering 1925–1930, Cambridge 1971.

Malet, M., Nestor Makhno in the Russian Civil War, London 1982.

Malia, M., Alexander Herzen and the Birth of Russian Socialism, Cambridge/Mass. 1961.

Ders., Comprendre la Révolution russe, Paris 1980.

Malle, S., The Economic Organization of War Communism 1918–1921, Cambridge 1985.

Mandel, D., The Petrograd Workers and the Fall of the Old Regime. From the February Revolution to the July Days 1917, London 1983.
Ders., The Petrograd Workers and the Soviet Seizure of Power. From the July Days 1917 to July 1918, London 1984.
Manning, R.T., The Crisis of the Old Order in Russia. Gentry and Government, Princeton 1982.
Mawdsley, E., The Russian Civil War, London 1987.
Ders., The Russian Revolution and the Baltic Fleet. War and Politics, February 1917 – April 1918, London 1978.
(Medvedev) Medwedjew, R.A., Oktober 1917, Hamburg 1979.
Mehlinger, H.D. u. J.M. Thompson, Count Witte and the Tsarist Government in the 1905 Revolution, Bloomington 1972.
Melgunov, S.P., The Bolshevik Seizure of Power, Santa Barbara 1972.
Merl, S., Die Anfänge der Kollektivierung in der Sowjetunion. Der Übergang zur staatlichen Reglementierung der Produktions- u. Marktbeziehungen im Dorf 1928–1930, Wiesbaden 1985.
Moore, B., Soziale Ursprünge von Diktatur u. Demokratie. Die Rolle der Grundbesitzer u. Bauern bei der Entstehung der modernen Welt, Frankfurt 1969.
Moritsch, A., Landwirtschaft u. Agrarpolitik in Rußland vor der Revolution, Wien 1986.
Naimark, N. M., Terrorists and Social Democrats. The Russian Revolutionary Movement Under Alexander III, Cambridge/Mass. 1983.
Nienhaus, U.D., Revolution u. Bürokratie: Staatsverwaltung u. Staatskontrolle in Sowjetrußland 1917–1924, Frankfurt 1980.
Nötzold, J., Wirtschaftspolitische Alternativen der Entwicklung Rußlands in der Ära Witte u. Stolypin, Berlin 1966.
Orlovsky, D.T., The Limits of Reform: The Ministry of Internal Affairs in Imperial Russia 1802–1881, Cambridge/Mass. 1981.
Owen, T.C., Capitalism and Politics in Russia: A Social History of the Moscow Merchants 1855–1905, Cambridge 1981.
Palij, M., The Anarchism of Nestor Makhno 1918–1921: An Aspect of the Ukrainian Revolution, Seattle 1976.
Palme, A., Die russische Verfassung, Berlin 1910.
Pearson, R., The Russian Moderates and the Crisis of Tsarism 1914–1917, London 1977.
Perrie, M., The Agrarian Policy of the Russian Socialist-Revolutionary Party from Its Origins Through the Revolution 1905–1907, Cambridge 1976.
Dies., The Russian Peasant Movement of 1905–1907: Its Social Composition and Revolutionary Significance, in: Past & Present 57. 1972, 123–55.
Perrins, M., The Politics of Russian Grain Procurement during the First World War, in: SEER 61. 1983, 388–410.

Pethybridge, R., The Spread of the Russian Revolution. Essays on 1917, Edinburgh 1972.
Pierce, R. A., Russian Central Asia 1867–1917. A Study in Colonial Rule, Berkeley 1960.
Pietsch, W., Revolution u. Staat. Institutionen als Träger der Macht in Sowjetrußland 1917–1922, Köln 1969.
Pinchuk, B.-C., The Octobrists in the Third Duma 1907–1912, Seattle 1974.
Pintner, W.M. u. D.K. Rowney Hg., Russian Officialdom. The Bureaucratization of Russian Society From the Seventeenth to the Twentieth Century, London 1980.
Pipes, R., Rußland vor der Revolution. Staat u. Gesellschaft im Zarenreich, München 1977.
Ders., Social Democracy and the St.Petersburg Labor Movement 1886–1897, Cambridge/Mass. 1963.
Ders., Struve: Liberal on the Left 1870–1905, Cambridge/Mass. 1970.
Ders., Struve: Liberal on the Right 1905–1944, Cambridge/Mass. 1980.
Ders. Hg., Revolutionary Russia, New York 1969.
Ders., The Formation of the Soviet Union. Communism and Nationalism 1917–1923, Cambridge/Mass. 1964².
v. Pistohlkors, G., Ritterschaftliche Reformpolitik zwischen Russifizierung u. Revolution, Göttingen 1978.
Pomper, P., Peter Lavrov and the Russian Revolutionary Movement, Chicago 1972.
Pospielovsky, D., Russian Police Trade Unionism: Experiment or Provocation?, London 1971.
Rabinowitch, A., Prelude to Revolution: The Petrograd Bolsheviks and the July 1917 Uprising, Bloomington 1968.
Ders., The Bolsheviks Come to Power. The Revolution of 1917 in Petrograd, New York 1978.
Radkey, O.H., The Agrarian Foes of Bolshevism. Promise and Default of the Russian Socialist Revolutionaries February to October 1917, New York 1958.
Ders., The Sickle under the Hammer. The Russian Socialist Revolutionaries in the Early Months of Soviet Rule, New York 1963.
Raleigh, D.J., Revolution on the Volga. 1917 in Saratov, Ithaca 1986.
v. Rauch, G., Geschichte der baltischen Staaten, Stuttgart 1970.
Raun, T.U., The Revolution of 1905 in the Baltic Provinces and Finland, in: SR 43. 1984, 453–67.
Read, C., Religion, Revolution, and the Russian Intelligentsia 1900–1912, London 1979.
Reshetar, J.S., The Ukrainian Revolution 1917–1920: A Study in Nationalism, New York 1972.
Die Revolution 1905–1907 in Rußland, Berlin 1980.

Rexheuser, R., Dumawahlen u. lokale Gesellschaft. Studien zur Sozialgeschichte der russischen Rechten vor 1917, Köln 1980.
Rice, C., Russian Workers and the Socialist-Revolutionary Party Through the Revolution of 1905–07, London 1988.
Rieber, A.J., Merchants and Entrepreneurs in Imperial Russia, Chapel Hill 1982.
Rigby, T.H., Communist Party Membership in the U.S.S.R. 1917–1967, Princeton 1968,.
Ders., Lenin's Government: Sovnarkom 1917–1922, Cambridge 1979.
Riha, T., A Russian European. Paul Miliukov in Russian Politics, Notre Dame 1969.
Ritter, G., Das Kommunemodell u. die Begründung der Roten Armee im Jahre 1918, Berlin 1965.
Robbins, G.B., The Famine in Russia 1891–1892: The Imperial Government Responds to a Crisis, New York 1975.
Robinson, G.T., Rural Russia under the Old Regime, New York 1932, ND Berkeley 1973.
Rogger, H., Jewish Policies and Right-wing Politics in Imperial Russia, Basingstoke 1986.
Ders., Russia in the Age of Modernisation and Revolution 1881–1917, London 1983.
Roobol, W.H., Tsereteli – A Democrat in the Russian Revolution, Den Haag 1976.
Roos, H., Geschichte der Polnischen Nation 1918–1985. Von der Staatsgründung im Ersten Weltkrieg bis zur Gegenwart, Stuttgart 1986[4].
Rosenberg, W.H., Liberals in the Russian Revolution. The Constitutional Democratic Party 1917–1921, Princeton 1974.
Ders., Russian Labor and Bolshevik Power After October, in: SR 44. 1985, 213–38.
Ders., The Russian Municipal Duma Elections of 1917: A Preliminary Computation of Returns, in: Soviet Studies 21. 1969, 131–63.
Ders. u. D.P. Koenker, The Limits of Formal Protest: Worker Activism and Social Polarization in Petrograd and Moscow, March to October 1917, in: AHR 92. 1987, 296–326.
Sablinsky, W., The Road to Bloody Sunday. Father Gapon and the St. Petersburg Massacre of 1905, Princeton 1976.
Saul, N.E., Sailors in Revolt. The Russian Baltic Fleet in 1917, Lawrence/Kansas 1978.
Schapiro, L., Die Geschichte der Kommunistischen Partei der Sowjetunion, Frankfurt 1961.
Ders., The Origin of the Communist Autocracy. Political Opposition in the Soviet State, First Phase: 1917–1922, London 1955.
Scheibert, P., Lenin an der Macht. Das russische Volk in der Revolution 1918–1922, Weinheim 1984.

Schneiderman, J., Sergej Zubatov and Revolutionary Marxism. The Struggle for the Working Class in Tsarist Russia, Ithaca 1976.
Schwarz, S.M., The Russian Revolution of 1905. The Workers' Movement and the Formation of Bolshevism and Menshevism, Chicago 1967.
Schweitzer, R., Autonomie u. Autokratie. Die Stellung des Großfürstentums Finnland im Russischen Reich in der zweiten Hälfte des 19. Jahrhunderts 1863–1899, Gießen 1978.
Senn, A.E., The Russian Revolution in Switzerland 1914–1917, Madison 1971.
Service, R., The Bolshevik Party in Revolution. A Study in Organisational Change 1917–1913, London 1979.
Ders., Lenin: A Political Life, Bd. 1, London 1985.
Shanin, T., The Awkward Class. Political Sociology of Peasantry in a Developing Society: Russia 1910–1925, Oxford 1972.
Ders., The Roots of Otherness: Russia's Turn of Century, Bd. 1: Russia as a »Developing Society«, London 1985.
Ders., The Roots of Otherness: Russia's Turn of Century, Bd. 2: Russia 1905–07. Revolution as a Moment of Truth, Basingstoke 1986.
Siegelbaum, L.H., The Politics of Industrial Mobilization in Russia 1914–17. A Study of the War-Industries Committes, Oxford 1983.
Simon, G., Nationalismus u. Nationalitätenpolitik in der Sowjetunion. Von der totalitären Diktatur zur nachstalinschen Gesellschaft, Baden-Baden 1986.
Skocpol, T., States and Social Revolutions. A Comparative Analysis of France, Russia, and China, Cambridge 1979.
Smith, S.A., Red Petrograd. Revolution in the Factories 1917–18, Cambridge 1983.
Sorenson, J.B., The Life and Death of Soviet Trade Unionism 1917–1928, New York 1969.
Spieler, S., Autonomie oder Reglementierung. Die russische Universität am Vorabend des Ersten Weltkriegs, Köln 1981
Stillig, J., Die russische Februarrevolution 1917 u. die sozialistische Friedenspolitik, Köln 1977.
Süß, W., Der Betrieb in der UdSSR. Stellung, Organisation u. Management 1917–1932, Frankfurt 1981.
Stites, R., The Women's Liberation Movement in Russia. Feminism, Nihilism, and Bolshevism 1860–1930, Princeton 1978.
Suny, R.G. Hg., Transcaucasia, Nationalism and Social Change. Essays in the History of Armenia, Azerbaijan, and Georgia, Ann Arbor 1983.
Ders., The Baku Commune 1917–1921. Class and Nationality in the Russian Revolution, Princeton 1971.
Ders., Toward a Social History of the October Revolution, in: AHR 88. 1983, 31–52.

Swietochowski, T., Russian Azerbaijan 1905–1920. The Shaping of National Identity in a Muslim Community, Cambridge 1985.
Szeftel, M., The Russian Constitution of April 23, 1906. Political Institutions of the Duma Monarchy, Brüssel 1976.
Ders., The Legislative Reform of August 6, 1905 (The »Bulygin Duma«), in: Mélanges A. Marongiu, Palermo 1967, 137–83.
Tetsch, H., Die permanente Revolution. Ein Beitrag zur Soziologie der Revolution u. zur Ideologiekritik, Opladen 1973.
Thunig-Nittner, G., Die Tschechoslowakische Legion in Rußland. Ihre Geschichte u. Bedeutung bei der Entstehung der 1. Tschechoslowakischen Republik, Wiesbaden 1970.
Tilly, C., From Mobilization to Revolution, Reading/Mass. 1978.
Timberlake, C.E. Hg., Essays in Russian Liberalism, Columbia/Mo. 1972.
Tobias, H.J., The Jewish Bund in Russia. From its Origins to 1905, Stanford 1972.
de Tocqueville, A., Der alte Staat u. die Revolution, München 1978.
Tokmakoff, G., Stolypin and the Third Duma. An Appraisal of the Three Major Issues, Washington 1981.
Trotzki, L., Ergebnisse u. Perspektiven. Die treibenden Kräfte der Revolution, Frankfurt 1967.
Tucker, R.C., Stalin as Revolutionary 1879–1929, New York 1973.
Tugan-Baranowsky, M., Geschichte der russischen Fabrik, Berlin 1900.
Ullman, R.H., Anglo-Soviet Relations 1917–1921, Bde. 1–2, Princeton 1961–1968.
Unger, A.L., Constitutional Developments in the USSR. A Guide to the Soviet Constitutions, London 1981.
Utechin, S.V., Geschichte der politischen Ideen in Rußland, Stuttgart 1966.
Venturi, F., Roots of Revolution. A History of the Populist and Socialist Movements in Nineteenth Century Russia, New York 1966[2].
Vucinich, A., Social Thought in Tsarist Russia. The Quest for a General Science of Society 1861–1917, Chicago 1976.
Vucinich, W.S. Hg., Russia and Asia. Essays on the Influence of Russia on the Asian Peoples, Stanford 1972.
Ders. Hg.,The Peasant in Nineteenth-Century Russia, Stanford 1968.
Wade, R.A., Red Guards and Workers' Militias in the Russian Revolution, Stanford 1984.
Walicki, A., A History of Russian Thought From the Enlightenment to Marxism, Oxford 1980.
Weissman, N.B., Reform in Tsarist Russia. The State Bureaucracy and Local Government 1900–1914, New Brunswick/N.J. 1981.
Werth, N., La vie quotidienne des paysans russes de la révolution à la collectivisation 1917–1939, Paris 1984.

Wettig, G., Die Rolle der russischen Armee im revolutionären Machtkampf 1917, in: FzoG 12. 1967, 46–389.
Whelan, H.W., Alexander III and the State Council. Bureaucracy and Counter-Reform in Late Imperial Russia, New Brunswick/N.J. 1982.
White, S., Political Culture and Soviet Politics, London 1979.
Wildman, A.K., The End of the Russian Imperial Army. The Old Army and the Soldiers' Revolt (March-April 1917), Princeton 1980.
Ders., The Making of a Workers' Revolution. Russian Social Democracy 1891–1903, Chicago 1967.
Wittram, R., Studien zum Selbstverständnis des 1. u. 2. Kabinetts der russischen Provisorischen Regierung (März bis Juli 1917). Göttingen 1971.
Wolf, E. R., Peasant Wars of the Twentieth Century, New York 1969.
Wortman, R.S., The Development of a Russian Legal Consciousness, Chicago 1977.
Yaney, G.L., The Urge to Mobilize. Agrarian Reform in Russia 1861–1930, Urbana 1982.
(Zajončkovskij) Zaionchkovsky, P.A., The Abolition of Serfdom in Russia, Gulf Breeze 1978.
Zelnik, R., Labor and Society in Tsarist Russia, Stanford 1971.
Zimmermann, E., Krisen, Staatsstreiche u. Revolutionen. Theorien, Daten u. neuere Forschungsansätze, Opladen 1981.

3/2/6.87

– Über den Beruf des Schauspielers. es 384
– Über die bildenden Künste. es 691
– Über experimentelles Theater. es 377
– Über Lyrik. es 70
– Über Politik auf dem Theater. es 465
– Über Politik und Kunst. es 442
– Über Realismus. es 485
– Das Verhör des Lukullus. Hörspiel. es 740
Brecht-Journal. es 1191
Brecht-Journal 2. es 1396
Brunkhorst: Der Intellektuelle im Lande der Mandarine. es 1403
Buch: Der Herbst des großen Kommunikators. es 1344
– Waldspaziergang. es 1412
Bürger: Theorie der Avantgarde. es 727
Buro/Grobe: Vietnam! Vietnam? es 1197
Celan: Ausgewählte Gedichte. Zwei Reden. es 262
Cortázar: Letzte Runde. es 1140
– Reise um den Tag in 80 Welten. es 1045
Deleuze/Guattari: Kafka. Für eine kleine Literatur. es 807
Deleuze/Parnet: Dialoge. es 666
Derrida: Die Stimme und das Phänomen. es 945
Determinanten der westdeutschen Restauration 1945-1949. Von H.–U. Huster u. a. es 575
Ditlevsen: Gesichter. es 1165
– Sucht. Erinnerungen. es 1009
– Wilhelms Zimmer. es 1076
Takeo Doi: Amae. Freiheit in Geborgenheit. es 1128
Dorst: Toller. es 294
Dubiel: Was ist Neokonservatismus? es 1313
Duerr: Satyricon. Essays und Interviews. es 1346
– Traumzeit: es 1345
Duras: Sommer 1980. es 1205
Duras/Porte: Die Orte der Marguerite Duras. es 1080
Eco: Zeichen. es 895
Eich: Botschaften des Regens. Gedichte. es 48
Elias: Humana conditio. es 1384
Enzensberger: Blindenschrift. es 217
– Deutschland, Deutschland unter anderm. es 203
– Einzelheiten I. Bewußtseins-Industrie. es 63
– Einzelheiten II. Poesie und Politik. es 87
– Die Furie des Verschwindens. Gedichte. es 1066
– Landessprache. Gedichte. es 304
– Palaver. Politische Überlegungen (1967-1973). es 696
– Das Verhör von Habana. es 553
– Der Weg ins Freie. Fünf Lebensläufe. es 759
Esser: Gewerkschaften in der Krise. es 1131
Faszination der Gewalt. Friedensanalysen 17. es 1141
Feminismus. Hg. v. Luise F. Pusch. es 1192
Feyerabend: Erkenntnis für freie Menschen. es 1011
– Wissenschaft als Kunst. es 1231
Foucault: Psychologie und Geisteskrankheit. es 272
Fragment und Totalität. Hg. v. Dällenbach und Hart Nibbrig. es 1107
Frank: Der kommende Gott. es 1142

3/3/6.87

– Die Unhintergehbarkeit von Individualität. es 1377
– Was ist Neostrukturalismus? es 1203
Frauen in der Kunst. 2 Bde. es 952
Frevert: Frauen-Geschichte. NHB. es 1284
Frisch: Biedermann und die Brandstifter. es 41
– Die Chinesische Mauer. es 65
– Don Juan oder Die Liebe zur Geometrie. es 4
– Frühe Stücke. es 154
– Graf Öderland. es 32
Gerhard: Verhältnisse und Verhinderungen. es 933
Geyer: Deutsche Rüstungspolitik (1860-1980). NHB. es 1246
Goetz: Hirn. Krieg. 2 Bde. es 1320
Goffman: Asyle. es 678
– Geschlecht und Werbung. es 1085
Gorz: Der Verräter. es 988
Gröner: Ein rasend hingehauchtes Herbsteslicht. Bergeller Gedichte. es 1371
Habermas: Eine Art Schadensabwicklung. es 1453
– Legitimationsprobleme im Spätkapitalismus. es 623
– Die Neue Unübersichtlichkeit. es 1321
– Technik und Wissenschaft als Ideologie. es 287
Hänny: Zürich, Anfang September. es 1079
Handke: Die Innenwelt der Außenwelt der Innenwelt. es 307
– Kaspar. es 322
– Phantasien der Wiederholung. es 1168
– Publikumsbeschimpfung. es 177
– Der Ritt über den Bodensee. es 509
– Wind und Meer. Vier Hörspiele. es 431
Hawkes: Travestie. es 1326
Heimann: Soziale Theorie des Kapitalismus. es 1052
Henrich: Konzepte. es 1400
Hentschel: Geschichte der deutschen Sozialpolitik (1880-1980). NHB. es 1247
Hesse: Tractat vom Steppenwolf. es 84
Die Hexen der Neuzeit. Hg. von C. Honegger. es 743
Hilfe + Handel = Frieden? Friedensanalysen 15. es 1097
Hobsbawm: Industrie und Empire 1/2. es 315/316
Imperialismus und strukturelle Gewalt. Hg. von D. Senghaas. es 563
Irigaray: Speculum. es 946
Jahoda/Lazarsfeld/Zeisel: Die Arbeitslosen von Marienthal. es 769
Jakobson: Kindersprache, Aphasie und allgemeine Lautgesetze. es 330
Jasper: Die gescheiterte Zähmung. NHB. es 1270
Jauß: Literaturgeschichte als Provokation. es 418
Johnson: Der 5. Kanal. es 1336
– Begleitumstände. Frankfurter Vorlesungen. es 1019
– Karsch, und andere Prosa. es 59
Jones: Frauen, die töten. es 1350
Joyce: Werkausgabe in 6 Bdn. es 1434 – es 1439
Bd. 1 Dubliner. es 1434
Bd. 2 Stephen der Held. es 1435
Bd. 3 Ulysses. es 1100
Bd. 4 Kleine Schriften. es 1437

3/4/6.87

Bd.5 Gesammelte Gedichte. Anna Livia Plurabelle. es 1438
Bd.6 Finnegans Wake. Englischsprachige Ausgabe. es 1439
Hans Wollschläger liest »Ulysses«. es 1105
Mat. zu Joyces »Ein Porträt des Künstlers als junger Mann«. Hg. von K. Reichert und F. Senn. es 776
Kantowsky: Indien. es 1424
Kapitalistische Weltökonomie. Hg. von D. Senghaas. es 980
Marx: Die ethnologischen Exzerpthefte. es 800
Kenner: Ulysses. es 1104
Kindheit in Europa. Hg. von H. Hengst. es 1209
Kipphardt: In der Sache J. Robert Oppenheimer. es 64
Kirchhof: Body-Building. es 1005
Kluge: Gelegenheitsarbeit einer Sklavin. es 733
– Lernprozesse mit tödlichem Ausgang. es 665
– Neue Geschichten. Hefte 1-18. es 819
– Schlachtbeschreibung. es 1193
Kluge: Die deutsche Revolution 1918/1919. NHB. es 1262
Kolbe: Abschiede und andere Liebesgedichte. es 1178
– Hineingeboren. Gedichte 1975-1979. es 1110
Konrád: Antipolitik. es 1293
Kriegsursachen. Friedensanalysen 21. es 1238
Krippendorff: Staat und Krieg. es 1305
Kristeva: Die Revolution der poetischen Sprache. es 949
Kroetz: Bauern sterben. es 1388
– Frühe Prosa/Frühe Stücke. es 1172
– Furcht und Hoffnung der BRD. es 1291
– Mensch Meier. es 753
– Nicht Fisch nicht Fleisch. es 1094
– Oberösterreich. es 707
– Stallerhof. es 586
– Heimarbeit. es 473
Krolow: Ausgewählte Gedichte. es 24
Laederach: Fahles Ende kleiner Begierden. es 1075
Lefebvre: Einführung in die Modernität. es 831
Lehnert: Sozialdemokratie zwischen Protestbewegung und Regierungspartei 1848 bis 1983. NHB. es 1248
Lem: Dialoge. es 1013
Hermann Lenz: Leben und Schreiben. Frankfurter Vorlesungen. es 1425
Leroi-Gourhan: Die Religionen der Vorgeschichte. es 1073
Lessenich: »Nun bin ich die niemals müde junge Hirschfrau oder der Ajilie-Mann«. es 1308
Leutenegger: Lebewohl, Gute Reise. es 1001
– Das verlorene Monument. es 1315
Lévi-Strauss: Das Ende des Totemismus. es 128
– Mythos und Bedeutung. es 1027
Die Listen der Mode. Hg. von S. Bovenschen. es 338
Literatur und Politik in der Volksrepublik China. Hg. von R. G. Wagner. es 1151
Löwenthal: Mitmachen wollte ich nie. es 1014
Logik des Herzens. Hg. von G. Kahle. es 1042

3/5/6.87

Lohn: Liebe. Zum Wert der Frauenarbeit. Hg. von A. Schwarzer. es 1225
Lukács: Gelebtes Denken. es 1088
Maeffert: Bruchstellen. es 1387
Männersachen. Hg. von H.–U. Müller-Schwefe. es 717
Mandel: Marxistische Wirtschaftstheorie 1/2. es 595/596
– Der Spätkapitalismus. es 521
Marcus: Umkehrung der Moral. es 903
Marcuse: Ideen zu einer kritischen Theorie der Gesellschaft. es 300
– Konterrevolution und Revolte. es 591
– Kultur und Gesellschaft 1. es 101
– Kultur und Gesellschaft 2. es 135
– Versuch über die Befreiung. es 329
– Zeit-Messungen. es 770
Gespräche mit Herbert Marcuse. es 938
Mattenklott: Blindgänger. es 1343
Hans Mayer: Anmerkungen zu Brecht. es 143
– Gelebte Literatur. Frankfurter Vorlesungen. es 1427
– Versuche über die Oper. es 1050
Mayröcker: Magische Blätter. es 1202
– Magische Blätter II. es 1421
McKeown: Die Bedeutung der Medizin. es 1109
Medienmacht im Nord-Süd-Konflikt: Friedensanalysen 18. es 1166
Christian Meier: Die Ohnmacht des allmächtigen Dictators Caesar. es 1038
Menninghaus: Paul Celan. es 1026
– Schwellenkunde. es 1349
Menzel/Senghaas: Europas Entwicklung und die Dritte Welt. es 1393
Milosz: Zeichen im Dunkel. es 995
Mitscherlich: Freiheit und Unfreiheit in der Krankheit. es 505
– Krankheit als Konflikt 1. es 164
– Krankheit als Konflikt 2. es 237
– Die Unwirtlichkeit unserer Städte. es 123
Mitterauer: Sozialgeschichte der Jugend. NHB. es 1278
Moderne chinesische Erzählungen. 2 Bde. es 1010
Möller: Vernunft und Kritik. NHB. es 1269
Moser: Eine fast normale Familie. es 1223
– Der Psychoanalytiker als sprechende Attrappe. es 1404
– Romane als Krankengeschichten. es 1304
Muschg: Literatur als Therapie? es 1065
Die Museen des Wahnsinns und die Zukunft der Psychiatrie. es 1032
Mythos ohne Illusion. Mit Beiträgen von J.-P. Vernant u.a. es 1220
Mythos und Moderne. Hg. von K.H. Bohrer. es 1144
Nakane: Die Struktur der japanischen Gesellschaft. es 1204
Nathan: Ideologie, Sexualität und Neurose. es 975
Der Neger vom Dienst. Afrikanische Erzählungen. Hg. von R. Jestel. es 1028

3/6/6.87

Die neue Friedensbewegung. Friedensanalysen 16. es 1143
Ngũgĩ wa Thing'o: Verborgene Schicksale. es 1111
Nizon: Am Schreiben gehen. Frankfurter Vorlesungen. es 1328
Oehler: Pariser Bilder I. es 725
Oppenheim: Husch, husch, der schönste Vokal entleert sich. es 1232
Paetzke: Andersdenkende in Ungarn. es 1379
Paley: Ungeheure Veränderungen in letzter Minute. es 1208
Paz: Der menschenfreundliche Menschenfresser. es 1064
– Suche nach einer Mitte. es 1008
– Zwiesprache. es 1290
Peripherer Kapitalismus. Hg. von D. Senghaas. es 652
Petri: Zur Hoffnung verkommen. es 1360
Pinget: Apokryph. es 1139
Piven/Cloward: Aufstand der Armen. es 1184
Politik der Armut. Hg. von S. Leibfried und F. Tennstedt. es 1233
Populismus und Aufklärung. Hg. von H. Dubiel. es 1376
Powell: Edisto. es 1332
Psychoanalyse der weiblichen Sexualität. Hg. von J. Chasseguet–Smirgel. es 697
Pusch: Das Deutsche als Männersprache. es 1217
Raimbault: Kinder sprechen vom Tod. es 993
Darcy Ribeiro: Unterentwicklung, Kultur und Zivilisation. es 1018
João Ubaldo Ribeiro: Sargento Getúlio. es 1183
Rodinson: Die Araber. es 1051
Roth: Das Ganze ein Stück. es 1399
– Die einzige Geschichte. es 1368
– Krötenbrunnen. es 1319
Rötzer: Denken, das an der Zeit ist. es 1406
Rubinstein: Immer verliebt. es 1337
– Nichts zu verlieren und dennoch Angst. es 1022
– Sterben. es 1433
Rühmkorf: agar agar - zaurzaurim. es 1307
Russell: Probleme der Philosophie. es 207
– Wege zur Freiheit. es 447
Schindel: Ohneland. Gedichte. es 1372
Schlaffer: Der Bürger als Held. es 624
Schleef: Die Bande. es 1127
Schönhoven: Die deutschen Gewerkschaften. NHB. es 1287
Schrift und Materie der Geschichte. Hg. von C. Honegger. es 814
Schröder: Die Revolutionen Englands im 17. Jahrhundert. NHB. es 1279
Schubert: Die internationale Verschuldung. es 1347
Das Schwinden der Sinne. Hg. von D. Kamper und C. Wulf. es 1188
Sechehaye: Tagebuch einer Schizophrenen. es 613
Senghaas: Von Europa lernen. es 1134
– Weltwirtschaftsordnung und Entwicklungspolitik. es 856
– Die Zukunft Europas. es 1339
Simmel: Schriften zur Philosophie und Soziologie der Geschlechter. es 1333
Sinclair: Der Fremde. es 1007

3/7/6.87

3/8/6.87

– Die Verfolgung und Ermordung Jean Paul Marats. es 68
Peter Weiss im Gespräch. Hg. von R. Gerlach und M. Richter. es 1303
Wellershoff: Die Auflösung des Kunstbegriffs. es 848
Die Wiederkehr des Körpers. Hg. von D. Kamper und Ch. Wulf. es 1132
Winkler: Die Verschleppung. es 1177
Wippermann: Europäischer Faschismus im Vergleich (1922-1982). NHB. es 1245
Wirz: Sklaverei und kapitalistisches Weltsystem. NHB. es 1256
Wissenschaft im Dritten Reich. Hg. von P. Lundgreen. es 1306
Wittgenstein: Tractatus logico-philosophicus. es 12
Wünsche: Der Volksschullehrer Ludwig Wittgenstein. es 1299
Zimmermann: Vom Nutzen der Literatur. es 885
Ziviler Ungehorsam im Rechtsstaat. Hg. von P. Glotz. es 1214

3/9/6.87

314/1/8.88

Neue Historische Bibliothek in der edition suhrkamp

Langewiesche, Dieter: Deutscher Liberalismus. NHB. es 1286
Lehnert, Detlef: Sozialdemokratie zwischen Protestbewegung und Regierungspartei 1848-1983. NHB. es 1248
Lenger, Friedrich: Sozialgeschichte der deutschen Handwerker. NHB. es 1532
Lönne, Karl-Egon: Politischer Katholizismus im 19. und 20. Jahrhundert. NHB. es 1264
Lottes, Günther: Sozialgeschichte Englands seit 1688. NHB. es 1255
Marschalck, Peter: Bevölkerungsgeschichte Deutschlands im 19. und 20. Jahrhundert. NHB. es 1244
Mitterauer, Michael: Sozialgeschichte der Jugend. NHB. es 1278
Möller, Horst: Vernunft und Kritik. Deutsche Aufklärung im 17. und 18. Jahrhundert. NHB. es 1269
Mooser, Josef: Arbeiterleben in Deutschland 1900-1970. Klassenlagen, Kultur und Politik. NHB. es 1259
Peukert, Detlev J. K.: Die Weimarer Republik. NHB. es 1282
Reulecke, Jürgen: Geschichte der Urbanisierung in Deutschland. NHB. es 1249
Schönhoven, Klaus: Die deutschen Gewerkschaften. NHB. es 1287
Schröder, Hans-Christoph: Die Revolutionen Englands im 17. Jahrhundert. NHB. es 1279
Schulze, Winfried: Deutsche Geschichte im 16. Jahrhundert. NHB. es 1268
Sieder, Reinhard: Sozialgeschichte der Familie. NHB. es 1276
Siemann, Wolfram: Die deutsche Revolution von 1848/49. NHB. es 1266
Staritz, Dietrich: Geschichte der DDR 1949-1985. NHB. es 1260
Thränhardt, Dietrich: Geschichte der Bundesrepublik Deutschland. NHB. es 1267
Ullmann, Hans-Peter: Interessenverbände in Deutschland. NHB. es 1283
Wehler, Hans-Ulrich: Grundzüge der amerikanischen Außenpolitik 1750-1900. Von den englischen Küstenkolonien zur amerikanischen Weltmacht. NHB. es 1254
Wippermann, Wolfgang: Europäischer Faschismus im Vergleich 1922-1982. NHB. es 1245
Wirz, Albert: Sklaverei und kapitalistisches Weltsystem. NHB. es 1256
Wunder, Bernd: Geschichte der Bürokratie in Deutschland. NHB. es 1281
Ziebura, Gilbert: Weltwirtschaft und Weltpolitik 1922/24-1931. Zwischen Rekonstruktion und Zusammenbruch. NHB. es 1261

314/2/8.88

Geschichte
in der edition suhrkamp

Wolfgang Abendroth: Ein Leben in der Arbeiterbewegung. Gespräche, aufgezeichnet und herausgegeben von Barbara Dietrich und Joachim Perels. es 820

– Sozialgeschichte der europäischen Arbeiterbewegung. es 106

Wilhelm Alff: Materialien zum Kontinuitätsproblem der deutschen Geschichte. es 714

Perry Anderson: Die Entstehung des absolutistischen Staates. Übersetzt von Gerhard Fehn. es 950

Jean-Paul Aron/Roger Kempf: Der sittliche Verfall. Bourgeoisie und Sexualität in Frankreich. Aus dem Französischen von Agnes Bucaille-Euler, Birgit Spielmann und Gerhard Mahlberg. es 1116

Aus der Zeit der Verzweiflung. Zur Genese und Aktualität des Hexenbildes. Beiträge von Gabriele Becker, Silvia Bovenschen, Helmut Brackert, Sigrid Brauner, Ines Brenner, Gisela Morgenthal, Klaus Schneller, Angelika Tümmler. es 840

Helmut Böhme: Prolegomena zu einer Sozial- und Wirtschaftsgeschichte Deutschlands im 19. und 20. Jahrhundert. es 253

Helmut Brackert: Bauernkrieg und Literatur. es 782

Freya Eisner: Kurt Eisner – Die Politik des libertären Sozialismus. es 422

Kurt Eisner: Sozialismus als Aktion. Ausgewählte Aufsätze und Reden. Herausgegeben von Freya Eisner. es 773

Geburt der bürgerlichen Gesellschaft: 1789. Beiträge von Ernest Labrousse, Georges Lefebvre, Albert Soboul, Maurice Dommanget, Michelle Vovelle. Herausgegeben von Irmgard A. Hartig. Aus dem Französischen übersetzt von Klaus Voigt. es 937

Ute Gerhard: Verhältnisse und Verhinderungen. Frauenarbeit, Familie und Rechte der Frauen im 19. Jahrhundert. Mit Dokumenten. es 933

Gunnar Heinsohn/Rolf Knieper/Otto Steiger: Menschenproduktion. Allgemeine Bevölkerungstheorie der Neuzeit. es 914

Eike Hennig: Bürgerliche Gesellschaft und Faschismus in Deutschland. Ein Forschungsbericht. es 875

– Thesen zur deutschen Sozial- und Wirtschaftsgeschichte 1933 bis 1938. es 662

Die Hexen der Neuzeit. Studien zur Sozialgeschichte eines kulturellen Deutungsmusters. Herausgegeben von Claudia Honegger. es 743

Eric J. Hobsbawm: Industrie und Empire 1. Britische Wirtschaftsgeschichte seit 1750. Aus dem Englischen übersetzt von Ursula Margetts. es 315

312/1/5.88

Geschichte
in der edition suhrkamp

Eric J. Hobsbawm: Industrie und Empire 2. Britische Wirtschaftsgeschichte seit 1750. Aus dem Englischen übersetzt von Ursula Margetts. es 316

Ernst-Ulrich Huster/Gerhard Kraiker/Burkhard Scherer: Determinanten der westdeutschen Restauration 1945-1949. Autorenkollektiv: Ernst-Ulrich Huster, Gerhard Kraiker, Burkhard Scherer, Friedrich-Karl Schlotmann, Marianne Welteke. es 575

André Leroi-Gourhan: Die Religionen der Vorgeschichte. Paläolithikum. Aus dem Französischen von Michael Bischoff. es 1073

Christian Meier: Entstehung des Begriffs ›Demokratie‹. Vier Prolegomena zu einer historischen Theorie. es 387

– Die Ohnmacht des allmächtigen Dictators Caesar. Drei biographische Skizzen. es 1038

»Mit uns zieht die neue Zeit«. Der Mythos der Jugend. Herausgegeben von Thomas Koebner, Rolf-Peter Janz und Frank Trommler. es 1229

Die Münchner Räterepublik. Zeugnisse und Kommentar. Herausgegeben von Tankred Dorst. Mit einem Kommentar versehen von Helmut Neubauer. es 178

Ulla Pruss-Kaddatz: Wortergreifung. Zur Entstehung einer Arbeiterkultur in Frankreich. es 1115

Schrift und Materie der Geschichte. Vorschläge zur systematischen Aneignung historischer Prozesse. Herausgegeben von Claudia Honegger. es 814

Albert Soboul: Französische Revolution und Volksbewegung: die Sansculotten. Die Sektionen von Paris im Jahre II. Bearbeitet und herausgegeben von Walter Markov. Die Übersetzung aus dem Französischen besorgte Claus Werner. es 960

Sozialdemokratische Arbeiterbewegung und Weimarer Republik. Materialien zur gesellschaftlichen Entwicklung 1927-1933. Herausgegeben von Wolfgang Luthardt. 1. Band. es 923

Der spanische Bürgerkrieg. Eine Bestandsaufnahme fünfzig Jahre danach. Manuel Tunñón de Lara, Julio Aróstegui, Ángel Vinãs, Gabriel Cardona, Joseph M. Bricall. es 1401

Theorie der modernen Geschichtsschreibung. Herausgegeben von Pietro Rossi. es 1390

Edward Thompson: Die Entstehung der englischen Arbeiterklasse. 2 Bde. Aus dem Englischen von Lotte Eidenbenz, Mathias Eidenbenz, Christoph Groffy, Thomas Lindenberger, Gabriele Mischkowski, Ray Mary Rosdale. es 1170

312/2/5.88

Geschichte
in der edition suhrkamp

Leo Trotzki: Denkzettel. Politische Erfahrungen im Zeitalter der permanenten Revolution. Herausgegeben von Isaac Deutscher, George Novack und Helmut Dahmer. Übersetzungen aus dem Englischen von Harry Maòr. es 896

Umwälzung einer Gesellschaft. Zur Sozialgeschichte der chinesischen Revolution (1911-1949). Herausgegeben von Richard Lorenz. es 870

Paul Veyne: Von der Geschichtsschreibung. Aus dem Französischen von Gustav Roßler. es 1472

Von deutscher Republik 1775-1795. Texte radikaler Demokraten. Herausgegeben von Jost Hermand. es 793

Otto Vossler: Die Revolution von 1848 in Deutschland. es 210

Wahrnehmungsformen und Protestverhalten. Studien zur Lage der Unterschichten im 18. und 19. Jahrhundert. Mit Beiträgen von Edward P. Thompson, Rainer Wirtz, Pierre Caspard, Josef Ehmer, Detlev Puls, Patrick Fridenson, Douglas A. Reid, W. R. Lambert, Gareth Stedman Jones. Herausgegeben von Detlev Puls. es 948

Wissenschaft im Dritten Reich. Herausgegeben von Peter Lundgreen. es 1306

Weitere Bände zum Thema in der Reihe Neue Historische Bibliothek

312/3/5.88